lonely planet

SUÈDE

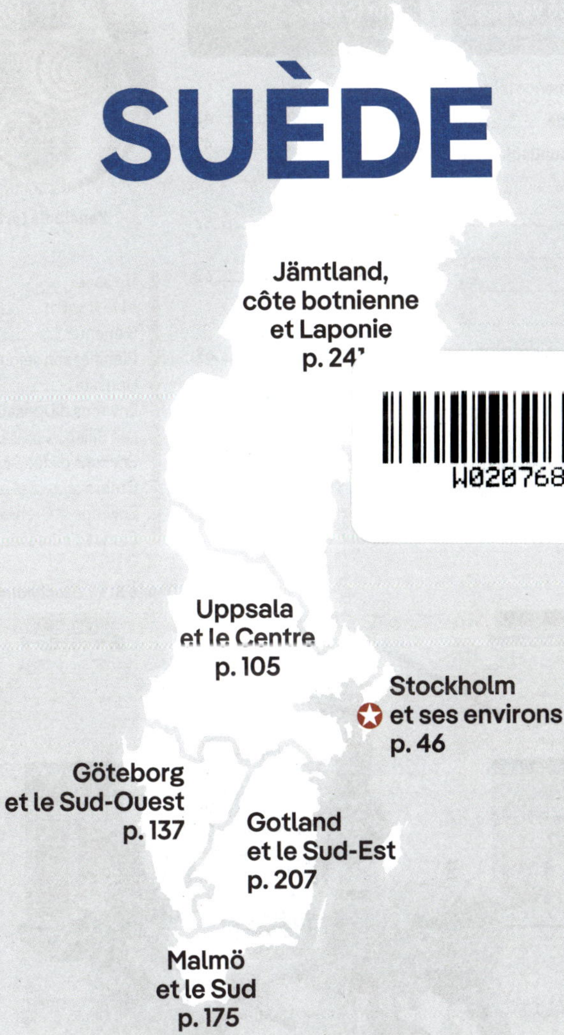

Anna Kaminski, Simon Richmond, Kevin Raub,
Marc di Duca, Virginia Maxwell et Maddy Savage

SOMMAIRE

Préparer son voyage

Sur la route

Kanelbule (p. 37)

Gamla Stan, Stockholm (p. 52)

Djurgarden, Stockholm (p. 74)

Carnet pratique

Comprendre

Huskies, Jokkmakk (p.257)

JUSTIN REZNICK PHOTOGRAPHY/GETTY IMAGES ©

Aurores boréales, Laponie (p. 241)

SUÈDE

LE VOYAGE COMMENCE ICI

Durant mon enfance en Union soviétique, j'ai grandi biberonnée aux histoires d'Astrid Lindgren et j'ai voyagé à travers tout le pays grâce à la bande d'oies sauvages du classique qu'est *Le Merveilleux Voyage de Nils Holgersson à travers la Suède* de Selma Lagerlöf, Prix Nobel de littérature. Mais la beauté sauvage du Nord est encore plus spectaculaire dans la réalité : comment ne pas être fascinée par les forêts interminables de la Suède arctique qui me rappellent celles de mon enfance ? J'aime aussi les longues journées de randonnée et de bivouac dans ce superbe paysage de montagne.

L'hiver s'accompagne de son lot de plaisirs, du crissement des skis sur les sentiers enneigés aux volutes des aurores boréales. J'admire l'amour des Suédois pour leurs produits locaux, leur passion pour la cueillette et pour la beauté et la fonctionnalité qu'on retrouve partout, de leurs bâtiments futuristes à Stockholm et Malmö à leurs ustensiles de cuisine.

Anna Kaminski
@cookwithkaminski

Mon expérience préférée est de randonner sur le **Padjelantaleden** (p. 260), dans le parc national de Padjelanta, et d'admirer la nature sauvage arctique, des montagnes aux rivières glaciaires en passant par les vallées marécageuses.

SUR LE TERRAIN

Nos auteurs présentent les lieux qui, pour eux, incarnent le mieux la Suède.

DE GAUCHE À DROITE : MIKHAIL MARKOVSKIY/SHUTTERSTOCK ©, DAVID TRABANTOS/SHUTTERSTOCK ©, DAVID BORLAND-VIEW / ALAMY STOCK PHOTO ©

À Stockholm, le **Stadshuset** (p. 64) est grandiose. Érigé au bord du lac Mälar, l'hôtel de ville construit au XXe siècle semble rendre hommage au palais des Doges vénitien. L'intérieur somptueux abrite notamment l'exceptionnelle Gyllene Salen (salle dorée, en photo).

Simon Richmond

@simonrichmond

Simon est journaliste et photographe depuis plus de 30 ans.

Les paysages boisés et colorés d'**Eksjö** (p. 233) sont superbes, mais rien ne m'avait préparé au dépaysement total qu'offre la splendide **Norrköping** (p. 235, en photo).

Kevin Raub

@RaubontheRoad

Kevin est journaliste et a contribué à plus de 110 guides Lonely Planet.

Bien plus qu'un simple musée, le **Världskulturmuseet** (p. 147), à Göteborg, est très stimulant. Que ce soit sa boutique sympathique ou son exposition *Together*, tout y est magique.

Marc di Duca

Auteur de guides depuis près de 20 ans, Marc a contribué à plus de 100 titres Lonely Planet.

DE GAUCHE À DROITE : UNCLE STOCK/SHUTTERSTOCK ©, NANTONOV/GETTY IMAGES ©

Le statut de pôle d'innovation et de design de **Malmö** (p. 180) saute aux yeux dans les rues qui s'étendent entre la Centralstation et le quartier moderne de **Västra Hamnen** (port de l'Ouest, en photo).

Virginia Maxwell

@maxwellvirginia

Installée à Melbourne, Virginia écrit sur diverses destinations.

Une promenade sur la côte méridionale de **Södermalm** (p. 52, en photo) dévoile l'équilibre entre beauté et animation sur lequel repose la capitale. En été, le quartier entre **Hornstull** et **Skanstull** s'anime.

Maddy Savage

@maddysavage

Maddy est une journaliste et documentariste basée à Stockholm.

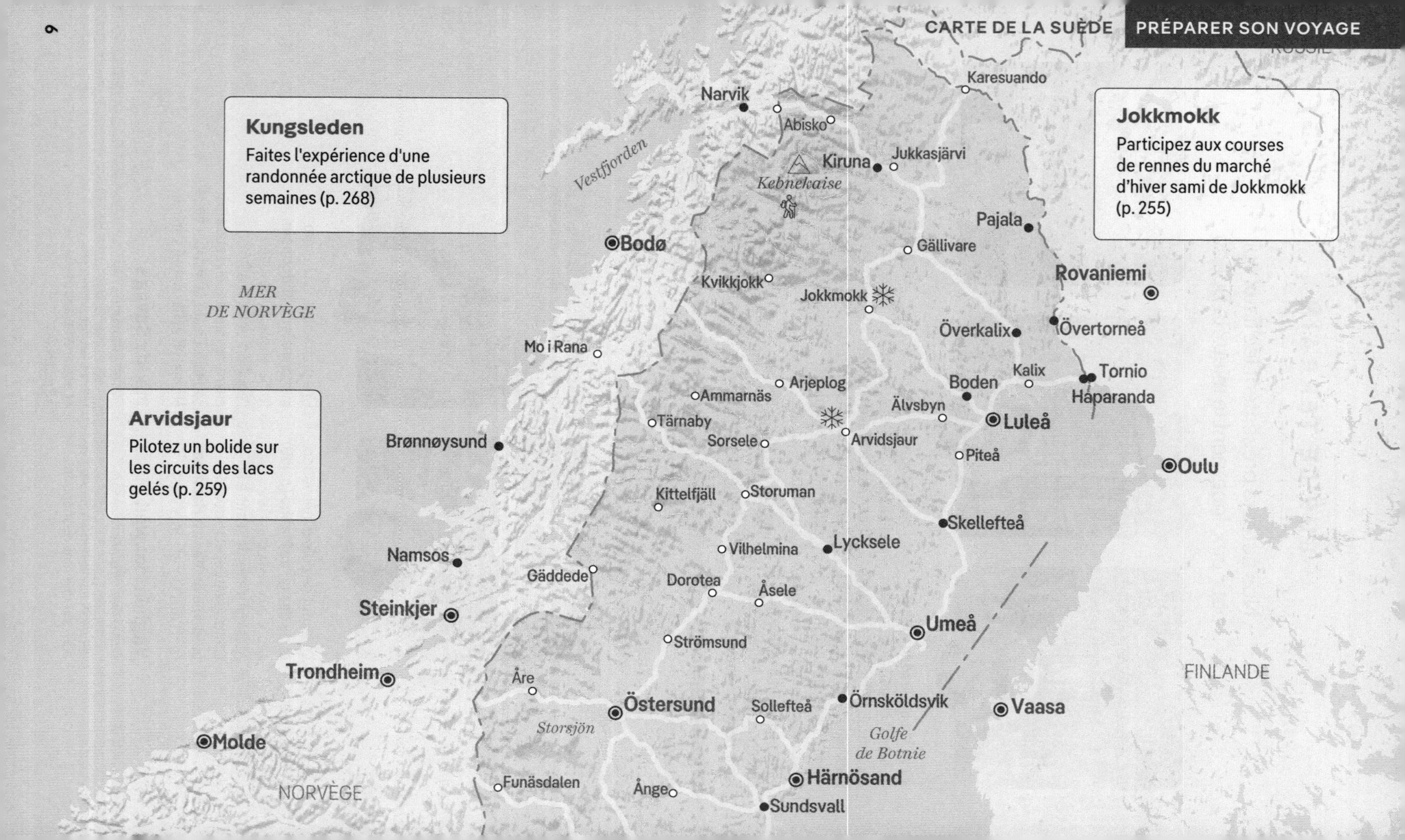
Kungsleden
Faites l'expérience d'une randonnée arctique de plusieurs semaines (p. 268)
Arvidsjaur
Pilotez un bolide sur les circuits des lacs gelés (p. 259)
Jokkmokk
Participez aux courses de rennes du marché d'hiver sami de Jokkmokk (p. 255)
MER DE NORVÈGE
Vestfjorden
Narvik
Abisko
Karesuando
Kiruna
Jukkasjärvi
Kebnekaise
Pajala
Bodø
Gällivare
Kvikkjokk
Jokkmokk
Rovaniemi
Övertorneå
Överkalix
Mo i Rana
Arjeplog
Ammarnäs
Boden
Kalix
Tornio
Haparanda
Älvsbyn
Luleå
Tärnaby
Sorsele
Arvidsjaur
Brønnøysund
Piteå
Oulu
Kittelfjäll
Storuman
Skellefteå
Lycksele
Vilhelmina
Namsos
Gäddede
Dorotea
Åsele
Steinkjer
Umeå
Strömsund
Trondheim
FINLANDE
Åre
Östersund
Sollefteå
Örnsköldsvik
Vaasa
Storsjön
Golfe de Botnie
Molde
Härnösand
Funäsdalen
Ånge
NORVÈGE
Sundsvall

Göteborg
Contemplez les réussites et défis humains au Världskulturmuseet (p. 147)

Sigtuna
Arpentez la plus vieille rue de Suède dans la bourgade la plus ancienne du pays (p. 90)

Archipel de Stockholm
Passez d'île en île et découvrez art, histoire et littérature (p. 89)

Malmö
Émerveillez-vous devant l'architecture du Turning Torso (p. 185)

Vadstena
Admirez le majestueux château de Vadstena (p. 228)

Péninsule de Falsterbo
Observez la migration de milliers d'oiseaux (p. 191)

Simrishamn
Lancez-vous sur ce sentier de randonnée cycliste longue distance (p. 201)

RANDONNÉE EN SUÈDE

Sentiers côtiers vertigineux, pistes dans des pinèdes ou des bois denses, chemins montagneux ou au fond de vallées avec vue grandiose : la Suède est maillée de milliers de kilomètres de sentiers. Outre les nombreuses randonnées et ascensions de collines à la journée, le pays présente beaucoup de sentiers longue distance parsemés de refuges bien situés, qui les rendent plus facilement réalisables. Procurez-vous des cartes topographiques avant le départ.

Droit de libre accès à la nature

L'*Allemansrätten* (allemansratten.se) donne accès aux parcs nationaux, réserves naturelles et terrains privés (à condition de rester à au moins 70 m des habitations).

Saison de randonnée

La période la plus propice va de fin juin à mi-septembre (période plus étendue au sud), quand les chemins ne sont pour la plupart plus enneigés. Les moustiques sont féroces, mais disparaissent vers la mi-août.

Zéro déchet

En bivouac, emportez vos déchets, enfouissez vos excréments loin de l'eau, éteignez vos feux de camp et respectez la faune et les zones de nidification marquées de panneaux "*fågelskydd – tillträde förbjudet*".

Randonnée, Kungsleden (p. 268)

NOTRE SÉLECTION

Partez en expédition sur le sentier longue distance le plus célèbre et le plus accessible de Suède, le ❶ **Kungsleden**. Montagnes, vallées et forêts époustouflantes sont au rendez-vous. (p. 268)

Rejoignez en bateau le ❷ **Padjelantaleden**, moins fréquenté, pour plusieurs jours de randonnée le long de montagnes et lacs immaculés et de vallées marécageuses (p. 260)

Explorez les pistes de Höno, arpentez une réserve naturelle sur Rörö et baladez-vous sur les plages de Brännö dans l'❸ **archipel de Göteborg**. (p. 150)

Découvrez les falaises, baies et villages de la côte de Botnie en empruntant le ❹ **Höga Kusten Leden**. (p. 277)

Gravissez le ❺ **Kebnekaise**, point culminant du pays : s'offrent alors à vous des paysages variés, avec vallées fluviales, forêts, pentes rocheuses et points de vue grandioses sur les montagnes et glaciers. (p. 270)

Le Vadstena Slott (p. 230)

CHÂTEAUX CAPTIVANTS

Dans la campagne et sur la côte de la moitié sud du pays, les châteaux forts et cités médiévales témoignent du pouvoir militaire passé de la Suède. Avant sa neutralité stratégique au XXe siècle, le pays a connu des guerres fréquentes avec ses voisins, le Danemark, la Norvège et la Finlande.

La plus ancienne forteresse

Sur le lac Vättern se dressent les ruines du château de Näs, premier et plus ancien château impérial de Suède, détruit par un incendie en 1318.

Île fortifiée

Malgré l'emplacement de l'île au cœur du lac Mälar, le château de Tynnelsö fut assiégé et conquis lors de la guerre suédoise de libération (XVIe siècle).

NOTRE SÉLECTION

Le ❶ **Kalmar Slott**, construit au XIIe siècle, surplombe le détroit de Kalmar. (p. 225)

Admirez le ❷ **Vadstena Slott**, héritage du roi Gustave Ier. (p. 230)

Le ❸ **Gripsholm Slott** (1370) se dresse à Mariefred, à 70 km de Stockholm. (p. 91)

Le ❹ **Läckö Slott** est bâti sur les ruines de fortifications (XIIIe siècle) au nord de Lidköping. (p. 163)

Chassez les fantômes dans la forteresse médiévale de ❺ **Glimmingehus**. (p. 200)

LA SUÈDE À VÉLO

La Suède est idéale pour le vélo, notamment la Scanie et l'île de Gotland. La plupart des villes sont pourvues d'agences de location de vélos classiques et électriques La meilleure saison pour pédaler va de mai à septembre dans le Sud, et de juillet à août dans le Nord.

Dans les transports en commun

Les bus longue distance n'acceptent pas les vélos, mais les trains Sveriges Järnväg (SJ) les autorisent s'ils sont pliables et transportés en bagage à main. Certains ferries les transportent gratuitement.

Pistes cyclables longue distance

La piste Kustlinjen (591 km) part d'Öregrund et longe la mer Baltique jusqu'à Västervik. Le Skånespåret (800 km) est un réseau de pistes cyclables. Entre Helsingborg et Karesuando, le Sverigeleden est bien signalisé tout au long de ses 2 600 km.

Frisson du vertige

En été, certaines stations de ski se transforment en parcs de VTT : les télésièges sont munis de porte-vélos et des cyclistes bien protégés dévalent les pentes à grande vitesse.

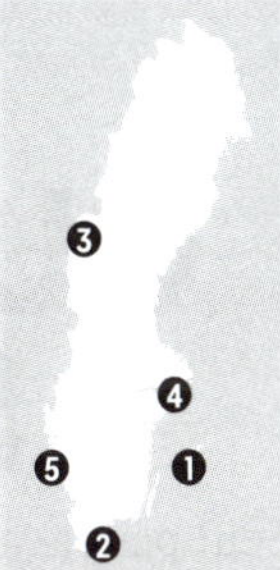

NOTRE SÉLECTION

Explorez l'île de ❶ **Gotland** : majoritairement plate, elle jouit d'un excellent réseau de pistes cyclables. Ponctuée de pierres runiques et de phares, elle offre des paysages très variés. (p. 207)

Pédalez sur les 274 km du ❷ **Sydostleden** qui relie Simrishamn (Scanie) à Växjö (Småland). Visitez des châteaux et un repaire de contrebandiers du XIXe siècle, et dégustez de la vodka. (p. 201)

Dévalez les pentes du ❸ **Åre Bike Park** : le plus grand terrain de VTT de Suède offre 35 km de pistes, 17 sentiers et un dénivelé raide de 900 m. (p. 250)

Profitez des vélos en libre service de Stockholm, empruntez ses nombreuses pistes cyclables et participez à une visite de la ville et des environs organisée par ❹ **Stockholm Adventures**. (p. 67)

Louez un vélo à Göteborg et prenez le ferry : à vous les sentiers cyclables de ❺ **Brännö** ! (p. 151)

CULTURE SAMI

Seul peuple autochtone d'Europe, les Sami comptent parmi les premiers habitants de Suède. Aujourd'hui, le stéréotype du Sami berger nomade de rennes a fait place à une réalité plus moderne. Certains pratiquent encore l'élevage et migrent au gré des saisons, mais d'autres sont orfèvres ou programmeurs informatiques. Plongez au cœur de la culture sami traditionnelle en passant une nuit dans un camp de rennes, en flânant sur le marché le plus exubérant de Scandinavie et dans de passionnants musées.

Sámi Duodji

Le label Sámi Duodji identifie des objets d'artisanat sami de qualité, dont des articles de maroquinerie, des étoffes, des *guksi* en bois (coupes à boire), des pièces d'orfèvrerie et des couteaux à fourreau ou des manches en corne de renne gravée.

Langues

De la famille des langues finno-ougriennes, dix langues sames distinctes sont parlées dans le Sápmi (terres ancestrales des Sami au nord de la Suède, de la Norvège, de la Finlande et de la péninsule russe de Kola).

Joik

Pierre angulaire de l'identité sami, le *joik* est un poème ou chant rythmique composé pour une personne, un événement ou un objet en particulier, pour en décrire l'essence.

Course de traîneaux de rennes, Jokkmokk (p. 254)

NOTRE SÉLECTION

Participez à une course de rennes, achetez des objets *duodji* ou profitez simplement de l'atmosphère sauvage du ❶ **marché d'hiver de Jokkmokk**. (p. 255)

Croyances traditionnelles, conséquences de la production d'énergie hydroélectrique, élevage de rennes : découvrez la culture sami à l' ❷ **Ájtte Museum**, à Jokkmokk. (p. 256)

Avec le prestataire sami ❸ **Ofelaš**, traversez la toundra et la forêt à l'ombre du Kebnekaise sur un cheval islandais. (p. 265)

Dormez dans une *kåta* (hutte en bois) avec une famille d'éleveurs traditionnels de rennes du ❹ **camp de Båtsuoj** et goûtez au renne grillé. (p. 261)

Au ❺ **Silvermuseet** (Arjeplog), observez la plus grande collection d'objets sami en argent au monde, avec notamment des colliers transmis de mère en fille. (p. 261)

AVENTURE HIVERNALE

Les Sami de Suède ont largement adopté le traîneau à chiens comme mode de déplacement hivernal. Avec votre propre attelage de huskies, participez à des excursions pour découvrir les contrées sauvages environnant les villes du Nord. Pour des escapades plus courtes, des traîneaux à rennes sont disponibles. Dans les endroits difficiles d'accès, faites un safari à motoneige. La plupart de ces expéditions permettent aussi d'admirer les aurores boréales (p. 267). Pour davantage de réjouissances hivernales partout en Suède, prenez un bain de glace ou chaussez des skis.

Location et excursions à motoneige

Pour louer une motoneige, il faut un permis de conduire et un permis délivré par l'office du tourisme. Pour un safari, il est moins cher d'engager un pilote expérimenté.

Ski de randonnée

Étroits, les skis de fond sont conçus pour les pistes damées, mais les skis de randonnée (skis nordiques), larges et munis de bords métalliques, conviennent aux terrains vierges et aux montées.

La saison des neiges

De décembre à avril, c'est la saison des traîneaux à chiens et à rennes, et de la motoneige. Avec, toutefois, plus de lumière du jour à partir de février. Conduite sur glace en février.

Ski, Åre (p. 250)

NOTRE SÉLECTION

Faites ronfler le moteur d'une voiture rapide sur les pistes des lacs gelés près d'❶ **Arvidsjaur**. (p. 259)

Partez en excursion de plusieurs jours tiré par des huskies avec ❷ **Nymånen Dogsledding**, près d'Arvidsjaur. (p. 261)

Prenez un bain de glace revigorant avant de vous réfugier dans un sauna sur la ❸ **Ribersborgs Stranden** à Malmö. (plage ; p. 184)

Dévalez les pistes d'❹ **Åre**. Plus grande station de ski suédoise, elle compte 38 remontées mécaniques et plus de 100 pistes adaptées à tous les niveaux. (p. 250)

Avec ❺ **Snowmobile Adventures** (à Arvidsjaur), prenez vos marques au volant d'une motoneige. Déjà expérimenté ? Partez pour un safari extrême en terrain accidenté. (p. 259)

ABBA The Museum (p. 78)

MUSÉES D'EXCEPTION

Essentiellement concentrés dans les grandes villes (Stockholm, Göteborg et Malmö), les musées futuristes de Suède allient architecture remarquable et contenu interactif. Des fonds marins aux profondeurs de la jungle, en passant par la musique d'ABBA ou l'espace, l'ingéniosité humaine n'aura plus de secret pour vous !

ABBA The Museum

Des objets collectors fourmillent dans ce temple dédié au groupe suédois le plus célèbre au monde (p. 78), à côté duquel on peut monter sur scène et enregistrer son propre tube.

Pour les enfants

Cascades et dinosaures rugissants, singes acrobates et forêt humide : les expositions interactives de l'Universeum (p. 146) le rendent unique.

NOTRE SÉLECTION

À Göteborg, les expositions du ❶ **Världskulturmuseet** incitent à la réflexion (p. 147)

Plongez dans les découvertes scientifiques du ❷ **Tekniska**, où le projet Wisdome Stockholm devrait voir le jour. (p. 70)

Revivez le naufrage du vaisseau de guerre *Vasa* au ❸ **Vasamuseet** (p. 76), à Stockholm.

Explorez les fonds marins de la mer Baltique via les expositions high-tech du ❹ **Vrak Museum**. (p. 76)

Plongez dans l'histoire de Karlstad en observant les installations multimédias du ❺ **Värmlands Museum**. (p. 131)

SUR L'EAU

L'immense littoral suédois, avec ses dizaines de milliers d'îles, îlots et archipels, est une aubaine pour la navigation de plaisance. Les ferries permettent de passer d'une île à l'autre et de découvrir villages de pêcheurs, sentiers, plages et îlots plus petits, boisés, escarpés ou arides. À l'intérieur des terres, vous pouvez explorer les nombreux canaux à la voile ou faire une croisière. Le pays aux 100 000 lacs est un paradis pour les canoéistes.

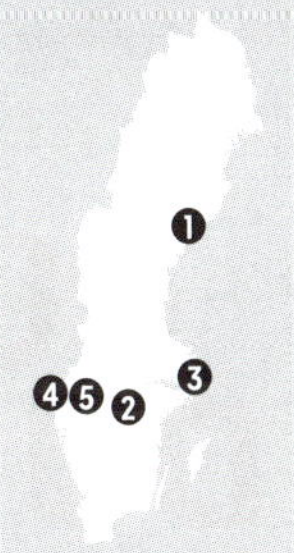

Rejoindre les îles

Consultez les horaires des bateaux : certaines îles sont peu desservies hors période estivale. Les plus grandes îles habitées près de Stockholm et Göteborg sont facilement accessibles toute l'année.

Location de bateau

Le permis bateau est obligatoire pour louer un voilier et naviguer sur la côte, mais pas pour louer certaines péniches afin de remonter le canal du Dalsland et le canal Göta.

Nuit au phare

Passez une nuit unique en dormant dans un *fyr* (phare) sur Hamneskär et Hållö, au large de la côte du Bohuslän, ou sur Högbonden, au large de la Höga Kusten.

NOTRE SÉLECTION

Explorez les villages de pêcheurs de Trysunda et d'Ulvön au large de la ❶ **Höga Kusten**, traversez la gorge de Högbonden et goûtez au *surströmming* (hareng fermenté), spécialité d'Ulvön. (p. 277)

Louez une péniche et explorez la paisible campagne en naviguant entre écluses et lacs le long du ❷ **canal Göta**. (p. 228)

Contemplez les sentiers de sculptures d'Artipelag, visitez le domicile de Mikael Blomkvist sur Sandön et le cimetière des victimes du choléra sur Kyrkogårdsön, dans l'❸ **archipel de Stockholm**. (p. 89)

Prenez le bateau à Strömstad et rejoignez les ❹ **îles Koster** pour randonner parmi les collines du nord de Koster et vous balader sur les sentiers boisés le long des plages du sud de Koster. (p. 159)

En kayak, dans l'archipel de Göteborg, longez la côte du Bohuslän et remontez le ❺ **canal du Dalsland**. (p. 161)

CULTURE DU DESIGN

Cuisine futuriste, objets ménagers ou derniers chefs-d'œuvre architecturaux urbains : le design suédois marie élégance minimaliste, fonctionnalité et ingéniosité. La ville postindustrielle de Malmö est un haut lieu du design et de l'innovation, les infrastructures et espaces publics de Stockholm allient design moderniste et approche écoresponsable et durable. Ailleurs fleurissent d'autres incroyables bâtiments en verre et en glace qu'on reconstruit chaque année.

Un pont impressionnant

Sinueuse structure d'acier qui rejoint un tunnel sous la mer, le remarquable pont d'Öresund (p. 186) relie la Suède au Danemark (Malmö et Copenhague).

Verre avant-garde

Dans le Glasriket, le design abstrait a remplacé les vases traditionnels dans les années 1960. Aujourd'hui, de jeunes artistes surprennent en ébauchant des visages envoûtants à l'intérieur de blocs de glace.

Renouveau glacé

L'hiver, des artistes internationaux créent des chefs-d'œuvre de glace, allant de la sculpture sur glace conventionnelle à des créations plus abstraites, pour orner les pièces de l'Icehotel de Jukkasjärvi (p. 271).

DE GAUCHE À DROITE : JOHNER IMAGES/GETTY IMAGES ©, DANITA DELIMONT/SHUTTERSTOCK ©, MAYKOVA GALINA/SHUTTERSTOCK ©

Drottningholm Slott (p. 88)

NOTRE SÉLECTION

Admirez la façade de verre et d'acier qui reflète la Svartån et l'intérieur revêtu de bois de bouleau du ❶ **Kulturvarteret** d'Örebro. (p. 127)

Dans l'archipel de Stockholm, laissez-vous séduire par la sculpture contemporaine à la galerie ❷ **Artipelag**, aux allures de repaire de James Bond. (p. 93)

Tombez sous le charme des bâtiments remarquables de ❸ **Malmö**, du Slussplan, bijou d'architecture régénérative, à la World Maritime University toute de verre et d'aluminium. (p. 180)

Promenez-vous au ❹ **Drottningholm Slott**, d'inspiration Renaissance. Il a été conçu au XVIIe siècle par le grand Nicodème Tessin l'Ancien. (p. 88)

À Malmö, admirez la merveille torsadée qu'est le ❺ **Turning Torso**, étonnante tour d'habitation conçue par l'architecte espagnol Santiago Calatrava. (p. 185)

Vadstena (p. 228)

CHARMANTS VILLAGES

Avant que verre et chrome n'envahissent Stockholm et Malmö, la Suède était parsemée de villages de cabanes de pêcheurs accrochées à la côte et balayées par les vents, de localités pavées, de lieux de pèlerinage anciens et d'adorables petites maisons rouge et blanc.

Lieu de pèlerinage

De nos jours, il est difficile de croire que le village assoupi de Vadstena fut un lieu de pèlerinage important pour les fervents de sainte Brigitte plusieurs siècles en arrière.

Maisons rouges

Les maisons recouvertes de rouge de Falun courent aujourd'hui les rues, mais ce n'était pas le cas jusqu'à la moitié du XIXe siècle : cette couleur était réservée à l'aristocratie.

NOTRE SÉLECTION

Visitez la jolie ville en bois bien conservée d'❶ **Eksjö**. (p. 233)

En bord de lac, explorez la jolie bourgade de ❷ **Mariefred**, surplombée par le château de Gripsholm. (p. 91)

Flânez dans Storagatan à ❸ **Sigtuna**, la plus vieille ville de Suède. (p. 90)

De pittoresques villages de pêcheurs avec vue panoramique parsèment le ❹ **Höga Kusten Leden**. (p. 277)

Observez les environs du joli port de ❺ **Mollösund**, le plus vieux village de pêcheurs de la côte du Bohuslän. (p. 155)

FAUNE

Les forêts denses et les montagnes du nord et du centre du pays abritent les grands carnivores d'Europe : l'ours brun, le loup, le glouton, le lynx et l'aigle royal, qui sont tous des espèces protégées. Les eaux et îlots rocheux suédois sont peuplés de phoques gris et communs, mais aussi de mouettes, sternes et autres oiseaux marins, tandis que les lacs intérieurs abritent des échassiers.

Troupeaux de rennes

Vous croiserez peut-être certains des 260 000 rennes de Laponie. La Suède ne compte plus aucun renne sauvage : tous ont été domestiqués et sont élevés par les Sami.

Roi de la forêt

Environ 300 000 élans évoluent sur les terres suédoises. Pouvant mesurer jusqu'à 2 m de hauteur, l'élan est le plus grand mammifère terrestre d'Europe. Très bon nageur, il est aussi bon sauteur. À l'aube et au crépuscule, il représente un vrai danger sur la route.

Amateurs d'ornithologie

La Suède compte de nombreux ornithologues passionnés : une multitude de tours d'observation et de réserves naturelles font leur bonheur. Pour plus d'informations, contactez la Sveriges Ornitologiska Förening (birdlife.se).

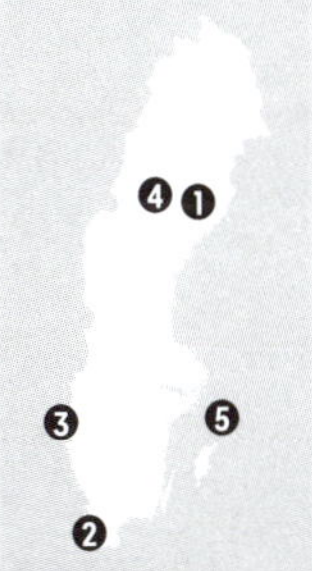

NOTRE SÉLECTION

Si vous n'avez pas fait de rencontres impromptues avec des élans sur les routes boisées et calmes, venez observez ceux (domestiqués) de l'❶ **Älgens Hus** (p. 274).

En automne, observez les milliers d'olseaux de la ❷ **péninsule de Falsterbo**. Cherchez les phoques dans la réserve naturelle de Måkläppens. (p. 191)

Pour voir des phoques, participez à un safari sur la ❸ **côte du Bohuslän** (p. 154) organisé par une agence près de Lysekil.

Avec un peu de chance, vous apercevrez un ours brun (craintif et difficile à repérer) près de ❹ **Dorotea**, capitale suédoise des ours (p. 251).

Levez les yeux pour observer pygargues à queue blanche, loriots d'Europe et autres oiseaux migrateurs dans le ❺ **parc national de Gotska Sandön**. (p. 220)

VILLES ET RÉGIONS

Composez votre voyage selon vos envies.

Uppsala et le Centre

CŒUR HISTORIQUE ET BOURGADES IDYLLIQUES

Renfermant l'essence du pays, le Centre est fait de villes multiculturelles, de villages aux fortes traditions folkloriques, de paysages bucoliques et de maisons rouge de Falun. Si on y ajoute les châteaux et les *dalahäst* (chevaux en bois sculpté), la région est d'un éclectisme fou.

p. 105

Jämtland, côte botnienne et Laponie

CONTRÉES SAUVAGES, CULTURE SAMI ET LITTORAL

Tapissée de forêts, hérissée de montagnes et ponctuée de lacs, la Laponie est la dernière vraie contrée sauvage d'Europe. Sous le soleil de minuit ou sous les aurores boréales, explorez les terres ancestrales des Sami, à pied ou en traîneau à chiens, et trouvez l'île inhabitée de vos rêves sur la côte botnienne.

p. 241

Göteborg et le Sud-Ouest

DEUXIÈME VILLE DU PAYS ET CÔTE SAUVAGE

Flanquée d'un archipel attrayant, Göteborg, deuxième ville du pays, tient sa renommée de ses bars, cafés, musées, parcs à thème et de sa scène artistique avant-gardiste. Gravures rupestres, plages Pavillon bleu et îlots vierges de la côte du Bohuslän vous attendent non loin de Göteborg. Le canal de Dalsland attire amateurs de navigation de plaisance et de kayak.

p. 137

Malmö et le Sud

CHEFS-D'ŒUVRE MÉDIÉVAUX, PLAGES ET VILLES FASCINANTES

Magnifique et cosmopolite, Malmö, troisième ville de Suède, met à mal les stéréotypes nordiques et séduit par son architecture, ses merveilles d'ingénierie et sa proximité avec Copenhague. Les régions environnantes, la Scanie et le Blekinge, arborent patrimoine viking, falaises abruptes, plages sablonneuses et vestiges baroques de la puissance maritime suédoise. Non loin, Lund est un grand pôle universitaire.

p. 175

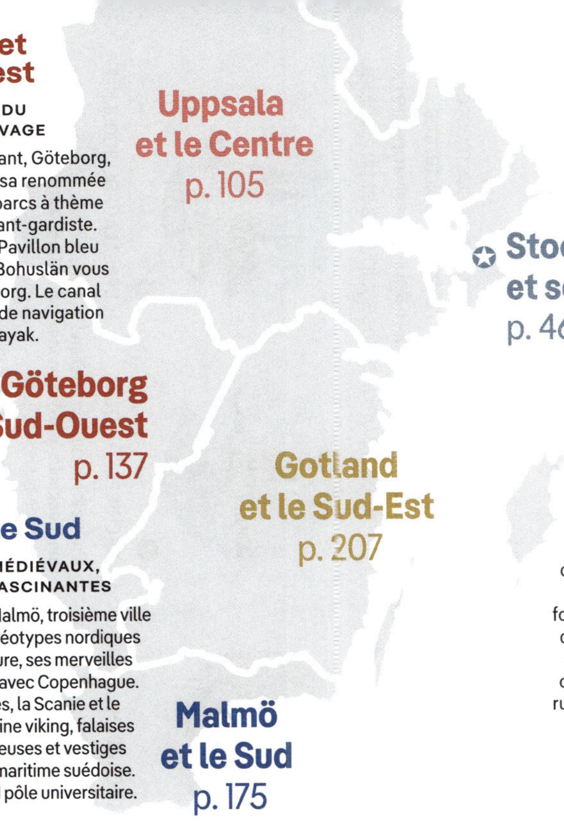

Stockholm et ses environs

VILLE ÉLÉGANTE ENTOURÉE D'EAU

Palais royal, art contemporain, musées et galeries réputés, rues pavées et boutiques de créateurs : la capitale suédoise a tout pour plaire. Cerné d'eau, ce haut lieu culturel resplendit et permet des escapades vers des îles boisées. Elle jouit d'une scène gastronomique dynamique.

p. 46

Gotland et le Sud-Est

MERVEILLES MÉDIÉVALES, ÎLES ET CÔTE ESCARPÉE

La région est constellée d'imposants châteaux, de villages idylliques, de sites de l'âge du fer, mais aussi de musées rétro, de villages de souffleurs de verre et de forêts denses. On peut y découvrir la maison d'enfance de la créatrice de Fifi Brindacier, Astrid Lindgren. Au large, l'île de Gotland charme par ses paysages semés de pierres runiques, ses églises médiévales, ses plages et sa ville fortifiée.

p. 207

MISTERVLAD/SHUTTERSTOCK ©

Gamla Stan, Stockholm

ITINÉRAIRES

Stockholm
et ses environs

Durée : 4 jours **Distance :** 250 km

Cet itinéraire mène de Stockholm, avec ses voies navigables, ses musées et son Palais royal, à l'architecture monumentale d'Uppsala, aux tertres funéraires et au village historique de Sigtuna. Puis retour aux environs de de la capitale pour découvrir un cimetière unique, des sculptures et un archipel.

1

STOCKHOLM 1 JOUR

À **Stockholm** (p. 46), visitez le Kungliga Slottet (Palais royal ; photo) et battez le pavé dans les ruelles étroites de Gamla Stan (vieille ville, p. 52). Faites un tour au superbe Vasamuseet, pour admirer le plus célèbre vaisseau de guerre (coulé) suédois, et au Moderna Museet, pour faire le plein d'art contemporain, avant de profiter des bars de SoFo à Södermalm.

1 heure 30-2 heures

2

ARCHIPEL 1 JOUR

Prenez le bateau pour l'**archipel de Stockholm** (p. 89) : emportez un pique-nique sur l'île de votre choix ou participez à une croisière d'île en île avec Strömma Kanalbolaget (p. 89). Revenez déguster des plats suédois traditionnels chez Rolfs Kök (p. 84) avant d'explorer **Vasastan** (p. 82). Ne manquez pas le musée ultramoderne consacré à ABBA (p. 78).

1 heure 30 ; 40 minutes

3

UPPSALA DEMI-JOURNÉE

Prenez un train à grande vitesse pour **Uppsala** (p. 110), l'une des plus vieilles villes de Suède. Visitez la Domkyrka, plus vaste église de Scandinavie (en photo) et l'étrange Museum Gustavianum, avant de louer un vélo pour arpenter le Linnéträdgården (plus ancien jardin botanique du pays) et admirer les pierres runiques de l'Uppland à l'Universitetsparken.

40 minutes aller ; 40 minutes retour

JENIFOTO/SHUTTERSTOCK ©, ALLANW/SHUTTERSTOCK ©, TRABANTOS/SHUTTERSTOCK ©

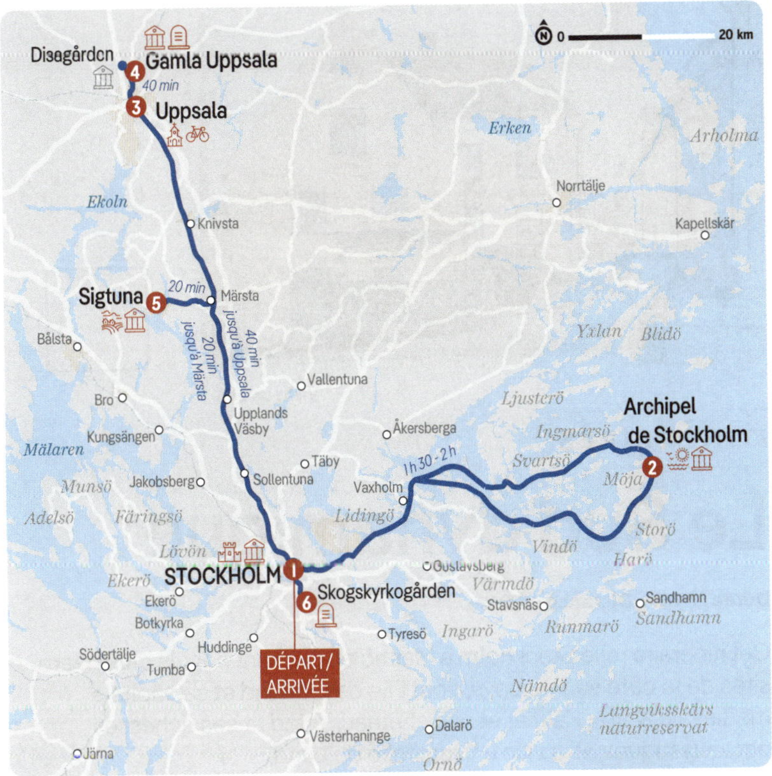

4

GAMLA UPPSALA

DEMI-JOURNÉE

À Uppsala, prenez le bus n°2 depuis Stora Torget pour rejoindre **Gamla Uppsala** (p. 110), l'un des plus grands sites suédois de tertres funéraires, où gisent rois et reines vikings. Après une visite instructive au Gamla Uppsala Museum, baladez-vous quelques heures sur le site.

40 minutes (jusqu'à Stockholm) ; 20 minutes ; 20 minutes

5

SIGTUNA DEMI-JOURNÉE

À Stockholm, prenez un train régional jusqu'à Märsta, d'où partent des bus pour **Sigtuna** (p. 90), qui abrite la plus vieille rue principale du pays. Familiarisez-vous avec l'histoire millénaire de la ville au Sigtuna Museum. Observez ensuite les peintures murales médiévales restaurées de la Mariakyrkan, puis cap sur le *rådhus*, l'hôtel de ville le plus petit de Scandinavie.

20 minutes, 20 minutes

6

SKOGSKYRKOGÅRDEN

DEMI-JOURNÉE

En revenant à Stockholm, prenez le *tunnelbana* (métro) vers le sud jusqu'au **Skogskyrkogården** (p. 92). Conçu par Gunnar Asplund et Sigurd Lewerentz, ce cimetière en forêt classé au patrimoine mondial de l'Unesco est célèbre pour ses bâtiments fonctionnalistes. Parmi les célébrités qui y reposent, il y a Greta Garbo (photo).

10 minutes

PER-BOGE/SHUTTERSTOCK ©

Visby (p. 212)

ITINÉRAIRES

Le Sud dynamique

Durée : 7 jours **Distance :** 420 km

Cet itinéraire relie Stockholm à Malmö en passant par les plus beaux sites de la côte sud du pays, dont l'île de Gotland et sa capitale médiévale, Visby, Kalmar et son château, Ystad et ses richesses ecclésiastiques et la ville universitaire de Lund.

1

STOCKHOLM ⏱ 1 JOUR

Prenez le temps de visiter **Stockholm** (p. 46), la “beauté sur l'eau”. Explorez Gamla Stan (vieille ville ; photo) et visitez le Kungliga Slottet (Palais royal) et le Vasamuseet. Faites un tour dans les quartiers branchés de Södermalm, où s'alignent restaurants éclectiques et boutiques vintage.

1 heure ; 3-4 heures.

2

GOTLAND ⏱ 2 JOURS

Prenez le car-ferry à Nynäshamn pour l'île de **Gotland** (p. 207). Parcourez Visby, la ville médiévale la mieux conservée de Scandinavie (photo ; p. 212). En août, participez à la semaine médiévale. Ne manquez pas le Gotlands Museum, où sont exposées des pierres runiques datant d'avant les Vikings. Le lendemain, baladez-vous en voiture ou à vélo.

3 heures 30

3

KALMAR ⏱ 1 JOUR

Prenez le bateau jusqu'à Oskarshamn, sur le continent, puis roulez direction sud vers **Kalmar** (p. 225), ville dominée par le château de Kalmar, l'un des plus beaux du pays. Visitez le Kalmar Länsmuseum (photo) et admirez ce qu'il reste du navire royal, le *Kronan*, qui a sombré au XVIIe siècle.

Détour : *Roulez sur le pont de 6 km pour rallier l'île étroite et tout en longueur d'Öland (p. 221). 3 heures 30*

MARCO BOTTIGELLI/GETTY IMAGES ©, NIAR/SHUTTERSTOCK ©, DANITA DELIMONT/SHUTTERSTOCK ©,

4

YSTAD 1 JOUR

Longez la côte jusqu'à **Ystad** (p. 197), ville prospère à l'époque médiévale. On peut y admirer des trésors religieux comme la Sankta Maria Kyrka (photo), l'une des plus vieilles églises en brique de Scanie, et le Klostret i Ystad, un monastère transformé en musée.

***Détour :** La forteresse du XVIe siècle de Glimmingehus (p. 200) est connue pour être hantée. À 30 km au nord-est d'Ystad.1 heure*

5

LUND 1 JOUR

Suivez la côte vers l'ouest, puis entrez dans les terres jusqu'à la vénérable **Lund** (p. 192). Un jour ne sera pas de trop pour visiter la vieille ville autour de la belle Domkyrka (cathédrale ; photo) et la plus ancienne université de Suède (environ 1666) et profiter de la scène gastronomique. Revenez au Moyen Âge dans le musée à ciel ouvert Kulturen I Lund.

25 minutes

6

MALMÖ 1 JOUR

Dans la ville multiculturelle de **Malmö** (p. 180), la charmante Gamla Staden (photo) contraste avec l'architecture moderne du front de mer réaménagé de Västra Hamnen. Découvrez l'art nordique contemporain au Malmö Museer et au Moderna Museet Malmö, et extasiez-vous devant le pont d'Öresund, menant à Copenhague, et le Turning Torso dans le quartier animé de Västra Hamnen.

ITINÉRAIRES

Le meilleur de l'Ouest

Durée : 7 jours

Distance : 417 km

Cet itinéraire permet de profiter au mieux d'une semaine sur la côte ouest. Il comprend Göteborg, la deuxième ville du pays, son grand archipel, les îles Koster, le village de Fjällbacka, l'île de Hållö et les gravures rupestres de Tanum, joyaux de la côte du Bohuslän.

Fjällbacka

PHOTOSBYPATRIK/SHUTTERSTOCK ©

1 GÖTEBORG 1 JOUR

Explorez la ville riche, dynamique et accueillante de **Göteborg** (p. 141). Emmenez les enfants à l'Universeum, faites un tour sur le grand huit en bois et la tour de chute libre du parc d'attractions de Liseberg (photo). Contemplez les navires vikings du Stadmuseet, découvrez les expositions artistiques du Konstmuseum et régalez-vous chez Feskekörka et 28+.

Détour : *Rendez hommage à la voiture la plus populaire du pays au Volvo Museum (p. 147). 1 heure 30*

2 SMÖGEN 1 JOUR

Direction **Smögen** (p. 157), station balnéaire branchée de la côte du Bohuslän. Après l'agitation du marché à la criée, montez les marches pour vous balader entre les maisons de pêcheurs, avant de vous installer dans un bar sur la promenade pour contempler la mer.

Détour : *En été, prenez le bateau jusqu'à l'île de Hållö (p. 158) et dormez dans le phare. 45 minutes*

3 FJÄLLBACKA DEMI-JOURNÉE

Allez à **Fjällbacka** (p. 158) via de belles routes côtières. Bordée de falaises, la bourgade aux maisons colorées est célèbre pour avoir été le lieu de villégiature estival d'Ingrid Bergman. Achetez un sandwich aux crevettes sur le front de mer, puis montez les escaliers en bois jusqu'à la falaise de Vetteberget (beau point de vue), avant de vous balader sur le plateau rocheux.

20 minutes

A. ALEKSANDRAVICIUS/SHUTTERSTOCK ©

4

TANUMSHEDE ⏱1 JOUR

Pénétrez dans les terres jusqu'à Litsleby, l'un des trois grands sites de gravures rupestres (*hällristningar*) de l'âge du bronze des plaines de Tanum, près de **Tanumshede** (p. 158). Observez les gravures aux thèmes nautiques avant de passer au site d'Aspeberget (plus grande concentration de gravures). Visitez le Vitlycke Museum (p. 158) voisin : des expositions interactives expliquent l'origine et la signification de ces œuvres.

25 minutes

5

STRÖMSTAD ⏱1 JOUR

À Tanumshede, prenez la route 176 jusqu'à la station balnéaire de **Strömstad** (en photo, p. 159). Baladez-vous sur les plages de Capri et Seläter, explorez des ruelles de bâtiments en bois et allez voir quelques tombes de l'âge du fer et une tombe néolithique à 6 km à l'est.

***Détour :** Naviguez jusqu'aux îles Koster (p. 159), où vous attendent belles plages, sentiers de randonnée et pistes cyclables. 1 heure 45*

6

GÖTEBORG
⏱1 JOUR ET DEMI

Retour à **Göteborg** (p. 141) : reprenez votre exploration de cette ville souvent sous-estimée. Prenez un café chez Evas Paley, visitez le Världskulturmuseet, achetez des provisions locales au Saluhallen et faites du shopping dans Haga Nygatan et Kungsgatan, avant de dîner chez Project.

LEFTCLICK2WIN/SHUTTERSTOCK ©

Aurore boréale

ITINÉRAIRES

Aventure hivernale

Durée : 7 jours **Distance :** 1 135 km

La ville minière de Kiruna est le départ et l'arrivée de ce parcours se déroulant surtout au nord du cercle polaire arctique. Admirez les aurores boréales à Abisko, goûtez aux sports d'hiver à Arvidsjaur, découvrez la culture sami à Arjeplog et Jokkmokk et dormez dans le légendaire Icehotel.

1

KIRUNA 1 JOUR

Explorez **Kiruna** (p. 262), pôle d'activités hivernales le plus au nord de la Suède. Pendant une demi-journée, visitez la ville avec Stejk City Tour : vous apprendrez que la ville va devoir se déplacer pour éviter de tomber dans la plus grande mine de minerai de fer au monde (photo). Aventurez-vous dans la mine pour en apprécier la taille et l'importance.

1 heure

2

ABISKO 1 JOUR

Montez dans le train, direction l'ouest, jusqu'à **Abisko** (p. 267) où vous passerez la nuit à la STF Abisko Turiststation, avant de passer une journée pour skier ou marcher en raquettes le long du tronçon enneigé du Kungsleden (p. 268) ou sur la rive sud du lac gelé de Torneträsk. Le soir, prenez le télésiège jusqu'à l'Aurora Sky Station (mont Nuolja) pour admirer une aurore boréale.

1 heure ; 4 heures 30

3

ARVIDSJAUR 1 JOUR

Retournez à Kiruna en train. Louez une voiture et partez au sud vers **Arvidsjaur** (p. 259), où vous pourrez conduire des voitures haut de gamme sur les lacs glacés aux abords de la ville. En manque d'adrénaline ? Faites un safari à motoneige sous une aurore boréale ou partez en excursion avec un traîneau de huskies de Nymånen Dogsledding.

2 heures aller-retour

LUCIEZR/SHUTTERSTOCK ©, JOHNER IMAGES/GETTY IMAGES ©, VIKTORISHY/SHUTTERSTOCK ©

4

ARJEPLOG 1 JOUR

Vers l'ouest, la petite ville d'**Arjeplog** (p. 261) peut aussi être une bonne base pour conduire sur la glace. Découvrez les objets en argent sami a u Silvermuseet, et trempez des tranches de renne séché dans une tasse de café à l'Arjeplog Vilt & Kafé.

Détour : *Dirigez-vous au sud pour passer la nuit aux côtés des éleveurs de rennes du camp sami de Båtsuoj (p. 261) et en apprendre plus sur leur métier. 2 heures*

5

JOKKMOKK JOUR

En retournant au nord, arrêtez-vous à **Jokkmokk** (p. 254) et prolongez votre bain de culture sami en visitant l'Ájtte Museum, puis en achetant couteaux à fourreau en bois de renne, sacs à café en cuir, bijoux en argent ou vêtements sami. Le premier week-end de février, assistez au marché d'hiver de Jokkmokk (photo), avec animations et courses de rennes.

2 heures 30

6

JUKKASJÄRVI 2 JOURS

À **Jukkasjärvi** (p. 271), au nord-est de Kiruna, séjournez deux nuits dans l'emblématique Icehotel, dans une chambre de glace, une suite remplie de sculptures de glace ou une chambre chauffée. Mangez dans des assiettes de glace à l'Icehotel Restaurant, participez à des activités hivernales et visitez le musée voisin de Nutti Sámi Siida pour en apprendre plus sur l'élevage de rennes.

QUAND PARTIR

De mai à septembre, le soleil brille plus souvent et plus fort, mais, de décembre à mars, la neige et les sports d'hiver procurent un vrai frisson !

L'hiver long et glacial de la Suède attire des voyageurs désireux de pratiquer des sports d'hiver, contempler des aurores boréales ou boire du vin chaud après un tour sur les marchés de Noël.

L'été est court, mais, même après son terme, soleil et plages de sable restent au rendez-vous sur la côte sud, et des lacs invitent à la baignade partout ailleurs. Le Nord est baigné de magie avec son soleil qui ne se couche presque pas. Les soirées peuvent cependant être très fraîches.

En automne et au printemps, les températures sont moins extrêmes, ce qui fait le bonheur des amateurs de plein air, qui se lancent sur les sentiers de randonnée et les pistes cyclables.

Le hors-saison pour faire des économies

La plupart des Suédois partent en vacances en juillet et au début du mois d'août, les prix des logements à la campagne et sur la côte s'envolent alors. À Noël et de mi-février à mi-mars, lors des vacances scolaires, les prix grimpent dans les stations de sports d'hiver. Essayez de partir en dehors de ces périodes, au risque tout de même de trouver certains sites fermés.

PAROLE D'HABITANT

COURIR EN ÉTÉ

Coach personnel d'endurance, Natalie Persson vit à Åre et est passionnée de trail @nattapersson

J'habite dans un village de montagne connu pour sa station de ski, mais je le préfère en août et en septembre : les conditions idéales sont alors réunies pour la randonnée et le trail (et il y a moins de moustiques qu'au début de l'été !). Parmi les dizaines de sentiers offrant des panoramas splendides, j'aime beaucoup la boucle de 27 km autour du mont Åreskutan, au joli paysage forestier et lacustre.

Soleil de minuit, parc national d'Abisko (p. 267)

LEFT: NATALIA GOLUBNYCHA/SHUTTERSTOCK © RIGHT: PREDRAG JANKOVIC/SHUTTERSTOCK ©

LE SOLEIL DE MINUIT

En raison de sa latitude, l'extrême nord de la Suède bénéficie de 24 heures d'ensoleillement en été, et tout le pays profite de longues soirées ensoleillées. L'hiver, c'est l'inverse : le soleil se couche avant 15 heures tout au long du mois de décembre, même à Stockholm.

La météo au fil des mois à Stockholm

JANVIER	FÉVRIER	MARS	AVRIL	MAI	JUIN
Temp. diurne max. : **4°C**	Temp. diurne max. : **3°C**	Temp. diurne max. : **5°C**	Temp. diurne max. : **9°C**	Temp. diurne max. : **16°C**	Temp. diurne max. : **19°C**
Jours de pluie/neige : 9	Jours de pluie/neige : 8	Jours de pluie/neige : 7	Jours de pluie/neige : 6	Jours de pluie/neige : 7	Jours de pluie/neige : 9

LA VILLE LA PLUS CHAUDE

Au sud, dans le Småland, Mållila détient le record de température la plus élevée du pays : 38°C en 1947. Exploit rappelé par le thermomètre géant qui orne un rond-point de la ville. Elle a failli battre son propre record en 2022, avec 35,3°C.

Les grands rendez-vous

Le Göteborg Film Festival est le plus grand festival de films des pays scandinaves, avec une projection annuelle de plus de 450 films de dizaines de pays différents. S'étalant sur 11 jours, il débute en général fin janvier. **Janvier et février**

La **Stockholm Pride** (p. 299) donne lieu à une semaine de concerts, débats et soirées clubbing et s'achève en beauté par une parade exubérante célébrant la communauté LGBTQI+. **Fin juillet et début août**

Durant trois jours, le festival de musique **Way Out West** voit des artistes internationaux et scandinaves de renom monter sur la scène dans plusieurs endroits de Göteborg. Rock, musique indé, hip-hop, musique house : l'affiche est très variée. **Mi-août**

Lors du **Stockholms Kulturfestival**, festival d'une semaine financé par l'État, grands noms de la pop, troupes de danse et orchestres offrent un spectacle gratuit au public. **Mi-août**

PAROLE D'HABITANT

PAYSAGES GELÉS

Basé à Stockholm, Nils Adler dirige @arcticbureau, un collectif de journalistes spécialisés dans les questions arctiques. Il est aussi photojournaliste @n.adler.media

En hiver, j'adore me promener à Stockholm où l'eau gèle en général entre les îles de Kungsholmen et Södermalm. J'ai grandi au Royaume-Uni, où il neigeait rarement, et marcher sur la glace m'émerveille. Le matin, par temps clair, la brume diffracte parfois les rayons du soleil et crée une atmosphère surnaturelle.

Fêtes rurales et excentriques

Depuis 400 ans, les commerçants sami se réunissent en Laponie au **marché d'hiver de Jokkmokk** (p. 255). Aujourd'hui, c'est une grande manifestation avec courses de rennes, marché artisanal et concerts. **Février**

On allume des feux de joie lors de la **nuit de Walpurgis**, qui sonne le glas du long hiver suédois. La fête est des plus animées à Uppsala et Lund, où des chorales universitaires se produisent en public et où les étudiants organisent des fêtes. **Fin avril**

Pour la **Saint Jean** (Midsommar ; p. 121), on danse autour de l'arbre de mai, on mange du hareng mariné, le tout arrosé de rasades de snaps. C'est sans aucun doute le jour férié le plus important du pays. On l'apprécie davantage en prenant part aux festivités de petites villes et villages. **Juin**

Visby organise un festival à thème historique majeur : la **Semaine médiévale**, qui donne lieu à des joutes, conférences, marchés, etc. **Début août**

À L'ABRI DE LA PLUIE

En moyenne, il pleut tous les trois jours à Göteborg. La ville semble s'être donné pour mission de devenir le meilleur endroit au monde à visiter par temps pluvieux : on y a construit des aires de jeux conçues pour être encore plus amusantes sous la pluie.

JUILLET	AOÛT	SEPTEMBRE	OCTOBRE	NOVEMBRE	DÉCEMBRE
Temp. diurne max. : **22°C**	Temp. diurne max. : **21°C**	Temp. diurne max. : **16°C**	Temp. diurne max. : **10°C**	Temp. diurne max. : **7°C**	Temp. diurne max. : **5°C**
Jours de pluie/ neige : 9	Jours de pluie/ neige : 9	Jours de pluie/ neige : 8	Jours de pluie/ neige : 9	Jours de pluie/ neige : 11	Jours de pluie/ neige : 11

À GAUCHE : EVERSTE/GETTY IMAGES ©; À DROITE : CINEMATIC COLLECTION/ALAMY STOCK PHOTO ©

Stockholm **(p. 46)**

AVANT DE PARTIR

Nos recommandations pour bien se préparer.

Dans sa valise

Vêtements La Suède est réputée pour ses hivers froids, mais les habitants aiment dire qu'"il n'y a pas de mauvais temps, que de mauvais vêtements". Écoutez-les et emportez des vêtements chauds, et des sous-vêtements thermiques si vous comptez aller au nord entre novembre et mars. Les soirs d'été sont plus chauds, mais nécessitent quand même une veste ou un pull.

Chaussures Des bottes chaudes et imperméables sont un atout de taille pour garder les pieds au sec en hiver. Dans les bars et clubs, les Suédois s'habillent de manière décontractée : les baskets sont la norme et les talons hauts l'exception.

Maillot de bain Vous n'êtes jamais loin d'un lac, et de nombreux hôtels et complexes d'appartements disposent d'un sauna : enportez un maillot de bain et une serviette.

À savoir

Les Suédois **respectent l'espace personnel** : vous risquez de déranger si vous vous tenez trop près dans une file d'attente ou si vous entamez une discussion dans les transports.

Si vous échangez des banalités avec des habitants, **tenez-vous-en à des sujets futiles**, comme la météo, et ne parlez pas politique.

La culture suédoise est **individualiste** : on ne vous tiendra pas la porte spontanément et l'on ne vous aidera pas à porter bagages et poussette.

LIRE

Le Merveilleux Voyage de Nils Holgerson (Selma Lagerlöf ; 1906-1907) suit les pérégrinations d'un petit garçon et d'une bande d'oies à travers la Suède.

Le Médecin personnel du roi (Per Olov Enquist, Actes Sud, 2002). Dans ce roman, le médecin du roi Christian VII conspire avec la reine pour prendre le pouvoir.

Les hommes qui n'aimaient pas les femmes (Stieg Larsson ; Actes Sud, 2006). Un journaliste et une hackeuse font équipe dans le premier tome de la trilogie *Millénium*. Un succès planétaire !

Les Sentiments du prince Charles (Liv Strömquist, éditions Rackham, 2010). Cette BD de la prolifique auteure féministe à succès a suscité un fort engouement en Suède : il a été adapté au théâtre et mis en scène au Malmö Stadsteater.

Vieux, râleur et suicidaire : La vie selon Ove (Fredrik Backman ; Presses de la Cité, 2014). La vie dans une petite ville suédoise à travers les yeux d'un retraité grincheux, mais sympathique.

En quelques mots

"Hej" (hé) veut dire "bonjour", mais peut aussi vouloir dire "au revoir". Beaucoup de Suédois le doublent pour saluer, il n'est pas rare d'entendre *"hej, hej"* en entrant ou sortant d'un café ou d'un bar.

"Ja" (yâ) veut dire "oui".

"Tack" (tak) veut dire "merci", mais peut aussi vouloir dire "s'il vous plaît". Par exemple, *"en biljett, tack"* se traduit par "un ticket, s'il vous plaît".

"Varsågod" (va·sho·goud) veut dire "de rien".

"Fika" (fi·ka) désigne une pause-café (qui s'accompagne souvent d'un gâteau). Il peut aussi s'employer sous forme verbale. *"Ska vi fika?"* se traduit par "et si on prenait un café ?".

Genre "Han" (han) est le pronom masculin et *"hon"* (hohnn), le pronom féminin. *"Hen"*, pronom personnel neutre, est entré dans le dictionnaire en 2015.

"Ursäkta mig" (ur·shèk·ta mé) veut dire "excusez-moi" ; dites-le lorsque vous essayez de vous faufiler dans les transports en commun.

"Förlåt" (feur·lot) se traduit par "désolé", mais s'utilise surtout pour de grandes excuses. Pour s'excuser pour des broutilles, les Suédois utilisent souvent l'anglais "sorry".

"Pratar du engelska/franska?" (pratt are du eng·el·ska/fran·ska) permet de demander si son interlocuteur parle anglais/français.

"Hjälp!" (yelp) ; à crier pour demander de l'aide. Si on vous importune, criez **"Försvinn!"** (feur·shvin), qui veut dire "laissez-moi tranquille !".

"Jag förstår inte" (yâ feur·shtor in·te) indique que vous ne comprenez pas.

VOIR

Notre grande famille (série ; 2017-2022). Comédie dramatique sur une famille recomposée.

The Swedish Theory of Love (Erik Gandini ; 2015). Documentaire critique sur l'individualisme de la société suédoise.

We Are the Best! (Lukas Moodysson ; 2013). Drame, trois adolescentes formant un groupe de rock punk à Stockholm dans les années 1980 (photo).

Pure (Lisa Langseth ; 2010). Dans ce drame, une femme de 20 ans trouve un sens à sa vie grâce à la musique classique.

Snabba Cash (Jesper Ganslandt ; 2021-2022). Série centrée sur une guerre des gangs.

ÉCOUTER

True (Avicii ; 2013). Premier album du célèbre producteur électronique et DJ feu Avicii (de son vrai nom Tim Bergling).

Local Valley (José González ; 2021). Quatrième album indie-folk apaisant de José González, artiste à succès installé à Göteborg.

Body Talk (Robyn ; 2010). La reine de la pop suédoise est très prolifique avec 10 albums à son actif. Elle est célèbre bien en dehors des frontières suédoises.

Raw Like Sushi (Neneh Cherry ; 1989). Neneh Cherry est l'une des plus importantes chanteuses-compositrices suédoises même si elle chante en anglais.

SERGII KOVAL/SHUTTERSTOCK ©

Boulettes de viande suédoises et purée

À TABLE !

Des délices végans à la cuisine d'influence mondiale, la scène culinaire suédoise est loin de se limiter aux boulettes de viande et au saumon.

La cuisine suédoise traditionnelle, aussi appelée *husmanskost* ("cuisine maison"), propose les fameuses boulettes de viande, mais repose aussi sur plusieurs autres plats copieux.

Des repas plus raffinés sont proposés dans les nouveaux restaurants adeptes de nouvelle cuisine nordique, qui servent des plats innovants, élaborés à partir de produits de saison, et ont à cœur des méthodes de production éthiques. Parallèlement, la scène gastronomique internationale a le vent en poupe dans les grandes villes, des restaurants haut de gamme de cuisine fusion asiatique-suédoise aux restaurants de burgers gastronomiques, en passant par les bars à *bowls* végans et les échoppes de falafels.

Côté boissons, brasseries artisanales et bars à vins font aussi parler d'eux. Les cafés accueillants ne manquent pas, ce qui s'explique notamment par le rituel suédois du *fika* (p. 188), qui consiste à s'octroyer une pause gourmande autour d'un café et d'une douceur.

Cuisine traditionnelle

Bon nombre des produits stars des cuisines suédoises trouvent leur justification dans la rigueur des hivers du pays. Les aliments à longue conservation, comme le *knäckebröd* (pain croustillant) et les *havre* (galettes d'avoine), restent populaires, quelle que soit la saison, tout comme les légumes en saumure. À Pâques, à Noël et pour la Saint-Jean, on mange souvent du *sill* (hareng) mariné accompagné de moutarde ou d'aneth. Les épices comme la cannelle, la cardamome et le safran sont dans tout garde-manger suédois.

Les essentiels

KÖTTULLAR
Boulettes de viande suédoises servies avec une purée crémeuse et des airelles.

KRÄFTOR
En été, ces écrevisses sont un vrai régal que l'on trouve surtout sur la côte.

VÄSTERBOTTENPAJ
Tarte au fromage de la province de Västerbotten, dans le Nord.

TOAST SKAGEN
Populaire toast à la crevette, qui doit son nom à un port danois.

Les Suédois raffolent de produits laitiers. Outre les œufs et les fromages doux, le *filmjölk* (lait fermenté acide) est un produit bien représenté dans les réfrigérateurs. Quant aux fruits et légumes, la cueillette des baies et des champignons en forêt est une tradition de longue date. Selon les médias suédois, de plus en plus d'habitants se sont mis à cultiver leurs propres légumes pour des raisons diverses (pandémie de COVID-19, crise climatique...)

Végétariens et végans

Les Suédois ont la réputation d'être soucieux de leur santé et de promouvoir des modes de vie durables. Tous ne correspondent pas à ce stéréotype, mais la tendance est réelle, en particulier dans les grandes villes. Résultat : il est relativement facile de trouver des repas végétariens et végans frais et de qualité.

La plupart des cafés et restaurants proposent plusieurs alternatives à la viande et au poisson. Cafés végans bon marché, restaurants végans gastronomiques, bars à *bowls* végans, cafés avec pâtisseries véganes : de plus en plus d'établissements spécialisés ont ouvert leurs portes. Même la plus grande chaîne de fast-food du pays, Max, propose plusieurs options végétariennes.

Grillades en plein air

Les barbecues publics gratuits sont courants dans les parcs des villes ou dans les réserves naturelles : les habitants font des grillades toute l'année, même lorsqu'il neige.

Familles et amis se réunissent pour préparer des hot dogs classiques (*varmkorv*) ou végans. En général, la saucisse est servie dans un petit pain, avec du ketchup ou de la moutarde, et est recouverte d'oignons frits prêts à l'emploi. Ce n'est peut-être pas le repas le plus sain ou le plus créatif, mais il permet de se retrouver à moindre coût.

Barbecue suédois

ÉVÉNEMENTS CULINAIRES

Fête des Moissons sur l'île d'Öland (skordefest.nu ; septembre-octobre). Citrouilles et nourriture de saison sont vendues lors de cette fête des moissons insulaire.

Smaka Good Food Festival (smakagoodfood festival.se ; juin). À Stockholm, le parc du Kungsträdgården accueille cet événement, où les produits sains et durables sont rois.

Street Food Festivalen (streetfoodfestivalen.se ; différentes périodes). Les *food trucks* sont à l'honneur à Göteborg, Stockholm et Malmö.

Stockholm Beer & Whisky Festival (stockholmbeer.se ; octobre). Amateurs de bière et de whisky se rassemblent dans une usine reconvertie.

Nordic Craft Cider Festival (nccf.se ; juillet). Dans un jardin à Strängäs, ce petit festival met le cidre des pays nordiques à l'honneur.

Great Swedish Beer Festival (greatswedish beerfestival.se ; octobre). Les brasseries artisanales suédoises se dévoilent dans un ancien abattoir en brique rouge de Malmö.

En photo : fête des Moissons sur l'île d'Öland

INLAGD SILL
Hareng mariné, star des buffets d'été.

SEMLA
Brioche fourrée à la crème et à la pâte d'amande.

KANELBULLE
Pain à la cannelle, un *mellanmål* (en-cas) idéal.

Spécialités locales

Les Suédois sont champions en matière de cuisine réconfortante.

Plats salés

Köttbullar (boulettes de viande)
Toast skagen (toast aux crevettes)
Västerbottenpaj (tarte au fromage)
Renskav (ragoût de renne)
Pytt i panna (pommes de terre sautées, souvent accompagnés de bacon, oignons et œufs)
Janssons frestelse (cocotte crémeuse aux anchois, aux pommes de terre et aux oignons)

Toast Skagen

Lutfisk (poisson blanc séché passé à la soude caustique)
Lakrits (réglisse)
Filmjölk (lait caillé avec lequel arroser ses céréales)
Prinsesstårta (gâteau composé de couches de génoise, de pâte d'amande verte et de crème)
Smörgåstårta (gâteau-sandwich salé)
Falukorv (saucisse de bœuf et porc fumés, spécialité de Falun)

Plaisirs sucrés

Kanelbulle (brioche à la cannelle)
Semla (brioche fourrée à la crème et à la pâte d'amande)
Kladdkaka (gâteau au chocolat)
Chokladboll (boulettes crues au chocolat et aux flocons d'avoine)
Lussekatt (brioche au safran, surtout vendue en hiver)
Pepparkaka (biscuit aux épices)

Boissons traditionnelles

Glögg (vin chaud avec ou sans alcool)
Snaps (alcool fort)
Äppelmust (boisson à la pomme sans alcool)

Pour les curieux

Surströmming (hareng fermenté et salé)
Inlagd sill (hareng mariné)

Snacking suédois

Varmkorv (hot dog, vendu en kiosque et sur les marchés)
Polarklämma (galette roulée, en général au renne ou au fromage)
Falafel (beignet moyen-oriental incontournable en Suède)
Kebabpizza (viande kebab sur une pâte à pizza)
Kexchoklad (gaufrette nappée de chocolat)

TABLES D'EXCEPTION

Rolfs Kök (p. 84). Spécialités suédoises de qualité (ragoût de poisson, joue de bœuf braisée) dans un espace industriel contemporain avec cuisine ouverte. €€
Vollmers (p. 184). Tenu par deux frères, ce restaurant gastronomique de Malmö est réputé pour son personnel attentif et ses plats créatifs de saison. €€€
Restaurant 1909 (p. 90). Restaurant décoré comme un cottage, à l'intérieur du Sigtuna Stadshotell, rustique mais luxueux. Cuisine de saison et vue imprenable sur le lac. €€
Sjömagasinet (p. 146). Brasserie au bord de l'eau sur la côte ouest. Succulents fruits de mer et belle vue. €€
Pelikan (p. 58). La cuisine suédoise traditionnelle et copieuse domine la carte de ce lieu accueillant aux murs tapissés de bois, à Stockholm. Prix pas trop élevés. €€€

UNE ANNÉE DANS L'ASSIETTE

PRINTEMPS

Les salades commencent à remplacer les repas hivernaux roboratifs. Parmi les légumes de saison : betterave, asperges et laitue iceberg. La soupe d'ortie (photo), typique de la saison, est à essayer dans les restaurants.

ÉTÉ

Pommes de terre nouvelles, radis et fraises figurent parmi les produits frais incontournables lors de la Saint-Jean. En août, sur la côte, goûtez aux écrevisses locales ou baladez-vous en forêt pour cueillir des myrtilles (photo).

AUTOMNE

Demandez à un Suédois de vous aider à cueillir les meilleurs champignons comestibles (photo) avant de les déguster sur toast. Les soupes à base de légumes racines sont populaires, et le gibier est omniprésent dans les assiettes.

HIVER

Restez au chaud avec des plats roboratifs tels les boulettes de viande ou le ragoût de renne. Sur les marchés de Noël, sirotez du *glögg* (vin chaud) et grignotez *pepparkaka* (biscuits aux épices) et *lussekatter* (brioches au safran, photo).

JENS OTTOSON/SHUTTERSTOCK

Chemin de randonnée du Kungsleden (p. 268)

L'ART DE...

Randonner sur les chemins mythiques

Outre d'innombrables balades d'une journée, la Laponie offrent deux itinéraires majeurs : les quelque 500 km du **Kungsleden** (p. 268) à travers les parcs nationaux d'Abisko, de Sarek, de Pieljekaise et de Stora Sjöfallet ; et les 139 km du **Padjelantaleden** (p. 260), qui traverse le parc national de Padjelanta.

Hébergement et transport

Des refuges de montagne (*fjällstugor*) rudimentaires tenus par la STF (Svenska Turistföreningen ; swedishtouristassociation.com) jalonnent les deux itinéraires, éloignés chacun de 10 à 20 km. Dans certains, on peut acheter des provisions de base, et tous disposent de cuisines et de toilettes. La présence d'équipements permet de camper à proximité. La STF gère aussi des lodges de montagne (*fjällstationer*), des auberges et des hôtels où il faut réserver, à la diférence des refuges.

Pour rallier certains points de départ du Kungsleden, il est possible, outre les voies terrestres, d'arriver par bateau (swedishtouristassociation.com/boats-in-the-mountains). Les hélicoptères de Kallax Flyg (kallaxflyg.se) et de Fiskflyg (fiskflyg.se) déposent aussi les randonneurs dans les parcs nationaux. La seule façon d'accéder au Padjelantaleden est le bateau : il faut partir à pied de Kvikkjokk, puis prendre le bateau depuis Ritsem, ou bien l'hélicoptère.

Préparatifs

Quel que soit le moment de l'année, prévoyez plusieurs couches de vêtements, des habits imperméables et de solides chaussures de randonnée. Parmi le matériel indispensable figurent une trousse de premier secours, une lampe torche, des allumettes, un répulsif contre les insectes, un filet anti-insectes pour le visage, une tente, un réchaud, du combustible, un sac de couchage et un matelas, des outils, des cartes, une boussole, ainsi que des provisions. L'eau potable est accessible partout. Des jumelles et des bâtons de marche sont des plus très appréciables. Les batteries sont utiles car les refuges de la STF n'ont pas l'électricité. Le site fjallsakerhetsradet.se est utile pour la préparation avant le départ.

À ski et à raquettes

Il est possible de parcourir le Kungsleden en hiver (de décembre à avril) en ralliant les refuges à ski ou à raquettes. Optez pour un traîneau pour transporter l'équipement. Portez des sous-vêtements en laine, un pantalon de ski et une veste légère à capuche pour ne pas trop transpirer. Crème solaire et lunettes de soleil sont indispensables. Consultez les prévisions météo avant votre départ et informez de votre itinéraire.

CARTES

Les cartes recto Fjällkartan au 1/100 000 (kartbutiken.se) couvrent une vaste région autour du Kungsleden. Pour leur part, les cartes Calazo au 1/100 000 (calazo.se) sont résistantes à l'eau. Les meilleures cartes par sections :

Abisko-Kebnekaise *Fjällkartan BD6* ou *Calazo Kungsleden*

Kebnekaise Saltoluokta *Fjällkartan BD8* ou *Calazo Kebnekaisefjällen*

Saltoluokta-Kvikkjokk *Fjällkartan BD10* ou *Calazo Sarek & Padjelanta*

Kvikkjokk-Ammarnäs *Fjällkartan BD14 (Nord)* et *BD16 (Sud)* ou *Calazo Kvikkjokk-Ammarnäs*

Ammarnäs-Hemavan *Fjällkartan AC2* ou *Calazo Ammarnäs-Hemavan*

Pour le Padjelantaleden, emportez : *Calazo Padjelantaleden (1/50 000).*

L'application Swedish Mountain Maps est excellente.

BERGGREN, HANS/GETTY IMAGES ©

Kitesurf près de Stockholm (p. 46)

ACTIVITÉS DE PLEIN AIR

Avec son climat continental, son vaste littoral, ses montagnes et ses parcs, la Suède offre à l'année la possibilité d'activités en extérieur.

La randonnée

Vous trouverez en Suède des chemins de randonnée correspondant à vos capacités.

Les sentiers européens E1 et E6 relient respectivement Varberg à Grövelsjön (1 200 km) et Malmö à Norrtälje (1 400 km). Le Kungsleden en Laponie est le chemin le plus connu et le plus accessible. Long de 139 km, le Padjelantaleden (voir p. 260) présente des difficultés modérées. La partie montagneuse de l'ouest du Jämtland est également très fréquentée et les parcs nationaux du Nord offrent de nombreuses possibilités d'ascensions de sommet et de randonnées à la journée.

Les sentiers de montagne suédois sont bien balisés ; la plupart comportent des ponts pour la traversée des cours d'eau, et des caillebotis facilitent le passage des zones marécageuses. Des refuges et auberges pour la nuit jalonnent les sentiers de grande randonnée et sont gérés par la Svenska Turistföreningen.

La période de randonnée s'étend de juin à mi-septembre. Après la mi-août, les moustiques disparaissent et le feuillage automnal est spectaculaire. Les forêts et montagnes suédoises abritent ours, lynx, loups et élans, tandis que la Laponie héberge des troupeaux de rennes.

Sports extrêmes

VTT
En été, élancez-vous sur les pistes à sensation de l'**Åre Bike Park** (p. 250) le long des pentes du mont Åreskutan, à Åre.

VIA FERRATA
Sur la **Haute Côte** (Höga Kusten ; p. 277), escaladez les parois rocheuses escarpées du mont Skuleberget le long d'un itinéraire exigeant.

TRAÎNEAU À CHIENS
Avec **Jokkmokk Guiderna** (p. 257), faites équipe avec un attelage de huskies au cours d'une excursion en traîneau de plusieurs jours en Laponie.

EN FAMILLE

Dévalez des pentes dédiées avec vos tout-petits à Åre (p. 250).
Participez aux randonnées à vélo, en kayak et en patins à glace autour de Stockholm avec **Stockholm Adventures** (p. 67).
Nagez dans des criques abritées dans les eaux peu profondes des îles d'Ulvön ou de Trysunda au large de la **Haute Côte (Höga Kusten)** (p. 277).
Partez en randonnée et campez avec vos ados sur le **Kungsleden** entre Abisko et le Kebnekaise (p. 268).
Montez des chevaux islandais et découvrez forêts, lacs et rivières du pays sami avec **Ofelaš** (p. 265), près de Kiruna.
Visitez le village viking reconstitué au **Fotevikens Museum** (p. 190) à Höllviken.
Partez en kayak de mer autour des îlots de l'**archipel de Göteborg** (p. 150).
Conduisez un attelage de huskies au milieu des paysages arctiques lors d'une randonnée d'initiation avec **Jokkmokk Guiderna** (p. 257).

Ski et patin à glace

De décembre à fin avril, il est possible de pratiquer le ski de piste (alpin ou télémark) et le snowboard dans les grandes stations de ski. SkiStar (skistar.com) gère la plus grande station de ski suédoise, Åre, ainsi que Sälen et Vemdalen, entre autres. Durant cette même période, le ski de fond (nordique) est très prisé, surtout sur le chemin longue distance du Kungsleden. Vous pouvez aussi parcourir des sections de la piste de Vasaloppet, célèbre course de ski nordique, en Dalécarlie.

Chausser de ses patins à glace, on peut se lancer à la découverte du golfe de Botnie ou de l'archipel de Stockholm (lorsque la Baltique gèle, une à deux fois tous les 10 ans). Cette activité se pratique aussi dans les parcs et lacs urbains de décembre à mars, et dans les patinoires intérieures des villes.

MEILLEURS SPOTS

Consultez les meilleurs itinéraires et spots de plein air sur la carte p. 42

PER-BOGE/SHUTTERSTOCK ©

Patin sur glace à Stockholm (p. 46)

Sports aquatiques

Bordée par les eaux de la mer du Nord, de la Baltique et du golfe de Botnie, la Suède possède un littoral de 7 000 km de long et 60 000 îles, la Suède, un paradis pour les plaisanciers et les mordus de glisse, tandis que les lacs, rivières et canaux de son arrière-pays en font une destination de choix pour les amateurs de voile, canoé et kayak au printemps et en été. Les principaux canaux sont ceux de la Göta, de Kinda et du Dalsland. Région venteuse la plus méridionale de Suède, la Scanie offre, elle, des conditions idéales pour la pratique du kitesurf et de la planche à voile, cette dernière activité étant également très répandue dans l'archipel de Stockholm.

L'été en Suède s'accompagne immanquablement de baignades, que ce soit dans un lac ou en mer. Il y a des plages de sable sur la côte sud-ouest, des tremplins rocheux dans le Bohuslän, et, sur les îles, une alternance de criques et de rochers plats.

CONDUITE SUR GLACE
Avec **Sports Cars on Ice** (p. 259), testez de puissantes voitures sur des lacs gelés autour d'Arvidsjaur.

VÉLO
Pédalez sur la piste cyclable de **Sydostleden** (p. 201) , entre Simrishamn (Scanie) et Växjö (Småland).

SKI DE FOND
Participez à la légendaire course de 90 km qui retrace le parcours d'un roi suédois et vous emmènera jusqu'à **Mora** (p. 119).

MOTONEIGE
Aux commandes d'une motoneige, partez en safari avec **Snowmobile Adventures à Arvidsjaur** (p. 259).

LES MEILLEURS SPOTS

Où trouver les meilleures activités de plein air de Suède.

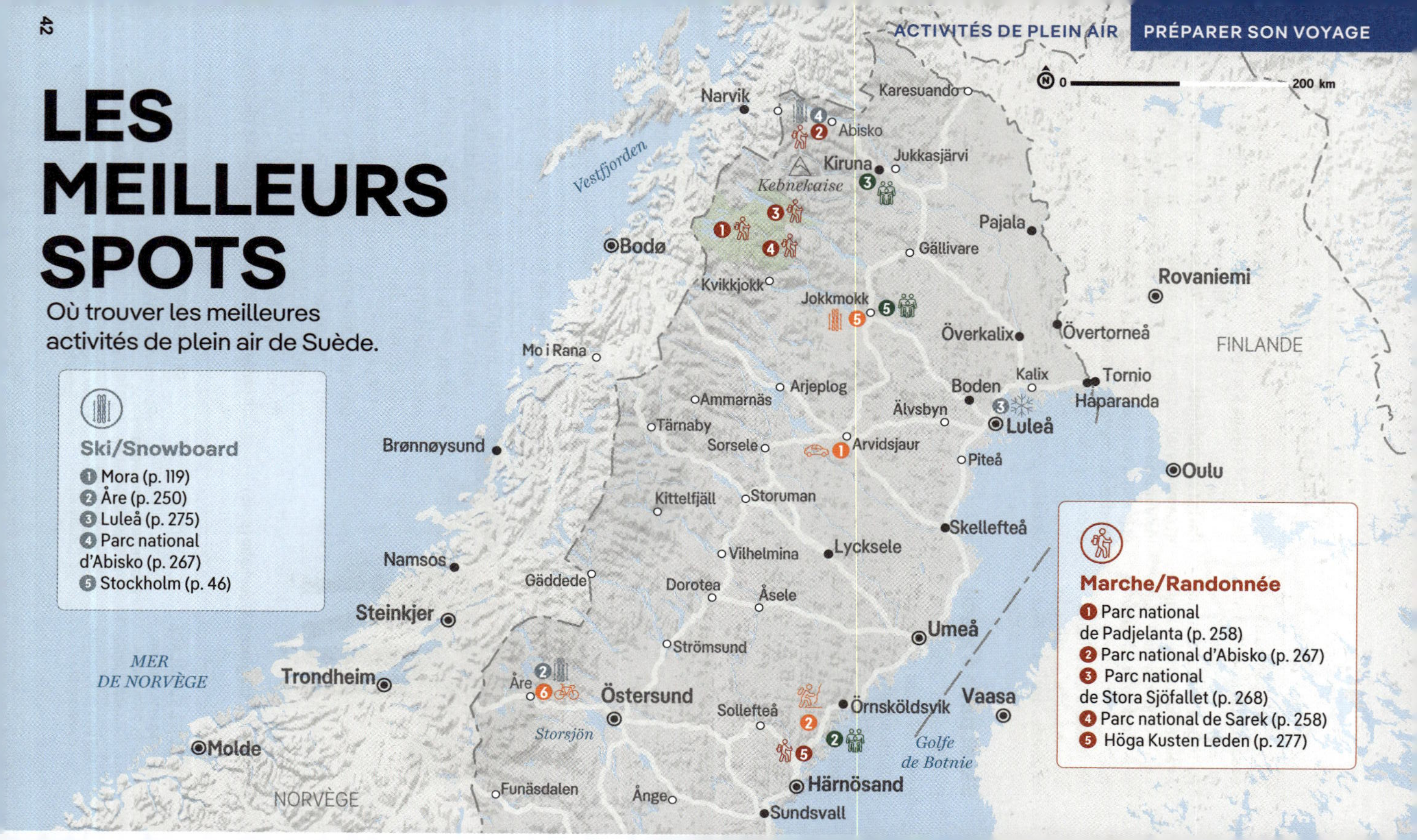

Sports extrêmes

1. Arvidsjaur (p. 259)
2. Haute Côte (Höga Kusten ; p. 277)
3. Simrishamn (p. 201)
4. Växjö (p. 201)
5. Jokkmokk (p. 254)
6. Åre (p. 250)

En famille

1. Stockholm (p. 46)
2. Île d'Ulvön, Höga Kusten (Haute Côte ; p. 277)
3. Ofelaš, près de Kiruna (p. 265)
4. Höllviken (p. 190)
5. Jokkmokk (p. 254)

Voile, canoë-kayak et autres sports aquatiques

1. Archipel de Stockholm (p. 89)
2. Archipel de Göteborg (p. 150)
3. Canal du Dalsland (p. 161)
4. Îles Koster (p. 159)
5. Canal Göta (p. 230)

SUÈDE

SUR LA ROUTE

Les chapitres de cette partie s'organisent autour des sites essentiels, qui pourront vous servir de base pour partir à la découverte des environs. Vous y trouverez toutes nos recommandations ainsi que des conseils d'habitants de la région pour vivre des expériences uniques.

Mariefred (p. 91), Södermanland

PLATTFORM/GETTY IMAGES ©

STOCKHOLM ET SES ENVIRONS

MERVEILLE NORDIQUE

Fondée au XIIIe siècle, Stockholm se distingue par son centre historique préservé, mais n'a rien d'une ville-musée. De fait, la capitale suédoise est toujours en mouvement.

Sur le plan culturel, Stockholm est d'une richesse rare. Gamla Stan, son plus vieux quartier, semble tout droit sorti d'un livre de contes. Fort de son palais royal, de ses maisons à pignons et de ses petites rues pavées, c'est l'un des centres historiques les mieux préservés d'Europe. La ville compte son lot de musées et de galeries. Et il y en a pour tous les goûts, depuis les trésors vikings jusqu'à l'art contemporain, en passant par un navire de guerre du XVIIe siècle sauvé des eaux et les paillettes d'ABBA.

Toute septentrionale qu'elle soit, Stockholm varie au gré des saisons. En été, ses plages sont à la fête, tandis que, l'hiver, vient le temps des saunas et des cafés. Ces derniers, en plus de leur confort, valent pour l'aperçu qu'ils donnent du légendaire sens du style et du design suédois. La capitale est également une bonne destination pour les amateurs de shopping, qui y trouveront aussi bien des vêtements et accessoires de mode, que de délicates céramiques artisanales. Les créations locales en disent long sur le trio de prédilection suédois : minimalisme, fonctionnalité et harmonie.

Les produits des eaux, des champs et des forêts alentour participent, dans cette cité où les esprits sont ouverts et les palais, curieux, d'une véritable passion pour la cuisine. Qu'il s'agisse de crudivorisme, de locavorisme ou de *poke bowls*, on y suit toutes les nouvelles tendances mondiales, sans pour autant renier les classiques : hareng frit, boulettes de viande et toast *skagen* garni de salade de crevettes restent largement consommés, voire réinventés par des chefs inspirés.

Bien qu'elle s'étende sur 14 îles, Stockholm est relativement compacte et se parcourt de préférence à pied. La plupart des îles sont reliées entre elles par des ponts (au nombre de 57), les autres le sont par des ferries, des trains et le Tunnelbana (métro). Fiables, confortables et efficaces, les transports publics desservent l'ensemble de la ville et ses environs. Les alentours de la capitale méritent d'ailleurs d'être visités, tout comme les îles idylliques de l'archipel, entre palais royaux, villages pittoresques et verdoyantes réserves naturelles.

QUARTIERS PRINCIPAUX

GAMLA STAN, SÖDERMALM ET ENVIRONS
Cœur historique, creuset moderne.
p. 52

NORRMALM ET KUNGSHOLMEN
Quartier commerçant et hôtel de ville.
p. 62

ÖSTERMALM, LADUGÅRDSGÄRDET ET ENVIRONS
Cuisine, couture et culture.
p. 69

TRAVELLIGHT/SHUTTERSTOCK ©

Gamla Stan

DJURGÅRDEN ET SKEPPSHOLMEN
Excellents musées et parcs royaux.
p. 74

VASASTAN ET SES ENVIRONS
Merveilles culinaires et architecturales.
p. 82

ENVIRONS DE STOCKHOLM
Surprises en dehors de la ville.
p. 86

DEPUIS L'AÉROPORT

L'aéroport d'Arlanda (swedavia.com/arlanda) est à 40 km au nord de la ville. Des trains express (arlandaexpress.com), des bus (flygbussarna.se), plus lents, mais moins chers, et des taxis rallient le centre de Stockholm. L'aéroport de Skavsta (skavsta.se), à 100 km au sud-ouest, est desservi par Wizz Air et relié à la ville par des bus directs.

MÉTRO ET TRAINS

Le Tunnelbana (métro) et les trains régionaux (*pendeltåg*) desservent efficacement plusieurs quartiers de la ville. On s'y retrouve facilement grâce aux plans, très clairs. L'application SL (sl.se) permet d'acheter des billets électroniques. La plupart des stations du Tunnelbana sont ornées d'œuvres d'art.

S'orienter

Stockholm s'étendant sur 14 îles, on pourrait croire qu'il est compliqué de s'y déplacer. Or la plupart des quartiers du centre se parcourent aisément à pied, tandis que les sites touristiques les plus éloignés sont desservis par l'excellent réseau de transports publics.

BUS ET TRAMS

C'est également SL qui gère les bus et les trams. Les tickets (39 kr l'aller-simple tous transports, valable 1 heure 15 après validation) s'achètent sur l'application avant de monter à bord. Le réseau couvre largement la ville et ses environs. L'historique tramway n°7 (et ses homologues modernes) circule entre Norrmalmstorg et le Skansen, passant devant les sites notables de Djurgården.

FERRIES

Les ferries urbains relient le Gröna Lund Tivoli, sur Djurgården, à Skeppsholmen et Slussen (un toutes les 10 minutes en été, un peu moins le reste de l'année). Les tickets SL sont valables sur ces bateaux, mais non sur ceux qui desservent l'archipel, où l'on achète son billet à bord.

Planifier son séjour

C'est en flânant au bord de l'eau et à la faveur de pauses dans des cafés que l'on apprécie au mieux Stockholm. Gardez toutefois du temps pour en explorer les musées, tous plus remarquables les uns que les autres.

RAMONESPELT/GETTY IMAGES ©

JOUR 1

Matin

- Commencez par une visite guidée du **Kungliga Slottet**, le Palais royal (photo, p. 53), sans manquer les fascinantes collections de l'**Armurerie royale** (p. 52). Avec un peu d'organisation, vous sortirez à temps pour la **relève de la garde**, qui se déroule dans la cour du palais. Déjeunez au **Grillska Husets Konditori** (p. 52), avec vue sur Stortorget.

Après-midi

- Le **Nationalmuseum** (p. 65) vous occupera aisément le reste de la journée. Si vous préférez l'art moderne et contemporain, direction l'île de Skeppsholmen, et son exceptionnel **Moderna Museet** (p. 78).

Soir

- Après avoir assisté à une représentation de l'**Operan** (p. 66), allez dîner et prendre un verre au **Bakfickan** (p. 66).

VOUS AIMEREZ AUSSI...

Quelle que soit la saison, Stockholm et ses environs vous réserveront quantité d'aventures.

VISITER UNE RÉSIDENCE D'ÉTÉ ROYALE

Le château de **Drottningholm** (p. 88) est le Versailles suédois.

FAIRE LA FÊTE

De mai à septembre, prenez part aux fêtes en plein air du **Trädgården** (p. 60). Concerts toute l'année à **Kaijasalong** (p. 72).

VOUS RÉCHAUFFER DANS UN SAUNA

Après le sauna Art nouveau de **Centralbadet** (p. 67), plongez dans un lac à **Hellasgården** (p. 91).

DE GAUCHE À DROITE : KALIN EFTIMOV/SHUTTERSTOCK ©, ALEX HAMMOND/ALAMY STOCK PHOTO ©, MARTIN THOMAS PHOTOGRAPHY/ALAMY STOCK PHOTO ©

JOUR 2

Matin

- Consacrez quelques heures à l'exploration de **Skansen** (p. 77), musée en plein air, ou du **Vasamuseet** (p. 76), né du renflouage du *Vasa*, un navire de guerre ayant sombré au XVIIe siècle. Essayez de caser la visite du **Vrak Museum**, le musée des Épaves (p. 76). Déjeunez au **Skroten** (p. 80).

Après-midi

- La visite du **musée ABBA** (p. 78) est très divertissante. Si vous souhaitez en savoir davantage sur la culture suédoise, optez pour le **Nordiska Museet** (p. 77). Si le temps le permet, traversez le parc à pied jusqu'à Ladugårdsgärdet pour découvrir le superbe musée des sciences **Tekniska** (p. 70).

Soir

- Après un dîner animé au **Sturehof** (p. 72), sirotez quelques cocktails au **Nori Bar** (p. 72).

JOUR 3

Matin

- La visite guidée du **Stadshuset** (p. 64) permet d'en découvrir les superbes intérieurs ; entre mai et septembre, on peut gravir la tour de l'hôtel de ville pour un beau panorama sur la ville. L'élégant espace de restauration **Östermalms Saluhall** (p. 70) est tout indiqué pour le déjeuner.

Après-midi

- Shopping local à Östermalm et Norrmalm, que vous soyez plutôt vêtements ou déco : on recommande **Svenskt Tenn** (p. 71), **NK** (p. 67) et **Iris Hantverk** (p. 66). L'**Hallwylska Museet** (p. 65) est une immersion dans le style suédois du début XXe siècle.

Soir

- Les expositions photographiques du **Fotografiska** (p. 52) sont ouvertes jusqu'à tard, et l'excellent restaurant du musée offre une vue superbe sur la ville.

DÉCOUVRIR CARL MILLES

Contemplez les créatures mythiques de **Millesgården** (p. 71), ancienne demeure de l'artiste.

DÎNER DANS UNE TAVERNE

Mariez cuisine traditionnelle et bière locale dans des pubs tels **Pelikan** (p. 58) et **Tennstopet** (p. 85).

VOIR STOCKHOLM DEPUIS L'EAU

Excursion en kayak avec **Stockholm Adventures** (p. 67) ou trajet en ferry de Slussen à Djurgården.

VOGUER VERS L'ARCHIPEL

Faites une excursion d'un jour au port de pêche de **Vaxholm** (p. 92) ou au musée d'art **Artipelag** (p. 93).

GAMLA STAN ET SÖDERMALM

CŒUR HISTORIQUE, CREUSET MODERNE

Maculés du sang de massacres ou foulés par les lauréats du prix Nobel, les pavés de Gamla Stan ont tout vu. Dominé par l'imposant Kungliga Slottet (Palais royal), le berceau de la ville est ponctué d'églises Renaissance, de musées passionnants et de jolies places. Certes, les cafés touristiques et les magasins de souvenirs n'y manquent pas, mais il suffit d'emprunter des ruelles moins fréquentées pour retrouver une atmosphère intimiste, ancrée dans le passé. Gamla Stan comprend également deux îlots : Helgeandsholme, siège du Parlement suédois (Riksdagshuset), et Riddarholmen, où l'église de Riddarholmskyrkan abrite les sépultures des rois.

L'île de Södermalm, ancien bastion ouvrier, est aujourd'hui un quartier branché ponctué de boutiques de mode, de friperies, de galeries d'art, de cafés, de bars et de salles de concerts. La vue est belle sur le lac Mälaren depuis la promenade surélevée de Monteliusvägen, et une passerelle piétonne mène à la petite île de Långholmen et à ses plages.

Pour les infos pratiques, voir le Carnet d'adresses p. 94

À SAVOIR

La relève de la garde, se déroule dans la cour extérieure du Palais royal. De mai à août, la cérémonie commence à 12h15 du lundi au samedi et à 13h15 le dimanche et les jours fériés. De septembre à mai, elle n'a lieu que les mercredis, samedis, dimanches et jours fériés.

ARMURERIE ROYALE

On accède à ce merveilleux musée logé sous les hautes voûtes du **Palais royal** par Slottsbacken. Ses pièces uniques illustrent plus de 500 ans d'histoire. Les enfants l'apprécient beaucoup.

Gamla Stan

Fotografiska

EXPOS PHOTO EN SOIRÉE

Ses remarquables expositions et ses horaires étendus (10h-23h) font le succès de cette galerie de photographie qui occupe un ancien bâtiment des douanes sur la rive nord de Södermalm. C'est l'un des sites culturels les plus branchés de la ville, sûrement aussi grâce à Bread & Wine, son restaurant végétarien primé. Depuis la station de métro de Slussen, des panneaux vous guideront jusqu'au lieu.

Grillska Husets Konditori

GOURMANDISES DANS STORTORGET

Ce café-boulangerie est géré par les magasins solidaires Stockholms Stadsmission. Dégustez-y un roulé à la cannelle ou un sandwich aux crevettes, face à Stortorget, la plus belle place de Gamla Stan. Ce bâtiment du XVIIe siècle ouvre, à l'arrière, sur une cour ombragée.

Kungliga Slottet

RÉSIDENCE OFFICIELLE DE LA FAMILLE ROYALE

Érigé sur les ruines du château médiéval de Tre Kronor, qui avait brûlé en 1697, cet édifice de 608 pièces est, depuis sa construction au XVIIIe siècle, la demeure de la famille royale suédoise. Les joyaux des appartements royaux sont la superbe galerie de Charles XI, inspirée par la galerie des Glaces de Versailles, et le trône en argent de la reine Christine dans la salle d'État. Le tarif d'entrée inclut l'accès au Museum Tre Kronor, au Trésor royal et au musée des Antiquités de Gustave III (ouvert de mai à septembre). Voir aussi p. 311.

EN HAUT À DROITE : MAYKOVA GALINA/SHUTTERSTOCK ©; EN BAS À GAUCHE : AERONAUTICS/SHUTTERSTOCK ©

Kungliga Slottet (Palais royal)

Nobelmuseet

DÉCOUVRIR LES LAURÉATS DU NOBEL

Petit mais fascinant, ce musée occupe le bâtiment de la Börsen – l'ancienne Bourse – qui borde côté nord de Stortorget, la place principale de Gamla Stan. Il retrace l'histoire des prix Nobel et de leurs lauréats, en mettant l'accent sur le contexte intellectuel et les aspects culturels de leurs réalisations. La scénographie comprend de nombreux écrans tactiles, des objets offerts par les récipiendaires et 36 courts-métrages comprenant des interviews de lauréats comme Ernest Hemingway et Martin Luther King. Les chaises du café ont été signées (sur le dessous) par certains d'entre eux.

Nobelmuseet

Riddarholmskyrkan

NÉCROPOLE ROYALE

Dix-sept monarques suédois, de Magnus Ladulås en 1290 à Gustave V en 1950, ont été enterrés dans cette église qui se dresse sur la petite île de Riddarholmen. Elle faisait à l'origine, au XIIIe siècle, partie d'un monastère franciscain. Ses murs arborent les armes de chevaliers de l'ordre du Séraphin, l'ordre de chevalerie le plus élevé en Suède. Ne manquez pas le sarcophage de Gustave II Adolphe, puissant roi de Suède mort en 1632. Hormis pour des concerts et événements occasionnels, elle n'est ouverte que de mi-mai à mi-septembre.

0
500 m
KUNGSHOLMEN
Klara Sjö
Rålambshovsparken
Stadhusbron
Norra Järnvägsbron
Västerbron
Riddarfjärden
6
LÅNGHOLMEN
Långholmskanalen
Pålsundet
Pålsundsparken
Reimersholme
12
Skinnarviksparken
16
Högalidsparken
Liljeholmsviken
23
22
18
Liljeholmsbron
Tantolunden
14
Ånghästparken
LILJEHOLMEN
SÖDERMALM
Erstaholmar
Årstaviken
ÅRSTA
Gamla Stan
Norrström
Strömgatan
Riksbron
7
Strömbron
Helgeandsholmen
Centralbron
Vasabron
10
Norrbro
Riksgatan
Slottskajen
Strömmen
Strömsborg
Norra Järnvägsbron
Stallbron
Kungliga Slottet
Mynttorget
Riddarhusgränd
Yttre
2
11
Borggården
Myntgatan
Slottsbacken
3
Storkyrkan
Storkyrkobrinken
Trångsund
Källargränd
Skeppsbrokajen
4
Birger Jarls Torg
Riddarhustorget
8
20
Köpmangatan
Esplanade
Wrangelska Backen
Stora Nygatan
Västerlånggatan
Brunnsgränd
Evert Taubes
9
Stortorget
Grillska Husets Konditori
Riddarholmen
Lilla Nygatan
Svartmangatan
Centralbron
Kåkbrinken
Österlånggatan
Skeppsbron
Riddarfjärden
Munkbroleden
Munkbrogatan
5
Tyska Brinken
Prästgatan
Packhusgränd
0
200 m

INCONTOURNABLES
1 Fotografiska
2 Kungliga Slottet
3 Storkyrkan

VOIR
4 Esplanade Evert Taube
5 Judiska Museet
6 Långholmsbadet
7 Medeltidsmuseet
8 Nobelmuseet
9 Riddarholmskyrkan
10 Riksdagshuset
11 Armurerie royale
12 Skinnarviksberget
13 Stadsmuseum
14 Tantolunden

ACTIVITÉS
15 Eriksdalsbadet
16 Monteliusvägen

SE RESTAURER
17 Bar Agrikultur
18 Bitza
19 Blå Dörren
20 Grillska Husets Konditori
21 Pelikan

PRENDRE UN VERRE ET FAIRE LA FÊTE
22 Debaser Strand
23 Judit et Bertil
24 Kvarnen

SHOPPING
25 6/5/4
26 Grandpa
27 Söders Retro & Design
28 Urban Deli Nytorget

POURQUOI J'AIME GAMLA STAN

Simon Richmond, *@simonrichmond*

Rares sont les villes où huit siècles d'histoire demeurent aussi palpables. Rien que sur l'île où est née Stockholm, on trouve l'impressionnant Palais royal ainsi que Storkyrkan, alliance de baroque et de gothique. Mais c'est dans les petites rues pavées, les cours paisibles et les ruelles étroites telle Mårten Trotzigs Gränd que l'on perçoit le mieux l'atmosphère multiséculaire du lieu. Dénichez les petits détails – le *Järnpojke* ("Garçon de fer") de Liss Eriksson, haut de 15 cm, derrière la Finska Kyrkan, ou *Morgon*, fontaine et sculpture de bronze d'Ivar Johnsson, dans la cour circulaire de Brantingtorget. C'est là aussi qu'opère la magie de Gamla Stan.

TRABANTOS/SHUTTERSTOCK ©

LA DYNASTIE BERNADOTTE

En l'absence d'héritier au trône suédois un maréchal d'Empire de Napoléon, Jean-Baptiste Bernadotte (1763-1844), fu invité à devenir roi. Le Français changea son nom en Karl Johan (Charles XIV Jean inaugurant ainsi la dynastie Bernadotte toujours au pouvoir. Le monarque actuel, Charles XVI Gustave, fut couronné en 1973.

Kungliga Slottet

À VOIR AUSSI À GAMLA STAN

Appartements et musées du Palais royal

DANS L'INTIMITÉ DES TÊTES COURONNÉES

Les excellentes visites guidées de 45 minutes (voir les horaires sur kungligaslotten.se) permettent de voir l'essentiel de ce Palais royal dessiné par Nicodème Tessin le Jeune : l'impressionnante **salle d'État**, qui renferme le trône en argent de la reine Christine ; la **chambre du Conseil**, où le roi rencontre chaque nouveau gouvernement ; la **chambre d'apparat de Gustave III**, où le souverain mourut en 1792, deux semaines après avoir été blessé par balle à l'Opéra ; et la **galerie de Charles XI**, foisonnement de miroirs, de lustres et de feuilles d'or, considérée comme la plus belle incarnation du baroque tardif suédois. Si vous manquez de temps, concentrez-vous sur l'Appartement Bernadotte, qui reflète les goûts en matière de décoration de la famille royale actuelle. La **salle du jubilé du roi Charles XVI Gustave**, aménagée en 1998, tranche par son design moderne. Dans le **musée des Antiquités** de Gustave III sont exposées des sculptures rapportées par le roi lors de ses voyages en Italie dans les années 1780.

OÙ SE LOGER À GAMLA STAN ET SÖDERMALM

Castanea Old Town Hostel
Superbe auberge de jeunesse dans un bel édifice ancien. Grands dortoirs mixtes, chambres et beaux espaces communs. **€**

Långholmen Hotell & Vandrarhem
Ancienne prison de Långholmen transformée en hôtel/auberge de jeunesse, près du quartier branché de Hornstull. **€€**

First Hotel Reisen
Le plus ancien hôtel de Gamla Stan, idéalement situé au bord de l'eau. Décoration scandinave classique. **€€€**

Le sous-sol (accessible depuis Slottskajen) renferme le **Museum Tre Kronor**, qui retrace l'histoire du château d'origine jusqu'à l'incendie dévastateur de 1697. Le **Trésor royal** (accessible depuis Skattkammaren) comprend les objets d'apparat officiels dont des couronnes, des sceptres et une épée du XVIe siècle ayant appartenu à Gustave Vasa. Renseignez-vous sur l'ouverture éventuelle de la **Chapelle royale** du XVIIIe siècle (une messe publique y est célébrée chaque dimanche, et l'on y donne d'occasionnels concerts).

Le palais demeure le plus vaste du genre au monde à avoir encore fonction d'édifice gouvernemental. Certains pans peuvent en être momentanément inaccessibles suivant les impératifs de la famille royale (à vérifier sur www.theroyalpalace.se).

Visite guidée du Parlement

SIÈGE DU POUVOIR SUÉDOIS

Les bâtiments du Parlement suédois, le **Riksdagshuset** (riksdagen.se) dominent la petite île de Helgeandsholmen. La partie la plus ancienne, qui date de 1905, comprend les deux chambres d'antan ; un édifice plus moderne fut construit dans les années 1980 dans l'ancien bâtiment de la Banque de Suède, après que le pays eut adopté, en 1971, un système monocaméral. Les visites guidées d'une heure (en anglais, à 13h30 les samedis et dimanches) explique ce système de gouvernement fondé sur le consensus. Il n'y a que 28 places, arrivez tôt.

Cathédrale baroque

OÙ LES MONARQUES SONT COURONNÉS

Lieu de mariage et de sacre des souverains, **Storkyrkan**, la cathédrale de Stockholm, est le plus ancien édifice de la ville (1306). Sa façade baroque cache un intérieur à la fois gothique et baroque, où l'on peut voir les extravagantes chaises royales dessinées par Nicodème Tessin le Jeune, ainsi que la spectaculaire sculpture en bois de *Saint George terrassant le dragon*, commandée à l'Allemand Berndt Notke par Sten Sture l'Ancien pour commémorer sa victoire sur les Danois en 1471. Ne manquez pas non plus Le *Parhélion*, l'une des plus anciennes peintures du Stockholm médiéval. La cathédrale accueille régulièrement des concerts.

Voyage dans la Stockholm médiévale

AUX ORIGINES DE LA CITÉ

Le **Medeltidsmuseet** est un musée du Moyen Âge aménagé sur l'île de Helgeandsholmen autour des vestiges de remparts

PAROLE D'HABITANT : DÉCOUVRIR LA STOCKHOLM JUIVE

Christina Gamstorp, directrice du Judiska Museet (Musée juif ; p. 58), recommande des lieux en lien avec l'histoire et la culture juives de Stockholm.

Stora Synagogans
La Grande Synagogue d'Östermalm fut achevée en 1870 sur des plans de Fredrik Wilhelm Scholander (jfst.se).

Norra Judiska Begravningsplatsen, Solna
La chapelle de ce cimetière fut aussi conçue par Scholander. Plusieurs Juifs célèbres y reposent, dont la Prix Nobel de littérature Nelly Sachs et l'acteur Erland Josephson.

NK
L'un des deux fondateurs de ce grand magasin (p. 67) était Josef Sachs, un homme d'affaires juif.

OÙ SE LOGER À GAMLA STAN ET SÖDERMALM

Rival Hotel
Hôtel design de Södermalm décoré de touches Art déco et de photographies de films évoquant la salle de cinéma qu'il fut. €€€

Hotel Frantz
Boutique-hôtel charmant et bien aménagé dans un édifice du XVIIe siècle à Slussen. Certaines chambres sont très petites. €€

Nofo Hotel
Boutique-hôtel de Södermalm à la décoration inventive, retiré dans une cour. €€

LE NOUVEAU SLUSSEN

Slussen est aujourd'hui un vaste chantier de construction qui devrait être achevé en 2025. Le quartier doit son nom (il signifie "verrou" en suédois) à l'écluse qui sépare la mer Baltique du lac Mälaren et dont la dernière rénovation remontait à 1935. Elle vient d'être reconstruite conformément à des critères environnementaux plus stricts et aux nouvelles exigences liées à la montée du niveau de la mer. Par ailleurs, un nouveau pont routier relie Gamla Stan à Södermalm. La gare routière à venir sera creusée dans le soubassement rocheux du quartier de Katarina et directement reliée aux réseaux du métro et des trains régionaux. Le tout nouveau parc Katarina dominera la rive et l'écluse elle-même se doublera d'une place piétonne et cyclable reliant les deux îles centrales de Stockholm.

datant des années 1530 et redécouverts dans les années 1970. Le parcours est ponctué de reconstitutions fidèles, "habitées" de figures de cire très réalistes, de maisons, marchés et ateliers de la Stockholm médiévale. Les installations interactives et multimédias renforcent l'immersion dans cette période. Également au programme : les restes du *Riddarsholm*, un bateau des années 1520 ; une exposition sur la colline des potences, et une reconstitution du visage de Birger Jarl, le fondateur de Stockholm.

Musée juif

UNE SYNAGOGUE DEVENUE MUSÉE

Donnant sur les pavés de Själagårdsgatan, ce bâtiment du XVe siècle a eu plusieurs vies. Il abrita notamment la première synagogue de Stockholm (1795-1870), dont le singulier **Judiska Museet** célèbre la mémoire. Les anciennes fresques de l'édifice religieux, masquées par des couches de peinture successives, ont été partiellement découvertes, et les pièces de bois sculpté de la chaire d'origine (XIXe siècle), éparpillées, ont été rassemblées à grand-peine. L'histoire et la culture des Juifs de Suède sont également évoquées dans des œuvres d'art contemporaines. Le site Internet du musée (judiskamuseet.se) affiche le programme détaillé des conférences, concerts et promenades guidées.

Ceux qui façonnèrent Stockholm

DÉCOUVRIR L'HISTOIRE DE LA VILLE

Installé dans un édifice de 1680 conçu par Nicodème Tessin l'Ancien, le **Stadsmuseum** (musée de la ville) a pour ambition de retracer le développement de Stockholm, de ses origines à son statut de métropole moderne – une histoire racontée au travers d'expériences individuelles. La scénographie est à la fois originale, interactive, intéressante et amusante. Les enfants se plaisent à enfiler les costumes disséminés au fil des trois niveaux d'exposition. Une section distincte, de l'autre côté de la rue, dans Guldgränd, côté lac, est consacrée au quartier de Slussen.

Tavernes traditionnelles de Södermalm

BIÈRE ET CUISINE FAMILIALE

C'est à Södermalm que l'on trouve certaines des tavernes les plus typiques. La **Blå Dörren** ("Porte bleue"), à Slussen, occupe l'emplacement d'une taverne du XVIIe siècle qui fut par la suite une banque. On y déguste des spécialités suédoises, comme les boulettes d'élan accompagnées d'airelles sous un plafond voûté.

Hauts plafonds, lambris et belles fresques caractérisent **Pelikan**, où les serveurs en costume servent une délicieuse *husmanskost*

OÙ SE RESTAURER À GAMLA STAN ET SÖDERMALM

Kryp In
Réservez une table dans ce chaleureux restaurant de Gamla Stan qui réinvente la cuisine traditionnelle. **€€**

Meatballs for the People
Bonne cuisine suédoise à Södermalm. Les boulettes de viande à la douzaine existent en version végane. **€€**

Chaikhana
Réservez un *afternoon tea* raffiné dans ce délicieux salon de thé, qui organise aussi des dégustations. **€€**

PROMENADE DANS GAMLA STAN

Flânez dans les calmes ruelles de Gamla Stan, aux airs d'autrefois, au départ de la station de métro **1 Gamla Stan**. Empruntez ensuite Munkbroleden vers le nord jusqu'à **2 Riddarhuset**, le palais de la Noblesse (riddarhuset.se). C'est dans cet édifice du XVIIe siècle que l'aristocratie suédoise se rassemblait pour gouverner. Ses horaires sont courts (11h-12h lun-ven). Devant le palais se dresse une statue d'Axel Oxenstierna (1583-1654), conseiller de la reine Christine. Continuez dans Mynttorget puis tournez à droite dans **3 Västerlånggatan**, la principale rue commerçante de la ville. Faites un décroché pour rejoindre Prästgatan, plus calme, prenez à gauche pour gravir la colline par Spektens Gränd, puis à droite pour rejoindre **4 Stortorget**, place centrale de Gamla Stan et théâtre du Bain de sang de Stockholm en 1520 (p. 210). Entouré de bâtiments anciens colorés, de cafés et de boutiques de souvenirs, vous voici revenu dans l'animation touristique. Notez la majestueuse ancienne Bourse, qui abrite désormais le **5 Nobelmuseet** (p. 53). Empruntez **6 Köpmangatan** (la rue des Marchands) jusqu'à une place triangulaire dominée par une statue représentant **7 Saint Georges et le Dragon**. Il s'agit d'une réplique en bronze de 1912 de la statue en bois de Berndt Notke, qui, sculptée au XVe siècle, se trouve dans la Storkyrkan (p. 57). Prenez à droite dans Österlånggatan pour parvenir à **8 Järntorget**, une importante place de Gamla Stan depuis le XIVe siècle. Le café-boulangerie **9 Sundbergs Konditori**, ouvert en 1785, y sert du café au samovar en cuivre. Empruntez Västerlånggatan, sans manquer d'observer sur la droite **10 Mårten Trötzigs Gränd** et ses nombreuses marches montant vers Prästgatan. Enfin, tournez à gauche dans Tyska Brinken pour redescendre la colline jusqu'à votre point de départ.

SOUS LE PONT DE SKANSTULL

Huset Under Bron (husetunderbron.se) est un complexe de divertissement situé sous le pont de Skanstull. On y déguste toute l'année la cuisine végétarienne du **Växthuset**, originale et savoureuse (optez pour le menu de sept plats). Le vendredi et le samedi, la fête bat son plein dans les bars et les clubs, dont le Red Room). De mai à septembre, l'ambiance festive migre vers **Trädgården**, espace en plein air où règne une atmosphère de festival ; nombre de fêtards viennent profiter des tables de ping-pong et des jeux vidéo, des stands de restauration et, bien sûr, des concerts.

Långholmen

Kvarnen

(cuisine familiale) – rôti de renne, tourte au fromage de Västerbotten et omble chevalier. Les préparations à base de hareng sont particulièrement recommandées (goûtez l'entrée "SOS", un assortiment de harengs marinés). Bon choix d'eaux-de-vie.

Le **Kvarnen**, qui date de 1908, est le repaire des supporteurs du club de football de Hammarby. Arrivez tôt dans sa belle salle, ornée d'œuvres d'art, pour savourer une bière et un plat suédois traditionnel. Plus tard, l'ambiance club prend le dessus.

Baignades urbaines

PLONGER DANS LE LAC MÄLAREN

L'été est bien doux à **Långholmsbadet**, une plage de l'île de Långholmen que l'on peut atteindre à pied depuis l'ouest de Södermalm… De 1724 à 1974, cette île relativement sauvage, longue de 1,5 km, abrita une prison (transformée depuis en hôtel et auberge de jeunesse). Lieu calme et arboré, de jolis bateaux en bois flottent dans le canal séparant l'île de Södermalm.

Tout aussi populaire pour le farniente, **Tanto strandbad** est une plage artificielle aménagée dans le grand parc **Tantolunden**, dans le quartier de Hornstull, à Södermalm, qui comprend des jardins partagés, des terrains de sport, des aires de jeux et des sentiers au bord de l'eau. C'est l'endroit idéal pour s'aérer.

OÙ PRENDRE UN VERRE À GAMLA STAN ET SÖDERMALM

Gaston
Les Stockholmois bien renseignés fréquentent ce bar à vins intimiste, sophistiqué mais décontracté.

Folii
Tout en discrétion, ce bar aux teintes rose pâle et grises propose un excellent choix de vins au verre.

Södra Teatern
Ce théâtre compte aussi des bars et restaurants. En été, la vue sur la ville depuis la terrasse est superbe.

L'eau fraîche des lacs ne vous tente pas ? Optez plutôt pour **Eriksdalsbadet**, grand centre aquatique situé à Skanstull, à l'extrémité sud de Södermalm. On y nage toute l'année dans des bassins couverts, dont une piscine olympique de 50 m, et on profite du sauna et de la salle de sport. Une grande piscine extérieure est aussi ouverte de mai à septembre.

Voir Stockholm d'un autre œil

LES PLUS BEAUX POINTS DE VUE

Depuis l'**esplanade Evert Taube**, lieu paisible sur l'île de Riddarholmen, s'offre un magnifique point de vue : le regard à fleur d'eau (celle du lac Mälaren) porte sur l'hôtel de ville et la rive de Södermalm. Evert Taube, compositeur et musicien célèbre, est immortalisé par une joyeuse statue sur l'esplanade. Flanqué d'une rambarde, le sentier de randonnée de **Monteliusvägen** s'étire sur 500 m sur la rive nord de Södermalm. À mi-chemin, on croise le petit Olle Adolphsons Park, dédié au célèbre chanteur, qui vivait non loin ; notez l'enclave de jolies maisons anciennes en bois.

Le plus haut promontoire rocheux de Stockholm, **Skinnarviksberget**, se trouve à deux pas. L'ascension en vaut la peine ; c'est un magnifique endroit pour pique-niquer et se retrouver au crépuscule.

Quartiers branchés de Södermalm

SOFO CONTRE HORNSTULL

Le débat fait rage pour désigner le quartier le plus tendance de Södermalm. Le premier prétendant est SoFo (abréviation de “south of Folkungagatan”). Autour de la jolie place herbeuse de Nytorget, on trouve l'épicerie-restaurant pionnière **Urban Deli** et le **Bar Agrikultur**, repéré par le Michelin et spécialisé dans les produits de saison et les gins artisanaux. Quelques adresses propices aux emplettes : **Grandpa** pour la mode, **Söders Retro & Design** pour des pépites d'ameublement d'occasion, et **6/5/4** pour l'équipement de surf et les vêtements d'extérieur branchés.

Le second est Hornstull, à l'extrémité ouest de l'île. Le week-end, d'avril à septembre, son marché aux puces au bord de l'eau (hornstullsmarknad.se) attire les foules. D'autres points de chute sont, eux, accessibles toute l'année. **Debaser Strand** est tout à la fois un restaurant mexicain, un bar, un club et une salle de concerts – de quoi occuper toute une soirée ! **Bitza** (bitzahornstull.com) concocte de savoureuses pizzas de style palestinien, tandis que **Judit et Bertil** est un bon bar classique.

VÊTEMENTS D'OCCASION

Judits et Herr Judits
Deux friperies (pour femme et homme) de Hornsgatan, fortes d'un beau choix de pièces de luxe.

Humana
Ici, certains des vêtements sont transformés. Sur Timmermansgatan (deuxième adresse dans Gamla Brogatan, à Norrmalm).

Emmaus Stockholm
Les bénéfices de ce grand magasin de Slussen sont reversés à des projets menés au Sahara occidental. (emmausstockholm.se)

Stockholms Stadmission
Autre enseigne caritative possédant deux autres adresses, sur Hornsgatan et Skånegatan, à SoFo.

SoFo

ALEXANDERSTOCK23/SHUTTERSTOCK ©

OÙ ACHETER DES LIVRES

Hedengrens
Intéressante sélection de livres en anglais, mais aussi près d'un millier d'ouvrages en français.

Papercut
À Södermalm, belle sélection de livres, magazines internationaux et DVD, avec une prédilection pour la pop culture.

Science Fiction Bookshop
BD, romans graphiques, jeux, objets de collection et affiches de science-fiction et fantasy, à Gamla Stan.

NORRMALM ET KUNGSHOLMEN

QUARTIER COMMERÇANT ET HÔTEL DE VILLE

Norrmalm est le centre commerçant moderne de la ville. On y trouve les principales gares ferroviaire et routière (respectivement Centralstationen et Cityterminalen). Façonné au bulldozer dans les années 1960, le quartier se distingue par son architecture controversée – notamment les cinq immeubles d'Hötorget, alignés tels des dominos hauts de 72 m. On y trouve aussi nombre de grands magasins, boutiques de chaîne et hôtels, ainsi que deux lieux culturels de premier plan : l'Operan et le Nationalmuseum.

L'île résidentielle de Kungsholmen, bien différente, a changé depuis le temps où on la surnommait "l'île de la Famine", au XIXe siècle. Usines, misère et maladies l'ont cédé à un paysage postindustriel rénové et gentrifié. Le majestueux Stadshuset (hôtel de ville) domine l'extrémité est de l'île. À l'ouest, Rålambshovsparken est l'un des parcs préférés des habitants. En marchant, en courant ou en pédalant, Kungsholmen se prête à de longues et belles balades au bord de l'eau.

Pour les infos pratiques, voir le Carnet d'adresses p. 96

À SAVOIR

Smedsuddsbadet, sur la rive sud de Kungsholmen, est la plus grande plage du centre de la capitale. Aux premiers signes du printemps, les Stockholmois s'y précipitent pour profiter du soleil après le long hiver suédois. Pour y accéder, empruntez le chemin piéton qui longe Norr Mälarstrand au bord de l'eau en direction du Rålambshovsparken.

Architecture de Hötorget

TOMMY ALVEN/SHUTTERSTOCK ©

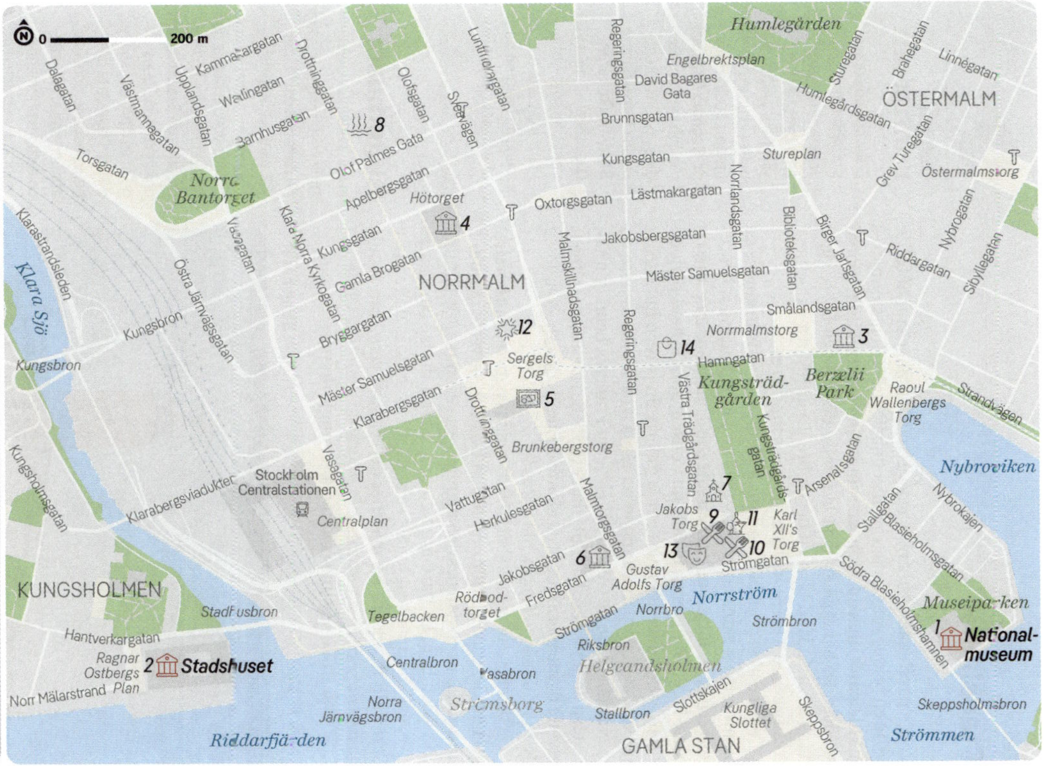

INCONTOURNABLES
1 Nationalmuseum
2 Stadshuset

VOIR
3 Hallwylska Museet
4 Hötorget
5 Kulturhuset
6 Medelhavs museet
7 Sankt Jakobs Kyrka

ACTIVITÉS
8 Centralbadet

SE RESTAURER
9 Bakfickan
10 Operakällaren

PRENDRE UN VERRE ET FAIRE LA FÊTE
11 Opera Bar

SORTIR
12 Avicii Experience
13 Operan

SHOPPING
14 NK

Stadshuset

UN EMBLÈME DE LA VILLE

Conçu par Ragnar Östberg et achevé en 1923, l'imposant **hôtel de ville** en brique rouge, où travaillent quelque 350 fonctionnaires municipaux, marque l'apogée du style romantique national suédois. Le banquet suivant la remise des prix Nobel se tient dans le vaste Hall bleu en décembre. L'endroit est également très prisé, le week-end venu, pour les mariages.

L'entrée n'est possible que dans le cadre d'une visite guidée de 50 minutes (visites en anglais tous les jours, toutes les heures entre 10h et 15h). Vous traverserez le Hall bleu, aux airs de vaste loggia italienne ; la salle du Conseil, dont le haut plafond voûté est orné de fresques ; et la galerie du prince Eugène, et sa belle fresque panoramique représentant la ville, œuvre du talentueux frère de Gustave V, élève du Français Léon Bonnat. Le clou de la visite est la Salle dorée (Gyllene salen), entièrement revêtie d'une mosaïque étincelante d'Einar Forseth, composée de 18 millions de fragments dorés !

Un billet en sus (seulement 27 sont vendus par créneau horaire) permet de gravir la tour de 106 m de haut, ouverte de juin à fin août. L'ascension des 365 marches est récompensée par une vue splendide. Le parc qui s'étend au bord du lac sur l'autre rive, est charmant en toutes saisons. Deux statues de l'artiste Carl Eldh flanquent les marches descendant vers l'eau tandis qu'*Engelbrekt, combattant de la liberté* du sculpteur Christian Eriksson trône sur une colonne à un angle du parc.

Stadshuset

DÎNER À L'HÔTEL DE VILLE

Deux possibilités s'offrent à vous : Joignez-vous aux employés de l'hôtel de ville pour profiter du buffet, d'un excellent rapport qualité/prix, du **Ragnars Skafferi** (11h-14h lun-ven) ou dînez tel un lauréat du prix Nobel dans le **Stadshuskällaren** (stadshuskallarensth-lm.se), au sous-sol. Plats à la carte ou menu du banquet du prix Nobel de l'année.

Kulturhuset

MAISON DE LA CULTURE

Difficile de manquer le mur de verre de sept étages donnant sur Sergels Torg. Ce haut lieu des rendez-vous culturels de la capitale rassemble les théâtres du **Stadsteatern**, un cinéma, quelques galeries d'art, un espace de jeu d'échecs et des bibliothèques, dont une abritant une excellente collection de romans graphiques en différentes langues.On peut y déjeuner ou prendre un café dans le bar principal du **Theaterbaren**, très animé, ou sur le toit-terrasse du **Panorama**. L'un et l'autre offrent une belle vue sur Sergels Torg, surtout à la nuit tombée, lorsque la fontaine et son obélisque en verre de 37,5 m de haut, œuvre d'Edvin Öhrström, resplendissent de couleurs vives.

Hallwylska Museet

Hallwylska Museet

DANS L'ANTRE D'UNE COLLECTIONNEUSE

Opulent hôtel particulier achevé en 1898, le Hallwylska Museet était jadis la demeure de Wilhelmina von Hallwyl, grande collectionneuse et de son époux Walther. La demeure d'inspiration Renaissance est meublée dans un mélange de styles XVIIe et XVIIIe siècles, mais c'est l'impressionnante collection d'objets en tous genres qui retient l'attention. Wilhelmina tenait un catalogue répertoriant tout ce qui se trouvait dans sa maison, divisé en 67 catégories. Son intérêt se portait aussi bien sur les armes que les ustensiles de cuisine, sur les porcelaines et les jouets. Ne manquez pas la galerie de tableaux du grenier.

Nationalmuseum

LE PLUS GRAND MUSÉE D'ART DE SUÈDE

Fondé en 1792, le plus grand musée d'art de Suède abrite, dans un bâtiment de 1866, une collection remarquable, dont le prologue se compose des fresques de Carl Larsson. Inspirées par l'histoire de l'art de la nation, elles ornent les murs de l'escalier et du hall de l'étage supérieur. Les trois niveaux d'exposition rassemblent quelque 5 000 œuvres présentées dans l'ordre chronologique, du XVIe siècle à nos jours. Les collections comprennent des chefs-d'œuvre de Rembrandt, des tableaux épiques, tel le *Rapatriement du corps du roi Charles XII de Suède* de Gustaf Cederström, des classiques du design industriel du XXe siècle et même un canapé IKEA. Le café et la boutique méritent le détour.

Nationalmuseum

AUTRES SAUNAS

Au dernier étage du Downtown Camper (ci-dessous), le Nest Wellness comprend un sauna contemporain, une salle de sport, un fabuleux lounge en penthouse et une piscine extérieure chauffée avec vue sur les toits. Le Hellasgården (p. 91) offre une expérience plus simple et traditionnelle.

BLUEJAYPHOTO/GETTY IMAGES ©

Operan

SE FOURNIR EN DESIGN SUÉDOIS

Åhléns
Ce grand magasin réunit articles ménagers, linge de maison et autres objets suédois à rapporter en souvenir.

DesignTorget
Petite chaîne suédoise vendant les créations, typiquement nordiques et abordables, de nouveaux talents.

Iris Hantverk
Objets en bois, linge de maison, tissus, bougies, savons artisanaux, vaisselle et livres de loisirs créatifs : tout est de qualité.

À VOIR AUSSI À NORRMALM

Une nuit à l'Opéra

BIJOU ARCHITECTURAL, RESTAURANTS ET MUSIQUE

Accueillant l'orchestre de l'Opéra royal de Suède et le Ballet royal suédois, l'**Operan** est un somptueux bâtiment de 1898, néo-Renaissance à l'extérieur, néobaroque à l'intérieur. La salle de 1 100 places est en soi un régal pour les yeux. Venez en avance pour jeter un coup d'œil à l'éblouissant Guldfoajén (Foyer doré) qui se trouve au niveau du parterre.

Le restaurant **Operakällaren**, étoilé au guide Michelin, est un bel écrin pour une gastronomie d'inspirations française et scandinave. Côté nord du bâtiment, l'Art Nouveau Opera Bar est plus abordable et décontracté, mais tout aussi charmant ; il est impératif de réserver. Le cadre du **Bakfickan** évoque les années 1960 : si vous êtes seul, n'hésitez pas à prendre place au comptoir. Ces deux derniers établissements servent la même cuisine suédoise traditionnelle haut de gamme.

Face à l'Opéra, la **Sankt Jakobs Kyrka** est l'une des églises les plus connues de Stockholm avec sa couleur rouge vif, et des

OÙ SE LOGER À NORRMALM ET KUNGSHOLMEN

City Backpackers
Chambres propres, personnel sympathique, vélos à disposition et excellents équipements, dont sauna, cuisine et laverie. **€**

Downtown Camper by Scandic
Ambiance jeune et dynamique et nombreuses activités : club de course à pied, skateboard et projections de films. **€€**

Hobo Hotel
Les chambres les moins chères de cet hôtel branché de Brunkebergstorg sont petites et sans fenêtre, mais bien agencées. **€€**

plus disparates dans la mesure où, construite au XVIe siècle, elle a subi de nombreux remaniements. C'est aussi une excellente salle de concerts, renseignez-vous sur les événements à venir.

Un grand magasin historique

TOUJOURS À LA POINTE DE LA MODE

Institution de Hamngatan depuis 1915, **NK** (pour Nordiska Kompaniet) est le grand magasin chic de Stockholm. Son horloge rotative en néon est visible depuis maints endroits du centre-ville. On y trouve toutes les grandes marques et les produits locaux attendus. L'espace alimentaire du sous-sol est idéal pour déjeuner et faire le plein de souvenirs gourmands. Réservez longtemps à l'avance pour déjeuner au **Bobergs Matsal**, sis au dernier étage et dont la belle salle est classée, avec ses boiseries centenaires en bouleau sculptées et ses lustres scintillants.

Bains Art nouveau

BAIGNADE, SAUNA, SPA

Centralbadet (centralbadet.se) est un spa de style Art nouveau datant de 1904. Il comprend toutes sortes de saunas (mixtes), une salle de gym et, surtout, une magnifique piscine de 23m superbement rénovée en 2022. Le prix d'entrée inclut la location d'une serviette et d'un peignoir. Les soins (à payer en supplément) sont à réserver de préférence bien à l'avance.

Pour goûter à l'atmosphère du spa sans y pénétrer, rendez-vous au café **Ecobaren** (ecobaren.se). Spécialisé dans la cuisine saine et bio, il est aussi agréable en été, pour sa cour arborée, qu'en hiver, lorsque des lampes de luminothérapie éclairent sa luxuriante orangeraie.

Musée des Antiquités méditerranéennes

RENCONTRER UNE ARMÉE EN TERRE CUITE

Aménagé dans l'élégant bâtiment d'une banque du XIXe siècle, le **Medelhavsmuseet** recèle des trésors chypriotes, égyptiens, étrusques, grecs et romains. La salle principale est dédiée à l'expédition archéologique suédoise à Chypre entre 1927 et 1931 ; la collection comprend notamment un millier de statuettes en terre cuite provenant d'un sanctuaire de 1200 av. J.-C. Pénétrez dans les anciennes chambres fortes par les portes blindées et descendez au sous-sol pour découvrir la collection de momies.

À l'étage, l'envoûtant **Bagdad Café** propose une cuisine de qualité. C'est un endroit agréable où prendre un verre au calme en profitant de la jolie vue sur Gamla Stan.

STOCKHOLM ADVENTURES

Cette agence (stockholmadventures.co) aux guides aussi sympathiques qu'expérimentés propose un vaste choix d'activités depuis son local de Kungsbro Strand, au bord de l'eau, sur Kungsholmen. Des circuits à vélo dans la capitale et aux alentours sont organisés toute l'année, et, en hiver, des circuits en patins (pour les patineurs expérimentés). On recommande particulièrement les excursions en kayak qui ont lieu même pendant les mois les plus froids (avec la protection d'une combinaison étanche) ; l'itinéraire urbain typique part des bureaux de Kungsholmen puis fait le tour de l'île ou traverse le lac Mälaren pour apercevoir Långholmen de plus près. Pour qui préfère partir sans guide, il y a un vaste choix d'équipements à louer – kayaks, paddles ou encore raquettes.

OÙ SE RESTAURER À NORRMALM ET KUNGSHOLMEN

Vetekatten
Véritable labyrinthe de recoins au mobilier ancien et au parfum de cardamome ; idéal pour un repas léger à Norrmalm. **€**

Rutabaga
L'un des deux restaurants du chef Mathias Dahlgren au Grand Hôtel Stockholm. Le menu végétarien est un chef-d'œuvre. **€€€**

Eataly
Vaste espace de restauration italienne dans un ancien cinéma de Norrmalm, pour une pizza et un verre de vin, ou un menu entier. **€€**

Hommage à un DJ de talent

ICÔNE POP

Il n'est pas nécessaire de bien connaître feu Tim Bergling – plus connu, comme DJ et compositeur, sous son nom d'Avicii – pour apprécier l'**Avicii Experience**. Cette exposition immersive et captivante installée au sein du centre de culture digitale **SPACE** est consacrée à la carrière aussi fulgurante que brève du jeune homme. Rythmes lancinants et lasers accompagnent le récit de sa vie, des premières créations adolescentes, dans sa chambre d'Östermalm, à ses tournées mondiales. Les pressions du marché musical, qui ont joué un rôle dans son suicide en 2018 (alors qu'il s'était retiré, en 2016, pour raisons de santé), y sont également évoquées sans fard.

LE PARADIS DES GAMERS

SPACE abrite la plus grande salle de jeux vidéo du monde, avec plus de 400 machines. L'excellente exposition interactive du Tekniska (p. 70) permet d'en savoir plus sur le succès de l'industrie du jeu suédoise.

Place du marché de Normalm

ALIMENTAIRE ET PUCES

La place pavée de **Hötorget**, qui accueille des marchés depuis le XVIIe siècle, est flanquée à l'ouest par l'ancien grand magasin PUB (aujourd'hui l'hôtel Haymarket by Scandic), où travailla Greta Garbo avant de devenir une star de cinéma, et, à l'est, par le **Konserthuset**, devant lequel trônent des nymphes en bronze de Carl Milles.

Konserthuset

Au sud se trouve **Hötorgshallen**, grand marché alimentaire multiculturel où l'on trouve aussi bien des sushis que des bonbons locaux ou des thés parfumés. Le **Kajsas Fiskrestaurang**, aux airs de cambuse, sert d'énormes bols d'une délicieuse *fisksoppa* (soupe de poissons).

Hötorget même est occupée par les étals colorés des primeurs et des fleuristes. Le dimanche, de 10h à 16h, la plupart cèdent la place à un **marché aux puces** où dénicher des souvenirs uniques.

CONCERTS EN TOUS GENRES

Konserthuset
Salle néoclassique accueillant des concerts classiques, notamment ceux de l'Orchestre philarmonique royal.

Fasching
Musique live presque tous les soirs, jam-session ouverte le jeudi ; les DJ enchaînent le vendredi avec de l'afrobeat, de la musique latino, néo-soul ou R'n'B.

Glenn Miller Café
Ce minuscule bar où se produisent groupes de jazz et de blues attire un public fidèle. Musique live du mercredi au samedi.

OÙ PRENDRE UN VERRE À NORRMALM ET KUNGSHOLMEN

Röda Huset
Dans cette "maison rouge" donnant sur Sergels Torg sont servis des cocktails originaux à base d'ingrédients suédois.

Tak
Ouvert toute l'année, le bar du toit-terrasse donnant sur Brunkebergstorg prend pleinement vie en été.

Mälarpaviljongen
Bar-restaurant de Kungsholmen, en plein air, ouvert d'avril à septembre. Excellents plats et cocktails classiques.

ÖSTERMALM, LADUGÅRDSGÄRDET ET ENVIRONS

CUISINE, COUTURE ET CULTURE

Östermalm est *le* quartier branché de Stockholm. Stureplan, place célèbre pour son étrange abri appelé Svampen (le "champignon"), est entourée d'établissements prisés. La Birger Jarlsgatan, qui longe la place, est une succession de boutiques de luxe. Östermalm héberge aussi des musées et le Dramaten, un théâtre de style Art nouveau.

À l'est, Ladugårdsgärdet, est un quartier résidentiel très vert qui fait partie du parc national urbain royal (p. 85) et possède également de très bons musées. Au nord, le quartier de Norra Djurgården héberge l'université de Stockholm ainsi que le Jardin botanique. Un peu plus à l'est, sur l'île de Lidingö, se trouve Millesgården, jardin de sculptures, galerie d'art et ancienne demeure de Carl Milles.

Pour les infos pratiques, voir le Carnet d'adresses p. 98

À SAVOIR

L'Hedvig Eleonora Kyrka (hedvigeleonora.se) est un parfait exemple du style baroque suédois de la fin du XVIIe siècle et un lieu communautaire important (quoique rarement visité) d'Östermalm. Poussez la porte, surtout si vous êtes dans les parages un mercredi à 12h15 pour le concert d'orgue gratuit de 30 minutes. Consultez le site Web pour le calendrier des concerts.

INCONTOURNABLES
1 Östermalms Saluhall
2 Tekniska

VOIR
3 Armémuseum
4 Etnografiska Museet
5 Historiska Museet
6 Scenkonstmuseet

SORTIR
7 Kaijasalong

SHOPPING
8 Svenskt Tenn

Östermalms Saluhall

MARCHÉ ALIMENTAIRE HISTORIQUE

Installé dans un majestueux bâtiment en brique, cet espace de restauration élégant et gourmet a ouvert ses portes en 1888. Cette version chic d'un marché traditionnel comprend primeurs, poissonniers, bouchers, traiteurs et marchands de thé, ainsi que plusieurs cafés et restaurants. Véritable institution, Lisa Elmqvist est réputée pour ses excellents plats de produits de la mer ; la carte comprend des sandwichs à la crevette, du gravlax et de la soupe de poisson, mais jetez un coup d'œil aux plats du jour sur l'ardoise.

Östermalms Saluhall

Tekniska

ANTRE DE LA TECHNOLOGIE

Les robots devraient-ils avoir des droits ? Quel sera l'impact de l'intelligence artificielle sur nos vies ? Autant de questions fascinantes posées par les expositions du Tekniska, qui explore les sciences et les technologies de manière interactive. L'exposition *Play Beyond Play* retrace sur un étage entier le passé, le présent et le futur des jeux vidéo (un quart des habitants de la planète a déjà joué à un jeu de conception suédoise !). Parmi les nouveautés, citons *Wisdom Stockholm*, étonnant bâtiment en bois renfermant un dôme de projection de films IMAX à 360° en 3D, de surcroît interactif.

Tekniska

Historiska Museet

REVIVRE L'HISTOIRE DE LA SUÈDE

Entre patins à glace de l'âge du fer, bateau viking, textiles médiévaux et triptyques Renaissance, le musée d'Histoire nationale retrace plus de 10 000 ans d'histoire et de culture suédoises. L'exposition sur la bataille de Visby de 1361, qui vit s'affronter, sur l'île de Gotland, les habitants mal armés de l'île et les soldats de l'armée danoise, est particulièrement intéressante. Le musée renferme également de superbes retables médiévaux et l'orgue le plus ancien du monde. Le café dans la cour est très agréable en été.

Millesgården

DEMEURE D'ARTISTE

Ce magnifique jardin de l'île de Lidingö abrita de 1906 à 1931 la maison et le studio du sculpteur Carl Milles (1875-1955), dont les naïades et autres créatures parsèment la ville. La créativité débordante de l'artiste imprègne la maison où il a vécu et travaillé avec son épouse Olga, peintre de talent.

Le merveilleux jardin de sculptures fut conçu par Milles pour évoquer des paysages italiens. Des sculptures et autres pièces de la Grèce antique, romaines, médiévales et de la Renaissance côtoient les œuvres du sculpteur. La vue sur la ville depuis le haut des falaises est spectaculaire.

Le site renferme aussi une galerie moderne accueillant des expositions d'art contemporain (les carreaux noir et blanc de la mosaïque du sol ont été posés par Carl et Olga en personne), ainsi que la maison d'Anne, ainsi nommée en référence à Anne Hedmark, l'assistante de Carl Milles qui y vécut même après la mort du sculpteur. Elle fut décorée par l'architecte Josef Frank et la designeuse Estrid Ericson. Le café Millesgården Lanthandel est excellent.

Millesgården

Svenskt Tenn

DESIGN SUÉDOIS CLASSIQUE

À la fois musée du design et boutique, Svenskt Tenn vous donnera toute l'inspiration nécessaire pour embellir votre maison. Lorsqu'Estrid Ericson fonda son entreprise en 1924, elle vendait uniquement des objets de qualité en étain suédois (Svenkst tenn) – d'où le nom. La bonne idée d'Ericson fut de recruter l'architecte et designer autrichien Josef Frank en 1934. Ses tissus imprimés et ses meubles incarnent l'esprit d'élégance et de fonctionnalité de Svenskt Tenn. Un endroit merveilleux où flâner et choisir un objet typiquement suédois – peut-être un plateau en bouleau ou une housse de coussin – à rapporter à la maison.

Svenskt Tenn

DANS LES BARS D'ÖSTERMALM

Lilla Baren at Riche
Bar branché et couru d'Östermalm, Lilla Baren rassemble un personnel sympathique, de talentueux DJ et une clientèle à la pointe de la mode (riche.se/en/lilla-baren-2).

Lucy's Flower Shop
Non, il ne s'agit pas d'un fleuriste mais d'un bar en sous-sol où dominent le velours et le cuir, et où sont servis des cocktails inventifs. Réservation recommandée (lucysstockholm.se).

Nori Bar
Dissimulé dans une galerie couverte près de Misshumasshu, ce bar élégant concocte de savoureux cocktails (misshumasshu.se/noribar).

Etnografiska Museet

À VOIR AUSSI À ÖSTERMALM, LADUGÅRDSGÄRDET ET ENVIRONS

Guerre et paix en musées

ARTS DE LA SCÈNE ET HISTOIRE MILITAIRE

Deux musées d'Östermalm excellent à illustrer des aspects diamétralement opposés de l'existence humaine. Installé dans l'ancienne boulangerie royale (XVIIe siècle), le **Scenkonstmuseet** retrace plus de 400 ans d'histoire des arts de la scène – incontournables pour les amateurs de théâtre, de danse et de musique. L'endroit est très amusant pour les enfants, qui sont amenés à participer – se déguiser, jouer du bongo ou visionner d'incroyables films de danse contemporaine. Et on y trouve toujours une bonne boulangerie-café !

L'**Armémuseum** voisin, lui, retrace sur trois niveaux l'histoire militaire suédoise à travers des œuvres d'art, des armes et des reconstitutions en cire, à taille réelle, de cavaliers chargeant et de civils affamés. La section sur les méthodes de torture médiévales est assez crue et ne ménage pas les visiteurs.

Des quatre coins de la Terre

MUSÉE ETHNOGRAPHIQUE

Un autre musée remarquable donne en face du Tekniska, sur Ladugårdsgärdet. On pourrait passer des heures à découvrir des cultures du monde entier à travers les quelque 6 000 pièces, exposées à titre permanent, de l'**Etnografiska Museet**.

La collection de bronzes du Bénin est particulièrement remarquable. De nouvelles perspectives sont proposées sur les collections africaines, incluant notamment des informations passionnantes sur les Suédois aux origines africaines.

Le restaurant **Matmekka** sert une cuisine asiatique authentique. En été, un salon de thé japonais en plein air propose d'authentiques cérémonies du thé.

La plus petite scène de Stockholm

DE LA MUSIQUE POUR TOUS LES GOÛTS

La plus charmante scène de Stockholm est peut-être **Kaijasalong** (kaijasalong.com), un bar cosy où il y a à peine la place pour 30 personnes, musiciens inclus. Fondé par Kaija, d'origine finlandaise, en 1995, il est aujourd'hui tenu par sa petite-fille Saga, la vingtaine, et son compagnon Felix.

La programmation éclectique et audacieuse va de la musique classique au jazz, en passant par le hip-hop, la pop et même des soirées poésie.

IBL/SHUTTERSTOCK ©

OÙ SE RESTAURER À ÖSTERMALM, LADUGÅRDSGÄRDET ET ENVIRONS

Restaurang Oxenstiernan
Ce joyau situé près d'un parc d'Östermalm sert une cuisine durable. On dîne sous les arbres en été. €€

Sturehof
Idéale pour un dîner tardif, cette brasserie donnant sur Stureplan sert d'excellents plats à base de produits de la mer. €€

Konstnärsbaren
Dans cette institution d'Östermalm (1931) règne une atmosphère bohème. €€

Naturhistoriska Riksmuseet

Les boissons – notamment les cocktails – sont bonnes et abordables, et les en-cas – des petits pains fourrés d'ingrédients typiquement suédois – délicieux. Réservez longtemps à l'avance, car l'endroit est prisé.

Muséum d'Histoire naturelle

SE RECONNECTER À LA NATURE

Le **Naturhistoriska Riksmuseet** se trouve sur le campus de l'université de Stockholm, à quelques stations de métro au nord d'Östermalm. Fondée par Carl von Linné en 1739, cette imposante institution a su évoluer avec son temps ; elle recèle de nombreuses expositions interactives, ainsi que la salle IMAX et le planétarium Cosmonova.

Bien sûr, le musée possède toujours de riches collections d'os de dinosaures et de fossiles, ainsi qu'une faune empaillée qui peuplerait des forêts entières, sans compter les spécimens marins et polaires.

JARDIN BOTANIQUE DE STOCKHOLM

Le vaste **Bergianska Trädgården** (photo) délimité par le lac Brunnsviken fait partie du Naturhistoriska Riksmuseet. C'est une merveilleuse oasis où pique-niquer et flâner à la rencontre de la flore suédoise, ponctuée d'une esplanade de style italien et d'un étang japonais. En été, entrez dans la Victoriahuset, une élégante serre bâtie en 1900 pour abriter le nénuphar géant dont elle porte le nom. Accessible toute l'année, le conservatoire Edvard Anderson constitue un jardin d'hiver embaumé abritant une flore en provenance des pays chauds.

OÙ SE LOGER À ÖSTERMALM, LADUGÅRDSGÄRDET ET ALENTOUR

Hotel Diplomat
Hôtel historique au bord de l'eau, à Östermalm. Chambres élégantes aux tons paisibles, ornées d'œuvres d'artistes suédois. **€€€**

Villa Dagmar
Cet hôtel d'Östermalm dévoile d'élégants papiers peints imprimés et des salles de bains en marbre . Chauffage au sol. **€€€**

Villa Källhagen
Chambres agréables et modernes, aux grandes fenêtres donnant sur le canal de Djurgårdsbrunn et le parc royal. **€€**

DJURGÅRDEN ET SKEPPSHOLMEN

EXCELLENTS MUSÉES ET PARCS ROYAUX

L'île de Djurgården est un enchantement, avec ses bois de conte de fées, ses pistes cyclables et ses hectares de verdure. Séparé du centre-ville par un simple pont piéton, l'ancien domaine de chasse royal est riche de trésors en tous genres : musées, demeures ancestrales, art d'avant-garde et culture pop, sans oublier quelques parcs d'attractions.

Un court trajet en ferry vers l'ouest et nous voici sur la petite île de Skeppsholmen, également accessible par une passerelle piétonne depuis Norrmalm. Presque tous les bâtiments de l'île sont hérités de son passé de base navale de la flotte suédoise. Depuis que la Marine a commencé à quitter l'île au milieu du XXe siècle, la plupart de ses édifices ont été transformés en attractions touristiques et en musées. Le plus remarquable est sans conteste le Moderna Museet, qui abrite l'une des plus belles collections d'art moderne de Scandinavie.

Pour les infos pratiques, voir le Carnet d'adresses p. 99

À SAVOIR

Le centre des visiteurs Royal Djurgården (royaldjurgarden.se) loue des vélos (avec freinage à rétropédalage), parfaits pour explorer le parc de l'île. De mai à septembre, canoës, kayaks et pédalos sont aussi en location. Bon café sur place.

Royal Djurgården

ROYAL DJURGARDEN/SHUTTERSTOCK ©

INCONTOURNABLES
1 ABBA : The Museum
2 Moderna Museet
3 Skansen
4 Vasamuseet

VOIR
5 ArkDes
6 Liljevalchs Konsthall
7 Nordiska Museet
8 Östasiatiska Museet
0 Prins Eugens Waldemarsudde
10 Rosendals Trädgård
11 Spritmuseum
12 Toy Museum (musée du Jouet)
13 Vrak Museum (musée des Épaves)

MARTPOD/SHUTTERSTOCK ©

Vasamuseet

Vasamuseet

RÉSURRECTION D'UN NAVIRE DU XVIIᴱ SIÈCLE

Le Vasamuseet est la demeure taillée sur mesure du *Vasa*, immense vaisseau de guerre de 69 m de long, 48,8 m de haut, fierté de la Couronne suédoise. Ce vaisseau de guerre de Gustave II Adolphe, leva l'ancre pour son voyage inaugural le 10 août 1628. Moins d'une demi-heure plus tard, balayé par une bourrasque, le navire, légèrement trop haut et trop étroit, chavira et coula à pic au fond du Saltsjön, avec la centaine d'hommes qui constituait son équipage. Aussi incroyable que cela paraisse, la reconstitution est à 98% d'origine. L'épave commença d'être renflouée en 1961, puis ses 14 000 pièces furent assemblées une à une.

Le parcours commence par un film de 17 minutes sur l'opération de sauvetage et la conservation du navire. La visite guidée de 25 minutes fournit un éclairage intéressant sur le contexte. Organisé, sur plusieurs niveaux, autour du navire, le musée renferme des pièces récupérées sur le *Vasa* et évoque la vie à bord, la guerre navale, la navigation au XVIIᵉ siècle et le rôle méconnu joué par les femmes dans les entreprises navales suédoises. L'exposition du rez-de-chaussée, usant des techniques modernes de la police scientifique, redonne un visage à plusieurs infortunés passagers du navire et retrace leur vie.

Vrak Museum, le musée des Épaves

UN OCÉAN DE SOUVENIRS

Le tout nouveau voisin du Vasamuseet est consacré à l'archéologie sous-marine. La faible salinité de la mer Baltique explique l'excellent état de conservation de nombreuses épaves en bois. Une section est dédiée à l'épave mythique du *Resande Man*, coulé en 1660 ; un tapis reproduit de façon saisissante l'épave sur le fond marin. Six autres naufrages survenus dans la Baltique sont présentés, dont celui du ferry *Estonia* qui coula en 1994. Vous en apprendrez aussi davantage sur l'*Äpplet*, navire presque jumeau du *Vasa* qui fut localisé en 2022 dans un détroit au large de Vaxholm.

ZUZANA HABEKOVA/SHUTTERSTOCK ©

Vrak

Rosendals Trädgård

JARDIN POTAGER ET CAFÉ

La Rosendal Garden Foundation entretient ce jardin luxuriant depuis plus de 40 ans. Après une flânerie parmi les fleurs, les fruits et les légumes, faites une pause au café de la serre, un lieu idyllique où prendre une pâtisserie et un café ou un déjeuner accompagné de vin bio. La plupart des produits sont cultivés sur place selon les principes de la biodynamie.On trouve aussi un magasin de plantes et une boulangerie qui vend des confitures, du pain frais, des biscuits et le livre de recettes du Rosendals.

Nordiska Museet

Rosendals Trädgård

Nordiska Museet

VASTE MUSÉE D'HISTOIRE CULTURELLE

Ressemblant à un château Renaissance, alors que le bâtiment fut achevé en 1907, ce prestigieux musée a célébré en 2023 ses 150 ans ! C'est l'occasion d'un réagencement de ses stupéfiantes collections : 1,5 million de pièces datant de 1520 à nos jours, allant des objets sami sacrés aux vêtements, des couverts aux tableaux d'August Strindberg. La nouvelle exposition du dernier étage, attendue pour début 2024, retracera 500 ans d'histoire culturelle de la Suède. Une immense statue en bois de Gustave Vasa réalisée par Carl Milles contemple les visiteurs dans le hall principal. Une section passionnante décrit les conséquences du changement climatique sur les habitants de l'Arctique.

Skansen

LA SUÈDE EN MINIATURE

On peut aisément passer la journée au Skansen sans tout voir. Fondé en 1891 par Artur Hazelius, le premier musée en plein air du monde occupe un vaste parc sur une colline et retrace l'histoire de la vie quotidienne suédoise à travers des bâtiments, maisons et huttes traditionnels.

Le personnel costumé répondra de bon gré à vos questions sur ses personnages. L'atelier du verrier est très populaire, et constitue un spectacle fascinant. La pharmacie reconstituée vient en grande partie du château de Drottningholm.

Le parc animalier rassemble de nombreuses espèces nordiques : élans, rennes, lynx, gloutons... Il est particulièrement apprécié au printemps, lorsqu'on voit gambader les petits.

DOTMILLER1986/SHUTTERSTOCK ©

ABBA: The Museum

ABBA : The Museum

STARS SUÉDOISES DE LA POP

Consacré aux demi-dieux de la pop suédoise, ce lieu extrêmement divertissant retrace l'histoire de Benny, Björn, Frida et Agnetha à travers nombre d'objets et d'installations interactives – clips, costumes clinquants, guitares scintillantes... Si ce téléphone des années 1970 se met à sonner, décrochez pour discuter avec l'un des membres du groupe. Posez dans l'hélicoptère de la pochette d'*Arrival*, leur album de 1976. Travaillez vos pas de danse aux côtés d'avatars vidéo du groupe. Essayez-vous enfin au karaoké dans un ministudio d'enregistrement.

Moderna Museet

UN HAUT LIEU DE L'ART MODERNE

Ce musée de Skeppsholmen renferme une impressionnante collection de quelque 140 000 œuvres d'art, dont des chefs-d'œuvre d'artistes des XXe et XXIe siècles comme Dalí, Matisse ou Warhol, sans compter les talents scandinaves, à l'exemple de Hilma af Klint (1862-1944), d'Öyvind Fahlström (1928-1976) et de Vera Nilsson (1888-1979). Le musée accueille chaque année d'excellentes expositions temporaires et rétrospectives.

Adjacent au Moderna Museet, l'**ArkDes** retrace 1 000 ans d'architecture suédoise à travers une vaste collection d'archives – photographies, plans, dessins, maquettes et autres documents. Les expositions temporaires sont consacrées à des artistes internationaux reconnus.

Au sein du Moderna Museet, un excellent restaurant offre une vue panoramique sur Djurgården, tandis que le Café Blom, près de l'ArkDes, est plus décontracté.

Disséminées sur Skeppsholmen, 14 sculptures appartenant aux collections du musée incluent des œuvres d'Alexander Calder, Picasso, Niki de Saint Phalle et Jean Tinguely.

JONATHAN SMITH/LONELY PLANET ©

Moderna Museet

À VOIR AUSSI À DJURGÅRDEN ET SKEPPSHOLMEN

Trio de musées d'art

TROIS REGARDS SUR L'ART

Inauguré en 1916 dans un édifice conçu par Carl Bergsten, le **Liljevalchs Konsthall** (liljevalchs.se) propose de grandes expositions d'art contemporain suédois et international. En 2021, Liljevalchs+, extension en béton percée de 6 860 cercles de verre ajoutée à l'arrière du bâtiment d'origine, a ajouté 2 400 m² d'espace d'exposition. Le Vårsalongen (Salon de printemps), la plus ancienne exposition artistique avec jury de Suède, s'y déroule de mi-janvier à mars.

Situé tout au sud du Djurgården, **Prins Eugens Waldemarsudde** fut la demeure du prince Eugène (1865-1947), peintre et collectionneur d'art. Certaines pièces ont été conservées telles qu'il les a laissées. Le musée accueille aussi d'excellentes expositions, généralement d'artistes scandinaves reconnus. Les bâtiments et galeries, reliés par des tunnels, sont entourés de beaux jardins où l'on peut voir de nombreuses sculptures et un moulin à vent datant des années 1780.

LE PRINCE PEINTRE

Le prince Eugène était un peintre de talent. Vous pourrez voir des parties de l'une de ses peintures murales au dernier étage du Prins Eugens Waldemarsudde. Pour contempler sa magistrale fresque de Stockholm, prenez part à une visite guidée du Stadshuset (p. 64).

Gagnez ensuite l'extrémité est du Djurgården pour visiter la **Thielska Galleriet**. Demeure de style Art nouveau du financier Ernest Thiel (1859-1947), c'est aujourd'hui un musée abritant la superbe collection de son ancien propriétaire – des œuvres de grands peintres scandinaves du XIXᵉ et début du XXᵉ siècle comme Carl Larsson, Anders Zorn, Ernst Josephson et Bruno Liljefors. Thiel était aussi un client du peintre norvégien Edvard Munch, dont on retrouve ici beaucoup de tableaux.

Musées de Skeppsholmen

ARTS ASIATIQUES ET JOUETS

L'**Östasiatiska Museet** est dédié aux arts décoratifs asiatiques, avec notamment l'une des plus belles collections au monde de porcelaines et objets en grès chinois. Les expositions temporaires couvrent des thèmes variés. Le bâtiment tout en longueur était une corderie à l'époque où l'île était un chantier naval.

LES ATTRACTIONS DE DJURGÅRDEN

Le **Gröna Lund Tivoli** (photo) abrite à la fois un gentil manège sur le thème du cirque et une terrifiante tour de chute libre d'où l'on dégringole de 80 m en 6 secondes, après avoir jeté un coup d'œil sur la ville. Des artistes de renom y donnent des concerts en été. Le **Junibacken** recrée les scènes des livres pour enfants d'Astrid Lindgren : on survole Stockholm dans un train enchanté, on rétrécit jusqu'à faire la taille d'un morceau de sucre, et, dans la maison de Villekulla, les enfants peuvent se déguiser en Fifi Brindacier. La librairie est idéale pour acheter des poupées inspirées des écrits de Lindgren ou des cartes avec des illustrations de ses contes.

OÙ SE LOGER À DJURGÅRDEN ET SKEPPSHOLMEN

Backstage Hotel
Hôtel chic adjacent au musée ABBA. Les fans adoreront la suite Abba Gold ! **€€**

Hotel Skeppsholmen
Hôtel design et classe dans un bâtiment de Skeppsholmen du XVIIᵉ siècle. Bons petits-déjeuners et brunchs le week-end. **€€**

Vandrarhem af Chapman & Skeppsholmen
Auberge de jeunesse dans un navire amarré à Skeppsholmen. Les parties communes sont à terre. **€**

QUI ÉTAIENT VRAIMENT LES VIKINGS ?

C'est la question à laquelle le **Viking Museum** (thevikingmuseum.com) de Djurgården tente de répondre. "La rencontre du mythe et de la réalité" : voilà ce qui résume l'esprit de ce musée. Des guides costumés, dont certains semblent avoir été choisis pour leur ressemblance physique avec les Vikings représentés, font des commentaires agréablement mis en scène. Une section est consacrée à la vision des Vikings dans la culture populaire. La visite se clôt sur l'attraction kitschissime de la Saga de Ragnfrid.

Toy Museum (musée du Jouet)

Le **Toy Museum** (musée du Jouet) occupe des tunnels creusés dans le sol rocheux de Skeppsholmen, utilisés comme centre de commandement militaire suédois pendant la Seconde Guerre mondiale et la guerre froide. L'atmosphère y est aujourd'hui autrement plus joyeuse et féerique. Y sont exposés des jouets et livres illustrés en tous genres, de la poupée du XVe siècle au vaisseau spatial rétro, de l'œuvre d'art au produit dérivé Disney.

Tout sur l'alcool suédois

UN RAPPORT COMPLEXE À L'ALCOOL

Le **Spritmuseum** de Djurgården est consacré à l'histoire de l'alcool, évoquant au passage les traditions festives, les chansons à boire, les accords mets et vins, sans oublier les aspects plus sombres. Il y a un petit théâtre où l'angle des sièges et le film en vision subjective donnent l'impression d'être ivre, ainsi qu'une salle "gueule de bois" avec une musique abrutissante et une lumière éblouissante. On découvre des anecdotes sur l'industrie de l'alcool (comme le fiasco du premier whisky suédois). Des expositions temporaires viennent compléter les installations permanentes. Plateaux de dégustation au bar.

Spritmuseum

OÙ SE RESTAURER À DJURGÅRDEN ET SKEPPSHOLMEN

Skroten
Ce café d'un chantier maritime de Skeppsholmen sert de copieuses soupes de poissons et des sandwichs aux crevettes. **€€**

Hasslebacken
Goûtez les pommes de terre Hasselback dans l'hôtel historique qui leur a donné leur nom. Délicieux brunch le week-end. **€€**

Blå Porten Café
Profitez d'un café ou d'un déjeuner dans ce jardin clos près du Liljevalchs, ou d'un repas végétarien au Blå+. **€€**

BALADE À VÉLO DANS DJURGÅRDEN

L'art sera le fil conducteur de cette boucle à vélo autour de l'île. On peut louer des vélos au **1 centre des visiteurs Royal Djurgården** (p. 74). De là, traversez la route et franchissez la **2 Blå Porten (Porte bleue)**, où les visiteurs non royaux payaient un droit d'entrée à leur arrivée sur l'île. Longez Djurgårdsbrunnsviken, le chenal séparant Djurgården de Ladugårdsgärdet, au nord, jusqu'aux **3 Life Rings** d'Elmgreen & Dragset. Cette tour composée de bouées blanc et rouge est l'une des œuvres d'art contemporain du parc de sculptures de la princesse Estelle (preks.se). Passez ensuite près du **4 Rosendals Slott** (modeste palais construit pour Charles XIV Jean dans les années 1820 et exemple pionner de bâtiment préfabriqué) et de la passerelle piétonne menant à Ladugårdsgärdet ; vous arrivez ensuite devant la statue en aluminium et acier intitulée **5 Hoop-La**, d'Alice Aycock – une œuvre singulièrement dynamique. Gravissez en direction du sud la colline boisée qui vous mènera à la **6 Wind Sculpture** de Yinka Shonibare, qui parvient à donner au bronze la légèreté d'un morceau de tissu flottant au vent. Après une pause au café du **7 Rosendals Trädgård** (p. 77), dans une charmante serre, poursuivez votre route vers l'extrémité est de l'île afin de visiter la **8 Thielska Galleriet** (p. 79) ; elle renferme des œuvres d'Edvard Munch et d'autres artistes scandinaves. Longez ensuite la rive sud de l'île. Faites une pause pour admirer la vue depuis le jardin de la galerie **9 Prins Eugens Waldemarsudde** (p. 79), qui recèle des sculptures de grands maîtres. Retournez au centre des visiteurs par le **10 parc mémorial de l'Estonia** (Estoniaminnesvården), hommage aux 852 victimes du naufrage d'un ferry dans la mer Baltique en 1994.

VASASTAN ET SES ENVIRONS

MERVEILLES CULINAIRES ET ARCHITECTURALES

Le quartier de Vasastan, nommé d'après Gustave Vasa, ne s'est véritablement développé qu'à la fin du XIXe siècle et attire aujourd'hui les classes fortunées dans ses bâtiments les plus modernes. Outre d'excellents magasins et restaurants, on y trouve des sites culturels intéressants, comme la Stadsbiblioteket et l'ancien atelier du sculpteur Carl Eldh.

À environ 3 km au nord de Vasastan, dans la commune de Solna, s'étend le Hagaparken, qui fait partie du parc national urbain royal et comprend le Haga Slott, demeure de la princesse héritière Victoria. Le parc est entouré à l'est par le lac Brunnsviken, à l'ouest par le Norra Begravningsplatsen, cimetière datant de 1827 où repose notamment Alfred Nobel.

Pour les infos pratiques, voir le Carnet d'adresses p. 100

À SAVOIR

Le **Vasaparken**, longé par Odengatan, est très apprécié des habitants à maints titres : on y trouve une piste de course, des terrains de football (qui se muent en patinoire en hiver), un minigolf, un pavillon de yoga perché en haut d'une colline, des espaces où lire au calme et une immense aire de jeux.

© WOOLVER/SHUTTERSTOCK

Sven-Harrys Konstmuseum

Sven-Harrys Konstmuseum

REMARQUABLE COLLECTION D'ART

La façade cuivrée de cette galerie d'art illumine le côté sud du Vasaparken. On peut y voir des expositions temporaires aux thèmes très divers, mais ses principaux atouts sont le toit-terrasse sur lequel se trouve un jardin de sculptures, et une réplique de l'ancienne demeure de l'entrepreneur et collectionneur d'art Sven-Harry Karlsson (un manoir du XVIIIe siècle sur Lidingö) accessible lors de visites guidées (en suédois). Y sont exposées, entre autres, des œuvres d'August Strindberg, de GAN et de Carl Fredrick Hill. **Guld**, le café-bistrot du rez-de-chaussée, possède une terrasse.

Carl Eldhs Ateljémuseum

DANS L'ATELIER D'UN SCULPTEUR

Carl Eldh (1873-1954) est l'un des plus grands sculpteurs suédois du début du XXe siècle. Son ancienne maison et atelier, beau bâtiment en bois entouré d'un jardin situé près du parc Bellevue, est injustement méconnue des touristes. Conservé tel quel pendant les 30 ans où Eldh y vécut, il est rempli du sol au plafond de statuettes, bustes, esquisses, modèles en pierre et en bronze, outils et autres objets personnels. Le site est ouvert d'avril à octobre. Les informations concernant les expositions temporaires figurent sur le site Internet (eldhsatelje.se).

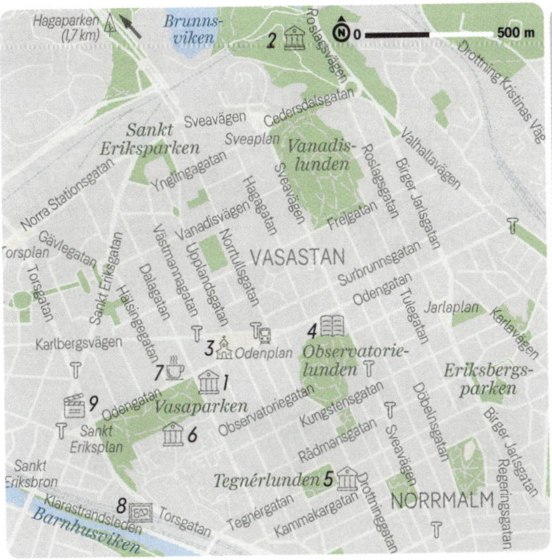

VOIR
1 Astrid Lindgrens Hem
2 Carl Eldhs Ateljémuseum
3 Gustav Vasa Kyrka
4 Stadsbiblioteket
5 Strindbergsmuseet
6 Sven-Harrys Konstmuseum

SE RESTAURER
7 Konditori Ritorno

PRENDRE UN VERRE ET FAIRE LA FÊTE
8 Bonniers Konsthall

SORTIR
9 Bio Capitol

Hagaparken

PARC À L'ANGLAISE

Ce vaste parc conçu par Fredrik Magnus Piper est agrémenté de folies au goût de Gustave III, roi passionné de théâtre : le temple chinois, le pavillon turc ou encore le Koppartälten, constitué de trois tentes en cuivre créées en 1787 par le peintre et architecte français Louis-Jean Desprez, dont une abrite un café. Téléchargez l'application Royal Walks (kungligaslotten.se) pour en savoir plus.

Le **pavillon de Gustave III** (ouvert de mai à septembre), de style néoclassique, reflète l'intérêt porté par Gustave III à la Rome antique suite à son voyage en Italie en 1782. L'atmosphère chaude de la **Fjärilshuset** ("maison des papillons") est agréable par temps froid.

ALINATURESSON/SHUTTERSTOCK ©

Hagaparken

LES MEILLEURES TABLES DE VASASTAN

Rolfs Kök
Excellent restaurant de spécialités suédoises, comme les galettes de pommes de terre et œufs de corégone ou les joues de bœuf braisées au vin rouge. **€€**

Babette
Un coq en néon blanc vous accueille dans ce bistrot animé où sont concoctées de délicieuses pizzas bien garnies dans la minuscule cuisine ouverte. **€€**

Lao Wai
Restaurant chinois axé sur le végan et le sans-gluten, Lao Wai fait des merveilles avec du tofu et des légumes. **€€**

TUPUNGATO/SHUTTERSTOCK ©

Stadsbiblioteket

À VOIR AUSSI À VASASTAN

Repères architecturaux

UNE ÉGLISE, UNE BIBLIOTHÈQUE, UNE GALERIE

Vasastan compte maints beaux édifices, datant pour la plupart du début du XXe siècle. Le dôme de 60 m de la **Gustav Vasa Kyrka**, de style néobaroque, domine la place Odenplan. Son autel baroque (1731), inspiré d'un autel d'Il Gesú, principale église jésuite de Rome, est orné de bas-reliefs représentant la Jérusalem céleste et de représentations allégoriques du triomphe de la foi. Les peintures de la coupole sont de Viktor Andrén. On peut entendre l'orgue lors de concerts.

La **Stadsbiblioteket** est un magnifique exemple d'architecture Swedish Grace. Cette bibliothèque publique conçue par Erik Gunnar Asplund date de 1928. L'extérieur orangé aux lignes géométriques est orné d'une discrète frise décorative. Rentrez jeter un coup d'œil à la magnifique salle de lecture principale surmontée d'une rotonde, dont les murs courbes sont couverts de livres sur trois étages. Amateurs d'art contemporain, allez admirer le bâtiment triangulaire de verre et d'acier conçu par Johan Celsing Arkitektkontor. Il abrite, au rez-de-chaussée,

OÙ SE LOGER À VASASTAN

Generator Hostel
Dortoirs mixtes ou réservés aux femmes et chambres privatives dans cet établissement impeccable et festif. **€**

Hotel Ruth
Occupant un édifice du XIXe siècle, ce boutique-hôtel familial affiche une atmosphère artistique et décontractée. **€€**

Stallmästaregården
Boutique-hôtel chic doté de 49 chambres avec parquet et entouré de nature, près de Hagaparken. **€€**

Bonniers Konsthall (bonnierskonsthall.se), une organisation privée à but non lucratif qui promeut l'art contemporain. Cette galerie d'art, considérée comme l'une des plus avant-gardistes de Suède, accueille des performances et installations en plus de formes artistiques plus traditionnelles, offrant toujours beaucoup de fraîcheur et de créativité. Le site comprend aussi une salle de lecture, un fabuleux café et propose un programme bien rempli de débats entre artistes.

Cinéma et café rétro

UNE SOIRÉE AU CINÉMA

De 1926 jusqu'à sa fermeture en 1985, le Capital était le plus grand et le meilleur cinéma de Vasastan. Il a pu rouvrir récemment grâce à un financement participatif. Dans sa nouvelle vie, ce cinéma très classe s'appelle le **Bio Capitol** (capitolbio.se) et projette des films indépendants, d'art et d'essai et des rétrospectives. De style Art déco, il comprend quatre salles très confortables. Aller au cinéma redevient un événement lors de projections spéciales – avec un *afternoon tea* servi à son siège, par exemple. Il suffit de tourner à un coin de rue pour découvrir une autre pépite du passé, le **Konditori Ritorno** (ritorno.se). Ce café-pâtisserie datant de 1959 remporte un franc succès auprès des écrivains, des étudiants et des retraités. Avec ses canapés en cuir usé, ses lustres et ses vieux tableaux, il est parfait pour prendre un café et de succulentes brioches *semla* (fourrées à la crème fouettée et à la pâte d'amande).

Strindberg et Lindgren

RÉSIDENCES D'ÉCRIVAINS

L'écrivain et peintre August Strindberg (1849-1912), considéré comme le père de la littérature suédoise moderne, passa les quatre dernières années de sa vie dans ce petit appartement de la Tour bleue désormais aménagé en musée, le **Strindbergsmuseet** (strindbergsmuseet.se). On peut jeter un coup d'œil dans son placard, regarder de près son bureau et sa bibliothèque (riche de quelques 3 000 volumes), faire un tour dans la salle à manger et profiter des expositions temporaires, souvent passionnantes.

L'**Astrid Lindgrens Hem** (astridlindgrenshem.se) est l'appartement où la célèbre autrice de livres pour enfants vécut et travailla de 1941 à sa mort en 2002. C'est ici que la plume suédoise la plus traduite dans le monde inventa la célèbre Fifi Brindacier. Réservez une visite guidée en anglais sur le site Internet.

PARC NATIONAL URBAIN ROYAL

Lors de sa création en 1995, le parc national urbain royal (nationalstadsparken.se), aussi connu sous le nom d'Ekoparken, était le premier parc urbain national du monde. De Sörentorp et Ulriksdal, au nord, à Djurgården et aux îles Fjäderholm, au sud, il s'étend sur 26 km² et trois municipalités – Solna, Stockholm et Lidingö. Il abrite des espèces rares de plantes et d'insectes, qui pour certaines ne se trouvent nulle part ailleurs en Suède. Plusieurs attractions touristiques, dont le Hagaparken (p. 83) et le Royal Djurgården (p. 74), en font partie.

Astrid Lindgren's Hem

TT NEWS AGENCY/ALAMY STOCK PHOTO ©

OÙ SE RESTAURER À VASASTAN

Café Pascal
Ce café branché où l'on se régale de sandwichs Reuben en buvant du café est doublé d'une galerie d'art. €€

Take Ramen
Un délice pour les amateurs de ramens. La version végétarienne est savoureuse. €€

Tennstopet
Trophées de chasse et miroirs dorés ornent ce restaurant traditionnel servant une cuisine suédoise traditionnelle. €€

ENVIRONS DE STOCKHOLM

ÉCHAPPÉES EN DEHORS DE LA VILLE

Les environs de Stockholm abondent en possibilités d'excursions à la journée. Drottningholm Slott, résidence d'été royale, est classé au patrimoine de l'Unesco. Gripsholm Slott, dans le village lacustre de Mariefred, abrite la collection nationale de portraits. La charmante Sigtuna est la plus vieille ville de Suède.

De superbes forêts et des sentiers de randonnée sont à deux pas de la capitale. C'est le cas de Hellasgården, où l'on peut également se détendre dans un sauna en rondins. Le parc national de Tyresta est notable pour sa forêt primaire renfermant des pins centenaires.

Enfin, n'oublions pas l'archipel de Stockholm, cher à la population, et qui protège la capitale de la mer Baltique. Son tapis d'îles rocheuses à perte de vue est un univers merveilleux de forêts denses, de champs de fleurs, de yachts amarrés et de chalets en bois rouge.

Pour les infos pratiques, voir le Carnet d'adresses p. 101

À SAVOIR

L'**Archipelago Foundation** (archipelagofoundation.se) possède 12% des terres de l'archipel de Stockholm. Avec comme objectifs la protection de l'environnement et le développement durable, elle gère des réserves naturelles, mais aussi des auberges de jeunesse, campings et hébergements autonomes, ainsi que plusieurs sites historiques.

Drottningholms Slott

MAYKOVA GALINA/SHUTTERSTOCK ©

INCONTOURNABLES
1 Drottningholm
2 Sigtuna
3 Vaxholm

VOIR
4 Artipelag
5 Birka Museum
6 Kyrkogårdsön
7 Mariefred
8 Skogskyrkogården

ACTIVITÉS
9 Hellasgården

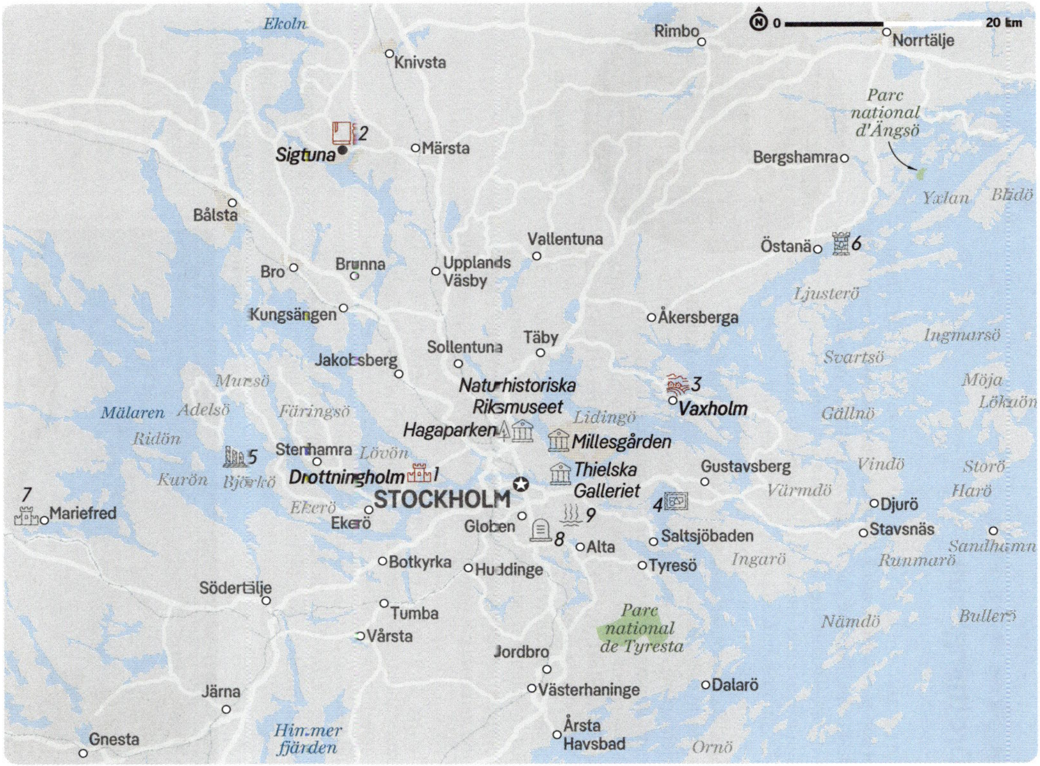

Drottningholm

RÉSIDENCE D'ÉTÉ ROYALE

Ce **palais** (voir aussi p. 310), classé au patrimoine de l'Unesco, et son parc sont situés à 13 km à l'ouest de Stockholm, sur l'île de Lovön. Dessiné par le grand architecte Nicodème Tessin l'Ancien, il commença à être construit en 1662. La visite guidée d'une heure met en lumière les éléments de décoration, les plus impressionnants étant la somptueuse chambre royale d'Edwige Éléonore (l'intérieur baroque le plus riche de Suède) et l'escalier, avec ses statues et trompe-l'œil.

Dès le débarcadère on peut contempler les **jardins**, mémorables dans leurs perspectives géométriques. Avec leur fontaine d'Hercule, leur art topiaire et leurs parterres, ils méritent le détour. Tout au bout des jardins royaux, le **Kina Slott** (ouvert de mai à septembre) est un pavillon chinois richement décoré offert par le roi Adolphe Frédéric en cadeau d'anniversaire à la reine Louise Ulrique en 1753. Ses intérieurs rococo d'inspiration chinoise comptent sans doute parmi les plus beaux exemples du genre en Europe.

Ne manquez pas non plus le **Slottsteater** (dtm.se), qui accueille toujours des représentations. Achevé en 1766, c'est le plus ancien théâtre du monde à être toujours dans son état d'origine. La passionnante visite guidée permet de voir une pièce à l'italienne dotée d'impressionnants trompe-l'œil sur les murs et le plafond, qui semble ouvert sur le ciel. Vous pourrez pique-niquer dans le parc de Drottningholm ou déjeuner au **Karamellan**, situé près du palais et dont les tables extérieures donnent sur le lac.

Drottningholm Slott

Slottsteater

S'Y RENDRE

Un sentier bien balisé de 13 km permet de se rendre au palais à vélo depuis le centre-ville. Sinon, prenez le Tunnelbana jusqu'à Brommaplan, puis le bus pour un court trajet jusqu'au palais.

Pour une approche plus pittoresque, Strömma Kanalbolaget (stromma.com) fait la navette jusqu'au château en bateau. Des départs quotidiens fréquents se font depuis Stadshusbron de mai à mi-septembre, puis la fréquence est réduite en septembre et octobre. Comptez deux heures de trajet.

Birka

Birka

COMPTOIR VIKING CLASSÉ

Formidable destination pour une excursion d'une journée que le comptoir commercial viking de Birka (birkavikingastaden.se). Il est situé sur l'île de Björkö, à 28,5 km à l'ouest de Stockholm sur le lac Mälaren. Fondé vers l'an 760, il est désormais classé au patrimoine mondial de l'Unesco. À son apogée, ce comptoir était le centre du commerce de toute la région, jusqu'à son abandon au Xe siècle, lorsque Sigtuna (p. 90) prit de l'importance.

Le site du village est entouré du plus grand cimetière viking de Scandinavie, qui compte quelque 3 000 tombes. La plupart des défunts étaient incinérés, et leurs restes enfouis sous des monticules de terre. Mais quelques cercueils et chambres funéraires chrétiennes ont aussi été découverts. Le fort et le port ont également été mis au jour. La visite du superbe **Birka Museum** permet de pleinement apprécier le site. Y sont exposées des trouvailles issues de fouilles, des répliques d'objets de toute beauté et une intéressante maquette du village à l'époque viking. Strömma Kanalbolaget organise des croisières jusqu'à Birka depuis Stockholm ; prévoyez la journée entière pour cette excursion. Le billet du ferry comprend l'entrée au musée et une visite guidée en anglais des monticules funéraires.

Archipel de Stockholm

CAP SUR LES ÎLES

Le nombre précis d'îles composant l'archipel reste sujet à débat (entre 14 000 et 100 000, beaucoup s'accordant sur 24 000), mais sa beauté fait l'unanimité. Des circuits organisés divers permettent de le découvrir, dont les excursions à la journée avec déjeuner inclus proposées par Strömma Kanalbolaget (hwww.stromma.com/sv-se/stockholm). Pour y aller par vos propres moyens, vous pourrez emprunter des ferries et même des bus au niveau de chaque pont. Pour pleinement apprécier le calme si particulier qui règne dans l'archipel, mieux vaut y passer une nuit, par exemple à Vaxholm (p. 92), qui mérite la visite tout au long de l'année. La haute saison, période à laquelle la plupart des hébergements et équipements sont ouverts, s'étend du 1er juillet à fin août.

Vaxholm (p. 92)

PARC NATIONAL DE TYRESTA

Les paysages sauvages du parc national de Tyresta (sverigesnationalparker.se), à 20 km au sud-est de Stockholm, réservent de superbes randonnées. Créé en 1993, ce parc de 50 km² est réputé pour ses roches vieilles de 2 milliards d'années et sa forêt primaire, où s'élèvent des pins âgés de 300 ans. Ses affleurements rocheux, petits lacs et marais servent d'habitat à de nombreux oiseaux. Ne manquez pas **Naturum**, un centre d'exposition où vous apprendrez tout sur les 29 parcs nationaux de Suède à travers des expositions et des diaporamas. Le bâtiment lui-même reproduit la forme de la Suède et comprend 41 angles ! Les lacs sont même symbolisés au sol par des pierres de couleurs différentes. Pour atteindre le parc, le plus pratique reste la voiture.

LUCNGUYEN/SHUTTERSTOCK ©

PIERRES RUNIQUES

La pratique d'ériger des pierres dressées gravées d'inscriptions runique (p. 248) s'étendit de la fin du Xe au débu du XIIe siècle. On trouve des centaines c ces monuments chrétiens scandinave primitifs dans la province historique de l'Uppland, notamment à Sigtuna.

Église Saint-Olof, Sigtuna

À VOIR AUSSI DANS LES ENVIRONS DE STOCKHOLM

Sigtuna

PIERRES RUNIQUES ET ÉGLISES ANCESTRALES

Situé à 40 km au nord-ouest de Stockholm, au bord du lac Mälaren, Sigtuna est un village chargé d'histoire. Pour y accéder, prenez le train jusqu'à Märsta, d'où des bus desservent Sigtuna.

Fondée vers 980, la ville s'organise autour de Storagatan, plus ancienne grand-rue du pays. Vers l'an 1000, Olof Skötkonung fit frapper ici les premières pièces de Suède. On trouve aussi à Sigtuna des ruines d'églises en pierre du XIe siècle et une dizaine de pierres runiques disséminées dans la ville.

L'excellent **Sigtuna Museum** retrace l'histoire de la ville, des collections d'argent vikings à l'accueil des réfugiés dans la Suède d'aujourd'hui. Une section est dédiée à la Sigtuna Foundation, un hôpital pour quelque 600 survivants de l'Holocauste en 1945. La plupart des bâtiments d'origine de la ville sont partis en fumée lors d'incendies à la fin du Moyen Âge ; la **Mariakyrkan** a toutefois survécu. L'église en briques renferme des fresques médiévales

OÙ SE RESTAURER À SIGTUNA

Sigtunastiftelsens Gästhem
La Sigtuna Foundation, qui mène des programmes culturels et musicaux, comprend un hôtel et un restaurant. **€€**

Sigtuna Stads Hotell
Petit hôtel luxueux avec vue sur le lac. Le Restaurant 1909 sert une cuisine suédoise traditionnelle. **€€**

Tant Brun Kaffestuga
Ce joli café du XVIIe siècle possède une belle cour intérieure. Délicieuses pâtisseries maison, surtout la tarte aux pommes. **€**

bien restaurées. Non loin se trouvent les ruines de l'église **Saint-Olof**, du XIIe siècle, et celles plus anciennes encore de **Saint-Per** et de **Saint-Lars**. Le **Rådhus de Sigtuna** (ouvert en juillet-août), conçu en 1744 par le maire de l'époque en personne, est le plus petit hôtel de ville de Suède. Il se dresse sur la place principale, en face de l'office du tourisme, installé quant à lui dans la maison en bois, vieille de trois siècles, du Drakegården.

Mariefred

PIQUE-NIQUE ET CHÂTEAU AU BORD DU LAC

La charmante Mariefred est posée sur une rive du lac Mälaren, à 70 km à l'ouest de Stockholm. La gare ferroviaire la plus proche est à Läggesta (4 km). Il faut ensuite prendre le bus n°303.

Son principal site touristique est le **Gripsholm Slott**, château féerique avec tourelles, flèches, douves et pont-levis. Il y eut une forteresse sur ce site dès le XIVe siècle, mais la construction du château actuel fut ordonnée par Gustave Vasa en 1537 ; des extensions et rénovations ont été menées au cours des siècles suivants.

Le château abrite la splendide collection d'État de portraits allant de Gustave Vasa aux illustres Suédois des XXe et XXIe siècles, dont Greta Garbo peinte par Einar Nermans et Dag Hammarskjöld par Ben Shahn. De nouveaux portraits viennent s'y ajouter chaque année. La chambre de Charles IX a été conservée telle quelle dans les années 1570, tandis que, dans l'armurerie, trône Leo, un lion empaillé dont les yeux rapprochés et les grosses dents plates ont fait autant un sujet d'hilarité qu'un exemple de taxidermie hasardeuse.

Le domaine du château est parfait pour un pique-nique. Deux pierres runiques du XIe siècle flanquent la route d'accès au château ; l'une est gravée d'une croix chrétienne, tandis que l'autre représente une expédition contre les sarrasins.

Ne manquez pas l'**ancienne gare ferroviaire en bois** : de mai à septembre, des locomotives à vapeur tirent des trains touristiques menant au château de Taxinge Näsby (et à son café servant de sublimes gâteaux) lors d'excursions à la journée.

Hellasgården

RÉSERVE NATURELLE DE NACKA

Situé à 15 minutes en bus de Slussen et à 9 km au sud-est du centre-ville, le parc forestier de Hellasgården (hellasgarden.se), situé dans la réserve naturelle de Nacka (8 km^2), est la destination idéale pour une escapade nature, avec randonnée, baignade et sauna traditionnel. Établi de longue date, il offre un accès sur le

CROISIÈRE À VAPEUR

En été, le moyen de transport le plus agréable jusqu'à Mariefred est le SS *Mariefred* (mariefred.info), un bateau à vapeur étonnamment bien conservé qui a fait son voyage inaugural entre Stockholm et Mariefred en 1903. Le départ de ce voyage de 3 heures 30 se fait à côté du Stadshuset de Stockholm. On peut acheter les billets à bord, où se trouvent également un café et un restaurant (réservation conseillée). Les horaires figurent sur le site Internet.

Gripsholm Slott

ROLAND MAGNUSSON/SHUTTERSTOCK ©

OÙ SE RESTAURER À MARIEFRED

Annas Hembageri
Excellent café-boulangerie, qui prépare de parfaits pique-niques avec thermos de thé ou café et même une couverture. €

Gripsholms Vardhus
Auberge de caractère du XVIIe siècle donnant sur le lac, dotée de chambres élégantes et d'un restaurant. €€

Rakstugan Kök och Bar
Bar-restaurant chaleureux dans les locaux d'un ancien barbier. Délicieuses petites assiettes à base d'ingrédients locaux. €

SANDHAMN

Il faut environ une heure en bateau pour atteindre Sandhamn, sur l'île de Sandön, à 58 km à l'est de Stockholm. Les fans de la série de romans *Millennium* de Stieg Larsson reconnaîtront cette île du centre de l'archipel de Stockholm comme l'endroit où Mikaël Blomkvist possède un bungalow d'été. En réalité, Sandhamn a la réputation d'être une destination festive et huppée, où l'activité se concentre autour du luxueux **Seglarhotell** (sandhamn.com), qui date du XIXe siècle – nombre de ses clients aisés arrivent à bord de leur propre yacht. L'hôtel possède un restaurant gastronomique et la plage de sable blanc de Trouville est à 1 km à peine.

MEHDI33300/SHUTTERSTOCK ©

Lidö

L'île de Lidö, au nord de l'archipel, à 75 km de Stockholm, possède une petite ferme d'élevage, une pension, un restaurant et un camping chic. Elle fut surnommée "Zero Island" suite à une expérience menée en 2019 pour en faire une destination 100% durable en l'espace d'un an (p. 298 et p. 320).

Vaxholm

lac Källtorp depuis ses jetées et comprend un sauna peu coûteux, une salle de sports, un café, des hébergements rudimentaires et loue kayaks et VTT. Possibilité de sauna mixte les lundis et mercredis. Il suffit de suivre les sentiers de randonnée depuis le club pour faire le tour du lac et s'aventurer plus loin dans la réserve.

Skogskyrkogården

SÉPULTURES REMARQUABLES

À 6 km au sud de Gamla Stan, on accède facilement en métro au **Skogskyrkogården** (skogskyrkogarden.stockholm.se), un beau cimetière niché au milieu d'une forêt de pins. Classé au patrimoine mondial, il fut conçu par les grands architectes Gunnar Asplund et Sigurd Lewerentz, et fut inauguré en 1920. Il est réputé aussi bien pour ses édifices que pour ses éléments décoratifs réalisés par d'éminents artistes suédois. La star de cinéma Greta Garbo repose ici. Visites guidées en anglais à 10h30 le dimanche de juillet à septembre et guide téléchargeable sur le site Internet.

Vaxholm

VILLAGE DE PÊCHEURS COLORÉ

Située à seulement 36 km au nord-est du centre de Stockholm, auquel elle est reliée par le bus et le ferry, l'île de Vaxholm

OÙ SE LOGER DANS L'ARCHIPEL DE STOCKHOLM

Kastellet B&B
Agréable B&B dans le fort de Vaxholm, ouvert toute l'année. Douches et toilettes proches des chambres. **€€**

Vaxholms Bed & Breakfast
Belles chambres, de type studio ou familiales, *lounge* et restaurant lumineux. **€€**

Waxholms Hotell
Vénérable établissement du début du XXe siècle sur le port de Vaxholm. Chambres simples avec parquet. **€€€**

constitue une introduction facile à la découverte des îles et îlots couverts de pins de l'archipel. À l'extrémité est se trouve la ville principale, avec ses rues pavées et pentues bordées de maisons en bois colorées, ses bons restaurants et ses boutiques de caractère. L'**office du tourisme** se trouve au sein du *rådhus* (hôtel de ville), près de Hamngatan. Juste au nord subsistent les édifices les plus anciens de Vaxholm, dont le **fiskarebostad**, maison typique de pêcheurs de la fin du XIXe siècle. Le café, apprécié pour son buffet de desserts est ouvert de juin à septembre.

Le **musée du Fort de Vaxholm** (vaxholmsfastning.se) occupe un édifice du XIXe siècle, bien que la forteresse remonte à 1544. S'y brisèrent, entre autres, une attaque danoise en 1612 et la progression russe en 1719. Le musée retrace l'histoire complexe de l'archipel et de sa défense militaire. De mai à septembre, lorsque le musée est ouvert, des ferries partent du port de Vaxholm toutes les 15 minutes pour desservir l'îlot où il se dresse. Vous pourrez aussi visiter le **Bogesunds Slott** (bogesundsslott.se), à 5,5 km au sud-ouest de la ville de Vaxholm. Ce château du XVIIe siècle est ouvert dans le cadre de visites guidées de juin à août.

Artipelag

ŒUVRES D'ART EN PLEINE NATURE

Destination artistique de l'archipel, le musée Artipelag (artipelag.se) est situé à 16 km à l'est de Stockholm sur un promontoire rocheux surplombant la mer et cerné par la forêt. Pour y accéder, prenez le bus 474 de Slussen à Värmdö Marknad, où vous prendrez le bus 468 – un trajet de 40 minutes en tout.

Œuvre de l'architecte Johan Nyrén, le bâtiment semble sorti d'un film de James Bond – angles aigus, perspectives spectaculaires et imposantes galeries accueillant chaque année deux expositions. Bon café sur place ainsi qu'un restaurant, ouvert le week-end. Les sentiers sillonnant la forêt révèlent des sculptures contemporaines, dont l'*Œuf solaire* de Bigert & Bergtröm, qui scintille au bord de l'eau, et la statue en bronze *Boy* de Lars Nilsson.

Kyrkogårdsön

ÎLE-FORTERESSE

Il est facile de visiter en une journée cette île située à 40 km au nord-est de Stockholm. Le ferry s'arrête à Siaröfortet, du nom de la forteresse qui y fut bâtie en 1916. Avec le musée qu'elle renferme (siarofortet.se ; ouvert d'avril à fin août), elle constitue le principal site de l'île. Certains visitent aussi le cimetière (kyrkogård), empli de sépulture de victimes du choléra. Les activités ne manquent pas : baignade, location de canoës, jeu de boules et sauna (au sein de l'auberge de jeunesse).

PAROLE D'HABITANTS : AILLEURS DANS L'ARCHIPEL

Hugo Olofsson et **Olle Tejle**, propriétaires du Lidö Värdshus (lidovardshus.com), recommandent d'autres lieux de l'archipel.

Arholma L'une des plus jolies îles du nord de l'archipel, parsemée de maisons et de fermes anciennes. L'île entière est une réserve naturelle. Un endroit merveilleux pour les enfants.

Le phare de Söderarm (soderarm.com), sur Torskär, est perdu dans le nord de l'archipel. Il est possible de se loger dans l'une des cinq maisonnettes de gardien de phare, pour admirer la mer au plus près des éléments.

Svartsö, Ingmarsö et **Finnhamn** sont des îles du centre de l'archipel, faciles d'accès depuis Stockholm, dotées de bons restaurants et d'hébergements agréables.

OÙ SE LOGER DANS L'ARCHIPEL DE STOCKHOLM

Grinda Wärdshus
Chambres avec salle de bains dans quatre grandes maisons d'une petite île, à l'est de Vaxholm sur le trajet du ferry. **€€**

Arholma Nord
Chambres simples réparties sur cinq lieux de l'île, à 83 km au nord-est de Stockholm. Buffet petit-déjeuner inclus. **€€**

Finnhamn
Auberges de jeunesse, chalets et appartements indépendants sur cette île de 900 m de long, à 45 km au nord-est de Stockholm. **€€€**

Carnet d'adresses

GAMLA STAN ET SÖDERMALM

Fotografiska
Voir p. 52 (08-509 005 00 ; www.fotografiska.com ; Stadsgårdshamnen 22 ; adulte/enfant 175-225 kr/gratuit ; 10h-23h ; Slussen)

Judiska Museet
Voir p. 58 (08-30 15 00 ; judiskamuseet.se ; Själagårdsgatan 19 ; tarif plein/réduit/enfant 100/80 kr/gratuit ; 11h-17h mar-mer, 11h-20h jeu, 11h-16h ven, 11h-17h sam-dim)

Kungliga Slottet
Voir p. 53 (08-402 61 00 ; www.kungligaslotten.se ; Slottsbacken ; adulte/enfant 170/85 kr, billet combiné avec le Riddarholmen 220/110 kr ; 10h-17h mai-sept, 10h-16h oct-déc et avr ; Gamla Stan)

Medeltidsmuseet
Voir p. 57 (08-508 316 20 ; medeltidsmuseet.stockholm ; Strömparteren 3 ; entrée libre ; 12h-17h mar et jeu-dim, 12h-20h mer, 10h-17h mar-dim juil-août ; 62, 65, Gustav Adolfs Torg)

Norra Judiska Begravningsplatsen
Voir p. 57 (08-27 18 30 ; jfst.se ; Solna ; 24h/24)

Nobelmuseet
Voir p. 53 (08-534 818 00 ; nobelprizemuseum.se ; Stortorget 2 ; tarif plein/réduit/enfant 140/100 kr/gratuit ; 9h-20h juin-août, horaires réduits le reste de l'année ; 53, Gamla Stan)

Riddarholmskyrkan
Voir p. 53 (08-402 61 00 ; www.kungahuset.se ; Riddarholmen ; tarif plein/étudiant/enfant 60/40/30 kr, combiné avec Kungliga Slottet 220/200/110 kr ; 10h-17h mai-sept ; 3, 53 Riddarhustorget, Gamla Stan)

Riddarhuset
Voir p. 53 (08-723 39 90 ; www.riddarhuset.se ; Riddarhustorget 10 ; tarif plein/réduit 60/40 kr ; 11h-12h lun-ven ; Gamla Stan)

Riksdagshuset
Voir p. 57 (020-349 000 ; www.riksdagen.se ; Riksgatan 3 ; entrée libre, visite 1 heure en anglais 13h30 sam-dim ; 3, 59, Riddarhustorget, Gamla Stan, T-Centralen)

Stadsmuseum
Voir p. 58 (08-508 316 20 ; stadsmuseet.stockholm ; Ryssgården ; entrée libre ; 11h-20hmar et jeu, 11h-17h mer, ven et sam-dim ; Slussen)

Stora Synagogans
Voir p. 57 (08-587 858 00 ; jfst.se ; Wahrendorffsgatan 3 ; 9h-12h et 13h-18h lun, 9h-12h et 13h-17h mar-jeu, 9h-minuit ven)

Storkyrkan
Voir p. 57 (08-723 30 00 ; www.stockholmsdomkyrkoforsamling.se ; Trångsund 1 ; tarif plein/réduit/enfant 85/65 kr/gratuit, audioguide inclus ; 9h30-17h ; Gamla Stan)

Eriksdalsbadet
Voir p. 61 (08-508 402 58 ; Hammarby Slussväg 20 ; piscine couverte tarif plein/réduit/enfant 100/70/40 kr, piscine extérieure 80/60/20 kr ; 6h-21h lun-jeu, 6h-20h ven, 8h-18h sam, 8h-20h dim ; Skanstull)

Castanea Old Town Hostel
Voir p. 56 (08-22 35 51 ; castaneahostel.com ; Kindstugatan 1 ; Gamla Stan)

First Hotel Reisen
Voir p. 56 (08-128 812 34 ; www.hyatt.com ; Skeppsbron 12 ; Gamla Stan)

Hotel Frantz
Voir p. 57 (08-442 16 80 ; www.hotelfrantz.se ; Peter Myndes Backe 5 ; Slussen)

Långholmen Hotell & Vandrarhem
Voir p. 56 (08-720 85 00 ; langholmen.com ; Långholmsmuren 20, Långholmen ; 77, 94 Högalidsgatan, Hornstull, 54 Bergsunds Strand)

Nofo Hotel
Voir p. 57 (08-503 112 00 ; nofohotel.se ; Tjärhovsgatan 11 ; Medborgarplatsen)

Rival Hotel
Voir p. 57 (08-545 789 00 ; www.rival.se ; Mariatorget 3 ; Mariatorget)

Bar Agrikultur
Voir p. 61 (070-880 12 00 ; baragrikultur.com ; Skånegatan 79 ; 17h-23h dim-mer, 17h-minuit jeu-sam ; Medborgarplatsen)

Bitza
Voir p. 61 (bitzahornstull.com ; Hornstulls Strand 13 ; 16h-22h mar-ven, 12h-22h sam, 12h-17h dim ; Hornstull)

Blå Dörren
Voir p. 58 (08-743 07 43 ; bla-dorren.se ;

Södermalmstorg 6 ; 10h30-23h lun-mar, 13h-minuit mer-jeu, 13h-1h ven-sam, 13h-23h dim ; Slussen)

Chaikhana
Voir p. 58 (08-24 45 00 ; www.chaikhana.se ; Svartmangatan 23 ; 11h-19h mer-ven, 12h-18h sam-dim ; Gamla Stan)

Grillska Husets Konditori
Voir p. 52 (08-588 316 49 ; grillska.gastrogate.com ; Stortorget 3 ; 10h-20h lun, 10h-21h mar-sam, 11h-20h dim ; Gamla Stan)

Kryp In
Voir p. 58 (08-20 88 41 ; restaurangkrypin.se ; Prästgatan 17 ; 17h-23h ; Gamla Stan)

Meatballs for the People
Voir p. 58 (08-466 60 99 ; meatball.se ; Nytorgsgatan 30 ; 10h-23h dim-jeu, 10h-minuit ven-sam ; Medborgarplatsen)

Pelikan
Voir p. 58 (08-556 090 90 ; pelikan.se ; Blekingegatan 40 ; 11h30-minuit dim-jeu, 11h30-1h ven-sam ; Skanstull)

Sundbergs Konditori
Voir p. 59 (08-10 67 35 ; Järntorget 83 ; 9h-20h, Gamla Stan)

Växthuset
Voir p. 60 (08-644 20 33 ; www.restaurangvaxthuset.se ; Hammarby Slussväg 2 ; 17h-23h mer-sam ; Skanstull)

Debaser Strand
Voir p. 61 (08-658 63 50 ; debaser.se ; Hornstulls Strand 4 ; restaurant 17h-tard mar-jeu, 17h-3h ven-sam ; Hornstull)

Folii
Voir p. 60 (folii.se ; Erstagatan 21 ; 16h-23h mar-dim ; 66 Erstagatan)

Rue de Gamla Stan

Gaston
Voir p. 60 (08-20 85 83 ; www.gastonvin.se ; Mälartorget 15 ; 17h-23h mer-jeu, 16h-23h ven-sam ; Gamla Stan)

Judit et Bertil
Voir p. 61 (08-669 31 31 ; www.juditbertil.se ; Bergsunds Strand 38 ; 17h-tard lun-jeu, 17h-1h ven-sam ; Hornstull)

Kvarnen
Voir p. 60 (08-643 03 80 ; www.kvarnen.com ; Tjärhovsgatan 4 ; 11h-minuit lun-mar, 11h-3h mer-ven, 11h30-3h sam, 11h30-minuit dim ; Medborgarplatsen)

Södra Teatern
Voir p. 60 (sodrateatern.com ; Mosebacketorg 1 ; 16h-23h lun-jeu, 16h-3h ven, 12h-3h sam, 12h-23h dim ; Slussen)

Huset Under Bron
Voir p. 60 (08-644 20 23 ; www.husetunderbron.se ; Hammarby Slussväg 2 ; 22h-5h ven-sam ; Skanstull)

Trädgården
Voir p. 60 (www.tradgarden.com ; Hammarby Slussväg 2 ; 21h-2h mar-jeu, 17h-5h ven-sam mai-sept ; Skanstull)

6/5/4
Voir p. 67 (08-640 46 54 ; 654.se ; Nytorgsgatan 27 ; 11h-18h lun-ven, 11h-17h sam, 12h-16h dim ; Medborgarplatsen)

Emmaus Stockholm
Voir p. 61 (073-673 45 21 ; emmausstockholm.se ; Peter Myndes backe 8 ; 10h-19h lun-ven, 11h-18h sam, 12h-17h dim ; Slussen)

Grandpa
Voir p. 67 (010-516 44 80 ; www.grandpastore.com ; Södermannagatan 21 ; 10h-18h lun-ven, 11h-17h sam-dim ; Medborgarplatsen)

Humana
Voir p. 67 (08-640 43 23 ; www.humanasecondhand.se ; Timmermansgatan 23 ; 11h-19h lun-ven, 11h-18h sam, 12h-17h dim ; Mariatorget)

Judits et Herr Judits
Voir p. 67 (08-658 30 37 ; www.judits.se ; Hornsgatan 75 et Hornsgatan 65 ; 11h-18h lun-ven, 11h-16h30 sam, 12h-16h dim ; Zinkensdamm)

Papercut
Voir p. 67 (08-13 35 74 ; papercutshop.se ; Krukma-kargatan 24 ; 11h-18h30 lun-ven, 11h-17h sam, 12h-16h dim ; Zinkensdamm)

Science Fiction Bookshop
Voir p. 67 (08-21 50 52 ; www.sfbok.se ; Västerlånggatan 48 ; 10h-19h lun-ven, 10h-18h sam, 12h-17h dim ; Gamla Stan)

Stockholms Stadmission
Voir p. 67 (08-684 234 40 ; www.stadsmissionen.se ; Hornsgatan 58 ; 10h-19h lun-ven, 11h-18h sam, 12h-17h dim ; Slussen)

Söders Retro & Design
Voir p. 67 (08-642 00 00 ; www.facebook.com/sodersretro.se ; Bondegatan 44 ; 13h-18h lun-jeu, 12h-16h ven-sam ; Medborgarplatsen)

Urban Deli Nytorget
Voir p. 61 (08-425 500 30 ; urbandeli.se/nytorget ; Nytorget 4 ; boutique 8h-21h ; Medborgarplatsen)

NORRMALM ET KUNGSHOLMEN

Avicii Experience
Voir p. 68 (aviciiexperience.com ; Sergels Torg 2 ; tarif plein/réduit/7-15 ans 200-240/160-210/110-150 kr 10h-18h ; T-Centralen, Hötorget)

Hallwylska Museet
Voir p. 65 (08-402 30 99 ; hallwylskamuseet.se ; Hamngatan 4 ; tarif plein/-19 ans 120 kr/gratuit, visite guidée 150 kr/gratuit, expositions temporaires 120 kr/gratuit, entrée libre mer ; 12h-16h mar et jeu-ven, 12h-19h mer, 11h-17h sam-dim ; Östermalmstorg)

Kulturhuset
Voir p. 64 (08-506 202 00 ; kulturhusetstadsteatern.se ; Sergels Torg ; billetterie 11h-19h30 lun-ven, 11h-17h sam-dim, horaires sections variables ; 52, 56, 59, 69, 91 Sergels Torg, 7 Sergels Torg, T-Centralen)

Medelhavsmuseet
Voir p. 67 (010-456 12 98 ; www.medelhavsmuseet.se ; Fredsgatan 2 ; 150 kr ; 11h-20h mar-ven, 11h-17h sam-dim ; Centralen, Kungsträdgården)

Nationalmuseum
Voir p. 65 (08-519 543 00 ; www.nationalmuseum.se ; Södra Blasieholmshamnen 2 ; tarif plein/-20 ans 150 kr/gratuit, 1h30 avant fermeture 100 kr ; 11h-14h30 mar, 10h-17h mer-dim juil-août, 11h-14h30 mar, 11h-17h mer et ven, 11h-21h jeu, 10h-17h sam-dim sept-juin ; Kungsträdgården)

Sankt Jakobs Kyrka
Voir p. 66 (Église Saint-Jacques ; St Jakobs Torg, Kungsträdgården ; 11h-17h, jusqu'à 18h jeu-ven et dim ; Kungsträdgården).

Stadshuset
Voir p. 64 (08-508 290 00 ; stadshuset.stockholm ; Hantverkargatan 1 ; tarif plein/réduit/7-19 ans 140/120/60 kr ; 8h30-16h30, entrée pour visite guidée uniquement ; Rådhuset)

Centralbadet
Voir p. 67 (08-545 213 00 ; centralbadet.se ; Drottninggatan 88 ; semaine/week-end 450/650 kr, location peignoir/serviette de bain 60/35 kr ; 7h-20h30 lun-ven, 9h-18h30 sam-dim)

Stockholm Adventures
Voir p. 67 (08-33 60 01 ; www.stockholmadventures.com ; Kungsbro strand 21 ; 10h-17h lun-ven)

Intérieur du Nationalmuseum

DBRNJHRJ/STOCK.ADOBE.COM

City Backpackers
Voir p. 66 (08-20 69 20 ; www.citybackpackers.se ; Upplandsgatan 2a ; T-Centralen)

Downtown Camper by Scandic
Voir p. 66 (08-517 263 00 ; www.scandichotels.com ; Brunkebergstorg 9 ; T-Centralen)

Hobo Hotel
Voir p. 66 (08-578 827 00 ; hobo.se ; Brunkebergstorg 4 ; T-Centralen)

Bagdad Café
Voir p. 67 (070-995 98 34 ; www.medelhavsmuseet.se ; Fredsgatan 2, Medelhavsmuseet ; 11h-14h15 lun, 11h-20h mar-ven, 11h-17h sam-dim ; Centralen, Kungsträdgården)

Bakfickan
Voir p. 66 (08-676 58 00 ; www.operakallaren.se ; Opéra, Karl XII:s Torg ; 11h30-22h mar-ven, 12h-22h sam ; Kungsträdgården)

Bobergs Matsal
Voir p. 67 (08-762 81 61 ; www.bobergsmatsal.se ; Yxsmedsgränd 12, Nordiska Kompaniet ; 11h-14h lun-ven, 12h-15h sam ; T-Centralen, Östermalmstorg)

Ecobaren
Voir p. 67 (08-24 10 81 ; ecobaren.se ; Drottninggatan 88, Centralbadet ; 11h-18h lun-ven, 11h-17h sam-dim ; T-Centralen)

Eataly
Voir p. 67 (08-400 175 00 ; www.eataly.se ; Biblioteksgatan 5 ; 11h-22h dim-jeu, 11h-23h ven-sam ; Östermalmstorg)

Hötorgshallen
Voir p. 68 (hotorgshallen.se ; Sergels Torg 29 ; 10h-19h lun-jeu, 10h-20h ven, 10h-16h sam ; Hötorget)

Kajsas Fiskrestaurang
Voir p. 68 (08-20 72 62 ; kajsasfisk.se ; Hötorgshallen 3 ; 11h-18h lun-jeu, 11h-19h ven, 11h-16h sam ; Hötorget)

Operakällaren
Voir p. 66 (08-676 58 00 ; www.operakallaren.se ; Opéra, Karl XII:s Torg ; 18h-tard mar-ven, 12h-tard sam ; Kungsträdgården)

Panorama
Voir p. 64 (08-21 10 35 ; www.panoramacafe.se ; Sergels Torg ; 11h-19h lun-mer et ven, 11h-21h jeu, 11h-18h sam, 11h-17h dim ; T-Centralen)

Ragnars Skafferi
Voir p. 64 (08-586 218 41 ; www.ragnarsskafferi.se ; Hantverkargatan 1 ; 11h-14h lun-ven ; Rådhuset)

Rutabaga
Voir p. 67 (08-679 35 84 ; mdghs.se ; Södra Blasieholmshamnen 6, Grand Hôtel Stockholm ; 17h30-minuit mar-jeu, 17h-minuit ven-sam ; Kungsträdgården)

Stadshuskällaren
Voir p. 64 (08-586 218 30 ; www.stadshuskallarensthlm.se ; Hantverkargatan 1 ; 11h30-14h lun-ven, 17h-23h mer-sam ; Rådhuset)

Vetekatten
Voir p. 67 (08-20 84 05 ; vetekatten.se ; Kungsgatan 55 ; 7h30-20h lun-ven, 9h-19h sam-dim ; Hötorget)

Mälarpaviljongen
Voir p. 68 (ny.malarpaviljongen.se ; Norr Mälarstrand 64 ; 11h-1h avr-sept ; Rådhuset)

Opera Bar
Voir p. 66 (08-676 58 08 ; www.operakallaren.se ; Opéra, Karl XII:s Torg ; 11h30-22h mar-ven, 12h-22h sam ; Kungsträdgården)

Röda Huset
Voir p. 68 (08-480 043 97 ; rodahuset.nu ; Malmskillnadsgatan 9 ; 16h-minuit lun-mar, 16h-1h mer-jeu, 12h-1h ven-sam, 14h-minuit dim ; Hötorget)

Tak
Voir p. 68 (08-587 220 80 ; tak.se ; Brunkebergstorg 2-4 ; 15h-minuit lun-jeu, 15h-1h ven, 12h-1h sam ; T-Centralen)

Fasching
Voir p. 68 (08-20 00 66 ; www.fasching.se ; Kungsgatan 63 ; 18h-minuit dim-jeu, 18h-4h ven-sam ; T-Centralen)

Glenn Miller Café
Voir p. 68 (076-882 45 49 ; www.glennmillercafe.se ; Brunnsgatan 21A ; 18h-1h mer-dim ; Hötorget)

Konserthuset
Voir p. 68 (08-506 677 88 ; www.konserthuset.se ; Hötorget 8 ; Hötorget)

Operan
Voir p. 66 (08-791 44 00 ; www.operan.se ; Gustav Adolfs Torg, Operahuset ; Kungsträdgården)

SPACE
Voir p. 68 (076-312 69 76 ; space.cc ; Sergels Torg 2 ; 10h-23h, bar 17h-23h lun-jeu, 15h-3h ven-sam, 15h-23h dim ; T-Centralen, Hötorget)

Åhléns
Voir p. 66 (08-676 60 00 ; www.ahlens.se ; Klarabergsgatan 50 ; 10h-20h lun-ven, 10h-19h sam-dim ; T-Centralen)

DesignTorget
Voir p. 66 (08-518 010 51 ; designtorget.se ; Centralplan 15 ; 9h-20h lun-ven, 10h-18h sam-dim ; T-Centralen)

Iris Hantverk
Voir p. 66 (08-21 47 26 ; www.irishantverk.se ; Kungsgatan 55 ; 10h-18h lun-ven, 10h-15h sam ; T-Centralen, Hötorget)

Hedengrens
Voir p. 67 (08-611 51 28 ; hedengrens.se/in-english ; Stureplan 4 ; 10h-19h lun-ven,

jusqu'à 17h sam, 12h-17h dim ; Östermalmstorg).

NK
Voir p. 67 (08-762 80 00 ; www.nk.se ; Hamngatan 18-20 ; 10h-19h lun-ven, 10h-18h sam, 11h-17h dim ; Östermalmstorg)

ÖSTERMALM, LADUGÅRDSGÄRDET ET ALENTOURS

Armémuseum
Voir p. 72 (08-519 563 00 ; armemuseum.se ; Riddargatan 13 ; tarif plein/réduit /-18 ans 140/95 kr/gratuit, entrée libre 17h-20h mar ; 10h-19h juin-août, 11h-20h mar, 11h-17h mer-dim sept-mai ; Östermalmstorg)

Bergianska Trädgården
Voir p. 73 (08-16 20 00 ; www.bergianska.se ; Gustafsborgsvägen 4 ; adulte/enfant växthus (véranda) 90 kr/gratuit, Victoriahuset 20 kr/gratuit ; Victoriahuset et växthus 11h-16h lun-ven, 11h-17h sam-dim mai-sept ; Universitetet)

Etnografiska Museet
Voir p. 72 (010-456 12 99 ; www.etnografiskamuseet.se ; Djurgårdsbrunnsvägen 34 ; tarif plein/-19 ans 150 kr/gratuit ; 11h-17h mar et jeu-dim, 11h-20h mer ; 69 Museiparken)

Historiska Museet
Voir p. 70 (08-519 556 00 ; historiska.se ; Narvavägen 13-17 ; tarif plein/-19 ans 150 kr/gratuit ; 10h-16h juin-août, 11h-17h mar et jeu-dim, 11h-20h mer sept-mai ; 44,56, Djurgårdsbron, Karlaplan, Östermalmstorg)

Millesgården
Voir p. 71 (08-446 75 90 ; www.millesgarden.se ; Herserudsvägen 32, Lidingö ; tarif plein/réduit/-18 ans 170/140 kr/gratuit ; 11h-17h mar-dim ; Ropsten, puis bus nos 201, 202, 204, 206, 207, Torsvik)

Naturhistoriska Riksmuseet
Voir p. 73 (08-519 540 00 ; www.nrm.se ; Frescativägen 40 ; expositions tarif plein/réduit/-18 ans 140/100 kr/gratuit, Cosmonova adulte/enfant 130/80 kr, interdit -2 ans ; 11h-17h mar-ven, 10h-18h sam-dim, ouvert lun juin-août ; Universitetet)

Scenkonstmuseet
Voir p. 72 (08-519 567 00 ; scenkonstmuseet.se ; Sibyllegatan 2 ; tarif plein/réduit/-18 ans 140/100 kr/gratuit ; 11h-17h juil-août, fermé lun sept-juin ; Östermalmstorg)

Tekniska
Voir p. 70 (08-450 56 00 ; www.tekniskamuseet.se ; Museivägen 7 ; tarif plein/-7 ans 160 kr/gratuit ; 10h-22h ; 69 Museiparken)

Hotel Diplomat
Voir p. 73 (08-459 68 00 ; www.diplomathotel.com ; Strandvägen 7C ; Östermalmstorg)

Villa Dagmar
Voir p. 73 (08-122 135 50 ; hotelvilladagmar.com ; Nybrogatan 25-27 ; Östermalmstorg)

Villa Källhagen
Voir p. 73 (08-665 03 00 ; www.villakallhagen.se ; Djurgårdsbrunnsvägen 10 ; 69 Källhagen)

Konstnärsbaren
Voir p. 72 (08-679 60 32 ; konstnarsbaren.se ; Smålandsgatan 7 ; 11h30-23h lun-mar, 11h30-minuit mer-ven, 12h-minuit sam ; Östermalmstorg)

Matmekka
Voir p. 72 (070-777 12 50 ; www.etnografiskamuseet.se ; Djurgårdsbrunnsvägen 34 ; 11h-16h mar et jeu-ven, 11h-20h mer, 11h-17h sam-dim ; 69 Museiparken)

Östermalms Saluhall
Voir p. 70 (www.ostermalmshallen.se ; Östermalmstorg ; 9h30-19h lun-ven, 9h30-17h sam ; Östermalmstorg)

Restaurang Oxenstiernan
Voir p. 72 (08-665 40 87 ; www.oxenstiernan.se ; Storgatan 35B ; 11h30-14h30 et 17h-21h mar-sam ; Styrmansgatan)

Sturehof
Voir p. 72 (08-440 57 30 ; sturehof.com ; Stureplan 2 ; 11h30-2h lun-sam, 12h-2h dim ; Östermalmstorg)

Lilla Baren at Riche
Voir p. 72 (08-545 035 60 ; riche.se ; Birger Jarlsgatan 4 ; 11h30-16h lun, 11h30-minuit mar, 11h30-2h mer-sam ; Östermalmstorg)

Lucy's Flower Shop
Voir p. 72 (lucysstockholm.se ; Birger Jarlsgatan 20 ; 17h-1h mar-dim ; Östermalmstorg)

Nori Bar
Voir p. 72 (08-425 125 50 ; misshumasshu.se/noribar ; Birger Jarlspassagen ; 17h-minuit mar, 17h-1h mer-ven, 16h-1h sam ; Östermalmstorg)

Kaijasalong
Voir p. 72 (073-423 35 04 ; www.kaijasalong.com ; Storgatan 44 ; 16h-22h mer-sam ; Djurgårdsbron)

Svenskt Tenn
Voir p. 71 (08-670 16 00 ; www.svenskttenn.com ; Strandvägen 5 ; 10h-18h lun-ven, 10h-15h sam, 10h-16h dim ; Östermalmstorg)

DJURGÅRDEN ET SKEPPSHOLMEN

ABBA: The Museum
Voir p. 78 (abbathemuseum.com ; Djurgårdsvägen 68 ; tarif plein/

réduit/enfant 260/230/100 kr ; 10h-19h juin-août, 10h-18h sept-mai ; 67, Allmänna Gränd, 7)

ArkDes
Voir p. 78 (08-520 235 00 ; arkdes.se ; Exercisplan 4 ; tarif plein/réduit/-19 ans 100/80 kr/gratuit ; 10h-20h mar, 10h-18h mer-dim ; 65, Allmänna Gränd)

Gröna Lund Tivoli
Voir p. 79 (010-708 91 00 ; www.gronalund.com ; Lilla Allmänna Gränd 9 ; forfait manèges illimités +10 ans/3-9 ans 499/399 kr ; 9h30-23h juin-août, horaires réduits le reste de l'année ; 44, Allmänna Gränd, 7)

Junibacken
Voir p. 79 (08-587 230 00 ; www.junibacken.se ; Galärvarvsvägen 8 ; adulte/enfant 185/155 kr ; 10h-17h dim-ven, 9h-17h sam ; 7,67, Allmänna Gränd, 7)

Liljevalchs Konsthall
Voir p. 79 (08-508 313 30 ; liljevalchs.se ; Djurgårdsvägen 60 ; tarif plein/réduit/-18 ans 150/120 kr/gratuit ; 11h-17h mar et ven-lun, 11h-20h mar et jeu ; 44, 69, Allmänna Gränd, 7)

Moderna Museet
Voir p. 78 (08-520 235 00 ; www.modernamuseet.se ; Exercisplan 4 ; tarif plein/réduit 150/120 kr, entrée libre 10h-20h ven ; 10h-20h mar et ven, 10h-18h mer-jeu et sam-dim ; 65, Skeppsholmen)

Nordiska Museet
Voir p. 77 (08-519 546 00 ; www.nordiskamuseet.se ; Djurgårdsvägen 6-16 ; tarif plein/réduit/-18 ans 150/130 kr/gratuit, y compris audioguide ; 10h-17h juin-août, 10h-17h jeu-mar, 10h-20h mer sept-mai ; 44, 69, Allmänna Gränd, 7)

Östasiatiska Museet
Voir p. 79 (010-456 12 00 ; www.ostasiatiskamuseet.se ;

Moulin de Skansen

Tyghusplan 4 ; 150 kr ; 11h-20h mar, 11h-17h mer-dim ; 65)

Prins Eugens Waldemarsudde
Voir p. 79 (08-545 837 00 ; waldemarsudde.se ; Prins Eugens väg 6 ; tarif plein/réduit/-19 ans 170/150 kr/gratuit ; 11h-17h mar-mer et ven-dim, 11h-20h jeu ; 7)

Rosendals Slott
Voir p. 81 (08-402 61 00 ; www.kungligaslotten.se ; Rosendalsvägen 49 ; adulte/enfant 120/60 kr ; 12h-16h mar-dim juin-août ; 44, 69, 7)

Rosendals Trädgård
Voir p. 77 (www.rosendalstradgard.se ; Rosendalsvägen 38 ; 11h-16h ; 44, 69, 7)

Skansen
Voir p. 77 (08-442 80 00 ; skansen.se ; tarif plein/réduit/enfant 245/165/70 kr ; 10h-18h mai-sept, 10h-15h lun-ven, 10h-16h sam-dim oct-avr ; 69, Allmänna Gränd, 7)

Spritmuseum
Voir p. 80 (08-121 313 00 ; spritmuseum.se ; Djurgårdsstrand 9 ; tarif plein/réduit/15-18 ans/-14 ans 140/100/60 kr/gratuit, kit dégustation 180 kr ; 10h-17h mar et sam-dim, 10h-19h mer, 10h-18h jeu-ven ; 44, 69, Allmänna Gränd, 7)

Thielska Galleriet
Voir p. 79 (08-662 58 84 ; www.thielskagalleriet.se ; Sjötullsbacken 8 ; tarif plein/réduit/-19 ans 140/120 kr/gratuit ; 12h-15h ven-mer, 12h-20h jeu mai-oct, 12h-15h mar-dim nov-avr ; 67, Blockhusudden)

Toy Museum
Voir p. 80 (Musée du Jouet ; 08-599 084 30 ; toymuseum.se ; Svensksundsvägen 5 ; tarif plein/étudiant/4-18 ans/-3 ans 140/90/90 kr/gratuit ; 10h-17h mer-dim ; 65, Skeppsholmen)

Vasamuseet
Voir p. 76 (08-519 548 80 ; www.vasamuseet.se ; Galärvarvsvägen 14 ; adulte/-18 ans 190 kr/gratuit ; 8h30-18h juin-août, 10h-17h jeu-mar, 10h-20h mer sept-mai ; 44, Allmänna Gränd, 7)

Viking Museum
Voir p. 80 (08-400 229 90 ; thevikingmuseum.com ;

Djurgårdsvägen 48 ; tarif plein/réduit/7-14 ans/-6 ans 189/165/149 kr/gratuit ; 11h-18h lun-ven, 10h-18h sam-dim ; 67, Allmänna Gränd, 7)

Vrak Museum, musée des Épaves
Voir p. 76 (08-519 549 14 ; www.vrak.se ; Djurgårdsstrand 17 ; adulte/-19 ans 185 kr/gratuit ; 10h-17h jeu-mar, 10h-20h mer ; 67, Allmänna Gränd, Emelie, 7)

Royal Djurgården Visitor Centre
Voir p. 74 (08-667 77 01 ; royaldjurgarden.se ; Djurgårdsvägen 2 ; location vélo 50 kr/heure, 195 kr/jour ; 9h-17h)

Backstage Hotel
Voir p. 79 (08 502 541 40 ; backstagehotelsthlm.com ; Djurgårdsvägen 68 ; 67, Allmänna Gränd,, 7)

Hotel Skeppsholmen
Voir p. 79 (08-407 23 00 ; www.hotelskeppsholmen.se ; Gröna gången 1 ; 65, Skeppsholmen)

Vandrarhem af Chapman & Skeppsholmen
Voir p. 79 (08-463 22 80 ; www.svenskaturistforeningen.se ; Flaggmansvägen 8 ; 65, Skeppsholmen)

Blå Porten Café
Voir p. 80 (08-663 87 59 ; blaporten.com ; Djurgårdsvägen 64 ; 11h-20h lun, mer et ven-sam, 11h-21h mar et jeu, 11-19h dim ; 67, Allmänna Gränd, 7)

Hasslebacken
Voir p. 80 (08-121 333 02 ; hasselbacken.com ; Hazeliusbacken 20 ; 11h30-15h et 16h-minuit lun-ven, 12h-minuit sam-dim ; 67, Allmänna Gränd, 7)

Gustav Vasa Kyrka

HANS BAATH/STOCK.ADOBE.COM ©

Skroten
Voir p. 80 (070-380 80 80 ; skrotens.se ; Beckholmsvägen 14 ; 11h-16h lun-mar et jeu-ven, 11h-16h et 17h-22h mer, 11h-17h sam-dim ; 67, 7)

VASASTAN ET ALENTOURS

Astrid Lindgren's Hem
Voir p. 85 (www.astridlindgrenshem.se ; Dalagatan 46 ; visite guidée 160 kr/pers ; Odenplan)

Carl Eldhs Ateljémuseum
Voir p. 82 (08-612 65 60 ; eldhsatelje.se ; Lögebodavägen 10 ; tarif plein/réduit/-15 ans 120/100 kr/gratuit ; 12h-16h mar-dim juin-août, horaires restreints le reste de l'année ; Odenplan, Norrtull)

Fjärilshuset
Voir p. 83 (08-730 39 81 ; www.fjarilshuset.se ; Hagaparken ; tarif plein/réduit/enfant 240/190/140 kr ; 10h-17h ; Haga Norra)

Pavillon de Gustave III
Voir p. 83 (08-402 61 00 ; www.kungligaslotten.se ; Hagaparken ; tarif plein/réduit/enfant 120/100/60 kr ; 12h-16h mar-dim mi-juin à mi-août)

Gustav Vasa Kyrka
Voir p. 84 (08-508 886 00 ; Karlbergsvägen 1-5 ; entrée libre ; 11h-18h lun-jeu, 11h-15h ven-dim ; Odenplan)

Stadsbiblioteket
Voir p. 84 (08-508 309 00 ; biblioteket.stockholm.se ; Sveavägen 73 ; entrée libre ; 10h-20h mar-ven, 10h-16h sam-dim ; Odenplan)

Strindbergsmuseet
Voir p. 85 (08-441 91 70 ; www.strindbergsmuseet.se ; Drottninggatan 85 ; adulte/-19 ans 100 kr/gratuit, visite guidée 20 kr/gratuit ; 12h-16h mar-dim ; Rådmansgatan)

Sven-Harrys Konstmuseum
Voir p. 82 (08-511 600 60 ; www.sven-harrys.se ; Eastmansvägen 10-12 ; tarif plein/réduit-18 ans 130/100 kr/gratuit ; 11h-19h mar-mer et ven, 11h-20h jeu, 11h-17h sam-dim ; Odenplan)

Generator Hostel
Voir p. 84 (08-505 323 70 ; staygenerator.com ; Torsgatan 10 ; Odenplan)

Hotel Ruth
Voir p. 84 (08-15 04 20 ; www.hotelruth.se ; Surbrunnsgatan 38 ; Odenplan, Stadsbiblioteket)

Stallmästaregården
Voir p. 84 (08-610 13 00 ; stallmastaregarden.se ; Stallmästaregården ; Norrtull, Haga södra)

Babette
Voir p. 84 (08-509 022 24 ; babette.se ; Roslagsgatan 6 ; 17h-1h ; Rådmansgatan, Jarlaplan, Roslagsgatan)

Café Pascal
Voir p. 85 (08-31 61 10 ; www.cafepascal.se ; Norrtullsgatan 4 ; 7h-19h lun-jeu, 7h-18h ven, 8h-17h sam-dim ; Odenplan)

Guld
Voir p. 82 (08-557 718 80 ; www.bistroguld.se ; Eastmansvägen 10 ; 11h-19h mar-mer, 11h-15h30 et 17h-21h jeu-sam, 11h-17h dim ; Odenplan)

Konditori Ritorno
Voir p. 85 (08-32 01 06 ; www.ritorno.se ; Odengatan 80-82 ; 7h-20h lun-ven, 8h-18h sam-dim ; Odenplan)

Lao Wai
Voir p. 84 (08-673 78 00 ; laowai.se ; Luntmakargatan 74 ; 17h-21h lun-sam ; Rådmansgatan)

Rolfs Kök
Voir p. 84 (08-10 16 96 ; rolfskok.se ; Tegnérgatan 41 ; 11h30-minuit lun-jeu, 11h30-1h ven, 17h-1h sam, 17h-minuit dim ; Rådmansgatan)

Marina de Sandhamn, archipel de Stockholm

Take Ramen
Voir p. 85 (08-409 555 52 ; www.takeramen.com ; Gästrikegatan 2 ; 11h-21h lun-ven, 12h-21h sam ; St Eriksplan)

Tennstopet
Voir p. 85 (08-32 25 18 ; www.tennstopet.se ; Dalagatan 50 ; 11h30-23h lun-mar, 11h30-minuit mer-jeu, 11h30-1h ven, 12h-1h sam, 12h-23h dim ; Odenplan)

Bio Capitol
Voir p. 85 (www.capitolbio.se ; Sankt Eriksgatan 82 ; St Eriksplan)

Bonniers Konsthall
Voir p. 85 (08-736 42 55 ; bonnierskonsthall.se ; Torsgatan 19 ; tarif plein/réduit/-26 ans 130/100 kr/gratuit 12h-17h jeu-dim, 12h-20h mer ; St Eriksplan)

ENVIRONS DE STOCKHOLM

Ancienne gare ferroviaire en bois
Voir p. 91 (0159-210 00 ; www.oslj.nu ; Storgatan 25, Mariefred ; mai-sept)

Artipelag
Voir p. 93 (08-570 130 00 ; artipelag.se ; Artipelagstigen 1, Gustavsberg ; entrée libre, entrée expositions variable ; 11h-17h mer-dim, plus jusqu'à 20h mer été)

Birka Museum
Voir p. 89 (08-120 040 00 ; www.birkavikingastaden.se ; Björkö ; adulte/enfant 160/80 kr, musée uniquement 110/55 kr ; mai-oct, horaires variables ; Stromma)

Bogesunds Slott
Voir p. 93 (070-594 01 93 ; www.bogesundsslott.se ; Per Brahes väg, Vaxholm ; visite guidée adulte/enfant 100/50 kr ; visite guidée 14h sam-dim juin-août)

Drottningholm Slott
Voir p. 88 (08-402 61 00 ; www.kungligaslotten.se ; Drottningholms Slott Slottsstallet 11, Drottningholm ; adulte/enfant 150/75 kr, billet combiné avec le Kina Slott 220/110 kr ; 10h-17h mai-sept, 10h-16h sam-dim oct-nov et avr, fermé déc-mars ; Drottningholm brygga, Brommaplan, puis bus nos 301-323 Drottningholm)

Gripsholm Slott
Voir p. 91 (0159-101 94 ; www.kungligaslotten.se ; tarif plein/réduit/enfant 150/130/75 kr ; Mariefred ; 10h-16h mai-sept, 12h-15h sam-dim oct-nov ; S/S Mariefred depuis Stadshuset, en direction d'Eskilstuna, arrêt Läggesta)

Kina Slott
Voir p. 88 (08-402 61 00 ; www.kungligaslotten.se ; Drottningholm ; adulte/enfant 120/60 kr, billet combiné avec le Drottningholm Slott 220/110 kr ; 11h-17h juin-août, 11h-17h sam-dim mai et sept)

Mariakyrkan
Voir p. 90 (08-592 504 54 ; Uppsalavägen ; 9h-17h)

Musée du Fort de Vaxholm
Voir p. 93 (08-120 048 70 ; www.vaxholmsfastning.se ; Kastellet, Vaxholm ; adulte/-19 ans 100 kr/gratuit ; 12h-16h mai-juin, 11h-17h juil-août, 12h-17h sept)

Parc national de Tyresta
Voir p. 90 (08-745 33 94 ; tyresta.se ; Tyresta by 1, Vendelsö ; centre des visiteurs 10h-17h juin-août, 10h-17h mar-dim avr-mai et sept-oct, 10h-16h mar-dim nov-mars ; 834, 807, 809, Haninge centrum)

Rådhus de Sigtuna
Voir p. 91 (08-591 266 70 ; www.sigtunamuseum.se ; Stora Torget, Sigtuna ; entrée libre ; 12h-16h juil-août)

Sigtuna Museum
Voir p. 90 (08-591 266 70 ; www.sigtunamuseum.se ; Stora Gatan 55, Sigtuna ; adulte/-20 ans 60 kr/gratuit ; 12h-16h juil-août, 12h-16h mar-dim sept-juin)

Skogskyrkogården
Voir p. 92 (08-508 317 30 ; skogskyrkogarden.stockholm ; Söckenvagen ; entrée libre, visite guidée adulte/enfant 150/75 kr ; 24h/24, accueil des visiteurs 11h-16h mai-sept, 11h-16h sam-dim oct, visite guidée 10h30-12h30 dim juil-sept ; Skogskyrkogården)

Slottsteater
Voir p. 88 (08-556 931 00 ; dtm.se ; Drottningholm ; visite guidée uniquement adulte/enfant 110/70 kr)

Hellasgården
Voir p. 91 (08-716 39 61 ; hellasgarden.se ; Ältavägen 101, Nacka ; 9h-21h lun-ven, 9h-18h sam-dim ; Hellasgården)

S/S Mariefred
Voir p. 91 (08-669 88 50 ; www.mariefred.info ; Ångbåtsbryggan, Mariefred ; aller simple/aller-retour 290/390 kr ; 10h mar-dim juil à mi-août, 10h sam-dim mi-août à mi-sept)

Strömma Kanalbolaget
Voir p. 89 (08-120 041 00 ; www.stromma.com ; Svensksundsvägen 17 ; 250-450 kr ; Skeppsholmen)

Arholma Nord
Voir p. 93 (0176-560 40 ; arholmanord.se ; Riddarviken, Arholma)

Grinda Wärdshus
Voir p. 93 (08-542 494 91 ; grinda.se ; Södra Bryggan Grinda, Vaxholm)

Kastellet B&B
Voir p. 92 (08-541 330 35 ; kastelletvaxholm.se ; Kastellet, Vaxholm)

Seglarhotell
Voir p. 92 (08-574 504 00; sandhamn.com ; Sandhamn)

Annas Hembageri
Voir p. 91 (0159-318 18 ; www.annashembageri.se ; Hammarvägen 2, Mariefred ; 10h-17h mer-ven, 9h-16h sam)

Karamellan
Voir p. 88 (08-759 00 35 ; www.drottningholm.org ; Drottningholm ; 10h-17h mai-sept, 10h-16h oct-avr ; Drottningholm)

Rakstugan Kök och Bar
Voir p. 91 (073-623 44 00 ; www.rakstugan.se ; Munkhagsgatan 10A, Mariefred ; 17h-21h jeu, 15h-21h ven, 12h-21h sam, 12h-16h dim)

Sigtuna Stads Hotell
Voir p. 90 (08-592 501 00 ; www.sigtunastadshotell.se ; Stora Nygatan 3, Sigtuna ; 11h30-14h30 lun-ven, 12h-15h sam, plus 17h30-22h ven-sam)

Sigtunastiftelsens Gästhem
Voir p. 90 (08-592 589 00 ; sigtunastiftelsen.se ; Manfred Björkquists Allé 2-4, Sigtuna ; déj et dîner, réservation conseillée)

Tant Brun Kaffestuga
Voir p. 90 (08-592 509 34 ; www.tantbrun-sigtuna.se ; Laurentii gränd 3, Sigtuna ; 10h-17h lun-ven, 10h-18h sam-dim)

Dalarnas län

UPPSALA ET LE CENTRE

LE VISAGE TRADITIONNEL DU PAYS

Villes étudiantes riches de culture, vastes étendues boisées se reflétant à la surface d'une myriade de lacs et profond attachement aux traditions.

Concentrant tout ce qui fait l'essence même de la Scandinavie – des vieilles Volvo aux *dalahäst* (chevaux en bois sculpté) en passant par les couchers de soleil sur les lacs et les bougies aux fenêtres –, le centre de la Suède n'occupe peut-être pas le cœur géographique du pays, mais bien celui de son bassin de population. À courte distance de Stockholm et de Göteborg, c'est une région pleine de charme composée de forêts, de montagnes et de prairies où l'élément liquide est omniprésent, des rivières qui traversent certaines grandes villes aux lacs disséminés un peu partout.

ALMGREN/SHUTTERSTOCK

Forte de vieilles traditions folkloriques, d'une architecture populaire et d'un passé minier qui fit la puissance industrielle du pays au XIXe siècle, la Dalécarlie (*Dalarnas län*) forme le berceau de la nation. Tout comme les *dalahäst* ou la *falukorv* (grosse saucisse rouge) des mineurs de Falun, les jolies maisons rouge vif (le fameux “rouge de Falun”) des environs du lac Siljan sont emblématiques du *det avlånga landet* (pays allongé).

Les villes d'Örebro, d'Uppsala et de Västerås constituent l'ancrage de la région au sud. Centres culturels animés au patrimoine architectural bien conservé, elles permettent d'alterner bains de culture et escapades dans la nature : quel que soit l'endroit, on n'est jamais loin d'une brasserie ou d'une forêt de bouleaux.

SITES PRINCIPAUX

UPPSALA
Ville universitaire dynamique aux musées intéressants.
p. 110

LAC SILJAN
Villages pittoresques, patrimoine industriel et traditions de Dalécarlie.
p. 119

ÖREBRO
Château, rivière et bière artisanale.
p. 125

VOITURE

Être motorisé offre davantage de liberté pour emprunter les routes moins fréquentées du centre de la Suède, s'arrêter à sa guise et faire des détours par des coins reculés. Attention toutefois aux radars.

BUS

Les lignes de bus qui complètent le réseau ferroviaire desservent même des destinations hors des sentiers battus. **Dalatrafik** couvre toute la Dalécarlie, **VL** le Västmanland. Le Värmland est moins bien loti, mais **Flixbus** relie Karlstad à Örebro et Västerås. Upplands Lokaltrafik (www.ul.se) couvre l'Uppland.

TRAIN

Le centre de la Suède est étonnamment bien couvert par **SJ Rail** (www.sj.se), qui permet de se rendre jusque dans des petites localités et des endroits reculés, dont Karlstad, Falun, Sala et les villages du lac Siljan.

Örebro, p. 125
Un imposant château médiéval et la jolie rivière Svartån font le charme de la septième ville de Suède.

S'orienter

D'une superficie totale de 63 782 km², les comtés de Dalécarlie, Södermanland, Värmland et Västmanland incluent des villes comme Uppsala, Västerås et Örebro, alliant commodité et culture.

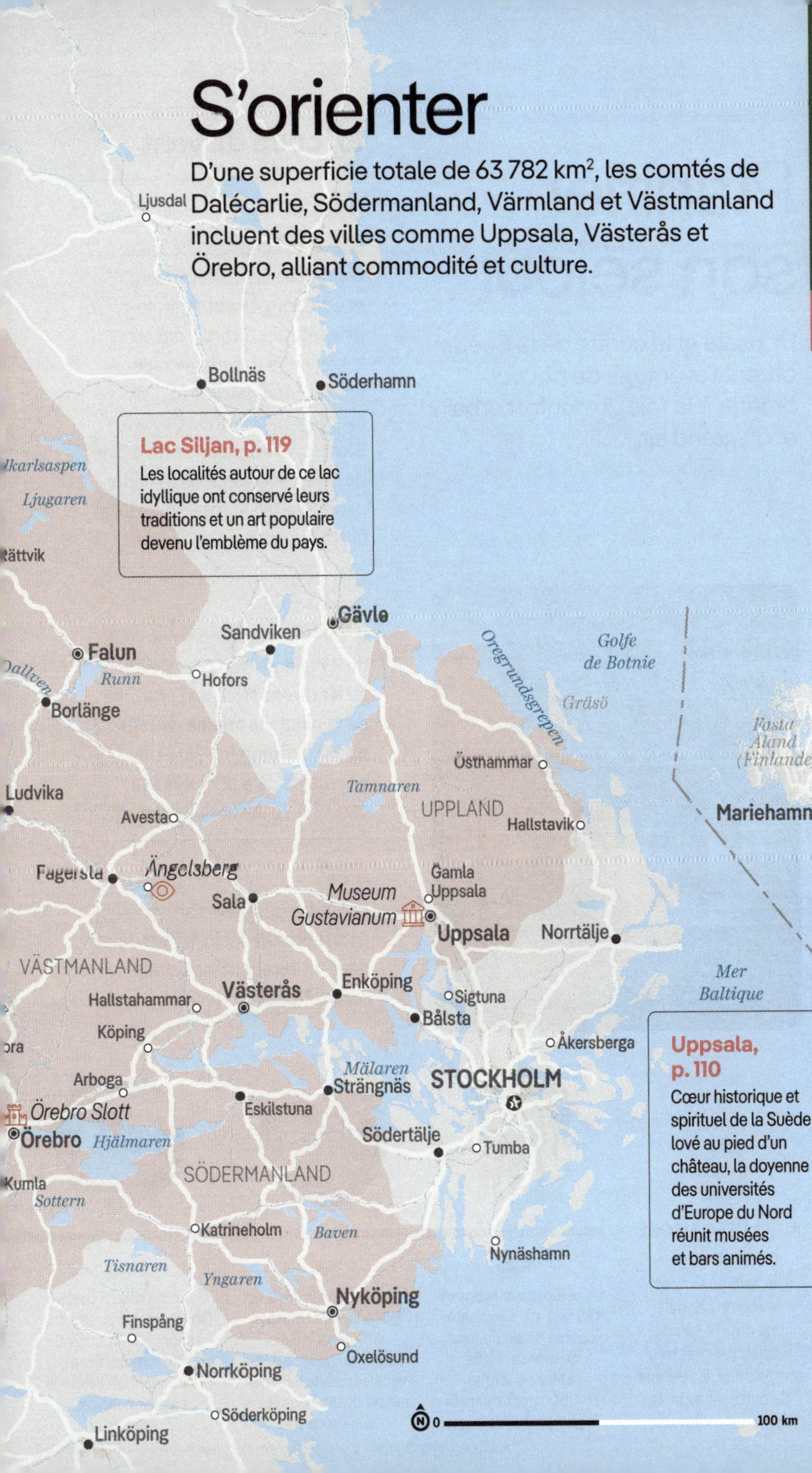

Lac Siljan, p. 119
Les localités autour de ce lac idyllique ont conservé leurs traditions et un art populaire devenu l'emblème du pays.

Uppsala, p. 110
Cœur historique et spirituel de la Suède lové au pied d'un château, la doyenne des universités d'Europe du Nord réunit musées et bars animés.

Planifier son séjour

Uppsala et le centre de la Suède offrent l'avantage de pouvoir profiter à la fois du confort urbain et du grand air.

ROLF_52/SHUTTERSTOCK ©

En coup de vent

Matin

- Si vous cherchez une halte bien située entre Stockholm et Göteborg, **Örebro** (photo, p. 125) a des attraits divers. Consacrez la matinée à une promenade dans le **Stadsparken** (p. 126), avec le photogénique **Örebro Slott** (p. 126) en toile de fond. Site de rêve, cet espace vert sculpté par la Svartån (rivière Noire) a été élu plus beau parc de Suède.

Après-midi

- Direction la réserve naturelle de Rynningeviken pour déjeuner au **Naturens Hus** (p. 127), avant de rejoindre le **musée-village de Wadköping** (p. 126) et les excellents café et roulés à la cannelle du **Jeremiabageriet**.

Soir

- Sirotez des bières artisanales à l'**Örebro Ölhall** (p. 127) et dînez dans un excellent restaurant sur **Stallbacken** (p. 127).

AU FIL DES SAISONS

De la Saint-Jean (fin juin) au 15 août, la région connaît une courte saison touristique grâce au temps doux. En dehors de cette période, la météo est incertaine.

MARS

La célèbre **Vasaloppet** (90 km), plus ancienne course de ski de fond du monde, attire à Mora quelque 70 000 spectateurs le 1er dimanche de mars.

MAI

La nuit de **Walpurgis** est très animée à Uppsala : rafting sur la Fyris, harengs marinés à gogo et célébrations du 1er mai autour de la bibliothèque de l'Université.

JUIN

Un an sur deux, l'**Örebro Open Art** met les artistes à l'honneur. À Leksand, la **Midsommarfirande** (Saint-Jean) est célébrée comme nulle part ailleurs.

STEFAN HOLM/SHUTTERSTOCK ©, LSF_3STEPS/SHUTTERSTOCK ©, HEMIS/ALAMY STOCK PHOTO ©

En quelques jours

- Rendez-vous sur les rives du très pittoresque **lac Siljan** (p. 119) et laissez-vous charmer par les maisons en bois peintes, l'artisanat et les gourmandises locales de bourgs comme Tällberg, Mora et Leksand. Avec les comtés voisins, la Dalécarlie constitue le berceau du passé industriel de la Suède.

- Planifiez vos excursions à la journée : la mine de cuivre de **Falun** (p. 123) ; les mines d'argent de **Sala** (p. 117) et les forges préindustrielles **d'Engelsberg** (p. 118), inscrites au Patrimoine mondial.

- Logez au vénérable **Green Hotel** (p. 121) de Tällberg, qui constitue une base d'exploration confortable, et régalez vos papilles au **Tällbergsgårdens Hotell** (p. 121), l'une des meilleures tables de la région.

Une à deux semaines

- Commencez par **Uppsala** (p. 110) pour faire le plein de culture et écumer les bars estudantins. Ensuite, cap sur **Falun** (p. 122) pour visiter sa mine de cuivre, **Falu Gruva**, qui assura la prospérité de la Suède au XVIIe siècle.

- Passez un jour ou deux sur les rives du **lac Siljan** (p. 119) à la découverte de **Tällberg** (p. 119) entre autres délicieux villages.

- Ralliez **Karlstad** (p. 131) pour vous adonner aux activités de plein air qu'offre le **Vänern**, le plus grand lac suédois. Faites ensuite halte à **Örebro** (p. 125), l'étape parfaite si vous aimez les châteaux et la bière artisanale.

- Non loin, la petite ville de **Nora** (p. 130) se distingue par ses constructions en bois et ses glaces exquises. Sur la route de retour vers Uppsala, arrêtez-vous à Ängelsberg pour voir le haut fourneau et les **forges d'Engelsberg** (p. 118).

JUILLET

Pour la **Classic Car Week** de Rättvick, prenez place sur la promenade pour le défilé de superbes voitures de collection le long du lac Siljan.

AOÛT

Conditions idéales pour séjourner autour d'**Uppsala** et au-delà : 21°C maximum et pas plus de 9 jours de pluie en moyenne.

SEPTEMBRE

Les couleurs automnales font vite oublier les inconvénients des fermetures de fin de saison et les ouvertures limitées aux week-ends.

DÉCEMBRE

Si courtes soient les journées et piquant le froid hivernal, le centre de la Suède a beaucoup de cachet à Noël.

UPPSALA

Siège de la doyenne des universités de Scandinavie, fondée en 1471, Uppsala (230 000 habitants) est l'une des villes suédoises les plus dynamiques et culturelles, en partie grâce à la présence des 50 000 étudiants qui lui valent le surnom de "Cité de l'éternelle jeunesse". Cet apport permanent de sang neuf se traduit par une vie nocturne effervescente, portée par une multitude de cafés et de bars décontractés à l'esprit bohème. Cela ne doit pas faire oublier le long passé d'Uppsala, née au IIIe siècle de notre ère. À quelques kilomètres au nord, la mise au jour des vestiges de Gamla Uppsala, son site primitif, a révélé la présence au VIe siècle d'un important centre religieux païen où l'on pratiquait les sacrifices humains et de quelque 300 tertres funéraires répartis sur six siècles.

Pour les infos pratiques, voir le Carnet d'adresses p. 132

À SAVOIR

Dans Östra Ågatan, vous croiserez Jona !, le gars le plus "hot" d'Uppsala. Chauffée toute l'année, cette statue en bronze mi-homme mi-poisson fait office de banc public où poser les derrières frileux.

TOP DES RESTOS ETHNIQUES D'UPPSALA

Kafferummet Storken
Un vaste café donnant sur la place Stora Torget servant des mezze grecs et des plats plus substantiels dans un cadre à l'ancienne. €

Taste of Bangla
Cuisine bangladaise de qualité servie dans une sorte de kiosque en contrebas du château, près du lac Svandammen. €

Jay Fu's
Malgré le nom américano-asiatique, les plats fusion sont innovants et délicieux. €€

Gamla Uppsala

TERTRES FUNÉRAIRES MÉDIÉVAUX

À 4 km au nord d'Uppsala, les recherches archéologiques ont révélé la présence d'un vaste ensemble rituel et funéraire. Pas moins de 300 tumulus datés du VIe au XIIe siècle composent le site de **Gamla Uppsala**. Cet immense champ funéraire semé de tertres est le plus grand ensemble connu après le site plus ancien d'Anundshög (p. 117), près de Västerås. Comptez 2 heures pour l'explorer ainsi que les curiosités alentour.

Point de départ de la visite, le **Gamla Uppsala Museum** expose les trouvailles provenant de trois tumulus royaux, apparemement les plus anciens, qui attirent immédiatement l'attention : l'Östhögen (tertre Est), le Mitthögen (tertre du milieu) et le Västhögen (tertre Ouest). La légende veut que ces trois tumulus aient été construits pour protéger la sépulture de trois souverains de l'ère préviking : Aun, Egil et Adils, qui figurent dans le poème épique anglo-saxon du VIIe siècle **Beowulf** et dans la **Ynglingsaga**, rédigée au XIIIe siècle par l'historien islandais Snorri Sturlason. Des recherches récentes tendent toutefois à montrer que l'occupant de l'Östhögen est une femme, sans doute âgée d'une vingtaine ou d'une trentaine d'années au moment de sa mort. D'autres objets proviennent des alignements de pierres dressées dessinant le contour d'un bateau (d'où leur nom de bateaux de pierre).

Bien que les tumulus soient entourés de clôtures, les enfants avaient l'habitude d'y faire de la luge et il est dit que l'écrivain Hans Christian Andersen pénétra à l'intérieur avant que leurs entrées ne soient scellées au milieu du XIXe siècle.

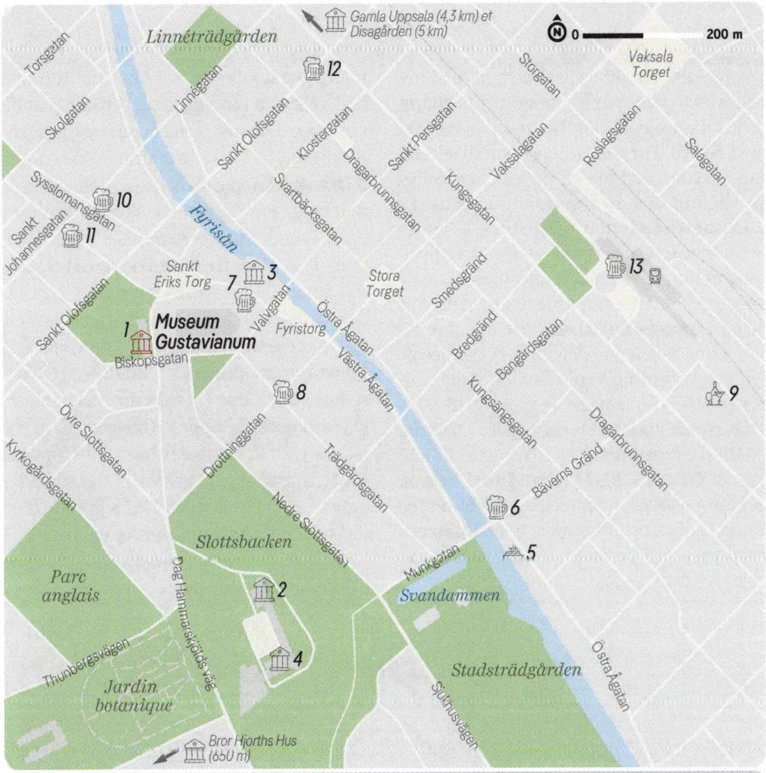

INCONTOURNABLES
1 Museum Gustavianum

VOIR
2 Fredens Hus
3 Upplandsmuseet
4 Uppsala Konstmuseum

ACTIVITÉS
5 M/S Kung Carl Gustaf (bateau pour le Skokloster Slott)

PRENDRE UN VERRE ET FAIRE LA FÊTE
6 Bryggeriet Ångkvarn
7 DomCraft
8 Drottninggatan
9 Miss Voon
10 Palermo
11 Sankt Larsgatan
12 Sankt Olofsgatan
13 Stationen

Après avoir fait le tour des monticules, rejoignez la **Gamla Uppsala kyrka** (XIIe siècle) pour admirer la pierre runique du XIe siècle qui a été intégrée au mur extérieur de l'église au XIXe siècle : on y distingue clairement un dragon. Vous n'aurez plus ensuite qu'à siroter un verre d'hydromel au café-restaurant **Odinsborg**, sur le sommet plat du Tingshögen. On y sert ce breuvage fermenté à base de miel depuis les années 1890.

OÙ FAIRE DU SHOPPING À UPPSALA

Godsmagasinet
Vêtements, céramiques et autres articles scandinaves tendance dans un ancien entrepôt ferroviaire.

Norrgavel
Une chaîne suédoise de design qui vend des meubles, du linge de maison et des objets de déco d'esprit minimaliste.

Läslusen
Librairie spécialisée dans la littérature enfantine scandinave et les jouets de conception suédoise.

PROMENADE À PIED

Cet agréable circuit de 2,8 km dans le centre historique passe par les monuments phares de la ville (excepté Gamla Uppsala). Partant de **1 Stora Torget**, suivez Svartbäcksgatan vers le nord-ouest, où vous croiserez en chemin la statue d'Anders Celsius. Le **2 Linnéträdgården** reconstitue le jardin botanique créé par Linné en 1745 à l'emplacement du plus ancien jardin botanique de Suède (1655), détruit par le feu en 1702. Sur place, le **musée de Linné** offre une immersion dans l'ancienne demeure et l'atelier de l'éminent scientifique, où rien ne semble avoir bougé depuis l'époque où il y vivait (1743-1778). Traversez la Fyris par le pont en fer Järnbron (1846) et entrez dans le doyen des cafés d'Uppsala, **3 l'Ofvandahls Hovkonditori**. Le parc de l'université (Universitetsparken), le long de Sankt Olofsgatan, dissimule neuf **4 pierres runiques** de l'Uppland disséminées sur la pelouse, dont la plus connue (n°489) rend hommage à une femme. Quelque 100 m à l'est s'élève la plus vaste cathédrale scandinave, lieu de couronnement des rois de Suède jusqu'en 1719. De style gothique français, la **5 Domkyrka** (p. 310) abrite les tombeaux de nombreux souverains et de savants de renom dont Linné. Sur votre gauche en entrant dans la **6 Carolina Rediviva Bibliotek**, qui appartient à l'université, sont exposés des cartes et manuscrits rarissimes, comme une représentation des terres nordiques, la *Carta Marina* (début XVIe) et un évangéliaire rédigé en gotique (la doyenne des langues germaniques), le *Codex Argentus* (520). De là, une courte montée mène à **7 l'Uppsala Slott**, construit par Gustave Ier Vasa dans les années 1550 et rebâti en 1757 à la suite d'un incendie. Le château se visite en groupe, à l'exception de la collection d'art moderne de l'Uppsala Konstmuseum.

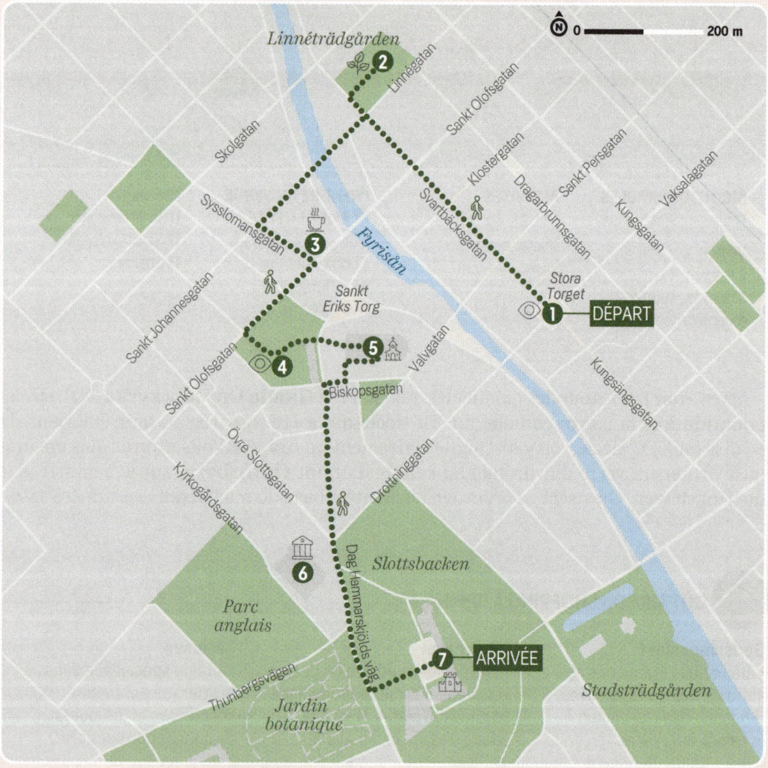

Museum Gustavianum

Museum Gustavianum

CABINET DE CURIOSITÉS

Surmonté d'un cadran solaire restauré, le **Museum Gustavianum** (1622-1625) est le doyen des édifices de l'université d'Uppsala. Pour ses 400 ans, il fait l'objet d'une rénovation – sa réouverture est prévue au printemps 2024 – destinée à montrer ce qu'était un cabinet de curiosités à l'époque : la réunion d'objets insolites, des momies égyptiennes aux animaux naturalisés, des casques vikings comme le fameux thermomètre de Celsius... Au 1er étage, une exposition réactualisée couvrira l'histoire universitaire d'Uppsala, mettant en avant son rôle dans les découvertes scientifiques et le transfert de savoir.

Le 2e étage abrite l'inestimable **cabinet d'Augsbourg** (XVIIe siècle), pièce maîtresse du musée. Offert au roi de Suède Gustave Adolphe en 1682, ce haut meuble en acajou marqueté compte une multitude de tiroirs et dispositifs tournants recélant un millier d'objets et spécimens naturels insolites. Il s'agit du seul des cabinets de curiosités créés à Augsbourg par le marchand, banquier et collectionneur Philipp Hainhofer (1578-1647) qui soit parvenu jusqu'à nous avec son contenu intact. Également incontournable, le **théâtre anatomique** d'Olof Rudbeck, où les cadavres des condamnés et autres malheureux étaient disséqués devant 200 spectateurs jusqu'en 1766.

PAROLE D'HABITANT : BIÈRE ET TACOS À UPPSALA

Henric Häggqvist (Twitter : @Hence Pence) est chercheur en histoire de l'économie à l'université d'Uppsala. Voici à quoi ressemble pour lui une journée idéale en ville :

Jorden är blå som en apelsin
Un bel endroit artistique et musical, où le petit-déjeuner est servi toute la journée et où le *fika* (café et gâteau) a des accents du monde entier.

Tapicante
J'aime me promener sur les berges de la Fyris, ce qui me mène inévitablement à l'une des meilleures adresses de tacos du pays.

Taps Beer Bar
Avant le dîner, après le dîner... il n'y a pas de mauvais moment pour savourer une bière. Cet établissement est le meilleur choix à Uppsala, avec un service et une ambiance au top.

OÙ SE LOGER À UPPSALA

Hotell & Vandrarhem
Petit mais pratique, avec des dortoirs impeccables, en face des gares routière et ferroviaire. **€**

Foundry Hotel
Des appartements tout équipés d'un excellent rapport qualité/prix dans ce qui fut en 1898 une fonderie. Vues sur la rivière. **€**

Grand Hotell Hörnan
Au bord de la Fyris, ce bel édifice de 1907 comprend 37 chambres mariant tradition et confort moderne. **€€**

SITES MÉGALITHIQUES

Il existe au sud-est de la Suède, sur l'île d'**Öland** (p. 221), des tumulus et des cercles de mégalithes bien plus anciens que Gamla Uppsala. Il s'agit du tumulus Mysinge Hög (âge du bronze) et de la nécropole de Gettlinge (jusqu'à la fin de l'âge du fer).

TABLES GASTRONOMIQUES D'UPPSALA

Klostergatan 5
En dépit de sa situation centrale, ce bistrot créatif, tenu par une famille et éclairé à la bougie, a tout d'une bonne adresse de quartier. Réservez. **€€**

Dryck och Mat
Nouvelle cuisine nordique et ambiance décontractée à l'intérieur de l'ancienne gare ferroviaire du XIXe siècle. Le menu du jour, avec accords mets-vins, est un vrai spectacle. **€€€**

Hambergs Fisk
À la fois poissonnerie, traiteur et bistrot gastronomique, l'adresse de produits de la mer numéro un d'Uppsala doit son succès à des plats savoureux faits avec des produits de qualité. **€€€**

Les nuits d'Uppsala

BIÈRES DU CRU ET SOIRÉES AVEC VUE

Les étudiants représentant un quart de la population d'Uppsala, les lieux de sortie pullulent et il y en a pour tous les goûts.

La jeunesse fréquente les bars et cafés le long de **Sankt Larsgatan**, à un ou deux pâtés de maisons au sud-ouest de la rivière, de **Sankt Olofsgatan**, près de l'université, et de **Drottninggatan**, aux abords de la cathédrale – essayez une adresse très fréquentée comme **Palermo** pour prendre le poul de la soirée.

Les amateurs de bières artisanales, surtout maltées, se rendront à la **Bryggeriet Ångkvarn**, une adresse discrete qui jouit d'un emplacement privilégié au bord de l'eau, sur Östra Ågatan, et qui a été créée par un brasseur amateur et son beau-frère, un professionnel formé en Écosse.

Installé dans l'ancienne école religieuse à l'arrière de la cathédrale, **DomCraft** décline vingt bières suédoises et européennes à la pression. Il partage sa cuisine avec le Domtrappkällaren, au-dessous, dans l'ancienne prison de l'université, et attire une clientèle plus vivante, créative et connaisseuse.

Pour être tendance, réservez une table au **Stationen**, une adresse aux accents parisiens dans l'ancien bâtiment grandiose de la gare ferroviaire, construit en 1866. Avec son papier peint écossais, son bar recouvert de carreaux verts de style métro et ses trois espaces thématiques (Londres, Paris et Rome), l'endroit dégage une élégance d'une autre époque.

Enfin, le classieux **Miss Voon**, un bar vitré sur le toit de l'Elite Hotel Academia, sert des cocktails à siroter en contemplant la vue panoramique. *Skål!*

Skokloster Slott

CHÂTEAU BAROQUE ET TRAVERSÉE EN VAPEUR

Contrairement à nombre de châteaux du centre et du sud-est de la Suède, souvent vides, désaffectés ou carrément fermés au public, le **Skokloster Slott** justifie amplement la visite. Ce superbe édifice du XVIIe siècle, le plus grand palais privé jamais bâti dans le pays, présente en effet un intérieur somptueux.

De mi-mai à mi-août, on peut s'y rendre à bord du **MS Kung Carl Gustaf**, un bateau à vapeur du XIXe siècle, qui lève l'ancre près du pont Islandsbron à Uppsala et descend la Fyris vers le sud jusqu'au lac Mälaren.

OÙ SE LOGER ET SE RESTAURER À UPPSALA

Elite Hotel Academia
Élégant hôtel d'affaires aménagé dans une ancienne poste, à côté de la gare ferroviaire. **€€**

Best Western Hotel Svava
Hôtel d'affaires dont la déco évoque le style fonctionnel des années 1950. **€€**

Güntherska
Ce luxueux café de 1870 propose une salade au houmous somptueuse et brioches au sucre hors pair.

ALEXANDER FARNSWORTH/GETTY IMAGES ©

Skokloster Slott

Uppsala à l'œil

POUR TOUS LES GOÛTS

La ville étudiante regorge de lieux culturels gratuits,

L'**Upplandsmuseet**, un moulin à eau du XVIIIe siècle, présente des objets d'art populaire, l'**Uppsala Konstmuseum**, à l'intérieur du château, une collection d'art moderne et contemporain. La **Carolina Rediviva Bibliotek** rassemble des cartes et manuscrits anciens, dont des ouvrages éthiopiens enluminés et le tout premier livre imprimé en Suède. Enfin, la **Bror Hjorths Hus** donne à voir les peintures et sculptures sur bois de l'artiste éponyme.

Alliant histoire et architecture, le **Disagården** est un village agricole du XIXe siècle transformé en musée à ciel ouvert. Il se compose de 26 bâtiments en bois et d'une scène formant l'épicentre des festivités de la Saint-Jean.

Quant à la **Fredens Hus**, elle est consacrée à la promotion de l'harmonie sur Terre (sans connotations religieuses) et met l'accent sur les personnalités qui œuvrent pour la paix.

L'ATLANTIDE SUÉDOISE

Dans son livre *Atlantica* (1679), le scientifique et auteur suédois Olof Rudbeck (1630-1702) affirmait que Gamla Uppsala était le berceau de la culture occidentale. Ce personnage haut en couleur avait en effet réuni une abondance de preuves censées démontrer que le site primitif d'Uppsala correspondait à celui de l'Atlantide évoquée depuis des siècles par les historiens et philosophes européens. Si la fameuse cité perdue n'a sans doute existé que dans l'imagination de Platon, Gamla Uppsala a souvent fait l'objet de mythes et de conjectures. La série télévisée *Vikings* y a grandement contribué.

COMMENT S'Y RENDRE ET CIRCULER

Uppsala se situe à 71 km au nord de Stockholm par l'autoroute E4. Le bus n°801 d'**Upplands Lokaltrafik** (www.ul.se) fait la navette entre Uppsala et l'aéroport d'Arlanda (40 minutes).

Les **trains SJ** circulent régulièrement depuis/vers Stockholm (40 minutes) et moins fréquemment depuis/vers Gävle (1 heure 15), Östersund (5 heures) et Mora (3 heures 15).

Upplands Lokaltrafik (UL) gère les transports publics de la ville et du comté. Tous les bus locaux partent de la gare routière d'Uppsala Centralstation, et la plupart marquent un arrêt à Stora Torget. Les billets sont en vente à l'agence UL dans la gare routière, sur le site Internet ou par Smartphone grâce à l'application UL.

Les cyclistes sont rois à Uppsala (**Ski Total Cycle** loue des vélos), mais mieux vaut explorer le centre historique à pied.

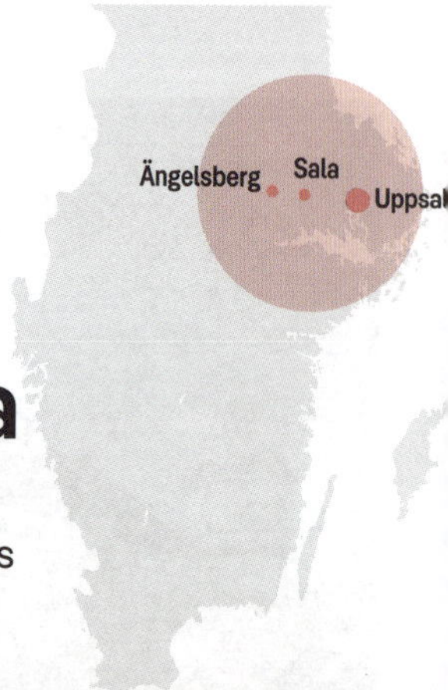

Environs d'Uppsala

À l'ouest de la ville, partez à la découverte de Sala et d'Ängelsberg, deux berceaux historiques de l'industrie suédoise.

Dans l'hinterland du centre de la Suède, le petit comté du Västmanland se compose de forêts de pruches, de pins et de bouleaux, interrompues par des cours d'eau et des lacs miroitants aux rives émaillées de maisons d'été rustiques. Si bucolique soit-il, ce paysage recèle pourtant deux hauts lieux du passé industriel de la Suède remarquablement préservés, à moins de 1 heure 30 d'Uppsala. À Sala subsiste la mine d'argent qui fit la richesse du pays aux XVIe et XVIIe siècles. Quant aux forges d'Engelsberg, elles furent l'un des plus importants sites métallurgiques européens de l'époque préindustrielle, inscrit au patrimoine mondial de l'Unesco.

Pour les infos pratiques, voir le Carnet d'adresses p. 133

À SAVOIR

Vous devrez descendre 300 marches pour visiter la mine de Sala. Habillez-vous chaudement.

Sala Silvergruva

MINEURS SOUS TERRE

À 117 km au nord de Sala, la mine de ivre de **Falun** (Falu Gruva, p. 123) offre n passionnant aperçu de l'exploitation minière au XVIIe siècle. Situés à des centaines de mètres sous terre, ces 50 km de galeries sont classés au patrimoine mondial de l'Unesco.

ART OF LINE/SHUTTERSTOCK ©

Forges d'Engelsberg (p. 118)

Sala Silvergruva

UNE MINE D'ARGENT SÉCULAIRE

À 37 minutes de train (ou 1 heure de voiture) à l'ouest d'Uppsala, la plaisante bourgade de Sala fut fondée en 1624 sur ordre du roi Gustave II pour l'exploitation de la mine d'argent voisine, la remarquable Sala Silvergruva, qui constitue d'ailleurs le principal attrait de la région. Autrement, il n'y a pas grand-chose à voir en ville.

La mine historique fonctionna du XVe siècle jusqu'en 1908, fournissant la Couronne suédoise en minerai précieux, principalement pour frapper monnaie. Entièrement fermé au public durant la pandémie de Covid-19, le site va faire l'objet de travaux pendant quelques années. Que cela ne vous empêche pas de réserver une chambre au rustique **Marketenteriet Vandrarhem**, plein de cachet. Construite au début du XXe siècle pour loger les mineurs célibataires, cette longue bâtisse en bois grinçante ne remplit jamais cette fonction car la mine ferma avant.

Pour autant, on peut imaginer le brouhaha de ces derniers partant ou rentrant du puits **Drottning Christinas** (257 m) à deux pas. Deux visites guidées, à 60 m ou 155 m de profondeur, sont proposées. En surface, le vaste complexe minier réunissait une brasserie, la maison de l'ingénieur, une poudrière et

DÉTOUR : VÄSTERÅS

À première vue, la sixième ville de Suède compte un peu trop de centres commerciaux modernes, de zones industrielles et de banlieues sans fin. Les rues pavées, les maisons de guingois et les jardins fleuris du centre historique forment toutefois un ensemble particulièrement charmant qui justifie une halte. À deux pas de la gare centrale, dans un quartier industriel reconverti, **Karlsgatan 2** réunit l'ancien **Västmanland Länsmuseum** (musée du comté) et le **Västerås Konstmuseum** (musée d'art). À 9 km au nord-est de la ville, le site d'**Anundshög** recèle de nombreux éléments protohistoriques, dont le plus vaste tumulus funéraire de Suède, des bateaux de pierre (alignements mégalithiques) et une grande pierre runique du XIe siècle.

OÙ SE RESTAURER À SALA

Måns Ols utvärdshus
Cette vieille institution au bord du lac Långforsen concocte un déjeuner-buffet de grande qualité. **€€**

Mat O Prat Pa Norrmanska
Burgers et mezze libanais à savourer dans une cour du XVIIIe siècle. **€€**

Café Jernvägen
Le bistrot de la gare ferroviaire sert tout à la fois des salades, des pains plats, du café et de la bière. **€€**

un tripot. Sala Silvergruva se trouve à 2 km au sud du centre-ville en suivant la jolie Gröna Gången ("promenade verte").

Forges d'Engelsberg

FONDERIE DU XVIIIe SIÈCLE CLASSÉE

Plus proche d'un village en pain d'épices que d'une friche industrielle, l'**Engelsberg Bruk** situé à Ängelsberg fut l'une des plus importantes forges préindustrielles de toute l'Europe. C'est à ce titre que la première fonderie moderne de Suède a été inscrite sur la liste du patrimoine mondial de l'Humanité.

Aux XVIIe et XVIIIe siècles, le haut-fourneau revêtu de bois et la forge (toujours en état de marche), alors à la pointe de la technologie, contribuèrent à faire de la Suède un leader mondial du secteur de la métallurgie. La localité construite autour de cette activité s'inscrit au milieu d'une forêt où coule un torrent, à 1 heure 30 en voiture à l'ouest d'Uppsala.

Ouvert au public toute l'année, le complexe se compose d'une cinquantaine de bâtiments techniques, administratifs et résidentiels à l'intérieur d'un parc. Parmi les machines, toujours en état de marche depuis la fermeture en 1919, figurent une roue hydraulique, un concasseur, une soufflerie et des marteaux-pilons. Des visites guidées de la forge ont lieu en été.

Vous pourrez déjeuner non loin au **Nya Servering**, d'où la vue sur le lac Åmänningen embrasse l'île de Barrön, siège de la plus ancienne raffinerie de pétrole du monde, en activité de 1875 à 1927.

Sigurd, le chasseur de Dragons

LÉGENDES ET CHÂTEAUX

Gravure rupestre viking de 3 m de long datée des environs de l'an mille, **Sigurdsristningen** illustre la légende de Sigurd le chasseur de dragons, un héros dont les aventures sont décrites dans le récit anglo-saxon *Beowulf* et les sagas islandaises. Plus couramment appelé "La Tétralogie", *L'Anneau du Nibelung* de Wagner s'en inspire directement, tout comme *Le Seigneur des Anneaux* de Tolkien. La paroi rocheuse sur laquelle la scène a été représentée se dresse près du confortable **Sundbyholms Slott** et du **lac Mälaren**, 95 km au sud-est d'Ängelsberg, non loin de la ville d'Eskilstuna dans le comté de Södermanland.

Dans le secteur, on peut admirer le **Stora Sundby Slott**, un château Renaissance du XVIe siècle sur les rives du lac Hjälmaren, et profiter des démonstrations artisanales organisées par l'**écomusée des forges de Rademacher**, où travaillaient au XVIIe siècle quelque 70 forgerons, ferronniers, couteliers…

CHEVAUX DE DALÉCARLIE

L'image de la Suède est souvent associée à ces chevaux de bois typiques, peints de couleurs vives et décorés de fleurs. Les premières traces avérées des *dalahäst* remontent au XVIIe siècle, mais les chevaux étaient très probablement fabriqués depuis bien longtemps déjà. Travailler le bois au coin du feu était un passe-temps courant, et le cheval, à la fois compagnon de travail, ami et symbole de puissance, s'est naturellement imposé comme sujet de représentation. Les peintures n'ont fait leur apparition qu'à l'occasion de l'Exposition universelle de New York, en 1939. Depuis, les chevaux sont l'un des souvenirs de Suède préférés des touristes.

Les deux principaux ateliers sont ceux de **Nils Olsson** (www.nilsolsson.se) et de **Grannas A Olssons** (www.grannas.com), où l'on peut voir les artisans à l'œuvre.

COMMENT S'Y RENDRE ET CIRCULER

Accessible par le train depuis Uppsala (37 minutes), Västerås (30 minutes) ou Stockholm (1 heure 30, liaisons moins fréquentes), Sala se visite aisément à pied ou à vélo ; renseignez-vous à l'office du tourisme (Sala Turistbyrå). Il est préférable d'avoir une voiture pour rallier Ängelsberg (mais le site se parcourt à pied) car la gare ferroviaire est à 1,5 km à pied (trains pour Västerås toutes les 1 à 2 heures, 45 minutes de trajet).

LAC SILJAN

Il y a quelque 377 millions d'années, une météorite plus grande que l'île Maurice s'écrasa sur la Terre. L'impact de ce corps céleste d'une taille inégalée en Europe a façonné le paysage de la Dalécarlie et même sa culture. Le rouge typique des classiques maisons suédoises était obtenu avec des pigments fabriqués à base de scories provenant des mines de cuivre de Falun. Le Siljan Geopark, en cours de réalisation, couvre une aire de 60 km de diamètre qui inclut l'essentiel du Siljansringen (l'anneau du Siljan), l'ancien cratère dont le lac ne forme qu'une partie. Les luxuriantes rives boisées du lac comme ses eaux étincelantes se prêtent aux activités de plein air et conservent de riches traditions folkloriques. Découvrez les fameux chevaux de bois de Dalécarlie sculptés à la main dans les ateliers de Nusnäs et la vie du célèbre peintre suédois Anders Zorn (1860-1920) à Mora, avant un moment de détente dans le ravissant village de Tällberg.

Pour les infos pratiques, voir le Carnet d'adresses p. 134

À SAVOIR

En louant une voiture, vous pourrez visiter à votre guise les recoins secrets du lac Siljan, à l'écart des villes principales.

CIRCUIT EN VOITURE AUTOUR DU LAC SILJAN

Le lac Siljan (354 km²) compte parmi les destinations les plus pittoresques de Suède. Cet itinéraire de 138 km aller-retour part de **1 Tällberg**, et ses cottages rouge Falun étagés au-dessus du rivage. Suivez Hjortnäs Siljansvägen, Hjortnäsheden Siljansvägen et Siljansvägen pour rejoindre 15 km au sud la paisible **2 Leksand**, connue pour son pain croquant suédois (Leksands Knäckebröd). En dehors de la Saint-Jean qui y attire foule, vous ne rencontrerez pas grand monde, mais savourerez bien un roulé à la cannelle de la Siljans Konditori avant de visiter la romantique Munthes Hildasholm (1910-1911), maison que le médecin de Victoria de Suède fit construire pour son épouse anglaise. Les 45 km sur la rive occidentale (Lundbjörken Moravägen) menant à Gesunda au nord-ouest traversent une zone moins urbanisée. **3 Sollerön**, la plus grande île du lac, abrite un important site funéraire viking. Rejoignez ensuite l'Europaväg 45/E45 jusqu'au principal bourg du lac, **4 Mora**, 4 km au nord-est, où se court la fameuse Vasaloppet chère aux skieurs de fond. Anders Zorn (1860-1920) a vécu ici, comme en témoignent sa maison et un musée dédié à celui qui fut l'un des peintres suédois les plus réputés. Gagnez alors Färnäs à l'est par l'Europaväg 45/E45. À 5,7 km au sud par Hansjonsgatan et Nusnäs bygata, **5 Nusnäs** est le lieu de production artisanale des chevaux de bois de Dalécarlie. Prenez ensuite la Route 70 qui mène au sud-est jusqu'à **6 Rättvik** dont l'impressionnante Långbryggan (328 m) est la plus longue jetée en bois de Scandinavie. À son extrémité, un petit carré d'herbe et quelques bancs invitent à pique-niquer l'été. Grimpez à 28 m tout en haut de la Vidablick Utsiktstorn voisine pour jouir d'une vue imprenable sur l'ensemble du lac.

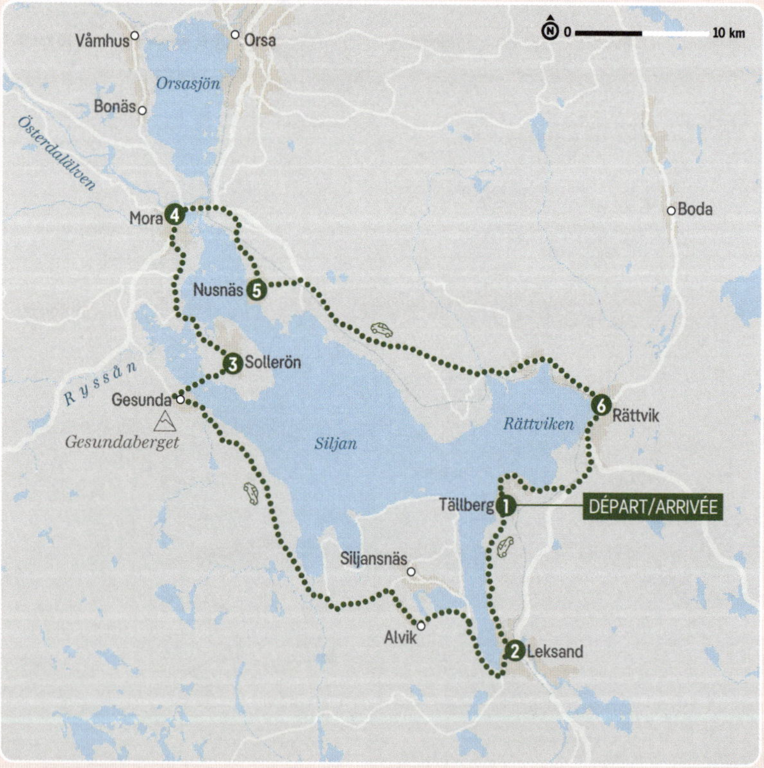

TRAVIS J. CAMP/SHUTTERSTOCK ©

Célébrations de la Saint-Jean, Leksand

La Saint-Jean à Siljan

LE SOLSTICE D'ÉTÉ EN SUÈDE

La plus importante **Midsommarfirande** (fête du solstice d'été, ou Saint-Jean) de Suède se déroule sur les rives du lac Siljan, en particulier à Leksand où 20 000 personnes participent aux réjouissances. Pour l'occasion, il faut réserver son hébergement six mois à l'avance, surtout si l'on souhaite loger à Tällberg, dont les hôtels proposent des formules *midsommar*. La semaine de liesse débute généralement le week-end avant le solstice d'été, les villages accueillant à tour de rôle les festivités : défilés d'habitants en tenue traditionnelle, airs folkloriques entraînants et arbres de mai dressés par les costauds du coin. Lors du **Midsommarafton** (veille du solstice d'été), postez-vous sur le rivage à Leksand pour voir les barques de l'église chargés de rameurs en costume local arriver avec les guirlandes de feuillage destinées à la décoration de l'arbre de mai. Comme la fête commence assez tard, vers 19h30, les gens font bombance chez eux (ne refusez pas une invitation à dîner si elle se présente) avant d'aller danser autour du mât dans une ambiance déchaînée.

PAROLE D'HABITANT : BOWLING ET SKI

Mattias Olsson est sculpteur sur bois à Nusnäs dans l'atelier de Nils Olsson, le plus célèbre fabricant de chevaux de Dalécarlie (p. 118).

Moraparken
Où passer une bonne soirée à Mora ? Au bowling, bien sûr ! Après quelques strikes, vous pourrez dîner sur place. La nourriture y est délicieuse.

Gesundaberget
L'un des avantages exceptionnels de vivre dans la région du lac Siljan est de pouvoir profiter l'hiver du domaine skiable du Gesundaberget. Outre des pistes formidables, il y a un restaurant au sommet avec une vue somptueuse.

Vasaloppet
Surtout n'oubliez pas la plus grande et la plus ancienne course de ski de fond du monde, 90 km de Borga à Mora.

OÙ SE RESTAURER AUTOUR DU LAC SILJAN

Green Hotel
Situé à Tällberg, cet hôtel de style lodge doté d'un bon restaurant occupe une demeure de 1917 avec vue sur le lac. **€€**

Moskogen
Le copieux buffet maison et ses excellents desserts font oublier le décor kitsch. **€€**

Tällbergsgårdens Hotell
Une institution gastronomique face au lac qui met à l'honneur les produits locaux. **€€€**

Environs du lac Siljan

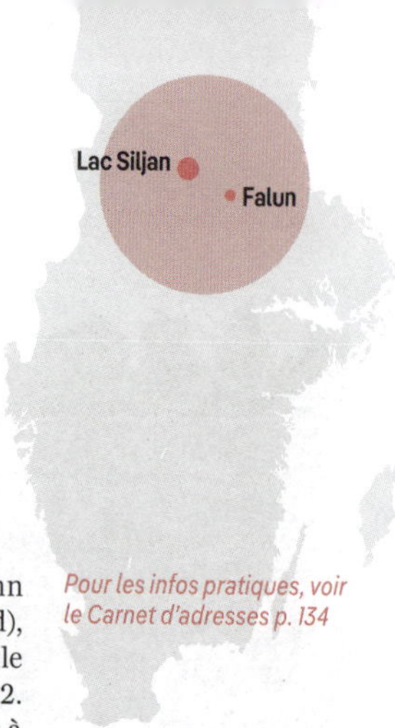

Une icône du patrimoine industriel européen se cache dans le sous-sol de Falun, berceau du passé minier de la Suède.

Pour les infos pratiques, voir le Carnet d'adresses p. 134

Chef-lieu de la Dalécarlie (Dalarnas län) proche du lac Runn et à une cinquantaine de kilomètres du lac Siljan (au nord), Falun a su se réinventer en devenant une destination culturelle après la fermeture de son importante mine de cuivre en 1992. Inscrite au patrimoine mondial de l'Unesco, la mine justifie à elle seule les 45 minutes de trajet en voiture depuis Leksand, mais le bourg charmant vaut aussi pour son art populaire, sa cuisine et ses traditions, véritable condensé du pays. Non loin de Falun, dans le village de Sundborn, la demeure devenue musée de Carl Larsson souligne combien cet artiste a compté et compte toujours pour la Suède. Enfin la région est un véritable terrain de sports où pratiquer randonnée, vélo, baignade et voile une bonne partie de l'année, ski de fond, ski alpin et saut à ski l'hiver.

Falun

NICHOLAS AHONEN/SHUTTERSTOCK ©

Comté de Dalécarlie

Falu Gruva

MINE DE CUIVRE HISTORIQUE

Falun fait partie des excursions incontournables lors d'un séjour dans la région du lac Siljan. Plusieurs emblèmes de la culture suédoise viennent de là, qu'ils soient rattachés au monde ouvrier comme la *falukorv* (saucisse fumée) consommée par les mineurs ou le fameux rouge de Falun dont sont peints les cottages d'été, ou aient inspiré les peintres comme Carl Larsson (1853-1919).

Falu Gruva

La légende attribue la découverte de **Falu Gruva** à une chèvre appelée Kåre qui serait rentrée au village les cornes rougies par le minerai. En tout cas ce fut au XVIIe siècle l'une des plus importantes mines de cuivre au monde. On reste bouche bée devant l'incroyable Stora Stöten (Grand Puits), creusé en 1687, qui plonge à 100 m de profondeur sur 500 m de large. Une descente de 400 marches taillées dans le substrat rocheux en pyrite conduit aux 50 km de galeries du "coffre au trésor de la Suède".

Pour déjeuner, direction le **Geschwornergården** sur place ou au **Banken Bar & Brasserie** dans une ancienne banque.

CHROMORANGE/WIELAND HOLLWEG/ALAMY STOCK PHOTO ©

OPÉRA À CIEL OUVERT

Dalhalla, une ancienne carrière de calcaire à 9 km au nord de Rättvik, accueille durant l'été des événements musicaux (concerts de rock, opéras...) et des représentations théâtrales en plein air. Doté d'un cadre spectaculaire au milieu d'une forêt et d'une acoustique remarquable, le site de 55 m de profondeur creusé en forme d'amphithéâtre fait l'objet de visites guidées de juillet à octobre (hors jours de spectacle).

OÙ SE LOGER À FALUN

Clarion Collection Hotel Bergmastaren
Un hôtel moderne installé dans un ancien bâtiment de bureaux des années 1930. **€€**

Scandic Lugnet Falun
Avec son architecture évoquant un tremplin de saut à ski, l'établissement ne passe pas inaperçu. **€€**

Falun Strandby
Des bungalows de style contemporain pour 2 à 6 personnes, avec cuisine et Wi-Fi, au bord du lac Runn. **€€**

EN HAUT : WERNER LEROOY/SHUTTERSTOCK © ; EN BAS : MARGIT KLUTHKE/SHUTTERSTOCK ©

Dalarnas Museum

Vous pourrez ensuite consacrer l'après-midi à trois musées qui vous éclaireront sur la culture locale. Le **Dalarnas Museum**, au bord de la rivière Faluån, s'intéresse aux arts et traditions populaires de Dalécarlie. À 4,5 km au nord-est de la grand-place de Falun, Stora Torget, le **Lugnets Skidmuseum** trônant au sommet du tremplin olympique de saut à ski est dédié à cette discipline et offre une vue imprenable. À 13 km au nord-est de Falun, le pittoresque village de Sundborn abrite "la plus célèbre maison de Suède", celle de l'illustrateur (attitré des œuvres de Strindberg), dessinateur, peintre, aquarelliste, décorateur, graveur... Carl Larsson et de son épouse Karin, **Carl Larsson-gården**. Construite en 1837, "Lilla Hyttnäs" est en elle-même une œuvre d'art pleine de lumière, dont émanent humour et amour, à l'image de ce peintre intimiste dont l'œuvre a largement influencé l'architecture comme la décoration dans les pays scandinaves.

Carl Larsson-gården

COMMENT S'Y RENDRE ET CIRCULER

Par la route, Falun est à 223 km au nord-ouest de Stockholm par l'autoroute E18 et la route 70, et à 91 km à l'ouest de Gävle par l'autoroute E16. SJ assure la liaison ferroviaire Falun-Gävle (1 heure 15). En revanche, pour venir en train de Stockholm ou de Mora, il faut prendre une correspondance à Borlänge. Les bus du comté Dalatrafik (www.dalatrafik.su) desservent Rättvik (1 heure) et Mora (1 heure 30), ainsi que les lieux d'intérêt aux environs de Falun, dont Carl Larsson-gården et le Lugnets Skidmuseum.

ÖREBRO

La septième ville la plus peuplée de Suède a pour principal attrait son château Renaissance trônant sur un îlot de la Svartån (la rivière Noire), couverte de nénuphars et peuplée de canards. La fondation d'Örebro remonte au XIIIe siècle et la culture y tient une place de premier rang. Si la ville s'est longtemps développée autour de l'industrie textile, elle doit son dynamisme actuel à son université où, en 1960, ont été délocalisées des filières dépendant de la prestigieuse université d'Uppsala. En 1999, elle occupait la 12e place du classement des universités suédoises, et la présence d'étudiants à vélo, dans les cafés ou dans les parcs est chaque année plus visible. À courte distance de Stockholm, qui croît inexorablement, Örebro a la faveur des jeunes familles, d'autant que la proximité du lac Vänern lui confère une atmosphère détendue.

Pour les infos pratiques, voir le Carnet d'adresses p. 134

À SAVOIR

La spécialité culinaire d'Örebro est le *gös* (brochet), pêché dans le lac Hjälmaren voisin. S'il figure au menu de nombreux restaurants en ville, le Katrinelund, au bord du lac, est la référence en la matière.

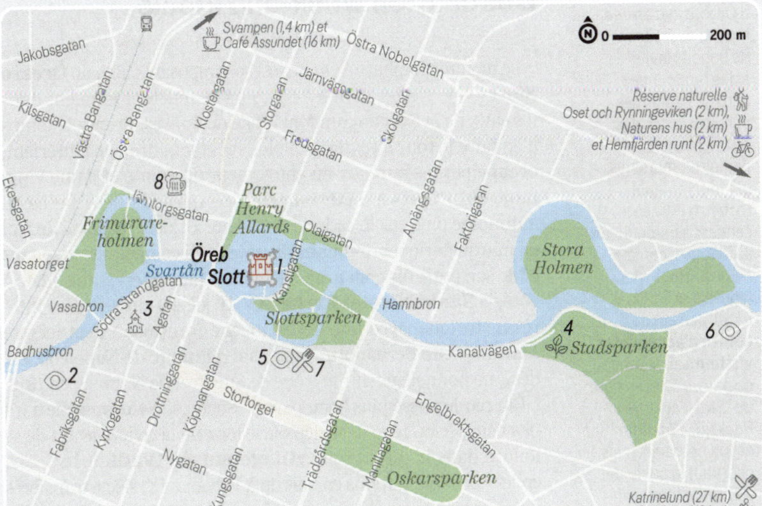

INCONTOURNABLES
1 Örebro Slott

VOIR
2 Kulturkvarteret
3 Sankt Nicolai Kyrka
4 Stadsparken
5 Stallbacken
6 Wadköping Museum Village

SE RESTAURER
7 Gro

PRENDRE UN VERRE ET FAIRE LA FÊTE
8 Örebro Ölhall

CHÂTEAUX DE SUÈDE

Le centre et le sud-est de la Suède abritent plusieurs châteaux médiévaux et Renaissance, dont le superbe **Vadstena Slott** (p. 230), 110 km au sud d'Örebro. Construit au XVIe siècle par le roi Gustave Ier, ce dernier est considéré comme symbolisant le plus la Scandinavie.

PARC NATIONAL DE TIVEDEN

Sculptés par les glaciers il y a des dizaines de milliers d'années, les paysages du **parc national de Tiveden** ont été rendus au public en 2017, après des travaux de rénovation d'envergure. Sis à 84 km au sud-ouest d'Örebro, cet ancien repaire de trolls et de bandits invite à des randonnées dans ses étendues parsemées de lacs, où alternent forêts primaires, moraines et affleurements rocheux. Plusieurs sentiers à parcourir en autonomie, comme celui du Trollkyrka (église des Trolls, 6 km), partent du **centre d'accueil des visiteurs** au sud-est du parc, à 5 km au nord de la Rd 49 (sortie Bocksjö). L'endroit est un peu isolé, mais cela vaut la peine de s'y rendre lorsqu'on dispose d'une voiture et qu'on aime marcher.

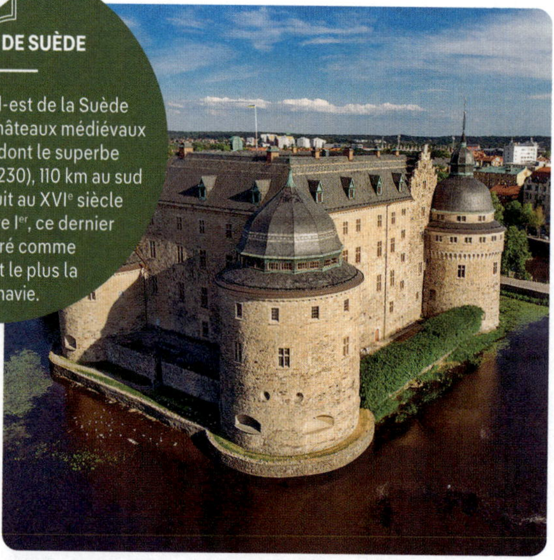

EMILSALL/SHUTTERSTOCK ©

Örebro Slott

Destination week-end idéale

CHÂTEAU, CULTURE, VERDURE ET BIÈRE ARTISANALE

Le monument phare d'Örebro est son imposant château, **Örebro Slott** (XIVe siècle), dont les contours se reflètent joliment dans les eaux de la Svartån qui font office de douves. Prenez le temps d'en faire le tour à l'extérieur, plus spectaculaire que l'intérieur, occupé par les bureaux du gouverneur du comté et d'une vingtaine d'entreprises. L'été, on peut découvrir les lieux de façon autonome ou dans le cadre d'une visite guidée. La porte du Roi en marqueterie représentant Gustave Ier en compagnie de son fils et de son petit-fils constitue l'élément le plus intéressant. Juste à côté, la **Sankt Nicolai Kyrka** (XVIIIe siècle), présente un intérêt historique, avec une petite touche française : c'est ici que Jean-Baptiste Bernadotte, maréchal d'Empire de Napoléon, fut désigné pour siéger sur le trône de Suède et de Norvège en 1818.

Élu par le passé plus beau parc de Suède, le **Stadsparken** n'a pas usurpé son titre. Il se déploie le long de la rivière avant de se fondre dans le pittoresque **village-musée Wadköping**, une collection d'habitations en bois du XVIIe au XIXe siècle transférés du cœur historique d'Örebro dans les années 1960 pour laisser place à des projets ambitieux comme le centre commercial Krämaren et la Medborgarhuset – l'un des principaux exemples d'architecture

OÙ SE LOGER À ÖREBRO

Tivedstorp Vandrarhem
À 3 km au nord du centre des visiteurs du parc de Tiveden, auberge de jeunesse avec toit végétalisé. **€**

Livin Station Hotel
Dans la gare d'Örebro, 17 chambres à la déco ferroviaire. Un établissement tenu en famille. **€€**

Clarion Collection Hotel Borgen
Hôtel dans un édifice néogothique avec tout le confort moderne. **€€€**

moderniste suédoise de l'époque. L'ensemble aux allures de décor hollywoodien comprend notamment la Kungsstugan (maison du roi), dont le plafond est décoré de peintures du XVIe siècle, et la maison de Cajsa Warg, célèbre cuisinière suédoise du XVIIIe siècle.

Non loin se trouve **Stallbacken**, une petite place bordée d'habitations traditionnelles converties en boutiques de déco et en restaurants avec terrasse. L'après-midi, rejoignez à 2 km au nord du centre-ville le château d'eau **Svampen** (Champignon, 1958). Ce fut le tout premier de cette forme construit Suède. On doit à l'architecte Sune Lindström (1906-1989) cette forme innovante et alors assez futuriste, qui a depuis fait école dans le monde entier et même donné au Koweit l'un de ses symboles, les Kuwait Towers (1979). Culminant à 58 m, le Swampen offre une vaste vue panoramique sur Örebro et le lac Hjälmaren à l'est.

Örebro fait la part belle aux bières artisanales. Débutez la soirée par une pinte à l'**Örebro Ölhall**, sur Järntorget, qui décline une quarantaine de bières suédoises et étrangères à la pression. Parmi la production du cru, qui forme l'essentiel de l'offre, les IPA très houblonnées d'Apex Brewing et les classiques de Närke Kulturbryggeri se distinguent. Vous pourrez ensuite dîner au restaurant **Gro**, respectueux de l'environnement, qui sert surtout des plats végétariens mais aussi de la viande et du poisson de provenance locale.

Le lendemain, allez soigner votre éventuelle gueule de bois devant un bon café au **Naturens Hus**, à 4 km d'Örebro dans le cadre idyllique de la **réserve naturelle Oset och Rynningeviken**. Des sentiers parcourent les zones humides, les pâturages et les prairies riches en faune aviaire de cette zone protégée. Et, si le cœur vous en dit, le Naturens Hus sert à déjeuner.

En fin de journée, ne manquez pas le nouveau **Kulturkvarteret**, siège de la bibliothèque et d'autres institutions culturelles, qui fait l'orgueil de la ville. Signée par le cabinet d'architecture Wingårdh, il présente une structure en verre et acier se mirant dans la Svartån et un superbe intérieur en bois de bouleau. Après quoi, dînez sur la rive nord au **CV Köket**, une table intimiste axée sur les produits de la région.

Autour du lac Hjälmaren

NATURE, VÉLO ET GASTRONOMIE

Si Örebro a la réputation d'être un endroit où profiter des luxes de la vie urbaine, de la bonne chère et des activités culturelles, sa proximité avec la nature ne doit pas être négligée. La réserve naturelle Oset och Rynningeviken, un ensemble de zones humides préservées sur la rive ouest du **lac Hjälmaren**, quatrième plus grand lac de Suède, n'est en effet qu'à 3 km du château et du centre.

PAROLE D'HABITANT : PROMENADE DANS ÖREBRO

Daniel Gacic (@Apex brewingcompany) est le maître-brasseur d'Apex Brewing Company, l'un des meilleurs producteurs de bière artisanale en Suède.

Oset och Rynningeviken
Je recommande de débuter la journée à Örebro par une balade dans cette réserve naturelle en s'arrêtant au Naturens Hus pour prendre un café.

Svartån
Longez la rivière après le village-musée de Wadköping jusqu'au château d'Örebro. À proximité se tient l'Örebro Ölhall, où prendre un bon déjeuner accompagné d'un large choix de bières.

Bons plats et verres
Rejoignez l'espace de restauration Örebro Saluhall pour trinquer au bar Chilango, puis régalez-vous d'une pizza au feu de bois arrosée de vin de qualité ou de bière artisanale, au Fatcuz.

OÙ SE RESTAURER À ÖREBRO

Jeremiabageriet
Cette boulangerie dans Wadköping confectionne de délicieux roulés à la cannelle et à la cardamome. €

Ingeborgs
L'un des meilleurs *dagens rätt* (menu du jour), dans une salle décorée de vitraux d'églises du pays. €€

A-mano
Cuisine italienne de haut vol, à l'image de la sole aux copeaux de bouleau et à l'huile de cresson avec de la polenta. €€€

Lac Hjälmaren

POURQUOI J'AIME ÖREBRO

Kevin Raub

Örebro est un parfait microcosme de la Suède : château de conte de fées entouré d'une jolie rivière, patrimoine architectural allant du Moyen Âge à nos jours, nature sauvage à l'orée de la ville, moult tables de premier ordre et bière artisanale à foison. Si vous voulez de l'animation, vous serez servi. Si vous cherchez un peu de tranquillité, il suffit de flâner dans le Stadsparken au bord de la Svartån ou de parcourir 3,5 km à vélo pour aller déjeuner au cœur d'une réserve naturelle.

De la ville, on peut emprunter la **Hemfjärden runt**, une voie cyclable de 40 km, en faisant halte environ à mi-parcours, au **Café Åssundet** réputé pour ses sandwichs aux crevettes. De magnifiques vues sur le lac, des sites funéraires de l'âge du fer et des bosquets de chênes jalonnent l'itinéraire. En chemin, vous devrez embarquer à bord du bac MF Åbäket pour une courte traversée et la contribution volontaire de 30 kr payable uniquement via l'application Swish (les étrangers embarquent généralement gratis !). Les gourmets feront étape à **Katrinelund**, 28 km à l'est d'Örebro, où le chef Roger Hjälm dirige deux excellents restaurants, dont un ouvert toute l'année. On y déguste des plats à base de produits du cru tels que brochet du lac Hjälmaren, bœuf de Göksholm et pesto d'ail des ours.

Si vous préférez la marche, l'**île Vinön** se situe à 25 minutes de bateau d'Hampetorp, 36 km au sud-est d'Örebro. En été, vous pourrez y passer la nuit et suivre sur la côte ouest la boucle de 4,5 km qui mène à Norra badet. Un conseil : cela revient beaucoup moins cher de faire le tour du lac en ferry qu'à bord des bateaux d'excursion officiels !

COMMENT S'Y RENDRE ET CIRCULER

Örebro se trouve à 202 km à l'ouest de Stockholm par l'autoroute E18. La ville est bien desservie par les bus longue distance qui partent de l'Örebro Resecentrum (Östra Bangatan), à côté de la gare ferroviaire. FlixBus assure aussi des liaisons avec Norrköping, Karlstad, Oslo (Norvège), Västerås et Stockholm (2 heures 30). Des trains SJ desservent toutes les heures Stockholm (2 heures), parfois via Västerås ; d'autres liaisons avec Göteborg et Borlänge, où des correspondances permettent de rejoindre Falun et Mora.

Avec ses promenades au bord de la rivière, le centre d'Örebro se prête parfaitement à la marche. Les bus urbains **Lanstrafiken** desservent les sites plus éloignés comme la réserve naturelle Oset och Rynningeviken et Svampen.

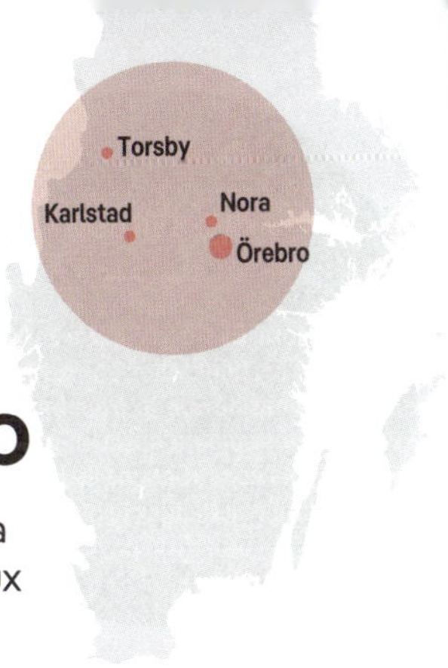

Environs d'Örebro

Les jolies maisons de bois typiques de Nora et l'immense lac Vänern constituent les deux atouts majeurs de la région.

À 35 minutes de route au sud d'Örebro, dans le comté historique de Västmanland, Nora figure parmi les villes aux constructions en bois les mieux conservées de Suède, idéale pour décompresser dans un cadre pittoresque : jolies rues pavées, vieux trains à vapeur et douces promenades en bateau, sans oublier des glaces exquises. À l'ouest d'Örebro, le comté de Värmland possède le troisième plus grand lac d'Europe (avec quelque 4 800 km de rives), le Vänern. La localité la plus proche, Kristinehamn, se trouve à une heure de voiture d'Örebro. Néanmoins c'est à Karlstad et à Torsby que les amateurs d'activités nautiques s'amusent le plus, autant sur le lac lui-même que sur la Klarälven, plus long cours d'eau du pays combiné au fleuve Göta älv.

Pour les infos pratiques, voir le Carnet d'adresses p. 135

À SAVOIR

Le glacier artisanal Nora Glass ne propose pas plus de trois ou quatre parfums chaque jour, mais on fait la queue pour les goûter.

Nora

VILLES EN BOIS

Avec Nora, **Eksjö** (p. 233), à 240 km au sud, sont les deux villes en bois les mieux préservées de Suède. Pour beaucoup détruites aujourd'hui ou déplacées, ses constructions en bois dominaient jadis le paysage urbain du pays.

NORA EN FAMILLE

Pas besoin d'être accompagné d'enfants pour apprécier les divertissantes excursions vers l'**île d'Alntorps**, au milieu du Norasjön. En été, les bateaux partent du côté sud de la Strandpromenade qui longe le lac, tous les jours de 10h à 17h30. Il faut environ 1 heure pour faire le tour à pied de l'île, qui compte des coins de baignade, un minigolf et un kiosque de glaces. Le **Nora Bergslags Veteran-Jernväg**, un train à vapeur ancien, conduit à Järle, 10 km au sud-est, ou à l'intéressant village minier de Pershyttan, 2,5 km au sud-ouest. Billets en vente au **Nora Turistbyrå**, l'office du tourisme.

Nora Glass

Nora

POLAR, GLACE ET BOIS

Maria Lang (1914-1991), l'un des premiers auteurs suédois de romans policiers à connaître un succès international, situe nombre de ses intrigues dans la ville fictive de Skoga, dont le modèle n'est autre que Nora, sur les rives du lac Norasjön. Mais, si les "lieux du crime" attirent les mordus de polars scandinaves, la charmante bourgade est aussi réputée dans toute la Suède pour les délicieux parfums de **Nora Glass**, un artisan glacier en activité depuis quatre-vingts ans.

Le succès est tel qu'on attend forcément un petit peu avant de repartir cornet à la main à la découverte des lieux culturels. Non loin de la place centrale, une belle demeure de 1739, **Göthlinska Gården**, montre à quoi ressemblait l'intérieur d'une famille suédoise de la classe moyenne, avec des meubles et objets dont certains remontent au XVIIe siècle.

Au bout de Prästgatan, **Kvarteret Bryggeriet** accueillait autrefois une brasserie et d'autres installations industrielles, avant sa transformation en complexe créatif. Des galeries d'art, des ateliers, des bars, des restaurants et... une brasserie occupent désormais les locaux. Chaque été, un collectif organise une super exposition dans le bâtiment principal.

OÙ SE LOGER ET SE RESTAURER À NORA

Nora Stadshotell
Dans un beau bâtiment sur la place principale, 36 chambres sobres au mobilier blanc. **€€**

Strandstugan
Café et pâtisseries maison dans un charmant cottage en bois au bord du lac. **€€**

Bryggerikrogen Nora
Le restaurant préféré de tous au Kvarteret Bryggeriet, qui met l'accent sur les produits suédois. **€€**

Aventures sur l'eau

RAFT, CANOË ET... CULTURE

Bordé à l'ouest par la Norvège et au sud par le lac Vänern, le Värmland décline un paysage varié, alternant montagnes, terres cultivées, forêts, lacs et cours d'eau.

Plus grande ville du comté, la plaisante **Karlstad** fait une base pratique pour s'adonner aux activités nautiques car elle se situe sur les rives du Vänern, dans le delta de la Klarälven qui se jette dans le lac. Son importante population estudiantine anime la vie culturelle et nocturne. L'été, à **Vänerkajak**, on loue des paddles ainsi que des canoës pour une ou deux personnes à Borgmästarholmen, juste au nord du centre. Aussi, des croisières de 3 heures 30 sur le lac à bord du *Stella Polaris* partent du port derrière la gare ferroviaire. Un déjeuner de crevettes à volonté incluant salade et dessert vous attend à l'excellent **Matbrucket**, dans le pavillon vitré du Värmlands Museum, un écomusée primé. Chef de renom, Niklas Pettersson y a ouvert une table pour mettre en avant les produits locaux.

Kayak à Karlstad

À Torsby, 103 km au nord de Karlstad, **Vildmark i Värmland** propose de descendre la Klarälven sur un radeau en rondins dans le sillage des draveurs historiques du Värmland dont l'économie reposait principalement sur le flottage du bois. Différentes formules s'offrent à vous (1 à 8 jours), certaines incluant même la construction d'une embarcation.

Non loin de là, à Sunne, très peu touristique, la principale attraction est la **maison natale de Selma Lagerlöf** (1858-1940), l'autrice du célèbre *Merveilleux Voyage de Nils Holgersson à travers la Suède* et première femme à avoir reçu, en 1909, le prix Nobel de littérature.

MUSÉES DE KARLSTAD

Pour changer des activités nautiques, il existe à Karlstad deux musées intéressants. Imaginatif et reconnu, le **Värmlands Museum** occupe deux bâtiments du Sandgrundsudden (terre assainie et transformée en parc) près de la bibliothèque. Sa collection multimédia illustre l'histoire et la culture locales depuis l'âge de la pierre jusqu'à nos jours, à travers des thèmes comme la musique, la rivière, la forêt et les textiles. La section *Life in Värmlands* se distingue. À côté, le **Sandgrund Lars Lerin Museum** expose joliment les sombres paysages de Lars Lerin (né en 1954), aquarelliste de renom natif du Värmland.

COMMENT S'Y RENDRE ET CIRCULER

Nora est à 34 km au nord d'Örebro et à 86 km à l'ouest de Västerås à vol d'oiseau (117 à 124 km par la route, selon l'itinéraire). Les bus de Länstrafiken Örebro (www.lanstrafiken.se/Orebro) la relient à Örebro (40 minutes), entre autres destinations régionales.

Karlstad, située à quelque 109 km à l'ouest d'Örebro par l'autoroute E19, est un important carrefour de transports pour le centre-ouest de la Suède. FlixBus dessert Falun (3 heures), Göteborg (2-3 heures) et Oslo (6 heures). Les trains SJ partent fréquemment pour Sunne (1 heure), Stockholm (2 heures 30), Göteborg (2 heures 30) et Oslo (Norvège, 2 heures 45).

Des bus régionaux circulent sous le logo de Värmlandstrafik (www.varmlandstrafik.se) à destination de Sunne (1 heure 15) et Torsby (2 heures).

Torsby est à 37 km au nord de Sunne par l'autoroute E45. La compagnie routière Värmlandstrafik assure la liaison avec Sunne (1 heure). Plus rapide et au même prix, le train SJ Torsby-Sunne assure une liaison plus fréquente (40 minutes). Des trains desservent aussi Karlstad (2 heures). Torsby possède même un petit aéroport (www.torsbyflygplats.se), avec des vols vers Stockholm Arlanda.

Nora, Torsby et, dans une moindre mesure, Karlstad sont de taille modeste et se visitent de préférence à pied. Une voiture s'impose en revanche pour explorer les paysages le long de la Klarälven et autour du lac Vänern.

Carnet d'adresses

UPPSALA

Bror Hjorths Hus
Voir p. 115 (018-56 70 30 ; brorhjorthshus.se ; NorbyVägen 26 ; entrée libre ; 12h-16h jeu-dim)

Carolina Rediviva Bibliotek
Voir p. 115 (018-471 39 00 ; www.ub.uu.se ; Dag Hammarskjölds Väg 1 ; entrée libre ; 8h30-21h lun-jeu, 8h30-18h ven, 10h-16h sam-dim)

Disagården
Voir p. 115 (018-16 91 00 ; www.upplandsmuseet.se ; ÄrnaVägen ; entrée libre ; 10h-17h juin-août)

Domkyrka
Voir p. 112 et p. 310 (018-430 35 00 ; www.uppsaladomkyrka.se ; Domkyrkoplan ; entrée libre ; 8h-18h)

Fredens Hus
Voir p. 115 (018-50 00 08 ; www.fredenshus.se ; lieux variables)

Gamla Uppsala Kyrka
Voir p. 111 (018-430 37 77 ; DisaVägen 8 ; 9h-16h lun-sam, 9h-18h dim)

Gamla Uppsala Museum
Voir p. 110 (018-23 93 01 ; www.upplandsmuseet.se ; DisaVägen ; adulte/enfant 80 kr/gratuit ; 10h-16h avr-mai et sept, 11h-17h juin-août, 12h-16h lun, mer, sam-dim oct-mars)

Linnéträdgården
Voir p. 112 (018-471 28 38 ; www.botan.uu.se ; tarif plein/réduit/-18 ans 100/80 kr/gratuit ; Svartbäcksgatan 27 ; 11h-17h juin-août, fermé lun mai et sept, parc jusqu'à 20h)

Museum Gustavianum
Voir p. 113 (018-471 00 00 ; www.gustavianum.uu.se ; Akademigatan 3 ; adulte/-18 ans 50 kr/gratuit ; 12h-16h)

Skokloster Slott
Voir p. 114 (08-402 30 60 ; skoklostersslott.se ; SkoklosterVägen 98-100, Skokloster ; adulte/-19 ans 120 kr/gratuit ; 11h-17h juin-août, 11h-16h sam-dim oct et mai)

Upplandsmuseet
Voir p. 115 (018-16 91 00 ; www.upplandsmuseet.se ; St Eriks Torg 10 ; 12h-17h mar-dim)

Uppsala Konstmuseum
Voir p. 115 (018-727 24 82 ; konstmuseum.uppsala.se ; Drottning Christinas Väg 1E ; collection permanente entrée libre ; 11h-17h mar-mer et ven-dim, 11h-20h jeu)

Uppsala Slott
Voir p. 112 (018-54 48 11 ; www.uppsalaslott.com ; Slottet ; visite guidée uniquement, adulte/enfant 90/15 kr ; visites en anglais 13h et 15h mar-dim fin juin-sept)

M/S Kung Carl Gustaf
Voir p. 114 (018-18 88 99 ; royalshipping.se ; Hamnplan Kajplats 1 ; tarif jour adulte/enfant 350/175 kr, soir 595 kr ; départ 10h30 tlj et 17h30 jeu-sam mi-mai à mi-août)

Best Western Hotel Svava
Voir p. 114 (018-13 00 30 ; www.hotelsvava.se ; Bangårdsgatan 24)

Elite Hotel Academia
Voir p. 114 (018-780 99 00 ; elite.se ; Suttungs Gränd 6)

Foundry Hotel
Voir p. 113 (018-10 01 51 ; foundryhotel.se ; Östra Ågatan 95)

Grand Hotell Hörnan
Voir p. 113 (018-13 93 80 ; www.grandhotellhornan.com ; Bangårdsgatan 1)

Hotel & Vandrarhem
Voir p. 113 (018-444 20 10 ; hotellcentralstation.se ; Bangårdsgatan 13)

Dryck och Mat
Voir p. 114 (070-312 35 56 ; dryckochmat.se ; Olof Palmes plats 2 ; 17h-22h dim-mar, 17h-23h mer-jeu, 17h-minuit ven-sam)

Güntherska
Voir p. 114 (018-13 07 57 ; www.guntherska.se ; Östra Agatan 31 ; 9h-19h lun-mar et sam, jusqu'à 21h mer-ven, 10h-19h dim).

Hambergs Fisk
Voir p. 114 (018-71 21 50 ; hambergs.se ; Fyristorg 8 ; 11h30-22h mar-sam)

Jay Fu's
Voir p. 110 (018-15 01 51 ; www.jayfu.se ; St Eriks Torg 8 ; 17h-21h lun-jeu, 17h-22h ven-sam)

Jorden är blå som en apelsin
Voir p. 113 (076-905 48 99 ; Kungsängsesplanaden 2A ; 8h-19h mer-lun)

Kafferummet Storken
Voir p. 110 (018-15 05 22 ; Stora Torget 3 ; 9h-21h lun-ven, 10h-20h sam, 12h-20h dim)

Klostergatan 5
Voir p. 114 (018-20 21 60 ; klostergatanfem.se ; Klostergatan 5 ; 17h-minuit mar-sam)

Ofvandahls Hovkonditori
Voir p. 112 (018-13 42 04 ; www.ofvandahls.se ; Sysslomansgatan 5 ; 7h30-18h lun-ven, 9h-18h sam-dim)

Tapicante
Voir p. 113 (0731-346 60 58 ; tapicante.com ; Drottninggatan 8 ; 12h-17h lun et ven, 11h-21h mar-jeu, 12h-20h sam)

Taste of Bangla
Voir p. 110 (018-700 85 18 ; tasteofbangla.se/glashuset ; SjukhusVägen 5A ; 11h-22h lun-ven, 13h-22h sam-dim)

Bryggeriet Ångkvarn
Voir p. 114 (018-418 02 00 ; bryggerietangkvarn.se ; Östra Ågatan 59 ; 15h-minuit mar-ven, 12h-minuit sam)

DomCraft
Voir p. 114 (www.domcraft.se ; St Eriks Gränd 15 ; 17h-23h lun-jeu, 16h-1h ven-sam)

Miss Voon
Voir p. 114 (018-472 25 00 ; missvoon.se ; Suttungs Gränd 6 ; 17h-tard lun-sam)

Odinsborg
Voir p. 111 (018-32 35 25 ; www.odinsborg.nu ; ÄrnaVägen 4 ; 10h-17h lun-ven, 10h-18h sam-dim)

Palermo
Voir p. 114 (018-13 18 20 ; www.palermo-uppsala.se ; Sysslomansgatan 7 ; 11h-1h lun, 11h-3h mar-ven, 12h-3h sam, 12h-1h dim)

Stationen
Voir p. 114 (018-15 35 00 ; www.stationen.se ; Olof Palmes plats 6 ; 11h30-23h dim-lun, 11h30-minuit mar, 11h30-1h mer-jeu, 11h30-2h ven-sam)

Taps Beer Bar
Voir p. 113 (072-277 66 48 ; www.tapsbeerbar.se ; Drottninggatan 8B ; 16h-23h lun-jeu, 14h-3h ven-sam, 14h-22h dim)

Göthlinska Gården

Godsmagasinet
Voir p. 111 (018-60 74 20 ; Roslagsgatan 1 ; 10h-18h lun-ven, 10h-16h sam)

Läslusen
Voir p. 111 (018-13 47 00 ; laslusen.se ; Drottninggatan 6 ; 11h-17h lun-mer, 11h-18h jeu-ven, 12h-15h sam)

Norrgavel
Voir p. 111 (norrgavel.se ; Stora Torget 10 ; 10h-18h lun-ven, 10h-16h sam)

ENVIRONS D'UPPSALA

Anundshög
Voir p. 117 (021-39 15 53 ; www.anundshog.se ; Anundshög 5, Västerås ; entrée libre ; 12 Bjurhovda)

Écomusée des forges de Rademacher,
Voir p. 118 (016-710 23 75 ; rademachersmedjorna.eskilstuna.se ; Rademachergatan 42-51, Eskilstuna ; entrée libre ; 11h-16h)

Forges d'Engelsberg
Voir p. 118 (www.engelsberg.se ; SnytenVägen 5, Ängelsberg ; visite guidée adulte/enfant 100 kr/gratuit ; visite guidée 11h30, 14h jeu-dim juin-sept)

Karlsgatan 2
Voir p. 117 (021-39 32 22 ; karlsgatan2.se ; Karlsgatan 2, Västerås ; entrée libre ; 10h-17h mar et jeu-ven, 10h-20h mer, 12h-16h sam-dim)

Sala Silvergrua
Voir p. 117 (0224-67 72 60 ; www.salasilvergruva.se ; Drottning Christinas Väg 9A, Sala ; visite guidée 1 heure adulte/-4 ans 250 kr/gratuit, 3 heures 845 kr/pers ; sur réservation)

Sigurdsristningen
Voir p. 118 (016-710 10 10 ; visiteskilstuna.se ; Sundbyholm Ramsund 1, Eskilstuna ; entrée libre ; 24h/24 ; 225)

Stora Sundby Slott
Voir p. 118 (016-620 01 ; storasundby.com ; Stora Sundby Gård, Stora Sundby ; parc du château 20 kr ; 10h-18h)

Sundbyholms Slott
Voir p. 118 (016-42 84 00 ; sundbyholms-slott.se ; Eskilstuna)

Marketenteriet Vandrarhem
Voir p. 117 (0224-67 72 60 ; Drottning Christinas Väg 16, Sala)

Café JernVägen
Voir p. 117 (0224-105 50 ; cafejernvagen.se ; Stationsplan 4, Sala ; 6h45-18h lun-jeu, 6h45-22h ven, 11h-22h sam, 11h-16h dim)

Måns Ols utvärdshus
Voir p. 117 (0224-100 38 ; www.mansols.se ; Måns-olsVägen 100, Sala ; 10h-16h dim-jeu, 10h-22h ven-sam)

Mat O Prat Pa Norrmanska
Voir p. 117 (0224-103 50 ; www.matoprat.nu ; Brunnsgatan 26, Sala ; 11h-14h30 lun, 11h-22h30 mar-ven, 16h-22h30 sam)

Nya Servering
Voir p. 118 (070-532 86 35 ; www.nyaserveringen.com ; PalettVägen 2, Ängelsberg ; 11h30-14h lun, 11h30-16h mar-ven, 12h-18h sam-dim)

LAC SILJAN

Grannas A Olssons
Voir p. 118 (0250-372 50 ; www.grannas.com ; EdåkersVägen 24, Nusnäs ; 9h-16h lun-ven, 10h-16h sam-dim)

Munthes Hildasholm
Voir p. 120 (0247-100 62 ; hildasholm.org ; Klockaregatan 5, Leksand ; tarif plein/réduit/enfant 180/160/50 kr, jardin seulement adulte/enfant 50 kr/gratuit ; 10h30-17h mi-juin à mi-août, 10h30-15h sam-dim mi-août à sept, 10h30-15h ven-dim mi-mai à mi-juin)

Nils Olsson
Voir p. 118 (0250-372 00 ; www.nilsolsson.se ; EdåkersVägen 17, Nusnäs ; 9h-18h lun-ven, 10h-15h sam)

Vidablick Utsiktstorn
Voir p. 120 (076-418 71 50 ; www.facebook.com/vidablickrattvik ; VidablicksVägen 50, Rättvik ; adulte/enfant 35/15 kr ; 10h-18h juin-août)

Green Hotel
Voir p. 121 (0247-500 00 ; www.greenhotel.se ; Ovabacksgattu 17, Tällberg ; 18h-22h)

Moskogen
Voir p. 121 (0247-146 00 ; www.moskogen.com ; InsjöVägen 50, Leksand ; 11h30-14h lun-ven, 12h-15h sam-dim)

Tällbergsgårdens Hotell
Voir p. 121 (0247-508 50 ; tallbergsgarden.se ; Holgattu 1, Tällberg : 18h-21h)

Moraparken
Voir p. 121 (0250-276 40 ; www.morabowling.se ; ParkVägen 4B, Mora)

ENVIRONS DU LAC SILJAN

Carl Larsson-gården
Voir p. 124 (023-600 53 ; www.carllarsson.se ; Carl Larssons Väg 12, Sundborn ; tarif plein/réduit/enfant/-6 ans 240/195/65 kr/gratuit ; visite guidée sur réservation ; 64)

Dalarnas Museum
Voir p. 124 (023-666 55 00 ; dalarnasmuseum.se ; Stigaregatan 2-4, Falun ; entrée libre ; 11h-17h mar-dim)

Falu Gruva
Voir p. 123 (023-78 20 30 ; www.falugruva.se ; Gruvplatsen 1, Falun ; visite guidée tarif plein/réduit/enfant 200/175/80 kr, musée de la Mine adulte/enfant 1800/60 kr, visite guidée et musée 230/200/100 kr ; 9h30-17h30 fin juin à fin août, 10h-16h fin août à sept, 10h-16h lun-ven, 10h-15h sam-dim mai à mi-juin)

Lugnets Skidmuseum
Voir p. 124 (023-864 00 ; lugnet.se/om-lugnet/lugnets-skidmuseum.html ; Falun 56, Falun ; funiculaire adulte/enfant 50/30 kr, musée adulte/enfant 50/30 kr ; 10h-18h)

Clarion Collection Hotel Bergmastaren
Voir p. 123 (023-70 17 00 ; www.nordicchoicehotels.se ; Bergsskolegränd 7, Falun)

Falun Strandby
Voir p. 123 (010-585 13 40 ; falunstrandby.se ; Främby Udde 20, Falun)

Scandic Hotel Lugnet Falun
Voir p. 123 (023-669 22 00 ; www.scandichotels.se ; Svärdsjögatan 51, Falun)

Banken Bar & Brasserie
Voir p. 123 (023-71 19 11 ; www.bankenfalun.se ; Åsgatan 41, Falun ; 11h30-22h lun-jeu, 11h30-23h ven, 13h-23h sam)

Geschwornergården
Voir p. 123 (023-721 09 01 ; geschwornergarden.se ; Gruvgatan 55, Falun ; 11h-14h lun-ven, 11h30-14h sam-dim)

Dalhalla
Voir p. 123 (0248-79 79 50 ; www.dalhalla.se ; Sätra DalhallaVägen 201, Rättvik ; visite guidée tarif plein/réduit/enfant 140/120/60 kr juil-oct)

ÖREBRO

Kulturkvarteret
Voir p. 127 (019-21 12 30 ; kulturkvarteret.orebro.se ; Fabriksgatan 4 ; entrée libre ; 8h-20h lun-jeu, 8h-18h ven, 11h-15h sam-dim)

Örebro Slott
Voir p. 126 (019-21 21 21 ; www.orebroslott.se ; Kansligatan 1 ; tarif plein/réduit/enfant 140/120/100 kr ; 10h-17h juin-sept, horaires réduits oct-mai)

Parc national de Tiveden
Voir p. 126 (010-224 80 00 ; www.sverigesnationalparker.se ; entrée libre ; centre des visiteurs 10h-16h mai-sept, 11h-16h sam-dim avr-oct)

Svampen
Voir p. 127 (svampen.gastrogate.com ; Dalbygatan 4 ; entrée libre ; 10h-18h mai-août, 10h-16h sept-avr)

Village-musée Wadköping
Voir p. 126 (019-21 62 20 ; www.orebro.se/wadkoping ; Bertil Waldéns Gata 1 ; entrée libre ; 11h-17h mai-août, 11h-16h sept-avr)

Clarion Collection Hotel Borgen
Voir p. 126 (019-20 50 00 ; www.nordicchoicehotels.se ; Klostergatan 1)

Livin Station Hotel
Voir p. 126 (019-12 02 00 ; www.livinstation.se ; Östra Bangatan 3)

Tivedstorp Vandrarhem
Voir p. 126 (0584-47 20 90 ; www.tivedstorp.se ; Tivedstorp, Tived ; avr-oct)

A-mano
Voir p. 127 (019-32 33 70 ; a-mano.se ; Kungsgatan 1 ; 17h-tard lun-sam)

Café Ässundet
Voir p. 128 (076-768 32 92 ; www.facebook.com/assundet ; Skävesund, Glanshammar ; 11h-18h)

CV Köket
Voir p. 127 (070-727 59 27 ; www.cvkoket.se ; Södra Grev Rosengatan 27 ; 15h-22h lun-jeu, 13h-18h ven, 12h-18h sam, 12h-22h dim)

Fatcuz
Voir p. 127 (076-009 63 17 ; www.fatcuz.se ; Klostergatan 11 ; 16h-22h lun-mar, 16h-minuit mer-jeu, 12h-1h ven-sam, 12h-21h dim)

Gro
Voir p. 127 (019-32 33 15 ; groorebro.se ; Kungsgatan 1 ; 11h30-14h et 16h-minuit lun-ven, 16h-minuit sam)

Ingeborgs
Voir p. 127 (019-27 27 12 ; ingeborgsiorebro.se ; Engelbrektsgatan 20 ; 11h30-16h lun-jeu, 11h30-1h ven, 16h-1h sam)

Jeremiabageriet
Voir p. 127 (019-32 23 14 ; facebook.com/jeremiabageriet ; Bertil Waldéns Gata 1 ; 8h-16h)

Katrinelund
Voir p. 128 (019-44 90 60; katrinelund.se ; Katrinelund 470, Stora Mellösa ; 12h-tard mer-sam, 12h-17h dim juil-août, horaires réduits avr-juin)

Naturens Hus
Voir p. 127 (019-18 95 50 ; www.naturenshus.se ; OljeVägen 15 ; 11h-17h dim-ven, 10h-17h sam)

Örebro Saluhall
Voir p. 127 (orebrosaluhall.se ; Kungsgatan 15 ; 10h-19h lun-mar, 10h-21h mer-jeu, 10h-23h ven-sam)

Örebro Ölhall
Voir p. 127 (019-12 23 88 ; olhall.se ; Klostergatan 13 ; 11h-23h lun-mar, 11h-minuit mer-jeu, 11h-1h ven-sam, 15h-22h dim)

ENVIRONS D'ÖREBRO

Göthlinska Gården
Voir p. 130 (070-254 03 00 ; www.visitnora.se ; Kungsgatan 4, Nora ; visite guidée adulte/enfant 100/50 kr ; 11h mar, jeu, sam juil à mi-août, 13h sam mi-août à mi-sept)

Kvarteret Bryggeriet
Voir p. 130 (kvarteretbryggeriet.se ; Prästgatan 27-42, Nora ; entrée libre ; 11h30-17h juin-août)

Maison natale de Selma Lagerlöf
Voir p. 131 (0565-310 27 ; www.marbacka.com ; Mårbacka 42, Östra Ämtervik, Sunne ; adulte/enfant 60 kr/gratuit ; 10h-16h tlj juin-août, 11h-15h sam-dim mai et sept, 11h-14h sam oct-déc et fév-avr, fermé jan)

Sandgrund Lars Lerin Museum
Voir p. 131 (054-10 07 80 ; sandgrund.org ; Västra Torggatan 28, Karlstad ; adulte/enfant 100/30 kr ; 11h-16h mar-dim)

Värmlands Museum
Voir p. 131 (054-701 19 00 ; varmlandsmuseum.se ; Sandgrundsudden, Karlstad ; adulte/enfant 100 kr/gratuit ; 10h-18h lun-mar et jeu, 10h-20h mer et ven, 11h-16h sam-dim)

Nora Bergslags Veteran-JernVäg
Voir p. 130 (0587-103 04 ; www.nbvj.se ; JärnVägsgatan 1, Nora)

Nora Turistbyrå
Voir p. 130 (0587-811 20 ; www.visitnora.se ; JärnVägsgatan 1, Nora ; 10h-18h lun-sam, 10h30-16h dim, horaires réduits en hiver)

Vänerkajak
Voir p. 131 (076-765 33 77 ; www.vanerkajak.se ; Sandbäcksgatan 4-6, Karlstad ; location kayak à partir de 220 kr)

Vildmark i Värmland
Voir p. 131 (0560-140 40 ; www.vildmark.se ; Röbjörkeby 7, Torsby ; excursion à partir de 3 000 kr ; 9h-17h lun, 9h-16h mar-ven juin-août)

Bryggerikrogen Nora
Voir p. 130 (0587-103 40 ; bryggerikrogen.se ; Prästgatan 42, Nora ; 17h-22h jeun 11h30-13h30 et 16h-23h ven, 12h-23h30 sam)

Nora Stadshotell
Voir p. 130 (0587-31 14 35 ; norastadshotell.se ; Rådstugugatan 21, Nora)

Strandstugan
Voir p. 130 (073-840 01 61 ; noraglass.se/strandstugan ; Storgatan 1, 713 31 Nora ; 10h-18h30 mai-sept)

Matbrucket
Voir p. 131 (054-20 12 00; www.matbruket.se ; Sandgrundsudden, Karlstad ; 11h30-16h dim-jeu, 11h30-16h et 18h-23h ven-sam)

Nora Glass
Voir p. 130 (0587-123 32 ; noraglass.se ; Storgatan 11, Nora ; 10h30-18h30 mai-août)

MIKAEL TIGERSTRÖM/GETTY IMAGES ©

Linné, Göteborg (p. 143)

GÖTEBORG ET LE SUD-OUEST

DES ÎLES, DES LACS ET LA DEUXIÈME VILLE DE SUÈDE

Göteborg est connue pour son urbanisme sophistiqué, et il suffit de sortir de la ville pour découvrir un paysage aquatique de lacs, d'îles, de plages et de canaux.

Bienvenue à Göteborg, deuxième ville de Suède, berceau de Volvo, du groupe pop Ace of Base et de l'un des membres d'ABBA (Björn). Forte de plus d'un demi-million d'habitants, cette cité dynamique, traversée de canaux, doit sa renommée à ses boutiques, ses musées, ses promenades le long du littoral escarpé et ses délices de la mer. Elle gagne peu à peu rang de destination gastronomique de premier ordre où, aux spécialités suédoises, s'ajoutent des cuisines d'ailleurs – plus d'un quart de ses habitants sont nés hors de Suède. C'est également une destination appréciée des familles : mentionnons notamment le parc d'attractions de Liseberg et l'Universeum, de bonnes alternatives aux plages par mauvais temps.

PHOTOPHILIPP/SHUTTERSTOCK

Extra-muros, la côte escarpée du Bohuslän s'étire vers le nord. Cette succession d'îles granitiques, de baies et de villages de pêcheurs rouge et blanc voit affluer chaque été un million de vacanciers suédois. Au sud, Varberg est connue pour ses plages naturistes et la forteresse qui les surplombe. Dans les terres, la Dalie (Dalsland) et le Västergötland, moins visités, offrent des plaisirs variés, allant des musées postindustriels et des imposantes écluses de Trollhättan aux balades en kayak sur les canaux et les lacs.

Pour qui rejoint la Suède en avion, l'aéroport moderne de Göteborg est un bon point d'accès, avec des vols qui rallient de nombreuses destinations européennes.

SITES PRINCIPAUX

GÖTEBORG
Göteborg, la dynamique.
p. 141

CÔTE DU BOHUSLÄN
Escarpée et spectaculaire.
p. 154

VARBERG
Plages naturistes au pied d'une imposante forteresse.
p. 165

Côte du Bohuslän, p. 154

Austère, mystérieuse, sauvage et venteuse, la côte filant au nord de Göteborg est l'endroit rêvé pour un périple d'île en île.

Göteborg, p. 141

La deuxième ville de Suède a beaucoup à offrir, entre boutiques, restaurants, musées et le plus grand parc d'attractions du pays.

S'orienter

Le sud-ouest de la Suède est une vaste région de lacs et de forêts, assez peu peuplée mais forte d'excellentes infrastructures ; de bonnes routes (parfois des trains) relient les principales localités.

Varberg, p. 165
Dans la plus charmante ville balnéaire de la côte ouest, une forteresse médiévale domine des plages de sable blanc naturistes.

VOITURE

Si vous ne vous cantonnez-pas à Göteborg, louer une voiture vous permettra de découvrir des plages désertes, des îles sauvages et d'innombrables destinations de l'arrière-pays.

BUS

Sans voiture, la plupart des voyageurs explorent la région en bus. Västtrafik (www.vasttrafik.se/en) gère un réseau de bus relativement efficace, qui relie Göteborg à de nombreuses localités. Les tarifs sont cependant élevés, et certaines lignes tournent au ralenti le week-end.

Planifier son séjour

Le sud-ouest de la Suède peut se découvrir de diverses manières, depuis une escapade de quelques jours à Göteborg, jusqu'à une paisible excursion de trois semaines en kayak le long de la côte du Bohuslän.

Si vous n'avez qu'un week-end

Göteborg (p. 141) est une ville idéale pour une escapade d'un week-end. Filez directement de l'aéroport à l'un des musées de la ville, le **Konstmuseum** (p. 143) par exemple. L'après-midi, cap sur **Haga Nygatan** (p. 143) pour une session shopping et des roulés à la cannelle, suivis d'une représentation au **Göteborgs Operan** (p. 144).

Passez le dimanche au **Volvo Museum** (p. 147) ou en bateau dans l'**archipel** (p. 150) avant un déjeuner iodé.

Si vous avez une semaine ou plus

Après quelques jours en ville, explorez l'**archipel** (p. 150) en circuit organisé ou dans un kayak de location.

Ensuite, filez d'île en île le long de la **côte du Bohuslän** (photo ci-dessus, p. 154).

S'il vous reste du temps, faites une excursion d'une semaine en kayak sur le **canal du Dalsland** (p. 161), ou posez vos pagaies pour des plaisirs moins sportifs à **Trollhättan** (p. 162) ou à **Lidköping** (p. 163).

AU FIL DES SAISONS

PRINTEMPS

Il fait encore froid, mais Pâques est fêté partout avec bon goût. Le mercure remonte à l'approche de l'été.

ÉTÉ

Deux événements égaient l'été dans le Slottsskogsparken : le Midsommardag (solstice d'été) et le festival Way Out West, en août.

AUTOMNE

Les premières neiges tapissent les rues animées de Göteborg et se logent entre les pavés de Haga et Linné.

HIVER

Le marché de Noël de Liseberg rend le parc féerique, tandis que le Festival du film de Göteborg anime le mois de janvier.

GÖTEBORG

Frôlant les 600 000 habitants, la deuxième ville de Suède en est sans doute l'une des plus séduisantes, avec ses musées, ses boutiques singulières, son parc d'attractions et son patrimoine nautique. L'expression est peut-être galvaudée, mais il y en a vraiment ici pour tous les goûts, des voitures du musée Volvo aux navires vikings du Stadmuseet, en passant par la mode scandinave au centre commercial Nordstan et les pique-niques sur l'herbe au Slottsskogsparken. Les enfants aussi trouveront de quoi s'occuper, avec l'Universeum (le meilleur musée du pays pour une visite en famille), les manèges à sensation du parc d'attractions de Liseberg et les plages s'étendant de part et d'autre de la ville. Göteborg est également une ville sportive, avec le plus grand semi-marathon du monde et d'innombrables possibilités d'excursions en kayak de mer vers des îles inhabitées – idéal pour éliminer ces roulés à la cannelle XXL auxquels vous n'aurez pas manqué de succomber.

Pour les infos pratiques, voir le Carnet d'adresses p. 167

À SAVOIR

Les bus Flygbussarna sont le meilleur moyen de rejoindre Göteborg depuis l'aéroport Landvetter (27 km à l'ouest du centre). Le début et la fin du service dépendent des horaires des vols. Achetez votre billet à bord ou en ligne sur www.flygbussarna.se. En taxi, il vous en coûtera 520 kr environ (www.taxigoteborg.se).

Sensations fortes

LE MEILLEUR PARC D'ATTRACTIONS DE SUÈDE

Véritable aimant à touristes, **Liseberg** est le plus grand parc d'attractions de Scandinavie. Le prix d'entrée est raisonnable, mais il faut payer un supplément pour chaque manège (coupons ou bracelet). On y vient toute l'année pour se faire peur dans des manèges comme le Balder, un vénérable grand huit en bois, l'AtmosFear (116 m ; la plus haute tour de chute libre d'Europe), le Loke, une roue qui tourne à toute vitesse en s'élevant à 42 m de hauteur, ou encore le Valkyria, le manège plongeant avec un tronçon vertical de 50 m de hauteur, le plus haut d'Europe.

La section jeux d'arcades, immense, comprend un mélange de jeux rétro et de jeux interactifs de pointe.

Dans les semaines précédant Noël, un décor féerique hivernal s'empare du parc et une grande patinoire est installée (accès gratuit si vous avez vos propres patins).

Un tramway à l'ancienne, le Lisebergslinjen, relie la Centralstation de Göteborg au parc plusieurs fois par heure ; payez à bord. Le choix ne manque pas pour reprendre des forces entre deux attractions : schnitzels autrichiens, buffet végan, poisson suédois et même des *lángos* hongrois.

Consultez le site Internet (www.liseberg.se) pour les horaires.

Parc de Liseberg

Haga et Linné

DES QUARTIERS SINGULIERS

Installés côte à côte au sud du centre historique du XVIIe siècle, ces deux anciens quartiers ouvriers sont désormais le terrain

VOIR
1 Konstmuseum
2 Linné
3 Maritiman
4 Naturhistoriska Museet
5 Sjöfartsmuseet
6 Stadsmuseet
7 Universeum
8 Världskulturmuseet

ACTIVITÉS
9 Hagabadet

SORTIR
10 Liseberg

SHOPPING
11 Haga Nygata

POURQUOI J'AIME GÖTEBORG

Marc Di Duca
Étant féru de musées, Göteborg est pour moi comme une boîte de chocolats dans laquelle je peux piocher à loisir, surtout lorsque le froid s'installe. Que j'opte pour les expositions du Världskulturmuseet, les œuvres d'art de classe mondiale du Konstmuseum ou un voyage à travers l'histoire de la ville au Stadmuseum, je ne me lasse jamais de redécouvrir ces merveilles du passé. Une autre chose que j'aime à Göteborg, ce sont les énormes roulés à la cannelle et les gâteaux de la princesse.

Fontaine de Poséidon
VIENINSWEDEN/SHUTTERSTOCK ©

de jeu des citadins branchés de Göteborg car ils contrastent avec le clinquant des zones commerciales du centre. Les deux quartiers possèdent un charme distinct, et une journée n'est pas de trop pour les explorer.

Voué à la démolition dans les années 1980, **Haga** est formé de maisons basses à bardeaux, distribuées de part et d'autre de Haga Nygatan, la rue commerçante un peu désuète du quartier.

Jadis un repaire de marins, de dockers, de prostituées et de gamins des rues, le quartier a depuis longtemps fait peau neuve, et ce sont désormais des artistes et des trentenaires dynamiques qui en arpentent le pavé.

Ne manquez pas l'**Hagabadet**, d'anciens bains publics convertis en spa (gentrification oblige) avec thermes romains, cours de Pilates et sa propre gamme de cosmétiques de luxe.

Le quartier de **Linné** (du nom de Carl von Linné, "père de la taxinomie moderne"), plus vaste, est bien différent, avec ses hauts immeubles résidentiels ornementés du XIXe siècle, ses larges avenues et ses singulières boutiques d'enseignes indépendantes ou d'articles de deuxième main.

Les rues de ce centre de la vie nocturne de Göteborg sont jalonnées de restaurants, bars et cafés, dont beaucoup sont aménagés dans d'anciens entrepôts ou usines.

L'immense Slottsskogsparken, poumon vert du quartier, est idéal pour une promenade ou un pique-nique sur les vastes pelouses du parc. Avec des kilomètres d'allées, l'endroit est apprécié des joggeurs, et accueille certains des grands événements de Göteborg. Il séduit également les enfants avec le Barnens Zoo et le Djurpark, un parc boisé réunissant animaux de la ferme, élans, cerfs et autres créatures suédoises à fourrure ou à plumes.

Journée artistique au musée

DE L'ART NORDIQUE AUX MAÎTRES HOLLANDAIS

La ville compte d'excellents musées, mais, en matière d'art, le **Konstmuseum**, dont l'immense édifice marque l'extrémité sud de la Kungsportsavenyn, l'emporte haut la main. Avant d'entrer, admirez la plus célèbre œuvre d'art public de Göteborg, la fontaine en bronze de Poséidon, un temps controversée pour la taille, désormais rabotée, du membre viril du dieu.

À l'intérieur vous attend une débauche d'œuvres d'art signées des plus grands noms. Les expositions, réparties sur six niveaux, sont organisées de manière chronologique – plus on monte, plus les œuvres sont récentes. Les pièces maîtresses se concentrent dans les deux derniers étages ; la collection Renaissance comprend des œuvres de Cranach et Véronèse, ainsi qu'une salle consacrée aux Rembrandt (dont *Le Chevalier avec le faucon*). La période baroque, elle, est illustrée, entre autres, par Canaletto.

LE TOP DES FÊTES ET FESTIVALS DE GÖTEBORG

Festival du film
L'un des plus grands festivals de films de Scandinavie, en janvier.

Way Out West
Trois jours de concerts de stars internationales à la mi-août.

West Pride
Le plus grand événement LGBTQI+ de l'ouest de la Suède se tient début juin.

Midsommardag
Les festivités du solstice d'été ont lieu dans Slottsskogsparken.

PROMENADE À PIED DANS GÖTEBORG

Commencez par le marché couvert de Göteborg, le **1 Saluhallen**, l'un des meilleurs endroits en ville pour goûter les spécialités locales et faire un repas bon marché, avec un vaste choix de fromages, de viandes, de pains frais et de produits traiteur. Ensuite, faites une balade agréable à travers le Kungsparken et le Hagaparken pour rejoindre Haga et grimper au **2 Skansen Kronan**. Ce fortin, érigé au XVIIe siècle, a survécu par miracle à la démolition des remparts de Göteborg au XIXe siècle. L'ascension depuis Haga Nygatan est récompensée par un vaste panorama sur la ville. Redescendez ensuite vers le canal, puis traversez-le au pont de Pustervik pour vous rendre à la **3 Feskekörka**, l'"église aux poissons". Il s'agit d'un grand marché au poisson couvert, aux airs de chapelle, construit en 1874. Un temps fermé pour rénovation, l'édifice devrait avoir rouvert au moment de votre passage. Depuis le pont de Pustervik, prenez Kungsgatan puis Västra Hamngatan, qui traverse le canal et se termine au **4 Kronhuset**. Cet arsenal du XVIIe siècle, l'un des plus anciens bâtiments de la ville, a été reconverti en centre d'art et d'artisanat. Marchez quelques minutes dans Kronhusgatan et Östra Hamngatan jusqu'à la prochaine étape, le **5 Göteborgs Operan**. L'Opéra de la ville, dont la forme évoque la proue d'un navire, comme en manière de rappel des traditions maritimes de Göteborg, est un endroit magique pour voir des représentations haut de gamme. Pénétrez ensuite dans le centre par Östra Hamngatan jusqu'à Kingsportsplatsen puis traversez le canal pour rejoindre le **6 Trädgårdsföreningen**. Créé en 1842, cet espace vert abrite de petits cafés et la plus grande roseraie d'Europe. Au nord-est du parc, rejoignez la foule sur Ullevigatan pour arriver au stade **7 Ullevi**, le second plus grand de Suède, construit pour la Coupe du monde de football de 1958.

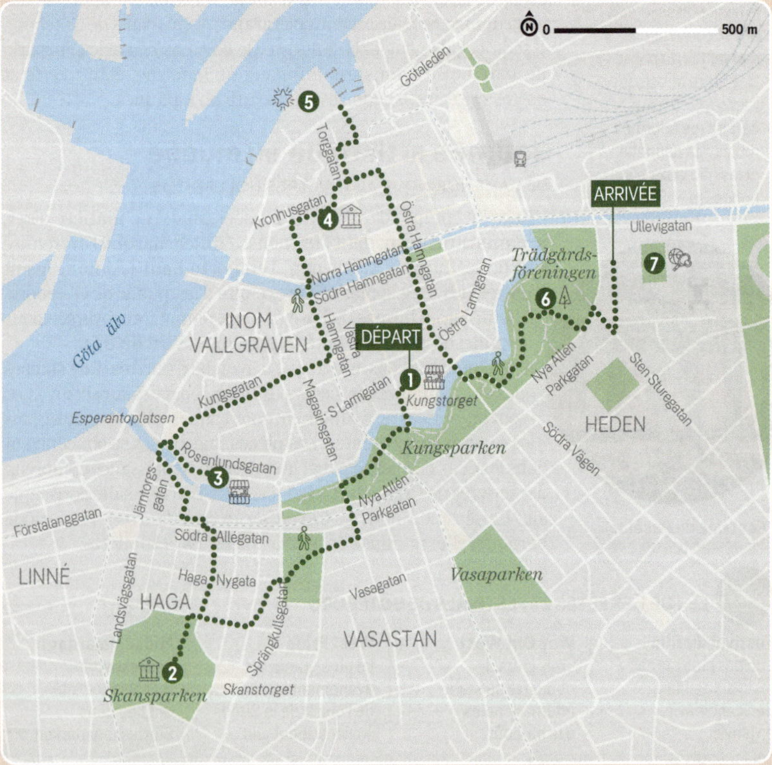

Skansen Kronan

Au dernier étage, des Picasso occupent une salle, voisine de tableaux de Renoir, Monet, Degas, Chagall, Cézanne et Gauguin.

Le point d'orgue de la collection a sa propre pièce. Il s'agit de *L'Oliveraie*, de Van Gogh, qui fait partie d'une série réalisée par l'artiste lors d'un séjour en hôpital psychiatrique à Saint-Rémy-de-Provence. Entre les œuvres classiques, sont intercalées des installations contemporaines.

Les maîtres scandinaves tels que Bruno Liljefors, Edvard Munch, Anders Zorn et Carl Larsson sont à l'honneur dans la galerie Fürstenbergska. Il y a aussi une superbe salle de sculptures. Le Hasselblad Center accueille, quant à lui, les expositions temporaires de photographes nordiques.

Ce musée mérite qu'on y consacre au moins deux heures.

Göteborg avec des enfants

APPRENDRE EN S'AMUSANT, À LA SUÉDOISE

Comme la plupart des villes de Suède, Göteborg se prête parfaitement à un séjour avec des enfants. La majorité des musées ont des aires de jeux et beaucoup de restaurants proposent des menus pour les plus jeunes.

Avec ses manèges à sensations fortes, ses salles d'arcades et ses restaurants de fast-food, **Liseberg** (p. 141) tient la tête d'affiche des activités en famille. Achetez vos billets à l'avance pour éviter de faire la queue avec vos bambins (notez que les

SHOPPING À GÖTEBORG

Kungsportsavenyen
L'avenue principale de la ville est jalonnée de commerces allant de la boutique de luxe au supermarché.

Haga Nygatan
Cap sur cette rue pavée pour un attrape-rêves à 1 000 kr ou des chaussons Moumines.

Nordstan
Ce centre commercial se cache derrière les façades anonymes des immeubles qu'il occupe.

Kungsgatan
Boutiques excentriques et magasins de grandes marques.

Linnégatan
Avenue bordée de boutiques dans le quartier de Linné.

Björk & Secondhand
Grand magasin de deuxième main de Linné.

Beyond Retro
La grande chaîne de friperies suédoise, ici installée dans le centre commercial Arkaden.

Flaggskeppet
Dans Stora Badhusgatan, vous trouverez drapeaux suédois, crochets de mouillage et modèles réduits de phares.

OÙ SE RESTAURER À GÖTEBORG

28+
Cuisine fusion franco-suédoise depuis plus de 30 ans. €€€

Project
Menus de saison dans un décor de cuir et de cristal. €€€

Koka
Déco élégante et cuisine suédoise moderne. €€€

CIRCUITS ORGANISÉS À GÖTEBORG

Pour explorer Göteborg en profondeur, rien de mieux qu'une visite guidée. Notez qu'il y en a très peu en hiver.

Paddan City Boat Tour
Croisière dans les douves du XVIIe siècle et les canaux de la ville, à bord de bateaux ouverts passant tout juste sous les ponts bas.

Strömma Cruises
Croisières de durées variées dans l'archipel.

Ocean Bus
Excursions en bus amphibie, à terre et sur le fleuve Göta älv.

Bohuslän Steamboat
Explorez l'archipel à bord d'un bateau à vapeur historique.

Universeum

manèges pratiquent des tarifs individuels, distincts du prix d'entrée du parc).

Les petits curieux pourront, à l'**Universeum**, explorer une luxuriante forêt humide peuplée d'oiseaux tropicaux et de papillons chamarrés, puis découvrir des expositions scientifiques interactives dont les thèmes vont des nanotechnologies à l'exploration spatiale en passant par le mixage de musique.

On apprécie à tout âge le **Maritiman**, plus grand musée flottant au monde, réparti sur 20 embarcations historiques reliées entre elles par des passerelles, dont des bateaux de pêche, un bateau-phare et un navire de guerre.

Plusieurs pans de la collection permanente exposée au **Världskulturmuseet** (musée des Cultures du monde, page ci-contre), où se rencontrent l'ethnographie, l'art et la géopolitique, ont été conçus par des enfants. Les vôtres y trouveront leur compte.

Au **Stadsmuseum** (p. 148), le musée municipal de Göteborg, une section entière est consacrée aux jeunes visiteurs, qui pourront y monter à bord d'un tramway bleu et blanc typique, ou grimper aux tours de la ville. L'exposition sur les Vikings fait toujours forte impression, notamment les vestiges de l'*Äskekärrkeppet* (bateau d'Äskekärr), le seul authentique navire de cette époque mis au jour en Suède.

OÙ SE RESTAURER À GÖTEBORG

Feskekörka
Devrait récupérer son titre de meilleur spot de produits de la mer de la ville à sa réouverture.

Sjömagasinet
Délices de la mer au bord de l'eau. **€€€**

Feskar Brittas Kro
Barge vendant des plats de poisson tout juste débarqués de la criée. **€€**

Quant aux activités d'extérieur, la ville ne manque pas d'espaces verts, sans compter les dizaines de plages qui jalonnent la côte.

Un symbole suédois

EN VOITURE !

Lorsqu'on pense aux marques suédoises, le constructeur automobile Volvo n'est dépassé que par IKEA en termes de renommée internationale. Pour en savoir davantage sur la maqrue de voiture, rendez-vous au **Volvo Museum**. La chaîne de montage se situe dans la gigantesque usine, à 13 km à l'ouest de Göteborg.

Assar Gabrielsson et Gustaf Larson ont fondé Volvo en 1924. Leur première création fut la décapotable ÖV4, un choix singulier à considérer le climat suédois.

Le constructeur étoffa rapidement son offre et produisait, dès les années 1930, quantité de voitures, camions et bus.

Le musée présente la production de la marque de manière chronologique, depuis les limousines tout en courbes des années 1930, jusqu'aux célèbres modèles anguleux des années 1980. Entre autres pièces d'exception, citons le coupé P1800 conduit par Roger Moore dans la série TV britannique *Le Saint* ; le brevet (laissé ouvert pour que tous puissent l'adapter) de la ceinture de sécurité à trois points Volvo ; une auto avec 5,4 millions de kilomètres au compteur (qui survécut à son propriétaire), et l'avion de chasse Saab J37 Viggen, équipé d'un moteur à réaction Volvo. Mentionnons les bus, camions et pelleteuses.

Cela vaut la peine de traverser les zones industrielles pour le visiter, mais il n'est pas facile d'accès pour qui ne dispose pas d'un véhicule.

Si tel est votre cas, prenez le tramway n°5 ou n°10 jusqu'à Eketrägatan, puis le bus n°32 jusqu'à Arendals Skans. Ce dernier ne circule pas le week-end.

Autres musées à Göteborg

CULTURES DU MONDE, HISTOIRE LOCALE

Le grésil tombe dru sur les canaux ? C'est un jour à musées !

Le **Världskulturmuseet** (musée des Cultures du monde) tente d'aborder les différentes manières dont cohabitent les hommes, ainsi que les défis auxquels l'humanité fait face aujourd'hui : dérèglement climatique, mondialisation et précarité démocratique. S'y ajoutent des expositions temporaires consacrées à la géopolitique et à l'ethnographie. On doit le bâtiment aux architectes Cécile Brisac et Edgar Gonzalez.

GÖTEBORG SPORTIVE

Course à pied
Göteborg accueille à la mi-mai le Göteborgsvarvet, le plus grand semi-marathon au monde, avec 60 000 participants. Les parcs de la ville, relativement plats, sont idéaux pour le jogging.

Vélo
Göteborg possède un excellent réseau de voies cyclables et un système de vélos en partage : explorer la ville en pédalant est donc un jeu d'enfant.

Randonnée
Le Göteborg Archipelago Trail est un sentier de 27 km à travers les îles, plages et lieux de baignades reculés de l'archipel.

Kayak
Le kayak est le meilleur moyen d'explorer l'archipel.

OÙ SE RESTAURER À GÖTEBORG

Göteburgare
Spécialisé dans les burgers végans, au n°11 d'Andra Långgatan. €

Andrum
Buffet végétarien fondé de longue date, avec terrasse. €

The Green Room
Cafétéria végane inattendue au cœur du parc d'attractions de Liseberg. €

LES PLUS BEAUX PANORAMAS SUR GÖTEBORG

Masthuggetskyrkan
Cette église construite sur une éminence rocheuse offre une belle vue sur les reflets d'acier du fleuve et lepont d'Älvsborg.

Skansen Kronan
Magnifique vue depuis ce fortin du XVIIe siècle, au sommet d'une colline.

Grande roue de Liseberg
Embarquez sur la grande roue du parc d'attractions pour une vue impressionnante, notamment de nuit.

Skansen Lejonet
"L'autre forteresse" de Göteborg, du mauvais côté de Centralstation, permet d'observer l'arrivée des trains avec la ville en toile de fond.

Naturhistoriska Museet

Le **Stadsmuseum** retrace, dans les grandes lignes, l'histoire de la cité. Commencez par les salles consacrées aux Vikings, avec leurs objets en argent, leurs armes et leurs bijoux, ainsi qu'un authentique *knarr* (navire de commerce bordé à clin) de cette période. Ensuite, découvrez l'histoire de la fondation au XVIIe siècle de la ville aux canaux, agrémentée de scandales et d'anecdotes amusantes sur les personnages hauts en couleurs de cette époque.

Le **Naturhistoriska Museet** (Muséum d'histoire naturelle) abrite une incroyable variété d'animaux empaillés, des ongulés de la savane aux grands félins et à la rhytine de Steller (ou vache de mère ; mammifère marin aujourd'hui disparu), en passant par une myriade d'oiseaux et de créatures des profondeurs. La pièce maîtresse reste la baleine bleue, unique au monde. On pouvait naguère entrer dans le ventre du géant marin, jusqu'à ce qu'un couple de visiteurs y fut surpris en pleins ébats.

Perdu dans la banlieue et ouvert uniquement le dimanche après-midi, le **Kortedala** est le musée le moins visité de Göteborg. Mais, si vous avez le temps, allez voir cet appartement de deux pièces, dans un ensemble résidentiel des années 1950, entièrement rénové et meublé comme à l'époque. Prenez le tramway n°6, 7 ou 11 jusqu'à Allhelgonakyrkan.

Stadsmuseum

OÙ SAVOURER CAFÉ ET ROULÉS À LA CANNELLE

Evas Paley
Café à l'ancienne cosy avec des montagnes de gâteaux.

Café Kronhuset
Le plus vieux café de Göteborg.

Junggrens Café
Café traditionnel de la fin du XIXe siècle, sur l'Avenyn.

Husaren Café
L'inventeur de la version géante du roulé à la cannelle.

Café Hebbe Lelle
Un bel endroit pour savourer un roulé à la cannelle.

Histoire maritime

NAVIGATEURS D'ANTAN

À quelques encablures des boutiques du centre-ville, le **Maritiman**, plus grand musée flottant au monde, est constitué de 20 embarcations historiques dansant sur le fleuve et reliées par des passerelles. Commencez par explorer le sous-marin *Nordkaparen*, long de 69 m, pour vous faire une idée de la vie à bord.

Maritiman

Au fil des coursives labyrinthiques du *Småland*, destroyer long de 121 m en service de 1952 à 1979, des mannequins sont penchés sur leurs radios grésillantes, tandis que les couchettes semblent n'avoir été quittées que quelques minutes plus tôt – on s'attendrait presque à croiser des matelots en uniforme dans le dédale de couloirs sombres.

Notez que le musée n'ouvre pas tous les jours ; consultez le site Internet avant votre visite.

Au sud-ouest du centre-ville, le **Sjöfartsmuseet** déroule l'histoire maritime de la ville à travers une intéressante collection de cartes, de modèles réduits de navires, de cabines reconstituées et d'objets d'époque.

L'endroit le plus impressionnant est la grande salle sombre où l'on se retrouve entouré de figures de proue, certaines majestueuses, d'autres d'aspect contemplatif ou menaçant. Au milieu de tout cet arsenal nautique, vous repérerez peut-être quelques gravures sur os de baleine et un minuscule métier à tisser logé dans une bouteille.

L'aquarium adjacent est peuplé de poissons plats de la mer du Nord, de homards et de méduses ; sans oublier le poisson-clown, à retrouver dans le bassin des poissons tropicaux.

À l'extérieur, la Sjömanstornet (tour du Marin), surmontée par la statue d'une femme en deuil, rend hommage aux marins suédois disparus durant la Première Guerre mondiale.

LE GÖTEBORG PASS

Le Göteborg Pass (gocity.com/Göteborg/en-us) donne accès à maints sites d'intérêt, permet de suivre des visites guidées à prix réduit ou gratuitement, et de faire des trajets illimités sur le réseau de transports publics. Envisagez son achat en fonction de votre programme.

MANGEZ COMME UN SUÉDOIS

Huîtres
Les huîtres sont récoltées le long des côtes depuis l'arrivée des premiers hommes dans la région, et on en trouve dans beaucoup de restaurants.

Hagabullen
Ces roulés géants à la cannelle, à partager, ont été inventés à l'Husaren Café, à Haga.

Hareng
On ne fait pas plus suédois que quelques filets de hareng mariné sur du *knäckebröd* (pain croquant).

Gâteau de princesse
Une *princesstårta* typique est une génoise recouverte de pâte d'amande verte.

Sandwich à la crevette
Snack très apprécié, présent dans tous les festivals.

COMMENT CIRCULER

Västtrafik (www.vasttrafik.se/en) gère tous les transports en commun (bus, tramways et ferries) de Göteborg et des environs. Le réseau est assez étendu, mais les tarifs sont plus élevés que la moyenne pour une ville de cette taille. Certaines lignes ne fonctionnent pas le week-end, notamment celle de bus pour rejoindre le musée Volvo.

Environs de Göteborg

À l'embouchure du Göta älv s'étend un archipel d'îles aux roches plates qu'on se fait une joie d'explorer.

Divisé entre les îles du Nord et les îles du Sud, l'archipel de Göteborg est s'étend le long de la côte ouest. Certaines îles sont assez grandes pour être habitées, d'autres affleurent de quelques mètres à peine de la surface de l'océan. Les îles du Sud appartiennent à la municipalité de Göteborg tandis que celles du Nord possèdent leur propre administration. Autre différence, la voiture est bannie dans les îles du Sud, alors qu'au nord, la population est assez nombreuse pour justifier le recours aux véhicules motorisés. Cet archipel idyllique se prête à une agréable excursion à la journée au départ de Göteborg. Si vous avez le temps, prenez une semaine pour pagayer d'île en île sur un kayak de mer.

Pour les infos pratiques, voir le Carnet d'adresses p. 169

À SAVOIR

Il y a neuf îles principales ; celle de Brännö est la plus appréciée des voyageurs souhaitant loger sur place. En suédois, le suffixe *ö* signifie "île".

Brännö

VIKTOR RONNERT/SHUTTERSTOCK ©

Kayak dans l'archipel de Göteborg

Îles du Sud

UN ARCHIPEL AUX PORTES DE GÖTEBORG

Les ferries pour les îles du Sud (30 minutes à 1 heure) partent du terminal de Saltholmen, que l'on rejoint en 35 minutes avec le tramway n°11 (ou le n°9 en été) depuis le centre-ville. Les billets Västtrafik (www.vasttrafik.se/en) sont acceptés sur les ferries.

Brännö est l'île la plus accessible. Elle est réputée pour ses plages de sable et ses sentiers de randonnée. Depuis l'église au centre de l'île, on peut suivre une piste cyclable à travers les bois pour rejoindre la côte ouest.

Au bout de la piste, marchez 15 minutes et empruntez la chaussée en pierre menant à l'île inhabitée de Galterö, où vous attend un paysage étrange et pelé de plaques de roche, d'étangs et de plages désertes. L'une des curiosités de l'île est sa piste de danse en plein air, où viennent guincher les foules les soirs de week-end de juillet à mi-août.

L'île de **Styrsö** compte deux villages (Bratten et Tången) où débarquent les ferries. Bratten abritait jadis une usine de transformation de harengs avant de se muer en station balnéaire en vogue dans les années 1860. Tången est un village de pêcheurs doté de quelques cafés et d'accès à des sentiers de randonnée, dont l'un mène à Stora Rös, point culminant de l'archipel (60 m) et à un poste d'observation de la Première Guerre mondiale.

À l'est de Styrsö, on trouve sur l'île de **Donsö**, à moitié occupée par un village, des loueurs de kayaks et un sentier menant à un point de vue au sud de l'île.

KAYAK DE MER

Le kayak est le meilleur moyen d'explorer le littoral de Göteborg. Dans cet archipel compact, les îles sont proches les unes des autres et même les débutants n'auront aucun mal à tenir la distance. Prévoyez un pique-nique, louez un kayak et pagayez vers une île déserte pour lézarder au soleil dans un cadre mémorable. L'opérateur **Donsö Sea Kayak** (www.donsohavskajak.se) loue kayaks et paddles, et peut organiser des excursions de plusieurs jours. Pour ce qui est de l'équipement, **Kanotcentrum Göteborg** est un excellent magasin, dans Karl Johansgatan.

OÙ SE LOGER SUR L'ARCHIPEL

Nimbus Öckerö
Auberge de jeunesse d'Öckerö, avec bungalows, cuisine partagée et aire de jeux. €

Skärgårdshotellet Hönö
Décor épuré à la suédoise, sur Hönö ; 16 chambres spacieuses et un bon restaurant. €€

Styrsö Tången B&B
Cette élégante villa Art nouveau est notre hébergement préféré sur Styrsö. €€

MÖLNDALS STADSMUSEUM

Ce musée est situé dans un ancien poste de police aux allures d'entrepôt dans la petite ville de Mölndal ("vallées des moulins"), au sud de Göteborg. Ce lieu nourri de nostalgie abrite une collection de 10 000 pièces d'artisanat local, essentiellement du XXe siècle, notamment des textiles, des jouets, ainsi qu'une reconstitution de maison d'ouvrier des années 1930. On remarquera la collection éclectique de chaises, dont les magnifiques pièces produites dans le village voisin de Lindome, l'un des lieux de fabrication de meubles les plus anciens du pays. Tout est répertorié dans un catalogue numérique.

Le café sert sandwichs et gâteaux, et sort des tables en été au bord des rapides.

Depuis Göteborg, prenez un train en direction de Kungsbacka jusqu'à la gare de Mölndal, puis le bus n°751. Le musée n'est qu'à 800 m à l'est de la gare – vous pourrez aussi marcher.

RAQUELGM/SHUTTERSTOCK ©, PAGE CI-CONTRE :PHOTOSBYPATRIK/SHUTTERSTOCK ©

Vrångö

Vrångö est la plus méridionale des îles habitées à l'année. Le ferry débarque à Mittvik, sur la côte est ; marchez 10 minutes pour rejoindre la rive ouest, où vous attend une plage invitant à la baignade. Les extrémités sud et nord de l'île font partie d'une grande réserve naturelle traversée par des sentiers de randonnée.

Îles du Nord

AVENTURES OCÉANIQUES

Les car-ferries pour les îles du Nord, gratuits, partent du terminal Lilla Varholmen, que l'on rejoint en 40 minutes environ avec le bus RÖD.

Une courte traversée vous mènera à **Björkö**, l'une des plus grandes îles du Nord et la plus accessible de l'archipel pour une escapade rapide (comptez 30 minutes en voiture depuis Göteborg jusqu'au ferry). On y trouve d'excellentes plages, une belle baie et de nombreux îlots inhabités à explorer en kayak.

La principale île de l'archipel nord, **Öckerö**, est presque entièrement occupée par son village, on y trouve donc davantage de services et d'activités qu'ailleurs, notamment des loueurs de kayaks et de vélos, des restaurants et des hébergements. C'est une base idéale pour explorer l'archipel dans ses moindres recoins.

Presque siamoise d'Öckerö, la vaste île de **Hönö** possède également de nombreux hébergements, ainsi que des plages rocheuses, des sentiers de randonnée et un grand port. Le musée de la Pêche est le seul site d'intérêt en intérieur sur l'île.

OÙ SE RESTAURER SUR L'ARCHIPEL

Fiskboa
Sur Vrångö, l'un des meilleurs restaurants de produits de la mer de l'archipel sud. **€€**

Franses
Sur Hönö, pub animé avec excellente cuisine, concerts et une déco rustique branchée. **€**

Brännö Värdshus
Sur Brännö, café-restaurant servant poisson et fruits de mer ; concerts en été. **€€**

La plus septentrionale des îles de l'archipel, **Rörö**, n'est accessible qu'en ferry au départ de Hälsö, reliée par un pont à Öckerö, ou de Hyppeln, plus proche. Rörö est réputée pour ses sentiers de randonnée traversant une réserve naturelle, et compte un nombre étonnant d'hébergements.

Vinga, la plus méridionale des îles du Nord, n'est accessible qu'en kayak. On y découvre des paysages rocheux impressionnants, de bons spots de baignade, un phare du XVIIe siècle, et presque rien d'autre. L'écrivain, peintre et compositeur Evert Taube y est né en 1890 ; son père était le gardien du phare.

Marstrand

ESCAPADE ROYALE

À 40 km au nord de Göteborg, l'île de Marstrand se prête à une belle excursion à la journée. L'endroit est apprécié des estivants suédois depuis que le roi Oscar II et ses proches vinrent y prendre les eaux dans les années 1880. L'île était avant cela la capitale européenne du hareng, et ses produits de la mer attirent encore les gastronomes.

Crevettes et harengs mis à part, on vient ici pour voir la **forteresse de Carlstens Fästning**, édifiée dans les années 1660 après que la Suède eut pris Marstrand et le Bohuslän. Le roi Charles Gustave X en décida la construction afin de défendre le port libre de glace de Marstrand, essentiel à l'activité commerciale de l'époque et qui fit l'objet de plusieurs assauts, tous repoussés. Carlstens fut également une prison tristement célèbre en raison de ses conditions de détention difficiles. Joignez-vous à une visite guidée ou admirez simplement le panorama époustouflant sur l'archipel.

La meilleure période pour visiter Marstrand va de mai à septembre (il y a foule en juillet-août). Pour échapper à l'affluence, suivez les indications qui mènent au **sentier nature** ("*naturstig*"). Il vous conduira aux rochers, de l'autre extrémité de l'île, où vous pourrez profiter du paysage et du soleil dans une relative quiétude.

Prenez le bus Marstrand Express (1 par heure ou plus ; aller simple 80 kr) à la gare routière Nils Ericson de Göteborg, qui mène directement à l'embarcadère du ferry de passagers pour Marstrand. Le ferry part pour l'île toutes les 15 minutes et la traversée (5 minutes) est incluse dans le prix du ticket de bus. Notez que l'hiver, de nombreux commerces ferment, et vous aurez l'île pour vous seul ou presque.

Carlstens Fästning

KUNGÄLV

Escale idéale sur la route de Marstrand, le bourg de Kungälv, à 20 km de Göteborg, est propice à une belle excursion loin des foules. Une promenade dans les ruelles pavées du village donne à découvrir des maisons en bois colorées semblant tout droit sorties d'un conte de fées. La **forteresse de Bohus** se dresse à la frontière entre la Suède et la Norvège, au sud du bourg, à l'endroit où le fleuve Göta se sépare en deux. Érigée en 1308 par le roi de Norvège, elle est revenue à la Suède en 1658 par le traité de Roskilde. Jadis un bastion important, l'édifice perdit de son utilité après la fondation de Göteborg, au XVIIe siècle.

Pour vous y rendre, prenez le bus Grön Express de la compagnie Västtrafik à Göteborg jusqu'à Kungälv (30 minutes, toutes les 10 à 15 minutes) et descendez à l'arrêt Eriksdal avant de marcher 500 m jusqu'à la forteresse.

COMMENT CIRCULER

Le ferry est le seul moyen de rejoindre l'archipel. Les îles du Nord de Hälsö, Öckerö, Hönö et la plus petite Fötö sont reliées par des ponts et chaussées carrossables.

CÔTE DU BOHUSLÄN

D'une beauté austère à couper le souffle, la côte du Bohuslän est sans conteste l'un des trésors naturels de la Suède. Le littoral, constellé de 8 000 îles rocailleuses semées telles des miettes de pain dans la mer, est ponctué de villages de pêcheurs de guingois baignés d'une lumière étrange entre ciel, terre et eaux saumâtres. Sautez d'île en île, paressez sur les rochers chauffés par le soleil, savourez les fabuleux produits de la mer de la région et explorez en kayak des îlots déserts.

Tous les villages de la côte peuvent constituer une bonne base, cependant Lysekil est la localité la plus centrale. L'offre d'hébergement est variée, allant de phares sur des îlots escarpés à de confortables B&B dans de petits villages de pêcheurs. Côté gastronomie, faites comme les gens du coin et profitez de la générosité de l'océan ; des produits de la mer vous attendent aux étals des marchés ou dans les restaurants.

Pour les infos pratiques, voir le Carnet d'adresses p. 170

À SAVOIR

Cela vaut la peine de louer une voiture pour explorer cette région de la Suède, même si le littoral peut théoriquement se parcourir entièrement en transports en commun. Si vous voyagez en bus et en bateau, utilisez le planificateur d'itinéraires Västtrafik (www.vasttrafik.se/en) pour éviter de longues attentes, surtout l'hiver.

Orust

DANITA DELIMONT/SHUTTERSTOCK ©

Orust et Tjörn

UN DUO D'ÎLES PLEIN D'ALLURE

Troisième plus grande île de Suède, **Orust** mêle à d'épaisses forêts une poignée de villages de pêcheurs d'une beauté stupéfiante. L'île regroupe également plus de la moitié de l'industrie navale suédoise. Le plus grand village de l'île est Henån, mais l'un des plus beaux en est Mollösund, au sud-ouest, également le plus ancien village de pêcheurs de la côte du Bohuslän. Ses rangées compactes de maisons couleur pastel descendent vers un port magnifique, et plusieurs sentiers faciles se prêtent à contempler la nature dans l'air pur et iodé du large. De nombreuses petites îles bordent le littoral d'Orust, dont la plus accessible est **Käringön**, avec ses maisons à larges pignons, son petit port de pêche et

RESTAURANTS DE LA CÔTE AUX SAVEURS IODÉS

Magasinet Härön
Sur Tjörn, l'un des meilleurs restaurants de poisson et fruits de mer de l'ouest de la Suède. €€€

Brygghuset
Excellent restaurant de Lysekil, avec poisson ultrafrais, soupe de poisson et buffet de hareng. €€€

Vatten
Café-restaurant gastronomique de Tjörn ; les plats de poisson sont légendaires. €€

Pråmen
Tout ce qui nage, arpente les fonds marins ou se fixe aux rochers battus par la houle est au menu de ce restaurant prisé de Lysekil. €€

Hallo Bar
À Smögen, plateaux de fruits de mer et généreux sandwichs aux crevettes. €

LES MEILLEURS HÔTELS DE LUXE DE LA CÔTE DU BOHUSLÄN

Stora Hotellet Bryggan
Superbe boutique-hôtel de Fjällbacka, proposant un "voyage autour du monde en 23 chambres". €€€

Hotel Smögens Havsbad
À Smögen, grand édifice en bois avec des chambres à la déco scandinave dont beaucoup donnent sur la mer. €€€

Strandflickornas Havshotell
Boutique-hôtel de Lysekil magnifiquement aménagé donnant sur le fjord Gullmar. €€€

Tjörn

À GAUCHE : TRYGVE FINKELSEN/SHUTTERSTOCK ©, PAGE CI-CONTRE : TOMMY ALVEN/SHUTTERSTOCK ©

LOGER DANS UN PHARE

Loger dans un phare (*fyr* en suédois) est une expérience incontournable du sud de la Suède, offrant une immersion dans des paysages sauvages sans pour autant renoncer au confort moderne. Sur la côte du Bohuslän, essayez **Pater Noster Hamneskär**, ouvert en 2020. Établi sur Hamneskär, île pelée et battue par les vents, c'est sans doute l'un des hôtels design les plus isolés au monde.

Autrement, cap sur **Utpost Hållö**, dont les jolis bungalows rayés rouge et blanc entourent un phare dressé sur de larges dalles de granit à seulement 100 m de la mer. Les chambres peuvent accueillir deux à quatre personnes et un café est ouvert en été.

quelques lieux de baignade. Prenez le ferry à Tuvesvik (sur la côte nord-ouest de l'île d'Orust) ; horaires sur www.vasttrafik.se.

Au sud d'Orust, et accessible par la route par le grand pont qui la relie à Stenungsund (à 50 km au nord de Göteborg par l'E6), l'île de **Tjörn** est prisée des artistes et des amateurs de voile. Les premiers viennent pour les paysages ; les seconds, pour assister à l'une des plus grandes régates de Suède, la Tjörn Runt, qui a lieu en août. Les amateurs d'art pourront visiter le **Nordiska Akvarellmuseet**, un excellent musée d'aquarelles, installé au bord de l'eau dans le village de Skärhamn. On peut y voir des œuvres d'Arne Isacsson, qui ont défini le genre pour toute une génération d'artistes du Bohuslän, ainsi que les lumineux paysages urbains de Lars Lerin.

Accessible par un pont, à la pointe sud de Tjörn, **Klädesholmen**, l'"île aux harengs", est l'un des plus beaux endroits de la côte ouest avec ses petites maisons de bois rouge et blanc. Un minuscule musée du hareng vous dira tout sur l'amour immodéré des Suédois pour leur poisson favori.

Lysekil

JOLIE STATION BALNÉAIRE AU BORD D'UN FJORD

Avec quelque 15 000 habitants, l'élégante station balnéaire de Lysekil est l'une des plus grandes localités de la côte du Bohuslän et constitue une bonne base pour explorer la région. grâce à son vaste choix d'hébergements et de restaurants.

LE TOP DES HÔTELS DE MILIEU DE GAMME SUR LA CÔTE DU BOHUSLÄN

Strandvillan Hostel & Hotell
Hôtel style fin XIXe de Lysekil, à deux pas de la mer. **€€**

Mollösunds Wärdshus
Joli hôtel sur le port de Mollösund. **€€**

Emma's Bed and Breakfast
Belle demeure de 1734, aux chambres spacieuses et lumineuses. **€€**

La ville a conservé un peu de l'architecture du glorieux temps des bains de mer, notamment les cabines de bain d'époque et les Curmans Villor, deux villas de bord de mer en bois. Gamla Strandgatan, une rue en courbe, compte aussi de jolies maisons en bois peint. Ne manquez pas le **Havets Hus**, fantastique aquarium permettant d'admirer la faune marine du Gullmarn, seul véritable fjord de Suède, dont l'embouchure borde Lysekil. Une foule de créatures aquatiques étranges, superbes et étonnamment colorées vous attend le long du tunnel immergé – un endroit idéal pour stimuler les biologistes marins en herbe. Si vous préférez observer des animaux dans leur milieu naturel, vous pourrez réserver sur place un **safari d'observation des phoques**.

De l'autre côté du fjord, **Fiskebäckskil** est un charmant village tout en rues pavées et maisons de bois. Jetez un coup d'œil à l'intérieur de l'église en forme de carène retourné pour admirer ses bateaux votifs, son impressionnant plafond et ses nombreuses peintures. Un ferry se rend de Lysekil au village toutes les heures. Toute la partie ouest de la péninsule de Stångenäs, où est installée Lysekil, est occupée par la **réserve naturelle de Stångehuvud**. Vous pourrez y observer des animaux (des oiseaux surtout), vous baigner et lézarder au soleil (si l'astre diurne est de sortie) sur les plaques de granit en bord de mer.

Smögen

DE L'ANIMATION SUR LA CÔTE DU BOHUSLÄN

Située sur la côte près de Kungshamn, la ville animée de **Smögen** se distingue quelque peu des autres localités du Bohuslän. L'endroit est réputé dans toute la Suède comme une destination jeune et branchée, et sa promenade en planches fourmille de boutiques et de bars éparpillés autour du port. En retrait du front de mer, des escaliers abrupts mènent à des rangées de maisons de pêcheurs branlantes et à un labyrinthe de maisons joliment restaurées, avec de beaux jardins d'été.

Mis à part les cocktails hors de prix et les fêtards suédois guindés, la vie à Smögen tourne autour des produits de la mer. La **criée** matinale est toujours animée (même si l'essentiel de la marchandise est aujourd'hui vendue en ligne), et le spectacle des pêcheurs qui déchargent leurs caisses de crevettes, homards et poissons est une raison en soi de s'attarder sur le port. Si vous avez manqué la criée, rattrapez-vous dans les innombrables restaurants de poissons et fruits de mer.

Si vous avez une voiture à disposition et que vous voyagez avec des enfants, allez voir la **Nordens Ark** (Arche du Grand Nord), à 19 km au nord-est de Smögen. Peuplé d'animaux et de plantes de pays au climat similaire à celui de la Suède, le parc

ÅSTOL

La petite île d'Åstol semble sortie d'un rêve étrange. Ce minuscule bout de roche pelée est émaillé de rangées de maisons d'un blanc immaculé, comme entassées les unes sur les autres au bord de la mer. Promenez-vous dans les rues sans voitures, contemplez la vue sur les îles alentour et savourez ragoûts de poisson et saumon fumé au restaurant de la fumerie de poisson Åstols Rökeri. La plupart des visiteurs ne restent que la journée car contrairement à Tjörn, les hébergements sont rares sur Åstol. Pour rejoindre l'île, prenez un ferry à Rönnäng, sur Tjörn (1 ou 2/heure de 5h30 à 23h30).

Åstol

LE TOP DES HÉBERGEMENTS PETIT BUDGET SUR LA CÔTE DU BOHUSLÄN

Tofta Gård
Auberge de jeunesse dans une ferme ancienne entourée de petites maisons, à Orust. €

Siviks Camping
Installé sur des dalles de granit rose, Siviks est le camping le mieux situé à Lysekil. €

Makrillvikens Vandrarhem
Auberge de jeunesse aménagée dans d'anciens thermes de Smögen. €

FJÄLLBACKA ET INGRID BERGMAN

Ingrid Bergman, la célèbre actrice suédoise, passait ses étés dans le village de Fjällbacka (dont la place principale porte aujourd'hui son nom). Mais, dans les années 1940, le front de mer n'était pas pris d'assaut par les touristes comme il l'est aujourd'hui sitôt que pointe le soleil. Le village n'en garde pas moins beaucoup de charme, avec ses maisons colorées coincées entre les falaises et les flots.

À une rue du front de mer, des escaliers en bois mènent au sommet de la falaise de Vetteberget où vous attend une vue panoramique inoubliable sur le village, la mer et les îlots rocheux. Plusieurs sentiers invitent à des promenades plus longues sur le plateau rocailleux.

Il est préférable, pour visiter Fjällbacka, de disposer d'un véhicule.

JONAS TUFVESSON/SHUTTERSTOCK ©

Smögen (p. 157)

animalier conduit également des programmes de reproduction pour espèces en danger, telles que le tigre de Sibérie et la panthère de l'Amour. Un sentier de 3 km permet aux visiteurs d'apercevoir les animaux logés dans de vastes enclos, et des visites guidées sont proposées à la saison haute.

Hållö, petite île battue par les vents, ravira les photographes. Son principal centre d'intérêt est le phare, où l'on peut même passer la nuit. Des ferries fréquents rejoignent l'île depuis le port de Smögen en été.

Les gravures rupestres de Tanum

MESSAGES DE L'ÂGE DU BRONZE

Les habitants du Bohuslän à l'âge du bronze suédois (v. 1500-500 av. J.-C.) ont gravé, dans le granit, des motifs associés à leurs croyances, leurs rituels, leurs triomphes et leurs tragédies. Nombre des ces gravures (*hällristningar*) vieilles de 3 000 ans ont survécu jusqu'à aujourd'hui, notamment dans la plaine de Tanum, autour de **Tanumshede**. Cette région d'une superficie de 45 km² concentre tant de ces vestiges préhistoriques qu'elle a été classée au Patrimoine mondial. À l'époque où ces gravures furent réalisées, les parois rocheuses étaient bien plus proches du rivage, et le niveau de la mer dépassait l'actuel de 15 m.

Le **Vitlycke Museum** est un musée interactif sur le thème de ces gravures, mettant en lumière leurs origines, proposant des interprétations quant à leur signification et imaginant le quotidien des populations de l'âge du bronze. Une série de sentiers et de passerelles en bois traversent une forêt de pins jusqu'aux principaux sites rupestres (une dizaine de sites moins importants

LE TOP DES RESTAURANTS DE MILIEU DE GAMME SUR LA CÔTE DU BOHUSLÄN

Old House Inn
Restaurant pittoresque sur la place principale, avec menu international et concerts. **€€**

Åstols Rökeri
Le saumon fumé est en vedette, mais il y a aussi de la soupe de poisson et des fruits de mer. **€€**

Café Emma
En plein sur le port, ce lieu propose des plats bio et des lits en auberge de jeunesse. **€€€**

se trouvent dans le secteur). À 500 m au sud du musée, le site d'**Aspeberget**, qui réunit la plus forte concentration de gravures des environs. En les observant, il est évident que la vie à l'âge du bronze était dominée par deux éléments : les bateaux et la violence, symbolisée par des hommes munis de lourdes haches.

Plus proche de la côte, **Litsleby** est le troisième site de gravures par ordre d'importance. La thématique marine domine, même si les bateaux sont éclipsés par l'énorme image d'un dieu brandissant une lance, que l'on imagine être Odin. À noter aussi les chiens, les deux pieds nus et le lancier à cheval. Pour vous rendre à Vitlycke par les transports en commun, prenez le bus n°870 ou n°945 à la gare routière de Tanumshede jusqu'à Hoghem. De là, comptez 5 à 10 minutes à pied. Les bus régionaux de la route Göteborg-Uddevalla-Strömstad s'arrêtent aussi à Tanumshede.

Strömstad

PLAISIRS CÔTIERS ET VESTIGES HISTORIQUES

Cité balnéaire, port de pêche et ville d'eau tout à la fois, Strömstad arbore des maisons au décor de bois chantourné évoquant la Norvège toute proche. La plupart des visiteurs viennent ici pour les superbes plages de sable de Capri et de Seläter, mais les environs comptent d'autres sites d'intérêt si lézarder au soleil vous ennuie, comme une excursion à la journée sur les **îles Koster** (voir ci-contre). Si Strömstad possède aussi un musée rempli de vieilles photographies qui retrace l'histoire de la ville (le Strömstads Museum), les sites les plus intéressants sont en dehors de la ville. Ouvert seulement sur rendez-vous (contactez l'office du tourisme), le sanctuaire en pierre roman de **Skee Kyrka**, dont la nef remonte au Xe siècle, est à 6 km à l'est Strömstad. Admirez le plafond peint et un insolite retable du XVIIe siècle orné de 24 personnages sculptés. Non loin se trouvent des tombes de l'âge du fer, un étrange clocher et une tombe à couloir du milieu du néolithique (v. 3000 av. J.-C.). L'un des plus imposants **bateaux de pierre** (ensemble mégalithique ovale évoquant la forme d'un bateau) de Suède vous attend à 6 km au nord-est de Strömstad. Il compte 49 pierres en tout, celles de la proue et de la poupe dépassant 3 m de hauteur, et a été daté de 400 à 600 av. J.-C. De l'autre côté de la route s'étend un ensemble d'une quarantaine de tombes de l'âge du fer. La meilleure manière de rejoindre le site est d'emprunter l'agréable sentier partant au nord de la ville.

À 10 km au sud de Strömstad, la petite île de **Resö** possède un joli port, de superbes plages pour se baigner, une épicerie où se procurer de quoi pique-niquer, un marché aux puces les week-ends d'été et un charmant restaurant ouvert en été, le Lexö på Resö, avec une belle vue sur la mer.

ÎLES KOSTER

Vous avez tout vu à Strömstad ? Prenez un bateau au port nord de la ville (ils sont plus fréquents en été) pour découvrir le magnifique archipel miniature des îles Koster, bouts de roche boisés constituant l'extrême ouest de la Suède. La minuscule Koster nord, toute vallonnée, abrite de jolies plages. Plus vaste et plus plate, Koster sud se prête mieux aux balades à vélo (vous pourrez en louer sur place) et compte de nombreux sentiers de randonnée. Les îlots au sud des deux îles principales ne demandent qu'à être explorés en kayak de mer.

L'archipel compte plusieurs restaurants et deux grandes plages, à Rörvik et Kilesand. Réservez votre traversée auprès de l'office du tourisme ; les bateaux partent toutes les 30 minutes en été, moins fréquemment le reste de l'année.

COMMENT CIRCULER

Västtrafik (www.vasttrafik.se/en) gère les transports en commun du Bohuslän, dont la plupart des ferries. Des bus fréquents desservent la majeure partie des localités, mais certaines lignes tournent au ralenti le week-end et en hiver.

Environs de la côte du Bohuslän

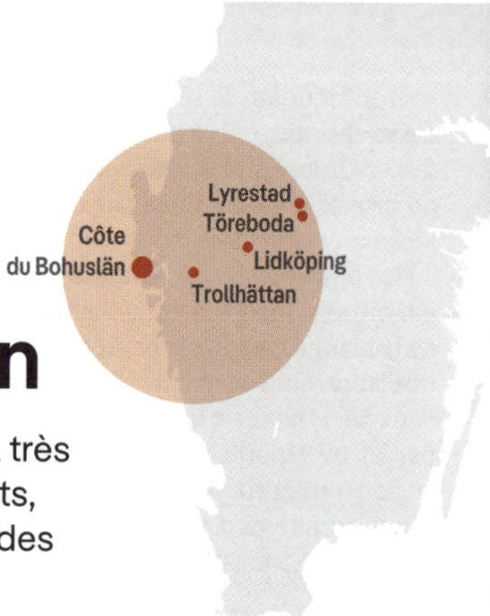

L'arrière-pays du sud-ouest de la Suède, très peu peuplé, associe lacs, rivières et forêts, avec, çà et là, de plaisants villages hors des sentiers battus.

L'intérieur des terres du sud-ouest de la Suède est une vaste région boisée ponctuée d'innombrables lacs cristallins. La Dalie (Dalsland en suédois) est d'ailleurs souvent décrite comme la région des lacs en Suède. Très peu peuplée (7 habitants/km^2), elle attire les amateurs d'activités en plein air, en particulier les kayakistes. On trouve aisément à louer kayaks, canoës et matériel de camping. Le canal du Dalsland, qui court sur 250 km, est idéal pour une aventure estivale en kayak. Vous n'êtes pas très plein air ? Faites une excursion d'une journée à Trollhättan, capitale du cinéma suédois, ou à Lidköping, au bord d'un lac, qui compte d'intéressants sites à visiter par temps de pluie.

Pour les infos pratiques, voir le Carnet d'adresses p. 171

À SAVOIR

Envie d'une vraie aventure en kayak ? En partant de la ville d'Ed, pagayez vers le nord jusqu'à la Norvège sur le lac Stora, semblable à un fjord.

Kayak sur le canal du Dalsland

©ALEXANDERSTOCK23/SHUTTERSTOCK

Canal du Dalsland

Canal du Dalsland

UNE ODYSSÉE EN KAYAK

Ce pittoresque canal traverse la partie orientale de la Dalie (Dalsland). Il relie une succession de lacs étroits entre le Vänern et le Stora Le, offrant en été un terrain de jeu aquatique de 250 km de long aux amateurs de bateau et de kayak.

Pagayer dans une solitude absolue est ce que la Dalie a de mieux à offrir. Si vous n'apportez pas votre propre équipement, une dizaine de prestataires installés au bord du canal louent kayaks, canoës et tout le matériel necessaire, tout en prodiguant des conseils sur les itinéraires. Parmi eux, **Bootshaus**, à Bengtsfors, peut aussi assurer l'hébergement. Si vous êtes téméraire, inscrivez-vous au **Dalsland Kanot Maraton**, une course d'endurance qui a lieu mi-août et dont les participants se défient en canoë sur un parcours éprouvant de 55 km. Vous préférez un vrai bateau ? Prenez la barre d'un Nimbus 2600 loué par **Dalslands Kanal AB** (location à la semaine uniquement) et naviguez tranquillement au cœur d'un paysage bucolique, en négociant quelques écluses en chemin. Si vous préférez être passager, le MS *Storholmen* et le MS *Dalslandia* font de courtes sorties le long du canal au départ de Håverud.

HÅVERUD ET SES ENVIRONS

En Dalie, tous les chemins mènent au village de Håverud. Outre son aqueduc, la localité est entourée de sites intéressants. À Upperud, le **Dalslands Museum & Konsthall** expose œuvres locales, sculptures sur bois, céramiques, ferronnerie et argenterie d'Åmål. Le petit jardin de sculptures comprend une tour en bois anarchique de l'excentrique Lars Vilks. **Skållerud** possède une église en bois rouge vif du XVIIe siècle avec des fresques bien conservées et des éléments baroques, tandis que la **réserve naturelle de Högsbyn**, 8 km au nord de Håverud, se prête à de belles balades en forêt et à d'agréables baignades. On y trouve également des gravures rupestres de l'âge du bronze représentant des animaux, des bateaux, des labyrinthes, des symboles solaires et des empreintes de mains et de pieds.

LE TOP DES HÉBERGEMENTS PETIT BUDGET EN DALIE

STF Hostel Håverud
Auberge de jeunesse idéalement située au bord du canal à Håverud ; chambres confortables. **€**

Happy Celery Glass Cabins
Dormez dans un bungalow de verre entouré de verdure ; repas végans. Près de Bengtsfors. **€**

Dalsland Camping & Kanotcentral
Camping et bungalows en bord de lac, en lisière de Bengtsfors. **€**

LE DAL-VÄSTRA VÄRMLAND RAILWAY

Cette ligne de chemin de fer historique relie Bengtsfors au nord à Mellerud au sud, offrant la possibilité aux visiteurs de découvrir la région confortablement installé à bord de trains tractés par des locomotives d'époque. Imprégnez-vous des paysages bucoliques de la Dalie et admirez la merveille d'ingénierie qu'est l'aqueduc de Nils Ericsson, à Håverud. Vous pourrez faire le trajet du retour à bord du MS *Storholmen*, charmant bateau de la fin du XIXe siècle, ou du MS *Dalslandia*.

Horaires et tarifs sur le site Web du chemin de fer (www.dvvj.se). Habituellement, il y a deux départs quotidiens dans chaque direction de mi-juin à août. Le trajet dure environ une heure.

JOHNER IMAGES/GETTY IMAGES ©

Trollhätan

À **Håverud**, le Kanalmuseet présente l'histoire du canal du Dalsland, achevé en 1868. La plus impressionnante œuvre d'ingénierie le long du canal est l'aqueduc de Håverud, qui fait passer le canal au-dessus de la rivière. Aussi, une voie ferrée enjambe l'aqueduc, tandis qu'un pont routier passe carrément par dessus les deux à la fois.

Pendant les courts étés, les hébergements consistent en des campings saisonniers installés à intervalles réguliers. Autrement, cherchez hôtels, pensions et auberges de jeunesse dans les villes comme Bengtsfors, Håverud ou Åsensbruk.

Trollhättan

CAPITALE DU CINÉMA SUÉDOIS

"Trollywood", comme on l'appelle parfois, est la capitale du cinéma suédois. Nombre de films suédois ou étrangers y ont été tournés, notamment *Jalla! Jalla!* (2000), du réalisateur libano-suédois Josef Fares, nominé aux Oscars, ainsi que trois films du Danois Lars von Trier : *Dancer in the Dark* (1999), *Dogville* (2002) et *Manderlay* (2005). Par beau temps, la ville a des allures de décor de cinéma : vastes bâtiments, canaux embrumés, cascades assourdissantes et un téléphérique futuriste lui confèrent une apparence mystérieuse

OÙ SE RESTAURER À LIDKÖPING

Restaurang Sjöboden
Dans le village de Spiken, un restaurant sur le port servant des poissons du lac. **€€€**

Mellbygatans | Ost & Delikatesser
Un déjeuner mémorable vous attend dans le meilleur bistrot en ville. **€€**

Restaurang Bakgårn
L'une des meilleures tables de Lidköping, spécialisée dans le poisson local, mais au menu riche en viande. **€€**

et saisissante. Écluses et canaux constituent les moteurs de Trollhättan depuis des siècles, et la ville a su tirer parti de son patrimoine industriel, ses entrepôts en brique rouge abritant désormais d'excellents musées.

Deux de ces institutions tirent leur épingle du jeu : l'**Innovatum Science Center** recèle quantité de gadgets interactifs pour enfants de tous âges : drôles de skateboards sur lesquels on s'assied, gyroscopes, machines à tourbillons, système permettant de contrôler une balle par la pensée et grosses pièces de Lego pour les plus petits. Le **Saab Bilmuseum** est un must pour les amateurs de voitures et de design suédois, avec ses modèles Saab étincelants allant de la toute première voiture du constructeur (un sensationnel prototype de 1946) à la Sonnet Super Sport (dont il n'existe que six exemplaires) en passant par la futuriste Aero X, ou des modèles zéro-émission.

Trollhätan possède aussi un site naturel d'exception, sa célèbre **cascade**. Au nord-est, près de la centrale électrique de Hojum, les foules se pressent pour admirer les tempétueuses cataractes à l'ouverture de la conduite forcée. En temps normal, l'eau est redirigée vers la centrale, mais, à certaines heures, les vannes s'ouvrent et le spectacle commence.

Lidköping

JOLIE ESCALE EN BORD DE LAC

Sur la rive du vaste lac Vänern, cette ville de 25 000 habitants possède un joli centre méritant une ou deux heures d'exploration. Cependant, les curiosités les plus intéressantes sont desservies par des bus car situées hors de la ville.

En tête de liste, le **Läckö Slott**, 23 km au nord de Lidköping, est un superbe exemple d'architecture suédoise du XVIIe siècle. Le château est bâti sur le site d'un premier édifice construit en 1298. Le comte Magnus Gabriel de la Gardie, qui l'acheta en 1615, le remodela entièrement.

Le prix de l'entrée comprend une visite guidée de 40 minutes donnant accès aux pièces les plus intéressantes, dont les salles d'apparat, les appartements du comte, et la salle de banquet où l'on servait aux invités des festins de 55 plats.

Husaby, 15 km à l'est de Lidköping, est un lieu historique pour les Suédois. Olof Skötkonung, premier roi chrétien de Suède, mort en 1022, aurait été baptisé dans une source voisine par le missionnaire anglais Sigfrid. L'église (Husaby Kyrka) date du XIIe siècle, mais la structure en bois constituant la base de son clocher à trois flèches est sans doute plus ancienne. L'intérieur conserve de saisissantes fresques du Moyen Âge et des runes vieilles de mille ans.

À 18 km au nord-est de Lidköping, **Kinnekulle**, la "montagne fleurie" (306 m), affiche une diversité géologique et végétale remarquable, avec notamment de majestueux chênes séculaires. Des créatures rares y vivent, notamment le triton crêté (sorte de salamandre) et certaines variétés de criquets.

De nombreux sentiers se prêtent à de courtes promenades, mais vous pourrez aussi vous lancer sur les 45 km du **Kinnekulle vandringsled**. L'office du tourisme fournit cartes et brochures sur la région.

RÉSERVE NATURELLE HUNNEBERG ET HANNEBERG

Située au sud de l'immense lac Vänern, Vänersborg fut jadis surnommée "le petit Paris", sans doute par quelqu'un qui n'avait jamais vu la Ville Lumière. À 8 km à l'est, la réserve naturelle de Hunneberg et Hanneberg englobe deux plateaux rocheux et compte 50 km de sentiers de randonnée. La réserve sert de terrain de chasse royal depuis plus d'un siècle, les ravins profonds et la forêt primitive offrant aux élans un habitat de choix.

Vous apprendrez tout sur ces animaux à larges bois au Kungajaktmuseet Älgens Berg, le musée royal de la Chasse, à l'entrée de la réserve, qui organise également des sorties d'observation des élans.

D'UNE MER À L'AUTRE

Si on y ajoute les lacs Vänern et Vättern, ainsi que le canal de Trollhätte, à l'ouest, le canal Göta permet de traverser tout le pays en bateau d'ouest en est, de la mer du Nord à la Baltique. L'idée de son créateur, Baltzar von Platen, était en effet de relier les deux mers pour éviter aux navires de passer par l'Öresund, où les Danois appliquaient des taxes.

Le canal de Trollhätte, à l'ouest, fut inauguré en 1800. Le canal Göta, à l'est, fut achevé en 1832. L'arrivée du train, ici comme ailleurs, porta un coup fatal aux transport fluvial. L'itinéraire n'a plus aujourd'hui d'activité commerciale, hormis sur l'immense lac Vänern, et revit maintenant grâce au tourisme.

Au fil du canal Göta, entre les lacs Vänern et Vättern… et au-délà

ESCAPADE NATURE À VÉLO

Aux beaux jours, les immenses champs de colza étendent sur les plaines suédoises leur éclatant manteau jaune, sur lequel les maisons badigeonnées au rouge de Falun posent des touches d'amarante. C'est le moment idéal pour pédaler sur les berges du **canal Göta**. Devenu “Itinéraire cyclable national” au printemps 2023, ce tracé qui s'étend sur 220 km entre le lac Vänern et les portes de la Baltique offre une bulle de quiétude. On y pédale paisiblement, en terrain plat, bercé par le chant des oiseaux, s'arrêtant à l'occasion pour une pause *fika* au bord de l'eau ou pour assister au passage de l'un des bateaux historiques qui sillonnent le cours d'eau.

Rendu rapidement obsolète par le chemin de fer, le canal bénéficie aujourd'hui d'une deuxième vie avec le tourisme nature. Avec d'évidentes bonnes dispositions : non seulement le canal est par essence paisible et les bruits de moteurs y sont rares, mais une série des hôteliers et restaurateurs installés sur ses rives adhèrent au programme Hållbarhetsklivet, qui prône un tourisme responsable dans l'ouest du pays.

Pour une escapade décarbonnée entre les lacs Vänern et Vättern, nous vous conseillons d'aller en train de Göteborg à Töreboda, voire à Lyrestad, à seulement 2 km de l'**hôtel Norrqvarn**. Bonne base pour explorer cette partie du canal, l'établissement est apprécié à juste titre pour ses excellents repas locavores servis en pleine nature. L'agence **Sustainable Stella** loue des vélos à assistance électrique à Töreboda, et peut les apporter à l'hôtel Norrqvarn. Le **café Visthuset**, à Töreboda, loue des vélos classiques. D'autres possibilités de balade sur un autre tronçon du canal Göta sont indiquées p. 230.

OLIVIER CIRENDINI ©

COMMENT CIRCULER

Le bus est le meilleur moyen d'explorer le sud-ouest de la Suède, la plupart des localités étant desservies depuis Göteborg, et le plus souvent reliées entre elles, par Västtrafik (www.vasttrafik.se/en). Des trains partent également de Göteborg pour Lidköping, Vänersborg et Trollhättan.

VARBERG

À 70 km au sud de Göteborg, Varberg est une jolie ville de bord de mer facilement accessible en train. Elle compte 27 000 habitants, mais voit sa population tripler pendant les courts étés suédois, en raison des kilomètres de plages de sable blanc qui s'étendent au nord et au sud de la ville. En ville, on évolue nu dans la Kallbadhuset, une maison de bains sur pilotis, et dans les espaces naturistes réservés sur certaines portions de plage. Les plages de Varberg sont dominées par une imposante forteresse, qui joua un rôle important dans l'histoire de la région. L'édifice abrite aujourd'hui un excellent musée où l'on peut voir les restes d'un "homme des tourbières", l'une des découvertes humaines les mieux préservées de toute la Scandinavie.

Pour les infos pratiques, voir le Carnet d'adresses p. 172

À SAVOIR

Vous trouverez sur la jolie place centrale de Varberg l'église et l'office du tourisme, ainsi que plusieurs restaurants et cafés.

Varberg à pied

À cinq minutes de marche de la gare ferroviaire vous attend la **Kallbadhuset**, une maison de bains à ciel ouvert de style mauresque perchée sur pilotis au-dessus de la mer. Le bâtiment fut détruit deux fois par des tempêtes, en 1884 et en 1902 ; la version actuelle date de 1903. Faites trempette dans l'eau glacée avant de vous réchauffer au sauna. Les espaces de bronzage, naturistes et non mixte, sont flanqués d'escaliers descendant jusqu'à l'eau. Il y a aussi un café si vous préférez garder vos vêtements.

Kallbadhuset
PHOTOSBYPATRIK/SHUTTERSTOCK ©,

Haut perché sur un promontoire surplombant la mer, à une courte marche de la Kallbadhuset, vous attend la **forteresse** de Varberg. Les expositions sur le comté de Halland, les traditions de chasse et la vie médiévale y sont intéressantes, tout comme la petite galerie d'art consacrée à l'école impressionniste de Varberg (fin du XIXe siècle). Toutefois, la vedette des lieux est sans conteste l'homme de Bocksten (voir l'encadré p. 166).

Au pied de la forteresse s'étendent les plages naturistes bordant la **Strandpromenaden**. Ici, pas de sable blanc, mais de grandes dalles de roche et un accès facile à la baignade.

OÙ SE RESTAURER À VARBERG

Veganen
Petit restaurant végan sur la place principale, avec œuvres d'art aux murs et un menu copieux. **€**

Stadshotell Restaurang
Élégant restaurant avec baie vitrée, une cuisine de bistrot au déjeuner et un menu plus élaboré le soir. **€€**

John's Place
L'un des meilleurs restaurants de viande de l'ouest de la Suède (d'où les prix). **€€€**

Les plages ne sont pas mixtes : les deux premières, Kärringhålan et Skarpe Nord, sont réservées aux femmes ; les hommes doivent marcher quelques minutes de plus vers le sud et la plage de Goda Hopp.

Véliplanchistes, Apelviken

À 2 km au sud de Varberg, **Apelviken** est le meilleur spot de planche à voile et de kitesurf de Suède. À l'extrémité sud d'Apelviken, louez votre matériel au Surfcenter (www.apelviken.se), qui propose également des cours de fin mai à août.

En ville, le Fahlén Surfshop loue du matériel de surf, kitesurf, planche à voile et paddle.

L'HOMME DE BOCKSTEN

Vedette de la forteresse de Varberg, l'homme de Bocksten est un individu d'une trentaine d'années dont le corps fut empalé (pour éviter son retour comme revenant) au XIVe siècle dans une tourbière voisine de la ferme de Bocksten et dont les restes momifiés ont été découverts 600 ans plus tard, en 1936. Le jeune homme, sans doute plutôt aisé, se distingue des dépouilles similaires retrouvées dans les tourbières de Scandinavie par ses vêtements, extraordinairement bien préservés. Son corps repose dans un caisson de verre, sa chevelure roussie du fait de l'eau riche en minéraux de la tourbière, face à sa cape et à son pantalon, exposés dans des vitrines. Des recherches menées en 2021 ont permis de déterminer que ses cheveux étaient probablement plus sombres, et ses vêtements, teints en bleu.

COMMENT CIRCULER

Des trains à destination de Copenhague partent toutes les heures de la Centralstation de Göteborg et desservent Varberg. À l'heure de nos recherches, des travaux étaient en cours pour délocaliser la gare de Varberg dans un vaste complexe souterrain.

Carnet d'adresses

GÖTEBORG

Kronhuset
Voir p. 144 (031-368 53 07 ; kronhuset.se ; Postgatan 6-8 ; ouverture lors d'événements ; 6, 13 Nordstan)

Konstmuseet
Voir p. 143 (031-368 35 00 ; goteborgskonstmuseum.se ; Götaplatsen 6 ; tarif plein/réduit 65 kr/gratuit ; 11h-18h mar et jeu, 11h-20h mer, 11h-17h ven-dim ; 6, 7, 11 Allhelgonakyrkan)

Kortedala
Voir p. 148 (031-48 59 40 ; kortedalamuseum.se ; Adventsvägen 1 ; entrée libre ; 12h-15h dim ; 4 Berzeliigatan)

Maritiman
Voir p. 146 (031-10 59 50 ; www.maritiman.se ; Packhusplatsen 12 ; tarif plein/réduit/5-15 ans 175/150/100 kr ; 10h-17h juin et août, 10h-18h juil, horaires réduits le reste de l'année ; 5, 10 Lilla Bommen)

Naturhistoriska Museet
Voir p. 148 (010-441 44 00 ; www.gnm.se ; Museivägen 10 ; entrée libre ; 11h-17h mar-mer et ven-dim, 11h-20h jeu ; 1, 2, 6 Linnéplatsen)

Sjöfartsmuseet
Voir p. 149 (031-368 35 50 ; www.sjofartsmuseetakvariet.se ; Karl Johansgatan 1-3 ; 65 kr, gratuit -20 ans et étudiant ; 10h-18h mar-mer, 10h-20 jeu, 10h-17h ven-dim ; 3, 9, 11 Stigbergstorget)

Skansen Kronan
Voir p. 144 (070-418 45 25 ; www.skansenkronan.se ; Leijonsparres Väg 15 ; entrée libre ; 24h/24)

Stadsmuseum
Voir p. 148 (031-368 36 00 ; goteborgsstadsmuseum.se ; Norra Hamngatan 12 ; 65 kr, gratuit -20 ans et étudiant ; 10h-18h mar-jeu, 10h-20h mer, 10h-17h ven-dim ; 1, 3, 4, 5, 6, 9 Brunnsparken)

Trädgårdsföreningen
Voir p. 144 (031-365 00 00 ; www.tradgardsforeningen.se ; Slussgatan 1 ; entrée libre ; 7h-20h mai-sept, 7h-18h oct-avr, serre 10h-19h juin-août, 10h-16h sept-mai ; Centralst Drottningt)

Universeum
Voir p. 146 (031-335 64 00 ; www.universeum.se ; Södra Vägen 50 ; tarif plein/réduit/3-16 ans 265/220/210 kr ; 10h-20h juil à mi-août, 10h-18h mi-août à juin ; 2 Korsvägen)

Världskulturmuseet
Voir p. 147 (010-456 12 00 ; www.varldskulturmuseet.se ; Södra Vägen 54 ; tarif plein/-19 ans 140 kr/gratuit ; 11h-17h mar et jeu-dim, 11h-20h mer ; 4, 5, 6, 7, 8 Korsvägen)

Volvo Museum
Voir p. 147 (031-66 48 14 ; volvomuseum.com ; Arendals Skans ; tarif plein/réduit/6-19 ans/7-15 ans 160/100/80/50 kr ; 10h-17h mar-ven, 11h-16h sam-dim)

Bohuslän Steamboat
Voir p. 146 (031-701 77 54 ; www.steamboat.se ; Stenpiren ; croisière à partir de 300 kr ; juil-août ; Stenpiren)

Hagabadet
Voir p. 143 (031-60 06 00 ; www.hagabadet.se ; Haga Östergata 6 ; tarif 1/3/7 jours à partir de 700/1 500/2 000 kr ;

Archipel de Göteborg

6h30-22h lun-jeu, 6h30-21h ven, 8h-20h sam, 9h-20h dim ; Järntorget)

Liseberg
Voir p. 141 (031-40 01 00 ; www.liseberg.se ; Örgrytevägen 5 ; billet 1 journée ou soirée 645 kr ; 10h-23h juil à mi-août, horaires variables le reste de l'année ; 2 Korsvägen)

Ocean Bus
Voir p. 146 (070-961 50 55 ; oceanbus.se ; adulte/enfant 285/245 Kr ; Kungsparken 1 ; mai-août ; Kungsportsplatsen)

Paddan City Boat Tour
Voir p. 146 (031-60 96 60 ; www.stromma.com ; croisière à partir de 240 kr ; Kungsportsplatsen ; mi-avr à oct ; Kungsportsplatsen)

Strömma Cruises
Voir p. 146 (031-60 96 70 ; www.stromma.com ; Lilla Bommens torg 2 ; croisière à partir de 330 kr ; avr-oct ; Lilla Bommen)

28+
Voir p. 145 (031-20 21 61 ; 28plus.se ; Götabergsgatan 28 ; 18h-1h mar-sam ; Vasaplatsen)

Andrum
Voir p. 147 (031-13 85 04 ; andrumvegetarisk.se ; Östra Hamngatan 19 ; 11h-22h lun-ven, 12h-22h sam, 12h-21h dim ; Lilla Bommen)

Café Hebbe Lelle
Voir p. 148 (031-13 41 17 ; www.facebook.com/CafeHebbeLelle ; Haga Nygata 23B ; 8h-18h30 lun-ven, 8h-18h sam, 9h-17h dim ; Hagakyrkan)

Café Kronhuset
Voir p. 148 (031-711 08 32 ; www.cafekronhuset.se ; Postgatan 6-8 ; 8h-19h lun-ven, 10h-18h sam-dim ; Brunnsparken)

Evas Paley
Voir p. 148 (076-852 19 35 ; evaspaley.se ; Kungsportsavenyen 39 ; 8h-21h lun-jeu, 8h-22h ven, 9h-22h sam, 9h-21h dim ; Valand)

Feskar Brittas Kro
Voir p. 146 (070-741 12 50 ; www.feskarbrittaskro.se ; Kvarnpirsgatan 8 ; 11h-15h lun-jeu, 11h-22h30 ven, 12h-22h30 sam, 12h-20h dim ; Eriksbergstorget)

Feskekörka
Voir p. 146 (www.feskekorka.se ; Rosenlundsgatan ; 10h-18h mar-ven, 10h-15h sam ; 3, 5, 9, 11 Hagakyrkan)

Göteburgare
Voir p. 147 (031-20 30 55 ; www.goteburgare.com ; Andra Långgatan 11 ; 16h-0h30 lun-jeu, 16h-1h30 ven-sam, 16h-minuit dim ; Järntorget)

Husaren Cafe
Voir p. 148 (031-13 63 78 ; www.cafehusaren.se ; Haga Nygata 28 ; 8h-19h30 ; Hagakyrkan)

Junggrens Café
Voir p. 148 (031 16 17 51 ; Juan Font vinbar, Kungsportsavenyen 37 ; 17h-1h mar-sam ; Valand)

Koka
Voir p. 145 (031-701 79 79 ; restaurangkoka.se ; Viktoriagatan 12C ; 18h-tard lun-jeu, 17h-tard ven-sam ; 1, 2, 3, 7, 10 Vasaplatsen)

Project
Voir p. 145 (031-18 18 58 ; www.projectgbg.com ; Södra Vägen 45 ; 17h-tard jeu-sam ; Berzeliigatan)

Sjömagasinet
Voir p. 146 (031-775 59 20 ; sjomagasinet.se ; Adolf Edelsvärds Gata 5 ; 11h30-23h lun-ven, 13h-23h sam-dim)

Tram de Göteborg

The Green Room
Voir p. 147 (031-40 01 00 ; www.liseberg.se ; Liseberg, Örgrytevägen ; Korsvägen)

Göteborgs Operan
Voir p. 144 (031-13 13 00 ; www.opera.se ; Operagatan ; billetterie 12h-16h mar-ven, 12h-début spectacle sam-dim ; 5, 10 Lilla Bommen)

Ullevi
Voir p. 144 (31-365 00 00 ; www.ullevi.se ; Skånegatan 10 ; Ullevi Södra)

Beyond Retro
Voir p. 145 (031-797 44 77 ; www.beyondretro.com ; Arkaden, Fredsgatan 1 ; 10h-19h lun-ven, 10h-18h sam, 11h-17h dim ; Brunnsparken)

Björk & Secondhand
Voir p. 145 (031-775 55 40 ; bjorkafrihet.se ; Linnégatan 9 ; 10h-19h lun-ven, 10h-17h sam, 12h-16h dim ; Prinsgatan)

Flaggskeppet
Voir p. 145 (031 711 93 13 ; www.flaggskeppet.com ; Stora Badhusgatan 18 ; 9h-18h lun-jeu, 9h-17h ven, 10h-14h sam ; Stenpiren)

Saluhallen
Voir p. 144 (031-13 93 26 ; www.storasaluhallen.se ; Kungstorget ; 9h-18h lun-jeu, 9h-19h ven, 9h-17h sam ; Kungsportsplatsen)

ENVIRONS DE GÖTEBORG

Carlstens Fästning
Voir p. 153 (Forteresse ; 0303-611 67 ; carlsten.se ; adulte/enfant 110/55 kr ; Marstrand ; 11h-15h avr-mai, 11h-17h juin et août, 10h30-18h30 juil, 11h-15h sam-dim sept-oct ; Marstrand)

Fiskemuseet
Voir p. 152 (Musée de la Pêche ; 031-96 89 94 ; www.fiskemuseet.se ; Västra Vägen 3, Hönö ; adulte/enfant 45/10 kr ; 11h-16h mar-ven)

Cabane en bois sur l'île de Torsö

Forteresse de Bohus
Voir p. 153 (072-307 17 77 ; bohusfastning.com ; Fästningsholmen, Kungälv ; adulte/enfant 120/60 kr ; 10h-18h juil à mi-août, 10h-17h mi-août à mi-sept et mi-mai à mi-juin, 10h-16h mi-sept à mi-oct et avr à mi-mai ; Grön Express)

Mölndals Stadsmuseum
Voir p. 152 (031-315 16 50 ; museum.molndal.se ; Kvarnbygatan 12, Mölndal ; entrée libre ; 12h-16h mar-mer et ven-dim, 12h-19h jeu ; 752, 756, Mölndal)

Donsö Sea Kayak
Voir p. 151 (0708 970 214 ; www.donsohavskajak.se ; Donsö Bryggväg 15, Donsö ; kayak simple/double à partir de 430/750 kr)

Nimbus Öckerö
Voir p. 151 (031-96 25 55 ; nimbusockero.se ; Björnhuvudsvägen 49, Öckerö)

Skärgårdshotellet Hönö
Voir p. 151 (031-96 96 80 ; skargardshotellethono.se ; Västra Vägen 17, Hönö)

Styrsö Tången B&B
Voir p. 151 (073-503 82 90 ; stbnb.se ; Hansebräckavägen 10, Styrsö)

Brännö Värdshus
Voir p. 152 (031-97 04 78 ; brannovardshus.se ; Husviksvägen 52, Brännö ; 12h-22h dim-mer, 12h-minuit jeu-sam juil-août, horaires réduits le reste de l'année)

Fiskboa
Voir p. 152 (070-936 99 06 ; www.fiskeboa-vrango.se ; Kattholmsvägen 34, Vrångö ; 10h-16h jeu, 10h-18h ven-sam, 11h-17h dim)

Franses
Voir p. 152 (031-386 00 56 ; franses.nu ; Västra Vägen 11, Hönö ; 11h30-14h30 lun-mar, 11h30-21h mer-jeu, 11h30-1h ven-sam, 12h-17h dim)

Kanotcentrum Göteborg
Voir p. 151 (031-13 96 00 ; shop.kanotcentrum.com ; Karl Johansgatan 66, Göteborg ; 10h-18h lun-ven, 10h-15h sam ; Chapmans Torg)

CÔTE DU BOHUSLÄN

Hållö
Voir p. 158 (0706-91 36 33 ; www.hallofarjan.se ; Mastgatan 14, Smögen ; aller-retour adulte/enfant 120/60 kr ; ferry 9h30-17h mi-juin à mi-août ;)

Havets Hus
Voir p. 157 (0523-66 81 60 ; www.havetshus.se ; Strandvägen 9, Lysekil ; tarif plein/réduit/enfant/-5 ans 150/140/90 kr/gratuit ; 10h-18h mi-juin à mi-août, 10h-16h mi-août à mi-juin)

Îles Koster
Voir p. 159 (kosteroarna.com ; adulte/enfant aller-retour 130/100 kr)

Nordens Ark
Voir p. 157 (0523-795 90 ; nordensark.se ; Åby Säteri, Hunnebostrand ; adulte/enfant/-4 ans 300/130 kr/ratuit ; 10h-18h juil à mi-août, 10h-16h mi-août à juin ; Nordens ark)

Nordiska Akvarellmuseet
Voir p. 156 (0304-60 00 80 ; www.akvarellmuseet.org ; Södra Hamnen 6, Skärhamn ; tarif plein/-26 ans 150 kr/gratuit ; 11h-17h mi-mai à mi-sept, horaires réduits le reste de l'année)

Observation des phoques
Voir p. 157 (0523-66 81 61 ; tarif plein/réduit 200/110 kr ; Strandvägen 9, Lysekil ; 13h juil à mi-août)

Skee Kyrka
Voir p. 159 (office du tourisme 0526-623 30 ; www.vastsverige.com/stromstad ; Ångbåtskajen 1, Strömstad ; sur rdv, office du tourisme 9h-20h lun-sam, 10h-19h dim juin-août, horaires réduits le reste de l'année)

Vitlycke Museum
Voir p. 158 (010-441 43 10 ; www.vitlyckemuseum.se ; Vitlycke 2, Tanumshede ; entrée libre ; 10h-17h mai-août, 10h-16h sept-oct et avr ; 870, 945)

Emma's Bed and Breakfast
Voir p. 156 (0917-76 095 ; Kebal)

Hotel Smögens Havsbad
Voir p. 155 (0523-66 84 50 ; www.smogenshafvsbad.se ; Hotellgatan 26, Smögen)

Makrillvikens Vandrarhem
Voir p. 157 (0523-315 65 ; www.makrillviken.se ; Parkgatan 35, Smögen)

Mollösunds Wärdshus
Voir p. 156 (0304-211 08 ; wards.se ; Kyrkvägen 9, Mollösund)

Pater Noster Hamneskär
Voir p. 156 (0304-303 10 ; www.paternoster.se ; Hamneskär)

Siviks Camping
Voir p. 157 (0523-61 15 28 ; www.sivikscampinglysekil.se ; Träleberg 172, Lysekil ; fin avr à mi-sept)

Stora Hotellet Bryggan
Voir p. 155 (0525-76 50 20 ; www.brygganfjallbacka.se ; Ingrid Bergmans Torg, Fjällbacka)

Strandflickornas Havshotell
Voir p. 155 (0523-797 50 ; strandflickorna.com ; Turistgatan 13, Lysekil)

Strandvillan Hostel & Hotell
Voir p. 156 (0523-797 51 ; strandflickorna.com ; Strandvägen 1, Lysekil)

Tofta Gård
Voir p. 157 (Stockenvägen 25, Orust)

Cabane sur l'île de Lysekil

Utpost Hållö
Voir p. 156 (070 236 82 02 ; utposthallo.se ; Hamngatan 1, Smögen ; mi-mai à août)

Åstols Rökeri
Voir p. 158 (0304-67 77 40 ; www.astolsrokeri.se ; Hamnen 4, Åstol ; déj et dîner juil-août, horaires réduits le reste de l'année et en fonction de la météo)

Brygghuset
Voir p. 155 (0523-222 22 ; www.brygghusetkrog.se ; Fiskebäckskilsvägen 28, Fiskebäckskil ; 12h-minuit, horaires variables hors saison)

Café Emma
Voir p. 158 (070-926 65 11 ; brygghusetmollosund.se ; Hamnvägen 4, Mollösund ; 11h minuit juin à mi août)

Hallo Bar
Voir p. 155 (0523-720 77 ; hallobar.se ; Fiskhamnsgatan 32, Smögen ; 11h30-22h juin-sept)

Lexö på Resö
Voir p. 159 (070-578 95 11 ; lexo.se ; Hamnholmen ; 12h-tard mi-juin à mi-août)

Magasinet Härön
Voir p. 155 (076-018 53 33 ; www.magasinetharon.se ; Härön Tryckhålet 197, Kyrkesund ; 12h30-14h et 18h-tard juil-août, 18h-tard ven, 12h30-14h et 18h-tard sam, 18h-tard dim avr-juin)

Old House Inn
Voir p. 158 (073-507 30 16 ; www.theoldhouseinn.se ; Kungsgatan 36, Lysekil ; 17h-21h lun-jeu, 17h-23h30 ven, 12h-23h30 sam, 13h-18h dim)

Pråmen
Voir p. 155 (0523-134 52 ; Södra Hamnen, Lysekil ; 12h-16h et 17h-22h)

Vatten
Voir p. 155 (0304-67 00 27 ; restaurangvatten.se ; Södra Hamnen 6, Skärhamn ; 11h30-14h30 lun-ven, 12h-15h30 sam-dim)

ALJAT/STOCK.ADOBE.COM ©

Läcko Slott

ENVIRONS DE LA CÔTE DU BOHUSLÄN

Canal Göta
Voir p. 164 (www.gotakanal.se/en). Renseignements sur le canal, les hébergements et la piste cyclable.

Chutes de Trollhättan
Voir p. 163 (www.vastsverige.com/en/trollhattan-vanersborg/produkter/trollhattan-waterfalls ; Trollhättan ; 15h mer-dim mi-juin à mi-août)

Dalslands Museum & Konsthall
Voir p. 161 (0530-300 98 ; www.dalslandskonstmuseum.se ; Upperrud ; entrée libre ; 11h-17h tlj juil à mi-août, 11h-17h mer-dim mi-août à nov et mars-juin)

Innovatum Science Center
Voir p. 163 (0520-28 94 00 ; www.innovatum.se ; Åkerssjövägen 16, Trollhättan ; adulte/enfant 140/65 kr ; 10h-17h tlj mi-juin à mi-août, 11h-14h mar, 11h-16h mer-dim mi-août à mi-juin)

Kanalmuseet
Voir p. 162 (072-730 14 12 ; Museivägen 3, Håverud ; adulte/enfant 50 kr/gratuit ; 10h-18h juin-août, 11h-16h mai-juin et sept)

Läckö Slott
Voir p. 163 (0510-48 46 60 ; www.lackoslott.se ; Läckö ; adulte/enfant 140 kr/gratuit ; jardin seul 50 kr ; 10h-18h mi-juin à mi-août ; visites en anglais 10h30, 12h30, 14h30 et 16h30 ; 132)

Saab Bilmuseum
Voir p. 163 (0520-28 94 40 ; saabcarmuseum.se ; Åkerssjövägen 18, Trollhättan ; tarif plein/réduit/enfant 120/90/60 kr ; 10h-17h tlj juil-août, 11h-16h mar-dim sept-juin)

Bootshaus
Voir p. 161 (0531-125 40 ; bootshaus.se ; Norra Grean 4, Bengtsfors ; 9h-18h lun-ven, plus 9h-14h sam-dim mai-sept)

Dalslands Kanal AB
Voir p. 161 (0530-447 50 ; www.dalslandskanal.se ; 14 995 kr/semaine, location à la semaine uniquement)

M/S Dalslandia
Voir p. 161 (070-541 06 33 ; www.dalslandskanaltrafik.se ;

billets à partir de 205 kr ; 10h50 lun, mer, ven juil-août)

M/S Storholmen
Voir p. 161 (070-541 06 33 ; www.dalslandskanaltrafik.se ; billet combiné train et bateau 515 kr, bateau Håverud-Bengtsfors 405 kr, moitié prix pour les enfants ; 10h50 mar, jeu, sam mi-juin à août)

Navires de croisières du canal Göta
Voir p. 164 (031 80 63 15 ; www.gotacanal.se/en)

Sustainable Stella
Voir p. 164 (0735 32 72 12 ; sustainablestella.se/en)

Café Visthuset
Voir p. 164 (0506 77 75 50 ; www.cafevisthuset.se)

Mellbygatans | Ost & Delikatesser
Voir p. 162 (0510-280 80 ; www.mellbygatans.se ; Mellbygatan 10, Lidköping ; 11h-15h lun, 11h-15h et 17h-22h30 mar-sam)

Norrqvarn Hotell
Voir p. 164 (0501 50 770 ; www.norrqvarn.se)

Restaurang Bakgårn
Voir p. 162 (0510-252 52 ; bakgarn.se ; Nya Stadens torg 1, Lidköping ; 16h-22h dim-jeu, 16h-1h ven, 12h-15h et 17h-1h sam)

Restaurang Sjöboden
Voir p. 162 (0510-104 08 ; www.sjoboden.se ; Fiskehamnen, Lidköping ; 12h-15h et 17h-22h juin-août, horaires réduits le reste de l'année ; 132)

Dalsland Camping & Kanotcentral
Voir p. 161 (0531-100 60 ; dalslandscamping.se ; Bengtsfors)

Happy Celery Glass Cabins
Voir p. 161 (070-389 92 22 ; www.woodwisecabins.se ; Kronan Kronkullen, Bengtsfors)

STF Hostel Håverud
Voir p. 161 (070-640 21 06 ; Museivägen 3, Håverud)

VARBERG

Varbergs Fästning
Voir p. 165 (Forteresse ; 0340-828 30 ; museumhalland.se ; adulte/-19 ans 120 kr/gratuit ; 10h-17h mi-juin à mi-août, 12h-16h mar-dim mi-août à mi-juin)

Apelviken Surfcenter
Voir p. 166 (0340-64 13 00 ; www.apelviken.se/surfcenter ; Apelviken ; planche de surf pour 2/4/6 heures 250/350/400 kr ; 12h-18h lun-sam juin-sept)

Kallbadhuset
Voir p. 165 (0340-173 96 ; www.kallbadhuset.se ; Otto Torels gata 7 ; adulte/enfant 90/65 kr ; 10h-18h lun-mar et jeu-ven, 10h-20h mer, 9h-18h sam-dim juin à mi-août, 13h-20h mer, 11h-17h ven, 9h-17h sam-dim mi-août à mai)

John's Place
Voir p. 165 (0340-109 03 ; johnsplace.nu ; Tångkörarvägen 4 ; 17h-tard juil à mi-août, 18h-tard dim-jeu, 17h-tard ven-sam juin et fin août, 18h-tard mar-jeu, 17h-tard ven-sam sept-mai)

Stadshotell Restaurang
Voir p. 165 (0340-69 01 10 ; www.varbergsstadshotell.com ; Kungsgatan 24 ; 11h30-13h30 et 18h-22h lun-ven, 12h-14h30 et 18h-22h sam-dim)

Veganen
Voir p. 165 (073-572 90 47 ; @veganenvbg ; Kyrkogatan 5 ; 11h30-20h30 mar-sam, 11h30-16h dim)

Bateau au large de Lysekil

Stortorget, à Malmö (p. 182)

MALMÖ ET LE SUD

PATRIMOINE ET MODERNITÉ

Jadis danois, ce territoire fertile ponctué de villes et de bourgades médiévales compte parmi les régions les plus aimées et les plus visitées de Suède.

Formé pour l'essentiel de la Scanie (Skåne ; en photo), à laquelle s'ajoute au nord-est le comté de Blekinge, le sud de la Suède a vu sa visibilité s'accroître avec l'inauguration, en 2000, du pont de l'Öresund, ouvert au trafic routier et ferroviaire, qui le relie au Danemark. Il connaît, depuis, un succès croissant : les vacanciers affluent, en été, sur ses plages préservées ; les mordus d'histoire visitent en nombre ses villes séculaires, tandis que Malmö, la capitale régionale, séduit par son architecture, ses festivals, ses restaurants haut de gamme et sa scène artistique progressiste.

PHOTOSBYPATRIK/SHUTTERSTOCK

La Scanie récompense les voyageurs qui savent prendre le temps. Elle se prête à quantité de randonnées, surtout dans l'Österlen, au sud-est, tandis que ses itinéraires cyclables, le long de la côte, spectaculaire, et à travers la campagne émaillée de beautés naturelles et de vestiges, sont les plus connus du pays. À l'intérieur des terres, des fermes vendent les produits bio qu'elles cultivent, de plaisants cafés avec jardin invitent à faire halte sur la route, et le moindre village possède au moins une charmante église ou un pittoresque bâtiment à colombages. Ici, l'histoire est une chose vivante, chère aux habitants et propre à donner aux visiteurs l'envie de revenir.

VILLES PRINCIPALES

MALMÖ
Métropole moderne autour d'un cœur historique.
p. 180

LUND
Ville universitaire aux origines médiévales.
p. 192

YSTAD
Destination de vacances prisée de la côte sud.
p. 197

Malmö (p. 180)

On ne s'ennuie pas dans la plus grande ville de Scanie, forte de maints sites culturels, d'une architecture digne d'intérêt et d'une scène culinaire inventive.

Lund (p. 192)

La vieille ville médiévale et son imposante cathédrale, chargée d'histoire, constituent les joyaux de Lund.

Ystad (p. 197)

Important port de pêche au Moyen Âge, la charmante Ystad, riche d'un centre historique intact et de plages urbaines, fait une bonne base pour explorer l'Österlen.

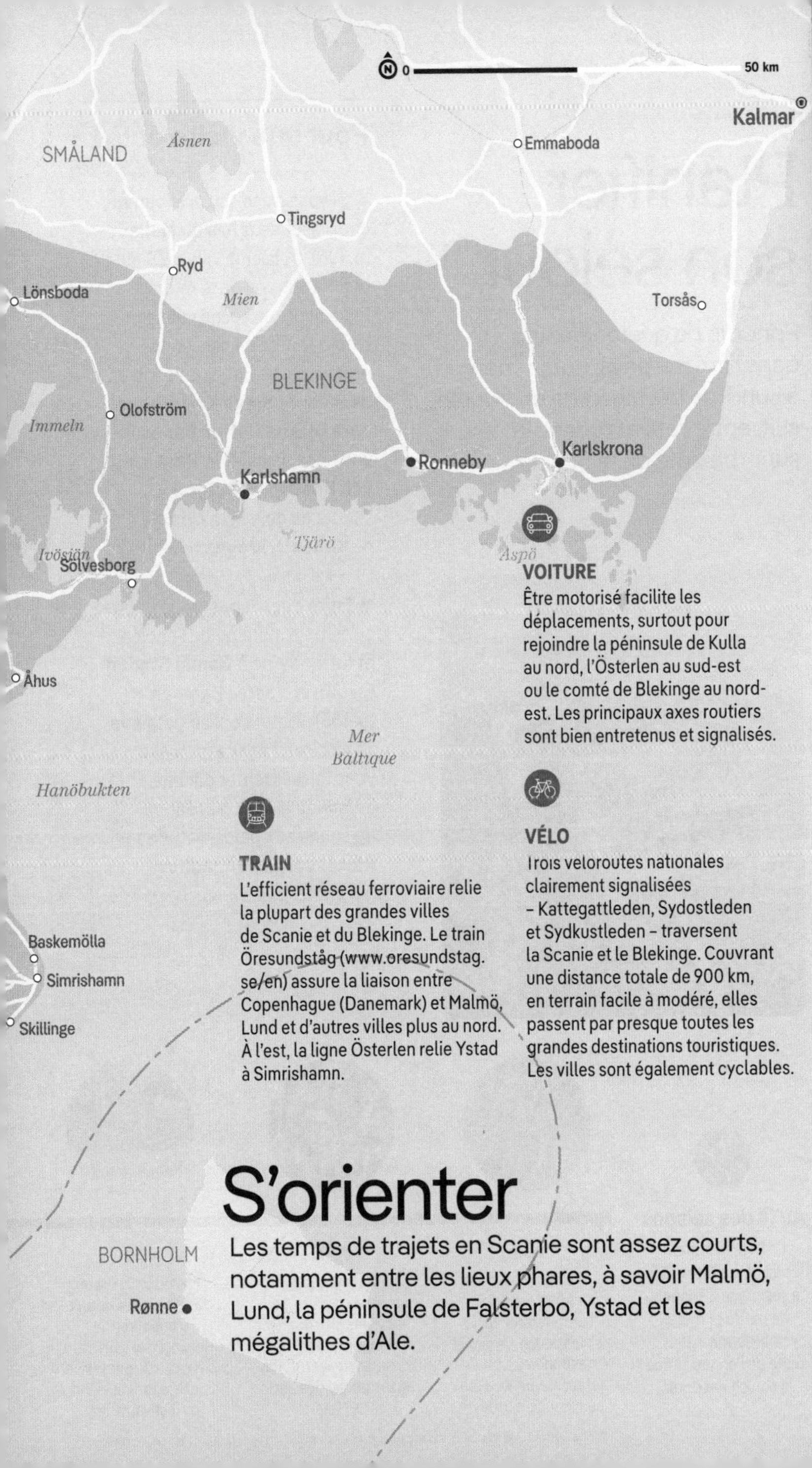

S'orienter

Les temps de trajets en Scanie sont assez courts, notamment entre les lieux phares, à savoir Malmö, Lund, la péninsule de Falsterbo, Ystad et les mégalithes d'Ale.

VOITURE

Être motorisé facilite les déplacements, surtout pour rejoindre la péninsule de Kulla au nord, l'Österlen au sud-est ou le comté de Blekinge au nord-est. Les principaux axes routiers sont bien entretenus et signalisés.

TRAIN

L'efficient réseau ferroviaire relie la plupart des grandes villes de Scanie et du Blekinge. Le train Öresundståg (www.oresundstag.se/en) assure la liaison entre Copenhague (Danemark) et Malmö, Lund et d'autres villes plus au nord. À l'est, la ligne Österlen relie Ystad à Simrishamn.

VÉLO

Trois veloroutes nationales clairement signalisées – Kattegattleden, Sydostleden et Sydkustleden – traversent la Scanie et le Blekinge. Couvrant une distance totale de 900 km, en terrain facile à modéré, elles passent par presque toutes les grandes destinations touristiques. Les villes sont également cyclables.

Planifier son séjour

Ponctué de quelques détours dans l'arrière-pays, notamment à Lund, un bel itinéraire en boucle suit, entre l'est et l'ouest, la superbe côte de la Scanie.

WIRESTOCK/GETTY IMAGES ©

Pour une visite éclair

- Si vous n'avez qu'une journée, choisissez sans hésiter **Malmö** (p. 180), troisième ville de Suède et pôle culturel de la région. Par ailleurs, la scène culinaire locale justifie de passer une grande partie du temps à table : direction le **Solde Kafferosteri** ou le **Djäkne Coffee Bar** pour une dose de caféine, **Bagaren och Bonden** ou **Ruths** à l'heure du déjeuner, **Lyran** ou **Kollektivkrogen** pour dîner.

- Entre deux repas, vous pourrez admirer le mariage de l'ancien et du moderne à **Gamla Staden** (p. 180) et **Vastra Hamnen** (p. 183), visiter l'église gothique **Sankt Petri Kyrka** (p. 184) et vous laisser tenter par une baignade et/ou une séance de sauna aux bains historiques **Ribersborgs Kallbadhus** (en photo, p. 185).

Au fil des saisons

La Scanie attirent les visiteurs l'été grâce à ses plages, sentiers de rando et routes cyclables, mais aussi le reste de l'année, grâce à son climat doux.

MAI

Le week-end de l'Ascension, l'Österlen accueille le Matrundan, un circuit gastronomique. Les établissements d'été commencent à rouvrir.

JUIN

La vie reprend avec l'arrivée de l'été. Les habitants s'en donnent à cœur joie durant la nuit de la Saint-Jean et lors de la marche des fiertés de Malmö.

AOÛT

Malmö organise un festival de rue gratuit d'une semaine, Helsingborg célèbre la bière lors du Brewskival et Ystad accueille un festival de jazz.

DE GAUCHE À DROITE : JERKER LARSSON/SHUTTERSTOCK ©, TOMAS LISSAKER/SHUTTERSTOCK ©, DAN RACE/SHUTTERSTOCK ©

Escapade en Scanie

- Si vous manquez de temps, consacrez la première journée à **Malmö** (p. 180). Vous y parcourrez d'abord **Gamla Staden** (p. 180) et le **Moderna Museet Malmö** (p. 183), avec une pause dans l'un des remarquables cafés-pâtisseries de la ville, avant de savourer un dîner de saison au convivial **Kollektivkrogen** (p. 183).

- Le deuxième jour, rendez-vous à **Lund** (p. 192) pour voir l'horloge astronomique et ses personnages animés dans la **Domkyrka** (cathédrale). Rejoignez ensuite Älmhul, au nord, et son **IKEA Museum** (p. 196), dédié à la célèbre marque de mobilier. Enfin, un trajet à travers la campagne vous mènera jusqu'à la côte de l'Österlen, paradis estival des vacanciers, pour lézarder sur la **plage** (p. 200) ou pédaler sur un tronçon de la célèbre route cyclable **Sydostleden** (p. 201).

Circuit des incontournables

- Commencez par **Lund** (p. 192), ses ruelles pavées et la magnifique **Domkyrka**, puis cap sur **Malmö** (p. 180) pour son incroyable scène culinaire, une promenade dans **Gamla Staden** (p. 180) et les baignades en plein air à la plage de **Ribersborg** (p. 185).

- Partez ensuite sur les traces des Vikings à **Höllviken** (p. 190), sur la péninsule de Falsterbo, où le village reconstitué du **Fotevikens Museum** (p. 190) plaît aux enfants comme aux adultes. Poursuivez vers l'est jusqu'à **Ystad** (p. 197), avec son centre médiéval préservé, et les exceptionnels **mégalithes d'Ale** (p. 200), perchés sur la crête de Kåseberga. Terminez par **Glimmingehus** (p. 200), une forteresse du XVIe siècle située dans les terres, non loin de la petite ville balnéaire de Simrishamn.

SEPTEMBRE

À Kivik, l'Äpplemarknaden fête la récolte des pommes. Les ornithologues viennent observer la migration automnale à Falsterbo.

OCTOBRE

Le temps fraîchit et invite à des activités d'intérieur. Un festival de chant choral se déroule dans différents lieux de Lund, dont la superbe cathédrale.

NOVEMBRE

Les décorations d'Halloween se multiplient à l'approche de la Toussaint. Les courageux vont aux bains pour plonger dans l'eau glacée.

DÉCEMBRE

Les processions aux chandelles de la Sainte-Lucie ont lieu le 13 décembre. La plupart des Suédois prennent des vacances de Noël à l'Épiphanie.

MALMÖ

Ces deux dernières décennies ont été marquées par une période de faste pour Malmö, la métropole suédoise qui connaît la plus forte croissance. La création de l'université et la construction du pont de l'Öresund ont redynamisé la ville, désormais reliée à Copenhague, au Danemark, et, par extension, au reste de l'Europe. Si elle a dû lutter pour s'adapter à la période post-industrielle après la fermeture de ses chantiers navals dans les années 1980, Malmö s'est reconvertie avec succès dans les secteurs de la biotechnologie, des technologies de l'information et du design. Nombre d'autres entreprises, dont IKEA, y ont implanté leur siège, séduites par la douceur du climat, la population jeune et multiculturelle, l'accent mis sur l'innovation et la proximité du Danemark.

S'ajoute à cela un respect du patrimoine architectural qui va de pair avec un urbanisme durable et des projets sociaux à visée progressiste. Enfin, le dynamisme de la scène culturelle et culinaire est à l'aune d'une population forte de 179 nationalités.

Pour les infos pratiques, voir le Carnet d'adresses p. 202

À SAVOIR

Du fait de sa proximité avec la plage et de ses nombreux restaurants en plein air, le quartier du port est un bon endroit où loger l'été. Il a en revanche bien moins d'attrait l'hiver, quand nombre d'établissements sont fermés et que souffle un vent glacial.

LES MEILLEURS CAFÉS DE MALMÖ

Lilla Kafferosteriet Occupant un bâtiment du XVIIe siècle, cette adresse est réputée pour son café torréfié sur place.

Solde Kafferosteri Cette brûlerie de Davidshall se fournit directement auprès des producteurs.

Pâtisserie David Une pâtisserie française, dans le quartier historique de Sankt Gertrud, pourvue d'une cour ravissante.

Djäkne Coffee Bar Un café-bar ouvert en semaine dans les locaux d'un incubateur de start-up de la tech.

Centre historique

RUES PAVÉES ET PATRIMOINE ARCHITECTURAL

Organisée autour de trois places – Stortorget (grand-place), Lilla Torget ("petite place") et Gustav Adolfs Torg –, **Gamla Staden** (vieille ville) se compose d'un joli dédale de rues pavées, bordées d'édifices séculaires, où les habitants se pressent pour faire des emplettes et socialiser. Son plan compact et son absence de trafic automobile créent des conditions agréables pour s'y promener à pied ou à vélo.

Au fil de la balade, vous découvrirez de jolies maisons à colombages, alliant structure en bois et matériau de remplissage tel que brique ou plâtre. La doyenne du lot, **Thottska Huset** (1558), se tient à l'angle d'Östergatan et de Humlegatan. À noter aussi le **quartier Sankt Gertrud** (Östergatan 7B), 19 bâtiments du XVIe au XIXe siècle autour d'une vaste cour. Menacés de démolition dans les années 1960, les trois demeures historiques de cet ensemble ont été acquises et restaurées par la municipalité. On trouve désormais sur place un restaurant, une boulangerie-pâtisserie, un bar à vins et des boutiques. D'autres maisons à colombages émaillent les rues voisines.

Haut lieu des bars et des restaurants, la ravissante **Lilla Torget** (1590) et les rues étroites en direction du Kungsparken (parc du Roi) abritent de nombreuses terrasses en plein air.

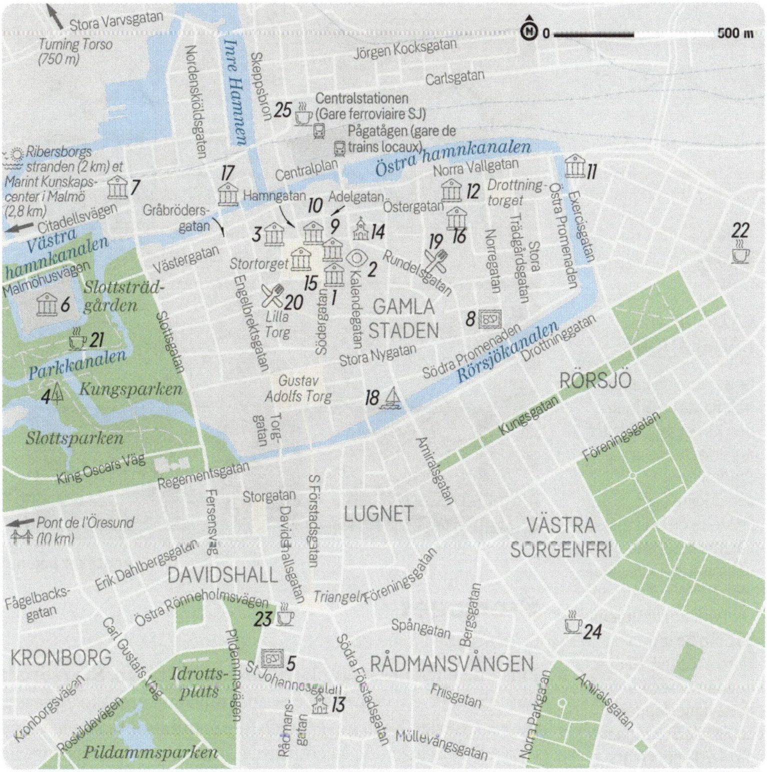

VOIR
1 Apoteket Lejonet
2 Gamla Staden
3 Kockska Huset
4 Kungsparken
5 Malmö Konsthall
6 Malmö Museer
7 Malmö Saluhall
8 Moderna Museet Malmö
9 Rådhuset
10 Residenset
11 Slussplan
12 Sankt Gertrud (quartier)
13 Sankt Johannes Kyrka
14 Sankt Petri Kyrka
15 Stortorget
16 Thottska Huset
17 World Maritime University

ACTIVITÉS
18 Pédalos

SE RESTAURER
19 Kollektivkrogen
20 Lilla Torget
21 Slottsträdgårdens Kafé
22 Bagaren och Bonden
23 Bageri Leve
24 Söderberg & Sara Stenugnsbageri
25 St Jakobs Stenugnsbageri

GRAND-PLACE DE MALMÖ

Juste au sud de la Centralstation, le long de Hamngatan, la **Stortorget** (p. 180), flanquées de monuments historiques, fait un bon point de départ pour explorer la vieille ville (Gamla Staden).

OÙ PRENDRE UN VERRE À MALMÖ

Julie Vinbar
Ce bar décontracté près de Lilla Torg sert vins et fromages soigneusement choisis.

Noir Vin & Kaffekultur
Terrasse à l'avant et carte de vins naturels, à proximité de Lilla Torg.

Pivo
Une taverne proche de Stortorget, spécialisée dans la cuisine et la bière tchèques.

Apoteket Lejonet

LA LIGUE HANSÉATIQUE

Le nombre de beaux bâtiments en brique des XVe et XVIe siècles qui émaillent Gamla Staden trouve son origine dans l'histoire de la Ligue hanséatique, une confédération de villes marchandes d'Europe septentrionale situées au bord de la mer du Nord et de la Baltique. L'appartenance à cette ligue, fondée au XIIe siècle, donnait droit à d'importants privilèges, notamment des exonérations de taxes, une coopération sécuritaire et tout un réseau diplomatique. Poids lourd du commerce du hareng, Malmö fut membre de la Hanse en tant que *kontor* (comptoir commercial à l'étranger) à partir du XVe siècle. Ses négociants, enrichis, firent alors édifier demeures et entrepôts.

Stortoget

LE CŒUR DE LA VIE CIVIQUE

Plus ancienne des trois places de Gamla Staden, **Stortorget** date de 1540. Au centre s'élève une imposante statue équestre du roi Charles X Gustave (1622-1660), qui monta sur le trône après l'abdication de sa cousine, l'illustre reine Christine. Le **Rådhuset** (hôtel de ville, 1546) occupe la partie nord-est. Flanquant le côté nord, le **Residenset** résulte de la réunion de deux maisons du XVIe siècle dans les années 1720 afin de créer une résidence palatiale pour le gouverneur de Scanie. Gustave IV Adolphe y vécut quand Malmö devint brièvement le siège du gouvernement suédois en 1806-1807. La gracieuse façade à pignon central fut ajoutée en 1849.

À l'angle sud-est de la place, la plus vieille pharmacie de la ville, l'**Apoteket Lejonet** (pharmacie du Lion, 1896), est désormais un monument protégé, propriété de l'État. Elle arbore un splendide intérieur Art nouveau, avec des étagères en bois sculpté, des pots à onguents d'époque et un plafond décoré de plaques de verre. Remarquez les enseignes publicitaires peintes sur le mur extérieur nord.

À l'angle nord-ouest, donnant sur Västergatan, **Kockska Huset** (1524) fut la résidence de l'ancien maire Jörgen Kock

OÙ SE LOGER À MALMÖ

Ohboy Hotel
Cet hôtel minimaliste proche de la plage et cher aux cyclistes, loue des lofts. **€€**

Clarion Hotel Malmö Live
Le bar panoramique et les chambres des étages supérieurs offrent une vue imprenable. **€€**

More Hotel Västra Hamnen
Une adresse sur le port avec des appartements idéals pour les familles. **€€**

(1487-1556), dont le mandat fit connaître à Malmö une période de grande prospérité. On dit que Gustav Vasa y aurait séjourné.

Une table pas comme les autres

UNE GESTION COLLECTIVE POUR UNE CUISINE RÉUSSIE

Les propriétaires du restaurant **Kollektivkrogen** décrivent celui-ci comme leur “salon en dehors de la maison” et sont particulièrement fiers de leur modèle économique original. Cette entreprise collective a en effet été fondée par un groupe de 50 habitants ayant investi chacun la somme de 35 000 kr (environ 3 100 €) et s’étant engagé à assurer bénévolement deux services par mois, en salle, en cuisine ou derrière le bar. Depuis son ouverture, en 2022, l’établissement connaît un franc succès. Il faut dire que le chef Fredrik Madsen et le gérant Baltatzar Riesbeck, deux des trois seuls salariés, sont des vétérans du secteur. Réunis par l’amour de la gastronomie et le rêve de travailler dans le domaine de la restauration, les personnes participant au projet exercent des professions très diverses. L’accueil est sympathique, la nourriture, de premier ordre, et la carte des vins, excellente. Bref, une expérience aussi satisfaisante, sur le plan gustatif, qu’innovante.

Malmö au fil de l’eau

UN APRÈS-MIDI EN PÉDALO

D’avril à début septembre, une Joyeuse flottille de **pédalos** investit les canaux du centre historique et du quartier de **Västra Hamnen** (port Ouest). À louer au kiosque Trampbåtarna Malmö, dans le parc Raoul Wallenberg près de Gustav Adolfs Torg, ces embarcations, faciles à manœuvrer, peuvent accueillir jusqu’à quatre passagers. Les premiers arrivés sont les premiers servis. Il s’agit d’une merveilleuse façon d’appréhender le Kunsgparken, le château et le Gamla Kyrkogården, un cimetière paysager qui jouxte Gustav Adolfs Torg.

Art contemporain

DEUX LIEUX À LA POINTE

Malmö brille par sa créativité. En témoigne une foule de start-up dans le domaine de la tech, d’agences de design et de musées d’art avant-gardistes. Parmi ces derniers, le plus remarquable est sans conteste le **Moderna Museet Malmö** (musée d’art moderne et contemporain), antenne du Moderna Museet de Stockholm. Le cabinet d’architectes Tham & Videgård a su tirer le meilleur parti de l’ancienne centrale électrique de 1901 conçue par John Smedberg, un adepte de l’Art nouveau, en y

PAROLE D’HABITANT : MES REPAIRES

Ola Rasmusson, fondateur du restaurant Kollektivkrogen, nous dévoile ses adresses préférées.

Malmö possède une super scène culinaire, avec tous types de mets et quantité de chefs passionnés. Noma a créé un groupe de restaurants dans le secteur, dont beaucoup à Malmö. Les prix sont aussi plus abordables qu’à Copenhague, ce qui incite nombre de gastronomes à prolonger leur séjour au Danemark par une étape chez nous.

Kafé Kungsgatan
Une adresse de quartier typique où bien manger et boire du bon café.

Care/of Cocktail Bar
Mon bar de prédilection et les meilleurs cocktails de Malmö.

Grand Malmö
Un lieu de rencontre génial : cuisine du monde, boissons de qualité, musique live et DJ.

OÙ SE LOGER À MALMÖ

Elite Hotel Esplanade
Chambres bien équipées donnant sur rue ou sur cour. **€€€**

Duxiana
Élégant boutique-hôtel à la literie ultraconfortable et doté d’un bistrot chic. **€€**

MJs
Situation centrale et bar très couru. **€€€**

LES MEILLEURES TABLES ÉTRANGÈRES DE MALMÖ

Dolce Sicilia
Venez l'été pour les glaces artisanales, l'hiver pour les pâtes maison. €

Damas
Ce restaurant syrien propose un buffet déjeuner bon marché, une carte variée le soir et des desserts exquis. €

Namu
Petites assiettes coréennes à partager, présentées comme des œuvres d'art. €€

Malmö Saluhall
Une halle de marché près de la Centralstation qui abrite des comptoirs de restauration internationale (*fish and chips*, falafels, pizzas...). €

Saluhall (p. 185)

TRYGVE FINKELSEN/SHUTTERSTOCK ©

ajoutant une aile contemporaine ainsi qu'une façade en grillage orange vif. Depuis son ouverture en 2009, le musée accueille des expositions temporaires de premier ordre consacrées à des artistes suédois et étrangers. Sa collection permanente justifie également la visite. Entrée libre et agréable café dans le hall.

Pour un regard sur l'art contemporain du pays, direction le **Malmö Konsthall**, un vaste espace d'exposition gratuit à proximité de la gare de Triangeln. Le bâtiment abrite aussi le Smak, un restaurant fréquenté qui n'ouvre que pour le déjeuner.

Églises historiques

DU GOTHIQUE À L'ART NOUVEAU

Au Moyen Âge, le commerce lucratif du hareng finança, à Malmö, une frénésie de construction, dont témoigne la **Sankt Petri Kyrka** (église Saint-Pierre), de style gothique, datant du début du XIVe siècle. Catholique à l'origine, celle-ci était considérée à l'époque comme l'un des plus grands lieux de culte du Danemark. En 1527, à l'aube de la Réforme suédoise, des fanatiques protestants saccagèrent l'intérieur de l'édifice, détruisant notamment une soixantaine de retables. Peu après, les paroissiens se convertirent à la foi luthérienne. Au XIXe siècle, l'église a subi d'importants remaniements et son immense retable en chêne du XVIIe siècle a été restauré. Ne manquez pas les fresques médiévales de la Krämarkapellet (chapelle des Marchands), tout de suite à gauche en entrant, qui ont été remises en état après avoir été recouverte de chaux en 1555 en même temps que les autres peintures de Sankt Petri.

En 1901, les autorités locales décidèrent d'ériger une imposante église paroissiale. Inaugurée en 1907 à Triangeln, la **Sankt Johannes Kyrka** (église Saint-Jean) de culte évangélique-luthérien est un bel exemple de style Art nouveau, œuvre de l'architecte Axel Anderberg. Notez l'utilisation de nombreuses pierres de couleurs différentes et de tuiles émaillées. Des vitraux, des fresques aux teintes pastel et des éléments sculptés en décorent l'intérieur.

Plage, soleil et sauna

DÉTENTE EN PLEIN AIR

Dès que le soleil brille, les habitants de Malmö sortent de leur tanière. En été, ils fréquentent en masse **Ribersborgs Stranden** ("Ribban"), une longue plage sablonneuse bordée d'un parc, à environ 2 km du centre. On y accède en traversant le quartier de Västra Hamnen ou par Mariedalsvägan,

OÙ SE RESTAURER À MALMÖ

Lyran
Ce restaurant de Möllevången met à l'honneur les produits du cru. €€€

Västergatan
Un établissement gastronomique de quelques tables. €€€

Vollmers
L'un des quatre restaurants de Suède arborant deux étoiles Michelin. €€€

Ruths
Une adresse particulièrement accueillante et abordable. €€

Sture
Une brasserie à la française qui existe depuis 1912. €€

le boulevard juste à l'ouest du Kungsparken et du château. Prisé des baigneurs et des amateurs de bronzette, l'endroit a aussi la faveur des surfeurs, des véliplanchistes et des adeptes du kitesurf. Dynamic Windsurfing et Kitesurf Sweden (kitesurfsweden.se) dispensent des cours et louent des équipements.

Le rivage offre une vue dégagée sur le gratte-ciel **Turning Torso** (ci-dessous), à Västra Hamnen, ainsi que sur le pont de l'**Öresund** (p. 186) entre la Suède et le Danemark, rendu célèbre par la série télévisée *Bron* (*The Bridge*, 2011-2018).

L'une des jetées mène aux **Ribersborgs Kallbadhus**, des bains en plein air classés qui font figure d'institution depuis 1898. Ouverts toute l'année, ils comportent deux grands bassins d'eau de mer (l'un pour les hommes, l'autre pour les femmes), cinq saunas dont un mixte, des Jacuzzis chauffés au bois, des séances de massage et un café. La nudité est de mise, et l'on peut louer des serviettes. En hiver, les courageux font trempette avant d'aller se réchauffer au sauna. Le premier lundi du mois, l'établissement organise l'évènement Queer Kallis, au cours duquel les bassins sont accessibles à tous sans distinction de genre, de sexe et d'identité.

Architecture

UN FLORILÈGE D'ÉPOQUES ET DE STYLES

Malmö est une sorte de musée à ciel ouvert où l'architecture occupe une place de choix. Des jolies maisons à colombages de Gamla Stan aux immeubles Art nouveau en passant par les bâtiments Art déco et modernistes qui parsèment les rues autour de Gustav Adolf Torg, de vraies pépites se cachent un peu partout. L'édifice le plus remarquable reste toutefois le **Turning Torso** (2005) de l'architecte espagnol Santiago Calatrava, dans le quartier de Västra Hamnen (port Ouest). Cette tour d'habitation futuriste en spirale de 190 m était au moment de sa construction le plus haut gratte-ciel de Scandinavie, avant d'être détrôné par la Karlatornet de Göteborg, œuvre de Skidmore, Owings & Merrill.

Parmi les édifices remarquables plus récents figure la **World Maritime University** (2015), qui domine le canal près de la Centralstation. Cette extension sculpturale en verre et aluminium de la capitainerie du port (1910) a été imaginée par les cabinets danois Terroir et Kim Utzon Arkitekter. À proximité, on doit à Wingårdhs le **Malmö Saluhall** (marché alimentaire, 2014), un autre exemple réussi de remploi et d'adaptation du bâti existant.

À Västra Hamnen, le **Slussplan** (2013) du cabinet local White Arkitketer est un immeuble de logements et de commerces au

MALMÖ AVEC DES ENFANTS

Comme la plupart des villes suédoises, Malmö est bien adaptées aux familles. Il existe des appart'hôtels un peu partout, nombre de restaurants offrent des menus enfants et on trouve des activités intéressantes pour chaque âge. Parmi les options, citons l'aquarium du **Malmö Museer**, dans l'enceinte du château, ainsi que le **musée de la Technologie et de la Navigation**, accessible avec le même billet. Pour s'ébattre dehors, direction le **Kungsparken**, qui possède une aire de jeux et un petit train, ou la plage de **Ribersborgs**. Flanquée d'espaces verts, celle-ci comprend une jetée qui mène à des bains en plein air naturistes non mixtes (les moins de 7 ans ne paient pas).

OÙ SE RESTAURER À MALMÖ

Johan P
Ce restaurant de produits de la mer à l'ancienne fait figure d'institution. €€

Mygel
Un établissement végétarien de Frihamnen créé par cinq passionnés. €€

Möllans Falafel
Le numéro un du falafel à Malmö. €

Saltimporten Canteen
Une cantine qui réconcilie végétariens et carnivores. €€

INGUS KRUKLITIS/SHUTTERSTOCK ©

Turning Torso

PONT DE L'ÖRESUND

Ouvert en 2000 au terme d'un chantier de cinq ans, l'immense pont de l'Öresund (Øresund en danois) enjambe le détroit entre la Suède et le Danemark. Plus long pont routier et ferroviaire d'Europe, il s'étend sur près de 8 km de Lernacken, au sud de Malmö, jusqu'à l'île artificielle de Peberholm, au milieu du bras de mer. De là, un tunnel de 4 km conduit à Kastrup, sur l'île d'Amager, qui accueille l'aéroport de Copenhague. Depuis la mise en service de l'ouvrage, de nombreux habitants de la capitale danoise ont déménagé à Malmö, attirés par le coût bien plus bas du logement et la possibilité de rejoindre le centre de Copenhague par le train en moins de 30 minutes.

centre d'un projet de réhabilitation d'une zone résidentielle. Face à la plage de Ribersborgs, le **Marint Kunskapscenter i Malmö** (centre pédagogique marin, 2018), une construction de plain-pied signé Nord Architect, a été très acclamé.

Boulangeries

OÙ ALLER À L'HEURE DU FIKA

À l'instar de nombreuses villes suédoises, Malmö compte abondance de boulangeries rivalisant d'excellence. Habitants et visiteurs ont donc l'embarras du choix pour sacrifier au rituel du *fika* (pause café et pâtisserie). Lors de votre séjour, il faut absolument goûter le pain au levain, les sandwichs et les pâtisseries de **Bagaren och Bonden**, juste à l'est de Gamla Staden. Le patron, Karl Söderland, attribue le succès de son entreprise, non seulement au talent de ses boulangers, mais aussi au fait que tout est bio. **Söderberg & Sara Stenugnsbageri**, dans Master Danielsgatan, se pose toutefois comme un rival sérieux. **Bagari Leve**, à Triangeln, est connu pour ses délicieux doughnuts du vendredi, tandis que la chaîne locale **St Jakobs Stenugnsbageri**, qui possède plusieurs enseignes en ville, doit sa réputation à ses brioches à la cardamome.

OÙ FAIRE DU SHOPPING À MALMÖ

AB Småland
Boutique d'articles durables pour la maison et café bio à Davidshall.

Form Design Centre
Des objets conçus et fabriqués en Suède sont vendus à l'étage de ce lieu d'exposition.

Designtorget
Davidshall abrite une enseigne de cette chaîne de design suédois aux prix raisonnables.

Kungsparken

LE PLUS VIEUX PARC DE MALMÖ

Initialement baptisée du nom du roi de Suède et de Norvège Oscar II, le verdoyant **Kungsparken** (parc du Roi) faisait jadis partie du domaine du Malmöhus Slott (château de Malmö) avant d'être donné à la ville par le souverain en 1872. Dessiné par le paysagiste danois Ove Høegh Hansen sur le modèle des jardins romantiques anglais, il comprend des arbres du monde entier, des pelouses, des étangs, une fontaine et une grotte. Le populaire **Slottsträdgårdens Kafé** se trouve dans le potager bio, près des murailles du château.

Malmö Museer

HISTOIRE, NATURE, ART ET TECHNOLOGIE

Première institution culturelle de la ville, le **Malmö Museer** se compose de quatre musées, dont trois à l'intérieur du Malmöhus Slott. Très fréquenté par les familles et les groupes scolaires, les deux sites sont couverts par un billet unique (entrée gratuite jusqu'à 19 ans).

Le château fut édifié en 1434 par Éric Ier de Poméranie (Éric VII de Danemark), détruit au XVIe siècle, puis reconstruit dans les années 1530 par le roi Christian III de Danemark dans un style à cheval entre le gothique tardif et la Renaissance. Après l'annexion de la Scanie par la Suède (1648), les Danois tentèrent en vain de reprendre le château en 1677. Une fois la paix restaurée, l'édifice fut complètement abandonné, et un incendie dévastateur, en 1870, n'en laissa que le bâtiment principal et deux tours à canon, restaurés en 1930. C'est à cette occasion que furent construits les bâtiments en brique rouge, qui confèrent à l'ensemble un petit air d'usine.

Le lieu accueille des expositions sur l'histoire de la ville, une armurerie dans la tour d'artillerie nord-ouest et trois salles meublées (grand hall, salon de réception et chambre)

Le rez-de-chaussée, accessible via la boutique cadeaux, est occupé par un musée d'histoire naturelle comprenant un

RECONVERSION ARCHITECTURALE

L'impressionnant **Moderna Museet Malmö** (p. 183), consacré à l'art moderne et contemporain, occupe une ancienne centrale électrique de 1901 brillamment reconvertie par le cabinet d'architecture Tham & Videgårdm.

POURQUOI J'AIME MALMÖ

Virginia Maxwell

Quelle que soit la destination, explorer la scène culinaire fait partie de mes activités favorites, et je dois dire que celle de Malmö se distingue en la matière. Le caractère multiculturel de la ville se traduit par une forte représentation des cuisine du monde entier au côté de certains des meilleurs restaurants suédois et de nouvelle cuisine nordique du pays. Certaines tables sont raffinées et onéreuses, d'autres, des adresses aussi simples qu'accueillantes. Malmö étant une ville universitaire, il y a également un large choix de mets bon marché, de cafés et de boulangeries à portée de bourse des étudiants. Attention toutefois au *kanelbullar* (pain à la cannelle) et au *kardemummabullar* (pain à la cardamome), dangereusement addictifs !

OÙ VOIR UN SPECTACLE À MALMÖ

Inkonst
Un lieu culturel polyvalent aménagé dans l'ancienne usine de chocolat Mazetti (1888).

Malmö Live
Une salle de concerts où se produit l'orchestre symphonique de Malmö.

Kulturbolaget
Situé à Möllevången, le "KB" programme des concerts de rock.

Malmö Museer (p. 187)

aquarium, des dioramas à l'ancienne et des sections consacrées aux dinosaures et à la faune locale.

Le premier étage accueille des expositions temporaires sur l'art et le design suédois.

À environ 300 m au nord-ouest, l'impressionnant Teknikens och Sjöfartens Hus (musée de la Technologie et de la Navigation) rassemble des avions, des véhicules terrestres, des bateaux, des engins spatiaux et même un sous-marin U3 (mis à l'eau à Karlskrona en 1943 et désarmé en 1967) que l'on peut visiter. Une salle interactive à l'étage permet aux enfants d'apprendre de façon ludique.

Fika traditionnel

LE FIKA

Les Suédois boivent beaucoup de café, le plus souvent lors du rituel *fika*. Cette courte pause le matin ou l'après-midi avec des amis, des membres de la famille ou des collègues de travail fait partie intégrante du mode de vie local. Le café est généralement accompagné de douceurs telles que *kanelbullar* (brioches à la cannelle), *kardemummabullar* (brioches à la cardamome), *chokladbollar* (boulettes de chocolat recouvertes de noix de coco râpée), *småkakor* (biscuits sablés) et *vaniljhjärtan* (cœurs sablés remplis de crème à la vanille).

COMMENT CIRCULER

Avec son centre compact, son relief plat et ses routes, pistes cyclables et trottoirs bien entretenus, Malmö se visite de préférence à pied ou en pédalant. Facile à utiliser, le dispositif de vélos en libre service Malmö by Bike (www.malmobybike.se/en) compte des stations disséminées en ville (inscription possible pour 24 ou 72 heures). Sinon, Travelshop loue des vélos, des scooters et des casques pour adulte et enfant devant la gare centrale, sur Centralplan.

Environs de Malmö

Le sud-est de la Scanie, ou Österlen, forme une enclave dont les plages de sable vierges côtoient des exploitations bio et des musées en plein air célébrant l'héritage viking.

Pour les infos pratiques, voir le Carnet d'adresses p. 204

À SAVOIR

Mieux vaut visiter l'Österlen durant l'été, car les musées sont ouverts, les produits agricoles abondent et l'on peut profiter des plages.

La portion de côte baltique qui borde la péninsule de Falsterbo, au sud de Malmö, est une destination de vacances estivale prisée des Suédois et des Danois, mais elle redevient tranquille, voire assoupie, le reste de l'année. Les plaines fertiles de l'arrière-pays sont ponctuées de terres agricoles séparées par des bosquets de hêtres. Beaucoup d'exploitant y sont adeptes des méthodes bio et accueillent les visiteurs dans leurs boutiques et cafés.

Des villages vikings s'établirent dans la région au IXe siècle et y prospérèrent jusqu'au milieu du XIe siècle. Trelleborg conserve les vestiges de l'un d'entre eux et le Fotevikens Museum, à Höllviken, reconstitue le mode de vie de l'époque.

Péninsule de Falsterbo

COMBATS VIKINGS

Les habitants de la Scanie sont fiers de leurs racines vikings et beaucoup s'impliquent dans la promotion de cet héritage culturel, notamment en rejouant des combats en costume d'époque. Malgré l'emploi d'armes émoussées, ces affrontements se révèlent rudes et très physiques. Les membres de clubs comme Skåne Lag à Malmö s'entraînent chaque semaine et participent avec enthousiasme et esprit de compétition à la Semaine Viking du Fotevikens et autres événements similaires. Ils louent également leurs services pour des tournages de films ou des émissions de télévision, faisant ainsi de leur passion une source de revenus.

NINA ALIZADA/SHUTTERSTOCK ©

Fotevikens Museum

Fotevikens Museum

UN VILLAGE VIKING À HÖLLVIKEN

D'après des documents historiques, la péninsule de Falsterbo était le site d'un village de pêcheurs de la fin de l'ère viking qui accueillait l'un des plus grands marchés d'été de Scandinavie. Inspirés par cette découverte, la municipalité de Vellinge et le Scandinavian Viking Explorer Group l'ont reconstitué à Höllviken, à 25 km au sud de Mälmo, dans le cadre d'un projet d'archéologie expérimentale. Inauguré en 1995 et désormais l'une des attractions touristiques les plus populaires de Scanie, le **Fotevikens Museum** se compose de 23 maisons et huttes en bois, au toit de roseaux ou de tourbe, construites comme à l'époque où y vivaient différentes catégories d'habitants : chef de village, *jarl* (chef militaire), pêcheurs, forgerons, potiers, menuisiers, tisserands, tanneurs, etc. Les habitants de la réserve se dispensent de presque toutes les aménités du confort moderne, en adhérant aux anciennes coutumes, à la loi et à la religion d'alors.

L'endroit comprend aussi une catapulte de guerre, le Tinghöll (grande salle) tapissé de boucliers et la réplique, longue de 11 m, du *Eric Emune*, l'un des quatre bateaux vikings mis au jour dans les années 1980 à l'embouchure de la baie de Foteviken, juste au nord.

LES MEILLEURS DOMAINES AGRICOLES AU SUD DE MALMÖ

Ängavallen
Restaurant, magasin et hébergement sur le domaine paysager d'une ferme bio. **€€**

Almaregården
Une pépinière comprenant un bistrot et une boutique d'articles-cadeaux et de produits du terroir. **€**

Hallongården
Participez à la cueillette des fruits rouges en été ou faites une pause pâtisserie au café sur place. **€**

Le musée ouvre à Pâques, puis de mai à début septembre. Le meilleur moment pour le visiter reste toutefois la "Viking Week", la semaine qui suit la Saint-Jean, avec des ateliers d'artisanat, des combats et des jeux comme le tir à la corde, le lancer de poisson ou de hache et des démonstrations d'archerie. L'événement attire des aspirants Vikings originaires de toute l'Europe et l'on s'y s'amuse follement. Pensez à réserver.

Falsterbo, paradis des oiseaux

CIRCUITS ORNITHOLOGIQUES

L'une des plus importantes routes de migration aviaire d'Europe du Nord passe par le sud-ouest de la Suède. En automne, des centaines de milliers d'oiseaux, dont des grands rapaces, survolent chaque jour la péninsule de Falsterbo. Durant cette période, la **Falsterbo Fågelstation** (station d'observation) propose, le week-end, des circuits ornithologiques au départ du phare situé au bout de la péninsule. À 32 km au sud de Malmö, Falsterbo est aisément accessible en voiture et desservie par des bus au départ de la Centralstation.

L'**île de Måkläppen**, désormais reliée à l'extrémité de la péninsule, constitue un important lieu de repos et de nidification pour les oiseaux migrateurs ainsi qu'un havre pour les phoques gris. Destination prisée des randonneurs, la doyenne des réserves naturelles suédoises n'ouvre toutefois au public que de novembre à janvier.

Trelleborgen

UNE FORTERESSE VIKING ET DES SCULPTURES

Les vestiges de **Trelleborgen**, une forteresse viking circulaire ont été découverts en 1988 à l'ouest de la ville côtière de Trelleborg, à 30 minutes de voiture au sud de Malmö. Érigé au IXe siècle, l'édifice semble avoir été abandonné au XIe siècle, puis brièvement repeuplé au XIIIe siècle, avant d'être démoli et rebâti un siècle plus tard. Une partie des remparts en bois et une porte ont été reconstruits in situ, de même qu'une maison médiévale exhumée lors des fouilles. À l'extérieur de l'enceinte se dressent la reconstitution d'une ferme viking et un petit musée présentant les objets mis au jour par les archéologues. L'ensemble se visite d'avril à octobre.

Installé près du parc de la ville, l'**Axel Ebbe Konsthall** est consacré à l'œuvre du sculpteur Axel Ebbe (1868-1941), originaire de Scanien ; on y voit de nombreux nus. Vous pourrez vous faire une idée de son art avant de visiter le musée en traversant le parc jusqu'à Storatorget : la fontaine Sjöormen ("le monstre de la mer"), au centre de la place, est de lui.

LES PLUS BELLES PLAGES AU SUD DE MALMÖ

Skanör
Cette plage de sable proche de Falsterbo est connue pour ses cabines de bain multicolores et son restaurant niché au creux des dunes.

Svanrevet
Un récif de sable blanc immaculé, juste au nord de Skanör, où se pressent les nudistes.

Kämpinge
La longue plage sablonneuse de Höllviken comprend des zones dédiées au kitesurf et à la planche à voile.

Trelleborgen

COMMENT CIRCULER

On rejoint aisément Falsterbo, Höllviken et Trelleborg en voiture par l'E6 qui relie Malmö à Trelleborg, au sud. Pour Falsterbo et Höllviken, il faut bifurquer vers l'ouest en empruntant la nationale 100 au niveau du village de Vellinge. Des bus réguliers desservent les trois destinations depuis la Centralstation de Malmö (35 minutes à 1 heure, 75-100 kr).

LUND

Fondée par les Danois vers 990, la deuxième cité la plus ancienne de Suède fut le siège de l'archidiocèse scandinave de 1104 jusqu'à l'avènement de la Réforme au XVIe siècle. Dans son centre médiéval aux ruelles pavées et aux maisons à colombages se dresse une magnifique cathédrale du XIIe siècle. Autour de celle-ci gravite la plus vieille université du pays, fondée vers 1666, dont les 47 000 étudiants forment près de la moitié de la population totale de la ville. Cette jeunesse venue de Scandinavie contribue d'ailleurs à animer la vie culturelle et à diversifier l'offre culinaire. En bref, Lund se révèle une étape incontournable pour quiconque visite la Scanie.

Pour les infos pratiques, voir le Carnet d'adresses p. 204

À SAVOIR

Lund est une destination prisée des Suédois et des Danois pour le week-end. Réservez hébergement et restaurants avant de venir, car ils affichent souvent complets.

Cathédrale de Lund

UNE MERVEILLE DE STYLE ROMAN

Merveille de style roman, la superbe **Domkyrka** de Lund témoigne de l'importance religieuse de la ville au XIIe siècle. Consacrée en 1145, après 70 ans de travaux, elle a été massivement restaurée au XIXe siècle, avec en particulier le remplacement de ses tours d'origine par deux tours carrées surnommées les *Lunnapågarna* (macareux).

À l'intérieur, la longue nef débouche sur une abside ornée d'une mosaïque d'inspiration byzantine réalisée dans les années 1920 par l'artiste danois Joakim Skovgaard. Un retable gothique en bois doré de 1398 représentant la Vierge et le Christ entourés de 40 saints trône au-dessus du maître autel. Près de celui-ci, trois colonnes en bronze du XIIIe siècle supportent des statues des archanges Gabriel et Michel et de saint Laurent, patron de la cathédrale. Les stalles en chêne du chœur sont sculptées d'animaux réels ou mythologiques tels que dragon et licorne. La chaire de la fin du XVIe siècle arbore également tout un bestiaire décoratif.

La célèbre **horloge astronomique** de 1424, l'une des trois qui subsistent en Europe, se trouve à gauche en entrant. À 12h et 15h (13h et 15h les dimanches et jours fériés), elle se met à sonner le *In Dulci Jubilo* (chant de Noël traditionnel) et ses

PÈLERINAGE EN SCANIE

Au Moyen Âge, la ville de Lund et sa resplendissante cathédrale étaient une étape très fréquentée par les fidèles qui se rendaient sur la tombe de sainte Brigitte à Vadstena et sur celle de saint Olaf à Trondheim, en Norvège. Aujourd'hui, la cathédrale est au centre du **chemin de pèlerinage Skåne Blekinge**, qui conduit à l'est jusqu'à l'église Sankt Olof d'Hallaröd, dans l'Österlen, en passant par quatre monastères médiévaux. Un itinéraire vers le nord à destination de la cathédrale de Nidaros, à Trondheim, est actuellement testé. Pour de plus amples détails, consultez le site Internet www.pilgrimsvagen.se. La bibliothèque du XVe siècle (Liberiet) derrière la cathédrale fournit aussi des cartes et des renseignements.

OÙ SE LOGER À LUND

Hotell Nordic Lund
Une enseigne Best Western proposant des chambres avec kitchenette. **€€**

Hotell Oscar
Cette maison de ville de 1866, dans une rue piétonnière du centre, renferme des chambres bien équipées. **€€€**

Grand Hotel
Jolies chambres (salle de bains minuscule), buffet du petit-déjeuner et personnel efficace. **€€€**

figurines mécaniques en bois jouent l'Adoration des Mages.

À droite de l'autel, une porte mène à la **crypte** de 1123, vestige d'un édifice antérieur. Elle est coiffée de 41 voûtes d'arêtes soutenues par des colonnes et piliers sculptés, dont une effigie de Finn, le géant mythologique qui aurait aidé à construire la cathédrale.

Derrière la cathédrale, l'**Historiska Museet** possède une riche collection de trésors archéologiques, dont un squelette vieux de 7 000 ans. On peut également y voir un cabinet de curiosités du XVIIIe siècle. Le bâtiment est relié au Domkyrkomuseet, consacré à la cathédrale – construction, rénovations... – et au culte à travers le temps. Il renferme des chasubles datant du Moyen Âge et des objets liturgiques. Belle section consacrée à la statuaire, avec de nombreux crucifix et piétà en bois sculpté.

Kulturen I Lund

VOYAGE À TRAVERS L'HISTOIRE POPULAIRE DE LA SCANIE.

Vaste musée en plein air ouvert en 1892, **Kulturen I Lund** présente une trentaine de bâtiments anciens, le plus souvent meublés, de la simple hutte en écorce de bouleau à de majestueuses demeures du XVIIe siècle en passant par une forge, un presbytère et de modestes maisons ouvrières. Certains occupent leur emplacement d'origine, mais la plupart proviennent d'autres lieux de Scanie. Ils sont, pour beaucoup, meublés et nombre d'entre eux accueillent des expositions temporaires. Dans l'édifice principal, un musée traite de l'histoire de la ville et de son évolution. Un parcours permet de découvrir le mode de vie des habitants de la région au fil des époques (demandez le plan à l'entrée).

Marché couvert

PRODUITS DU TERROIR ET RESTAURATION RAPIDE

Ouvert en 1909 dans Mårtenstorget, le **Saluhallen** de Lund comprenait initialement une halle principale et deux autres plus petites destinées au commerce des fromages et du poisson. Dans les années 1970, des habitants se sont mobilisés pour empêcher sa démolition. Depuis, seule la grande halle demeure en activité et une extension vitrée abritant des cafés et restaurants a été ajoutée. Il s'agit d'un excellent endroit pour acheter des provisions ou manger sur le pouce à prix doux. Parmi les stands intéressants, Petersborgs Gård vend des produits frais du cru et des moutardes artisanales, Osthuset des fromages suédois et d'autres pays d'Europe.

LES MEILLEURS BARS ET RESTAURANTS DE LUND

Mat & Destillat
C'est dans ce restaurant et bar à cocktails proche de la cathédrale que les habitants célèbrent les grandes occasions. **€€€**

Klostergatans
Une brasserie à la française très appréciée pour son menu déjeuner avantageux. **€€**

Lenoteket
Ce bar à vins chic sert des bons crus du monde entier, ainsi que du fromage, de la charcuterie et des pâtes. **€€**

Broder Jakobs Stenugnsbageri
Ses délicieux sandwichs et pâtisseries ont un succès monstre. **€**

Love Coffee
Le meilleur café de la ville, torréfié sur place et préparé par des baristas experts. **€**

COMMENT CIRCULER

À 12 minutes en train de la gare centrale de Mälmo, Lund peut aisément faire l'objet d'une excursion à la journée. Le centre historique, très resserré et en terrain plat, se visite de préférence à pied ou en pédalant. Fridhems Cykelaffär (fridhemscykel.se), près de la Centralstation, loue des vélos.

Environs de Lund

Des plages sauvages, un superbe parc national, des terres agricoles vallonnées et un fascinant musée du design récompensent les voyageurs qui s'aventurent au nord de Lund.

Pour les infos pratiques, voir le Carnet d'adresses p. 205

À SAVOIR

Dans la péninsule de Kulla, de nombreux commerces et services n'ouvrent que l'été, et la plupart des autres uniquement le week-end le reste de l'année.

D'un accès facile depuis Lund, la portion de côte entre Malmö et Mölle, au nord sur la péninsule de Kulla, se prête à des activités telles que baignade, randonnée, cyclotourisme et visites de fermes. Elle abrite en outre la ville, riche d'histoire et de culture, d'Helsingborg, destination de vacances appréciée à quelques encablures en ferry de sa voisine danoise d'Helsingør (Elseneur). Au nord-est sur la route de Småland, dans la bourgade quelconque d'Älmhult, un musée célèbre la success-story de l'entreprise suédoise IKEA.

Mölle

PIOTR WAWRZYNIUK/SHUTTERSTOCK ©

LES MEILLEURES ACTIVITÉS AU NORD-OUEST DE LA SCANIE

Kattegattleden
Véloroute panoramique de 390 km qui longe la côte de Helsingborg à Göteborg.

Parc national de Söderåsen
Randonnez jusqu'au point de vue de Kopparhatten, à travers une forêt de hêtres, au fond d'une vallée et autour du lac Odensjön.

Plage de Lomma
Les eaux peu profondes de cette plage juste à l'ouest de Lund conviennent parfaitement aux enfants.

Péninsule de Kulla
Des villages endormis et la Fabriksbutik Höganäs Saltglaserat, plus célèbre fabrique de poteries de Suède, vous attendent sur la côte.

Helsingborg
Plaisirs balnéaires et restaurants animés sur le front de mer d'une ville historique.

Helsingborg

UN PEU D'ART ET D'HISTOIRE

Au nord du terminal des ferries, ce bâtiment tout blanc accueille le **Dunkers Kulturhus**, un musée de la ville gratuit proposant des expositions temporaires aux tarifs variables. On y trouve également une salle de concerts, un café raffiné, une boutique vendant des objets design et une école d'art. Le bâtiment est l'œuvre de l'architecte danois Kim Utzon, fils de Jørn Utzon, l'architecte de l'Opéra de Sydney.

Accessible par un bel escalier et une arche imposante depuis Stortorget, **Kärnan**, une tour carrée du XIVe siècle est le seul vestige du château médiéval, démoli après le rattachement de la région à la Suède au XVIIe siècle et l'arrêt (momentané) des combats avec le Danemark. Sauvée des ruines en 1894, elle dévoile une vue magnifique depuis son sommet (34 m).

À 2 km au nord-est du centre, vous trouverez le **Fredriksdals Friluftsmuseum**, un musée en plein air, l'un des meilleurs du genre au pays, qui réunit autour d'un manoir du XVIIIe siècle (fermé au public) des maisons et boutiques anciennes du centre de Helsingborg. Elles furent transférées brique par brique dans les années 1960 sur ce domaine verdoyant.

IKEA Museum

LA SAGA DU DESIGN DÉMOCRATIQUE

Bien que son entreprise soit mondialement connue et omniprésente, le fondateur d'IKEA, Ingvar Kamprad (1926-2018), a toujours fait profil bas. Cependant, en 2016, Kamprad a fait une exception et a ouvert l'**IKEA Museum** à Älmhult, à 120 km au nord-est de Lund dans la région voisine du Småland.

L'exposition principale du musée est divisée en quatre sections. L'une se penche sur l'histoire du Småland et de son artisanat et une autre raconte la vie de Kamprad. Une exposition interactive célèbre la philosophie de l'entreprise en matière de "design démocratique" (forme, fonction, qualité, durabilité et prix abordable) et l'exposition IKEA Through the Ages emmène les visiteurs à travers l'histoire de l'entreprise des années 1940 à nos jours, présentant, entre autres, certains des premiers meubles IKEA.

Le restaurant Köket propose les fameuses *köttbullar* (boulettes de viandes suédoises) et l'IKEA Hotell assure le gîte. Des trains au départ de la Centralstation de Lund desservent Älmhult, et le musée se tient juste derrière la gare. Il est toutefois plus simple d'explorer la côte nord-est en voiture.

OÙ SE RESTAURER AUX ENVIRONS DE LUND

Mossagården
Ferme bio avec café et boutique, 25 km à l'est de Lund. €

Flickorna Lundgren
Beau café au vert à Skäret, dans la péninsule de Kulla ; ouverture estivale. €

Mölle Krukmakeri
Un complexe comprenant atelier de poterie, jardin, café et pizzeria, à Mölle. €€

YSTAD

L'imposant Gamla Rådhuset (vieil hôtel de ville) qui préside la place centrale d'Ystad est un indicateur du passé prospère de la ville, tout comme la présence de l'église médiévale Sainte-Marie et de l'ancien monastère franciscain (Klostret i Ystad), à proximité. Ces deux édifices religieux, qui comptent parmi les monuments médiévaux les plus remarquables de Scanie, témoignent de l'importance d'Ystad au Moyen Âge, lorsque son industrie du hareng et son appartenance à la Ligue hanséatique lui valaient sa richesse. Le centre-ville, merveilleusement intact, donne à voir un ensemble de rues pavées et de bâtiments à colombages colorés, dont beaucoup ont servi de décor pour des films et des émissions de télévision mettant en scène le résident (fictif) le plus célèbre de la ville, l'inspecteur Kurt Wallander, tiré des romans d'Henning Mankell. Tout cela contribue à faire d'Ystad une destination populaire auprès des Suédois en vacances dans la région d'Österlen, ainsi qu'une halte attrayante pour les voyageurs qui se rendent en Pologne ou en reviennent.

Pour les infos pratiques, voir le Carnet d'adresses p. 205

À SAVOIR

Certaines parties de la vieille ville médiévale sont interdites aux voitures et il peut être difficile de trouver à se garer dans la rue, surtout en été. Le cas échéant, il existe un parking payant derrière l'hôtel Continental du Sud, dans le centre sur Hamngatan.

Hôtel de ville d'Ystad

LE TORNVAKT D'YSTAD

Depuis 1748, un veilleur de nuit souffle dans un *lur* (sorte de trompe) par la petite fenêtre du clocher de la Sankta Maria Kyrka d'Ystad. Sa fonction consistait autrefois à repérer les incendies, alors fréquents dans une ville aux toits de chaume. Si un feu se déclenchait, le gardien soufflait à plusieurs reprises dans son instrument et agitait un drapeau rouge indiquant l'emplacement de l'incendie afin que les habitants se précipitassent pour éteindre les flammes. Son rôle consistait aussi à repérer d'éventuels navires de contrebande. Jadis, celui qui s'assoupissait à ce poste était décapité sans autre forme de procès. Aujourd'hui réduit à une attraction touristique, le *tornvakt* se fait entendre toutes les 15 minutes de 21h15 à 1h.

Église et monastère médiévaux

À LA DÉCOUVERTE DU PASSÉ RELIGIEUX D'YSTAD

L'une des plus vieilles églises en brique de Scanie, la **Sankta Maria Kyrka** (église Sainte-Marie) fut édifiée au XIIIe siècle dans le style roman, remaniée selon les canons gothiques vers 1275 puis à maintes reprises par la suite, avec notamment l'ajout d'un clocher baroque à la fin du XVIIe siècle. Si l'extérieur revêt un aspect assez quelconque, l'intérieur retient davantage l'attention. Il renferme notamment un retable baroque (1718-1733) du sculpteur Johan Jerling, rehaussé d'un tableau de Carl Mört, un peintre de Lund, qui représente Jésus et les douze apôtres (l'artiste lui-même figure à droite du personnage en tunique rouge sur la gauche). À noter aussi une chaire baroque, une galerie de portraits du XVIe siècle d'éminentes

MAISON D'ÉPOQUE

Les maisons à colombages abondent, surtout dans Stora Östergatan. Si la plupart remontent à la seconde moitié du XVIIIe siècle, **Pilgrändshuset**, à l'angle de Pilgrand et de Stora Östergatan, date de 1480, ce qui fait d'elle la doyenne du genre en Scandinavie.

OÙ SE LOGER À YSTAD

Villa Strandvägen
Occupant une villa avec jardin, ce boutique-hôtel dispose aussi d'un restaurant haut de gamme. **€€€**

Hotell Continental du Sud
Cadre historique, confortables chambres rénovées et excellent buffet du petit-déjeuner. **€€**

Hotell Bäckagården
Emplacement central, atmosphère chaleureuse et terrasse commune à l'arrière. **€€**

familles locales et un curieux crucifix du XVIe siècle sur lequel le Christ porte de vrais cheveux.

À une courte distance à pied se dresse le **Klostret i Ystad** en brique et colombages, ancien monastère des frères gris (nom donné aux franciscains d'après la couleur de leur bure). Converti en musée illustrant l'histoire culturelle de la ville, il comprend la Sankt Petri Kyrkan (XIIIe siècle) déconsacrée où se tiennent des expositions temporaires.

Devant le monastère s'étend **Klosterdammen**, un charmant parc autour d'un étang bordé de jolies maisonnettes en bois qui servent d'abris aux canards. Le cadre plaisant invite à pique-niquer.

Sur les traces de Wallander

HOMMAGE AU PLUS CONNU DES LIMIERS SUÉDOIS

À son apogée médiévale, Ystad était connue dans toute l'Europe pour son industrie florissante du hareng. Aujourd'hui, son principal titre de gloire est d'être le port d'attache de Kurt Wallander, le protagoniste d'une série de romans policiers à succès de l'écrivain suédois Henning Mankell (1948-2015). Inspecteur de police taciturne à la vie privée désastreuse, Wallander enquête et résout des crimes graves dans la ville et ses environs. Outre son apparition dans dix romans, il a été incarné au cinéma et à la télévision par des acteurs tels que Rolf Lassgård, Krister Henriksson et Kenneth Branagh. La série Netflix *Le Jeune Wallander*, qui prétend dépeindre les débuts du personnage en tant que policier, se déroule à Malmö plutôt qu'à Ystad et a été créée après la mort de Mankell.

De nombreuses scènes des films et séries télévisées Wallander ont été tournées sur place à Ystad, en particulier au restaurant de l'hôtel Continental et dans la pâtisserie Fridolf's Konditori, dans Lingsgatan près de la gare. Les scènes d'intérieur ont pour beaucoup été prises aux **Ystad Studios**, les plus grands studios de cinéma de Scandinavie. Ces derniers proposent des visites guidées thématiques montrant des costumes, des scripts, des storyboards et des décors, dont le poste de police de la première adaptation cinématographique, le bureau figurant dans la série britannique *Les Enquêtes de l'inspecteur Wallander* (BBC) et le salon de Wallander de la seconde série suédoise. Réservation indispensable.

Krister Henrikson dans Wallander : enquêtes criminelles

LES MEILLEURS RESTAURANTS D'YSTAD

Villa Strandvägen
La table chic de la ville propose un délicieux menu dégustation de quatre plats. **€€€**

Grandens mat
Cour conviviale et cuisine du monde axée sur les *poke bowls*. **€€**

Store Thor
Le cadre, une cave voûtée du XVIe siècle, compense la carte quelconque. **€€**

Gusto
Une adresse animée où manger une bonne pizza en famille. **€**

Bröderna M
Pizzas, pâtes et burgers dans une atmosphère familiale. **€€**

COMMENT CIRCULER

Des trains réguliers desservent Ystad au départ de Malmö (120 kr, 50 minutes) et de Lund (140 kr, 1 heure 15). Des ferries effectuent la traversée entre Ystad et Świnoujście en Pologne. La vieille ville se parcourt aisément à pied.

Environs d'Ystad

Ici, la nature règne en maître. Les réserves naturelles et les longues plages de sable constituent les principaux atouts touristiques, complétés çà et là par quelques monuments.

Pour les infos pratiques, voir le Carnet d'adresses p. 205

S'égrenant le long du rivage de la baie de Hanö tel un collier de perles, les plages, les réserves naturelles et les villages de pêcheurs entre Ystad et Karlshamn font partie de la région informelle appelée Österlen. Facile à parcourir en voiture ou à vélo, cette portion sud-est de la Scanie jouxtant le comté de Blekinge abrite des monuments historiques, notamment le site mégalithique évocateur d'Ales Stenar et la forteresse médiévale de Glimmingehus. Mais elle est surtout réputée pour ses paysages agricoles, ses plages sauvages et ses réserves naturelles. Balayées par les vents et désertes en hiver, ces dernières peuvent être très fréquentées en été du fait des nombreuses maisons de vacances.

Mégalithes d'Ale

UNE ÉNIGME DE L'ÂGE DU FER

La nature mystérieuse du site exceptionnel d'**Ales Stenar** en fait l'une des attractions touristiques les plus fascinantes de Scanie.

Jusqu'à présent, les archéologues ne sont pas parvenus à se mettre d'accord sur le pourquoi de ce bateau de pierre (alignement de menhirs en forme de navire réalisé de l'âge du bronze aux alentours de l'an 1000), le plus grand du genre présent ou un site funéraire, mais aucune tombe n'a été mise au jour. D'autres penchent pour un immense calendrier solaire, car les pierres à la poupe et à la proue du navire pointent respectivement vers le soleil à son coucher au solstice d'été et à son lever au solstice d'hiver. En revanche, les spécialistes s'accordent sur le fait que les 59 mégalithes alignés sur la crête de Kåseberga, 19 km à l'est d'Ystad, ont été dressées entre 500 et 1050.

Toujours ouvert et en accès libre, Ales Stenar est desservi par des marches raides et gravillonneuses. Le site offre une superbe vue panoramique.

Glimmingehus

LA FORTERESSE DES SPECTRES

À 30 km au nord-est d'Ystad, **Glimmingehus** mérite une visite. Ce manoir fortifié du début du XVIe siècle avec parapets, fausses portes, douves et pont-levis a la réputation d'être hanté par de nombreux fantômes. Il accueille le public d'avril à octobre.

À SAVOIR

Les plages de ce littoral sont connues pour leurs dangereux courants marins. Pour les repérer et les éviter, recherchez les eaux plus calmes avec moins de vagues déferlantes.

LES PLUS BELLES PLAGES AUX ENVIRONS D'YSTAD

Sandhammaren
À l'est d'Ystad, l'une des plages les plus resplendissantes de Scanie.

Mälarhusen
Des dunes et des eaux peu profondes, juste au nord de Sandhammaren.

Täppet
Une plage de sable d'Åhus, prisé des familles pour ses eaux basses.

Rörum
Au sud du parc national de Stenshuvud, sur fond de pinède.

Stenshuvud
Sable blanc et eaux peu profondes, dans le parc national.

ITINÉRAIRE À VÉLO DANS LE SUD-EST DE LA SUÈDE

L'une des trois véloroutes nationales de Suède, la Sydostleden (274 km) relie la ville portuaire de Simrishamn, dans l'Österlen, à celle de Växjö, dans le Småland. Divisée en sept tronçons de difficulté moyenne à modérée, elle est constituée pour l'essentiel de sentiers sans voitures bien balisés (repérez les marques rouges et blanches portant le chiffre 2). De **1 Simrishamn**, l'itinéraire rejoint le **2 parc national de Stenshuvud**, les vergers de pommiers de **3 Kivik**, la pittoresque localité de **4 Vitaby**, les **5 cascades de Hallamölla** et le **6 Christinehof Slott**, un manoir du XVIIIe siècle, avant d'arriver au village de **7 Brösarp**, 50 km plus loin. La deuxième section (53 km), facile, suit la côte jusqu'à la ville médiévale **8** d'**Åhus**, où l'on peut visiter l'Absolut Experience Centre (réservez bien à l'avance). À l'intérieur des terres, la ville de **9 Kristianstad** justifie le détour pour sa Trefaldighetskyrkan (église de la Sainte-Trinité) Renaissance. Les deux étapes suivantes, de 33 km chacune, mènent de l'autre côté du **10 pont de Sölvesborg**, plus long pont cyclable et piétonnier d'Europe, et autour de la baie de Puvaviks jusqu'à **11 Karlshamn** et ses jolis bâtiments Art nouveau – profitez-en pour faire une halte au Kalibadhuset Karlshamn, de splendides bains modernes avec sauna. Le parcours continue sur 31 km pour atteindre le village de **12 Fridafors**. De là, il faut pédaler encore 77 km jusqu'à la ville de **13 Växjö**, dans le Småland. Ceux qui choisissent d'emprunter la Sydostleden du nord au sud (c'est-à-dire de Växjö à Simrishamn) peuvent poursuivre sur la Sydkustleden (260 km), une autre véloroute nationale qui se dirige vers le sud-ouest via Ystad, Trelleborg et Malmö jusqu'à Helsingborg sur la côte nord-ouest de la Scanie.

Carnet d'adresses

MALMÖ

Apoteket Lejonet
Voir p. 182 (077-145 04 50 ; Stortorget 8 ; 9h-18h lun-ven, 10h-15h sam)

Malmö Konsthall
Voir p. 184 (040-34 60 00 ; malmokonsthall.se ; St Johannesgatan 7 ; entrée libre ; 11h-17h mar et jeu-dim, 11h-19h mer)

Malmö Museer
Voir p. 187 (040-34 44 00 ; malmo.se/museum ; Malmöhusvägen 6 ; adulte/-19 ans 40 kr/gratuit ; 11h-17h mar-mer et ven-dim, 11h-19h jeu)

Malmö Saluhall
Voir p. 184 (www.malmosaluhall.se ; Gibraltargatan 6 ; entrée libre ; 11h-20h lun-jeu, 11h-21h ven, 11h-17h sam-dim)

Moderna Museet Malmö
Voir p. 183 (040-685 79 37 ; www.modernamuseet.se/malmo ; Ola Billgrens plats 2-4 ; entrée libre ; 11h-17h mar-mer et ven-dim, 11h-19h jeu)

Pont de l'Öresund
Voir p. 186 (www.oresundsbron.com ; aller moto/voiture/minibus 340/1 330/2 380 kr)

St Johannes Kyrka
Voir p. 184 (Rådmansgatan 20 ; www.svenskakyrkanmalmo.se ; entrée libre ; 11h-18h)

St Petri Kyrka
Voir p. 184 (040-27 90 43 ; www.svenskakyrkanmalmo.se ; Göran Olsgatan 4 ; entrée libre ; 10h-18h)

World Maritime University
Voir p. 185 (040-35 63 00 ; www.wmu.se ; Fiskehamnsgatan 1 ; entrée libre ; 9h-17h lun-ven)

Dynamic Windsurfing
Voir p. 185 (070-646 45 64 ; www.dynamicwindsurfing.com ; Turbinkanalen ; 17h-20h mer-jeu, 10h-13h sam-dim)

Kitesurf Sweden
Voir p. 185 (072-260 94 56 ; kitesurfsweden.se ; Fridhemsvägen ; 7h-20h)

Pédalos
Voir p. 183 (070-471 00 67 ; www.cityboats.se ; parc Raoul Wallenbergs ; pédalos 30 min/1/1,5/2 heures 130/200/270/340 kr ; 14h-18h lun-ven, 12h-18h sam-dim mai-août)

Ribersborgs Kallbadhus
Voir p. 185 (040-26 03 66 ; www.ribersborgskallbadhus.se ; Limhamnsvägen ; adulte/enfant 80 kr/gratuit ; 9h-21h lun-ven, 9h-18h sam-dim mai-août, 10h-19h lun-mar et jeu-ven, 10h-20h mer, 9h-18h sam-dim sept-avr)

Clarion Hotel Malmö Live
Voir p. 182 (040-20 75 00 ; www.nordicchoicehotels.se ; Dag Hammarskjölds Torg 2)

Duxiana
Voir p. 183 (040-607 70 00 ; www.theduxiana.com ; Mäster Johansgatan 1)

Elite Hotel Esplanade
Voir p. 183 (040-24 85 00 ; elite.se ; Mäster Johansgatan 15)

MJs
Voir p. 183 (040-664 64 00 ; mjs.life ; Mäster Johansgatan 13)

More Hotel Västra Hamnen
Voir p. 182 (040-653 88 00 ; www.themorehotel.se ; Lilla Varvsgatan 26)

Ohboy Hotel
Voir p. 182 (073-523 09 08 ; ohboy.se ; Lilla Varvsgatan 24)

Bagaren och Bonden
Voir p. 186 (040-93 00 11 ; www.bagarenochbonden.se ; Hermansgatan 3 ; 8h-17h30 mar-ven, 8h-13h sam-dim)

Bageri Leve
Voir p. 186 (040-97 93 31 ; www.bagerileve.se ; Östra Rönneholmsvägen 6 ; 11h-18h mar-ven, 9h-16h sam)

Damas
Voir p. 184 (040-22 22 42 ; www.damastaste.se ; Södra Förstadsgatan 42 ; 11h-22h dim-jeu, 11h-23h ven-sam)

Dolce Siciliana
Voir p. 184 (076-051 60 51 ; dolcesicilia.se ; Drottningtorget 6 ; 11h-19h)

Johan P
Voir p. 185 (040-97 18 18 ; www.johanp.nu ; Hjulhamnsgatan 5 ; 11h30-21h lun-jeu, 11h30-23h ven, 12h-23h sam, 12h-16h dim)

Kafé Kungsgatan
Voir p. 183 (040-12 12 14 ; www.facebook.com/kafekungsgatan ; Kungsgatan 2 ; 8h-18h lun-ven, 9h-16h sam, 10h-16h dim)

Kollektivkrogen
Voir p. 183 (073-994 79 39 ; www.kollektivkrogen.se ; Rundelsgatan 7 ; 17h-22h mer-jeu, 17h-minuit ven-sam)

Lyran
Voir p. 184 (076-324 52 28 ; www.lyranmatbar.se ; Simrishamnsgatan 36A ; 17h-tard mar-sam)

Möllans Falafel
Voir p. 185 (040-615 36 45 ; Bergsgatan 14 ; 10h-2h lun-jeu, 10h-4h ven, 11h-5h sam, 11h-1h dim)

Mygel
Voir p. 185 (mygel.nu ; Lodgatan 3B ; 11h30-13h30 mer-ven, 10h30-13h30 sam-dim, dîner dernier ven du mois)

Namu
Voir p. 184 (040-12 14 90 ; namu.nu ; Landbygatan 5 ; 11h30-14h et 17h-23h30 mar-jeu, 11h30-14h et 17h-minuit ven, 17h-minuit sam)

Ruths
Voir p. 184 (040-12 13 18 ; ruthsmalmo.se ; Mäster Johansgatan 11 ; 7h-tard)

Saltimporten Canteen
Voir p. 185 (070-651 84 26 ; www.saltimporten.com ; Grimsbygatan 24 ; 11h-14h lun-ven)

Slottsträdgårdens Kafé
Voir p. 187 (040-30 40 34 ; slottstradgardenskafe.se ; Malmöhusvägen 8 ; 11h-14h30 lun-ven, 10h-16h sam-dim)

Söderberg & Sara Stenugnsbageri
Voir p. 186 (040-12 58 10 ; www.soderbergsara.se ; Mäster Danielsgatan 3 ; 7h-17h lun-ven, 7h30-16h sam-dim)

St Jakobs Stenugnsbageri
Voir p. 187 (072-339 30 20 ; Rälsplatsen 1 ; 7h-18h lun-ven, 8h-17h sam-dim)

Sture
Voir p. 184 (040-12 12 53 ; www.sture1912.com ; Adelgatan 13 ; 11h30-23h lun-jeu, 11h30-minuit ven, 12h-minuit sam, 13h-22h dim)

VÁCLAV MACH/STOCK.ADOBE.COM ©

Petite rue de Malmö

Västergatan
Voir p. 184 (040-793 13 ; www.vastergatan.se ; Västergatan 16 ; 17h-tard mar-sam)

Vollmers
Voir p. 184 (040-57 97 50 ; vollmers.nu ; Tegelgårdsgatan 5 ; 18-tard mer-sam)

Care/of Cocktail Bar
Voir p. 183 (040-13 22 23 ; careof.bar ; Fiskehamnsgatan 11C ; 16h-minuit mar-jeu, 16h-1h ven, 12h-1h sam, 12h-15h et 16h-22h dim)

Djäkne Coffee Bar
Voir p. 180 (070-563 53 45 ; Djäknegatan 9 ; 8h-18h lun-ven)

Grand Malmö
Voir p. 183 (040-12 63 13 ; www.grandmalmo.se ; Monbijougatan 17 ; 17h-minuit mer-jeu, 17h-3h ven-sam)

Julie Vinbar
Voir p. 181 (040-627 11 60 ; juliemalmo.se ; Tegelgårdsgatan 9 ; 16h-22h mar-jeu, 15h-22h ven, 13h-22h sam)

Lilla Kafferosteriet
Voir p. 180 (040-48 20 00 ; www.lillakafferosteriet.se ; Baltzarsgatan 24 ; 8h-18h lun-ven, 10h-18h sam-dim)

Noir & Kaffekultur
Voir p. 181 (070-697 88 57 ; www.facebook.com/noirkaffekultur ; Engelbrektsgatan 6 ; 8h-18h lun-mar, 8h-17h mer, 8h-20h jeu-ven, 10h-20h sam, 10h-18h dim)

Solde Kafferosteri
Voir p. 180 (073-935 77 70 ; www.solde.se ; Regementsgatan 2 ; 7h15-18h lun-ven, 9h-16h sam, 10h-16h dim)

Pâtisserie David
Voir p. 180 (040-630 80 80 ; www.patisseriedavid.se ; Östergatan 7b ; 8h-17h lun-ven, 10h-16h sam)

Pivo
Voir p. 181 (www.pivopivopivo.com ; Västergatan 6C ; 15h-21h dim-lun, 15h-23h mar-sam)

Inkonst
Voir p. 187 (070-754 77 64 ; inkonst.com ; Bergsgatan 29)

Kulturbolaget
Voir p. 187 (040-30 20 11 ; kulturbolaget.se ; Friisgatan 26)

Malmö Live
Voir p. 187 (040-34 35 00 ; malmolive.se ; Dag Hammarskjölds Torg 4 ; billetterie 12h-15h lun-jeu)

AB Småland
Voir p. 186 (072-248 89 20 ; www.absmaland.com ; Södra Förstadsgatan 25-27 ; 10h-18h lun-ven, 10h-17h sam, 11h-16h dim)

Designtorget
Voir p. 186 (040-30 70 82 ; designtorget.se ; Södra Förstadsgatan 9 ; 10h-18h lun-ven, 10h-17h sam, 11h-16h dim)

Form Design Centre
Voir p. 186 (040-664 51 50 ; formdesigncenter.com ; Lilla Torg 9 ; 11h-17h mar-sam, 12h-16h dim)

ENVIRONS DE MALMÖ

Axel Ebbe Konsthall
Voir p. 191 (0410-73 30 56 ; Hesekillegatan 1 ; Trelleborgen 12h-16h mer-dim mi-juin à août).

Fotevikens Museum
Voir p. 190 (040-33 08 00 ; www.fotevikensmuseum.se ; Museivägen 27, Höllviken ; adulte/enfant -100 cm 150 kr/ gratuit ; 10h-17h lun-ven mi-juin à mi-août, horaires réduits le reste de l'année)

Trelleborgen
Voir p. 191 (0410-73 30 21 ; www.trelleborg.se/trelleborgen ; Västra Vallgatan 6, Trelleborg ; tarif plein/-20 ans 60 kr/gratuit ; 10h-17 juin-août, horaires réduits le reste de l'année)

Almaregården
Voir p. 190 (040-45 70 24 ; almaregarden.se ; Räng Sandsvägen 6, Höllviken ; 11h-18h mer-ven, 10h-16h sam, 11h-16h dim)

Ängavallen
Voir p. 190 (040-42 32 50 ; angavallen.se ; Ängavallensväg 17-9, Vellinge)

Falsterbo Fågelstation
Voir p. 191 (073-625 42 56 ; www.falsterbofagelstation.se ; Fyrvägen 35, Falsterbo)

Hallongården
Voir p. 190 (040-675 05 04 ; hallongarden.se ; Bodarpsvägen 144, Trelleborg ; 11h-17h mer-dim)

LUND

Domkyrka
Voir p. 193 (046-71 87 00 ; www.svenskakyrkan.se ; Kyrkogatan 6 ; 8h-18h lun-ven, 9h30-17h sam, 9h30-18h dim)

Historiska Museet
Voir p. 194 (Musée d'Histoire ; 046-222 79 44 ; www.luhm.lu.se ; kraftstorg ; 12h-17h mar-dim)

Kulturen I Lund
Voir p. 194 (046-35 04 00 ; www.kulturen.com ; Tegnérsplatsen 6 ; adulte mai-août 130 kr, sept-avr 95 kr, -18 ans gratuit ; 10h-17h mai-août, 12h-16h mar-ven, 10h-16h sam-dim sept-avr)

Grand Hotel
Voir p. 193 (046-280 61 00 ; www.grandilund.se ; Bantorget 1)

Hotell Nordic Lund
Voir p. 193 (046-378 00 70 ; nordiclund.se ; Östra Mårtensgatan 5

Hotell Oscar
Voir p. 193 (046-18 80 85 ; www.hotelloskar.se ; Bytaregatan 3)

Broder Jakobs Stenugnsbageri
Voir p. 194 (046-13 70 60 ; www.broderjakobs.se ; Klostergatan 9 ; 7h-19h lun-ven, 7h-17h sam, 9h-17h dim)

Mat & Destillat
Voir p. 194 (046-12 80 00 ; www.matochdestillat.se ; Kyrkogatan 17 ; 17h-22h mar-sam mi-juil à mi-août, 11h30-22h lun-mar, 11h30-23h mer-jeu, 11h30-minuit ven, 12h-minuit sam mi-août à mi-juil)

Klostergatans
Voir p. 194 (046-14 14 83 ; klostergatan.se ; Klostergatan 3 ; 11h-23h lun-mer, 11h-minuit jeu-ven, 12h-minuit sam)

Lenoteket
Voir p. 194 (046-644 10 ; lenoteket.se ; Kyrkogatan 17 ; 16h-23h lun, 16h-23h30 mar-jeu, 15h-0h30 ven-sam)

Love Coffee
Voir p. 194 (073-677 65 60 ; www.lovecoffee.se ; Klostergatan 1L ; 8h-18h lun-ven, 9h-17h sam-dim)

Helsingborg

ELENA SISTALIUK/STOCK.ADOBE.COM ©

Saluhallen
Voir p. 194 (lundssaluhall.se ; Mårtenstorget 1 ; 10h-18h lun-ven, 10h-15h sam)

ENVIRONS DE LUND

Dunkers Kulturhus
Voir p. 196 (42 10 74 00 ; www.dunkerskulturhus.se ; Kungsgatan 11 ; Helsingborg ; 8h-20h lun-ven, 10h-17h sam-dim, horaires réduits certaines périodes de l'année).

Fredriksdals Friluftsmuseum
Voir p. 196 (Musée et jardin de Fredriksdal ; 042-10 45 00 ; www.fredriksdal.se ; en retrait de Hävertgatan ; Heslingborg ; 10h-18h tlj mai-sept, horaires réduits le reste de l'année).

IKEA Museum
Voir p. 196 (0476-44 16 00 ; ikeamuseum.com ; Ikeagatan 5, Älmhult ; adulte/-18 ans 60 kr/gratuit ; 10h-18h)

Kärnan
Voir p. 196 (042-10 50 00 ; karnan.se ; Slottshagsgatan ; Helsingborg ; 10h-18h juin-août, fermé lun le reste de l'année).

IKEA Hotell
Voir p. 196 (0476-64 11 00 ; ikeahotell.se ; Ikeagatan 1, Älmhult)

Flickorna Lundgren
Voir p. 196 (042-34 60 44 ; flickornalundgren.se ; Skäretvägen 19, Nyhamnsläge ; 11h-16h mer-dim mai-sept)

Mölle Krukmakeri
Voir p. 196 (042-34 79 91 ; www.mollekrukmakeri.se ; Mölle Hamnallé 9, Mölle ; 9h-tard)

Mossagården
Voir p. 196 (046-855 44 ; www.mossagarden.se ; Mossagården, Lund ; 11h-18h ven, 11h-16h sam)

Fabriksbutik Höganås Saltglaserat
Voir p. 196 (042-33 10 20 ; www.saltglaserat.se ; Bruksgatan 36V, Höganäs ; 10h-18h lun-ven, 10h-17h sam-dim juin-août, 10h-18h mer-ven, 10h-17h sam-dim sept-mai)

YSTAD

Klostret i Ystad
Voir p. 199 (0411-57 72 86 ; www.ystad.se/klostret ; St Petri Kyrkoplan ; adulte/enfant 50 kr/gratuit ; 12h-17h mar-ven, 12h-16h sam-dim)

Sankta Maria Kyrka
Voir p. 198 (www.svenskakyrkan.se ; Stortorget 2A ; 10h-18h juin-août, 10h-16h sept-mai)

Ystad Studios
Voir p. 199 (070-947 70 57 ; www.ysvc.se ; adulte/enfant 120/60 kr ; Elis Nilssons Väg 14 ; 10h-16h lun-ven, 11h-15h sam)

Hotell Bäckagården
Voir p. 198 (070-090 60 58 ; hotellbackagarden.se ; Dammgatan 36)

Hotell Continental du Sud
Voir p. 198 (0411-137 00 ; hotellcontinental.se ; Hamngatan 13)

Villa Strandvägen
Voir p. 198 (0411-23 73 00 ; www.villastrandvagen.se ; Strandvägen 1 : restaurant 15h-21h30)

Bröderna M
Voir p. 199 (0411-191 99 ; www.brodernam.com ; Hamngatan 11 ; 11h15-13h45 et 17h-22h lun-ven, 12h-22h30 sam, 14h-21h30 dim)

Grandens mat
Voir p. 199 (0411-171 50 ; www.grandensmat.se ; Besösekaregränd 3 ; 11h-15h lun-mer, 11h-20h jeu, 11h-21h ven-sam)

Gusto
Voir p. 199 (0411-136 15 ; pizzeriagusto.se ; Klostergatan 5 ; 16h-21h mer-lun)

Store Thor
Voir p. 199 (0411-185 10 ; www.storethor.se ; Stortorget 18 ; 16h-22h mer-jeu, 16h-minuit ven-sam)

ENVIRONS D'YSTAD

Absolut Experience Center
Voir p. 201 (044-590 59 59 ; www.absoluthome.com ; Vallgatan 5, Åhus ; visite guidée avec/sans dégustation 365/285 kr, -11 ans/12-17 ans 65/190 kr ; sur réservation)

Ales Stenar
Voir p. 200 (0411-57 76 81 ; www.visitskane.com/classic-attractions/ales-stones ; Löderup ; entrée libre ; 24h/24)

Christinehof Slott
Voir p. 201 (www.christinehofslott.se ; Kristinehov Kronhjorten 101, Brösarp ; tarif plein/réduit/-15 ans 120/100 kr/gratuit ; mi-mai à sept)

Glimmingehus
Voir p. 200 (072-702 59 90 ; www.raa.se ; Borgvägen 6, Hammenhög ; adulte/-18 ans 90 kr/gratuit ; 10h-18h juil à mi-août, 10h-16h mi-août à sept, horaires réduits avr-juin et oct)

Kallbadhuset Karlshamn
Voir p. 201 (0705-98 42 66 ; kallbad.com ; Östersjön ; 100 kr ; 14h-21h mar, 8h-21h mer, 8h-17h jeu, 8h-19h ven, 8h-18h sam, 8h-20h dim)

Trefaldighetskyrkan
Voir p. 201 (www.svenskakyrkan.se ; Västra Storgatan 6, Kristianstad ; 10h-16h30)

Parc national de Stenshuvud
Voir p. 201 (0414-708 82 ; www.sverigesnationalparker.se ; Simrishamn)

Sankta Maria Domkyrka, Visby (p. 214)

GOTLAND ET LE SUD-EST

DES CÔTES BATTUES PAR LES VENTS ET DES MERVEILLES MÉDIÉVALES

Des îles au charme mystique, des villages tout droit sortis de livres de contes, de sublimes châteaux et des prouesses d'ingénierie : cette région oscille entre passé et modernité.

Fort de solides traditions scandinaves, le sud-est de la Suède – et ses deux îles d'une grande richesse culturelle que sont Gotland et Öland – enchante le visiteur. Suite de châteaux médiévaux et de palais Renaissance, de villes anciennes aux tons pastel et de villages en bord de lac, ce territoire aux majestueuses forêts porte aussi dans son paysage les traces plus secrètes de son histoire : les runes.

Traversé par le canal Göta, qui relie sur 190 km le lac Vänern à la Baltique, l'Östergötland possède bien des atouts : la charmante Vadstena nichée dans une anse du lac Vättern, Gränna et ses sucres d'orge, ou encore l'ancienne cité textile de Norrköping et son patrimoine industriel valorisé. Entre forêts luxuriantes et lacs scintillants du Småland, on succombe au charme ensorcelant du château de Kalmar comme aux souffleurs de verre du légendaire "royaume du cristal", le Glasriket. N'oubliez pas les musées de Växjö et de Jönköping-Huskvarna, aussi instructifs côté culture que sciences et techniques. Quant à Eksjö, son patrimoine bâti en bois est le deuxième de Suède.

ALMGREN/SHUTTERSTOCK

Couverte de moulins à vent et balayée par les vents, la longue et étroite Öland (photo) reliée au continent par un long pont (6 km) se distingue par sa faune sauvage et ses sites archéologiques de l'âge du fer. C'est néanmoins la légendaire Gotland, plus grande île de mer Baltique (2 994 km^2), qui est la perle du Sud-Est. Derrière ses épais remparts, la cité hanséatique de Visby, sa capitale, vous plonge littéralement en plein Moyen Âge. Entre charmantes églises en ruine et plages sablonneuses, vous vous régalerez de surcroît des meilleurs produits fermiers qui soient.

SITES PRINCIPAUX

VISBY
Capitale hanséatique de la Baltique parfaitement préservée.
p. 212

ÖLAND
Plages et moulins à vent pour emblèmes insulaires.
p. 221

VADSTENA ET LE CANAL GÖTA
Une petite ville de bord de lac chargée d'histoire et une merveille d'ingénierie.
p. 228

S'orienter

Le sud-est de la Suède couvre une vaste zone géographique constituée de divers territoires, y compris insulaires. Toutes deux en mer Baltique, Gotland est la plus grande île de cette mer intérieure, et Öland, la deuxième île suédoise par la taille, mais la plus petite province du pays.

VOITURE

Disposer de son propre véhicule permet de découvrir au mieux le sud-est de la Suède, y compris les îles d'Öland et Gotland (1 200 km de routes). Cependant, louez votre voiture sur le continent où les tarifs sont sensiblement moins élevés.

BUS

La compagnie Kollektiv Trafiken (www.gotland.se/kollektivtrafiken) dessert toute l'île de Gotland. Sur l'île d'Öland, lorsque le temps le permet, le vélo (ou la voiture) est le meilleur choix car les dessertes routières sont très aléatoires. Les zones dépourvues de services ferroviaires proposent en général des bus locaux ou des cars longue distance.

TRAIN

Le réseau ferroviaire est moins développé dans la région que dans le centre de la Suède, même si de nombreuses villes le long de la route E4 sont également desservies par la ligne principale entre Mälmo et Stockholm. Aucun train ne circule sur les îles de Gotland et d'Öland.

Vadstena et le canal Göta, p. 228

Des lieux de pèlerinage chargés d'histoire font de Vadstena, petit bijou lacustre, un point de départ rêvé pour partir à la découverte du canal Göta.

Visby, p. 212

Les remparts de la capitale hanséatique de la Baltique comptent parmi les mieux conservés d'Europe. Art, artisanat et tables éthiques sont aussi la richesse du présent.

Öland, p. 221

Reliée au continent par le pont d'Öland, l'île draine foule en été vers ses plages préservées, ses forêts et ses moulins en bois.

Planifier son séjour

L'île de Gotland et le Sud-Est occupent une bonne partie du territoire suédois. Il convient de réserver ses locations de voiture et billets de ferry à l'avance. À part cela, vous êtes libre comme le vent (parfois bien fort à Vadstena) !

T.LAGERWALL/SHUTTERSTOCK ©

Escapade sur un week-end

- Si votre temps de séjour vous limite à une seule visite, mettez le cap sur l'île de Gotland et **Visby** (p. 212, photo), cité hanséatique ceinte de l'un des remparts médiévaux les mieux préservés d'Europe.

- Explorez ses rues étroites, puis le **Gotlands Museum** (p. 212) et ses merveilles de la culture viking. Les vestiges évocateurs d'églises médiévales et la cathédrale du XIIe siècle, **Sankta Maria Domkyrka** (p. 214), vous raviront avant d'enfourcher un vélo jusqu'aux spectaculaires falaises de calcaire récifal marquant la côte de Klint au sud-ouest de Visby et les réserves naturelles attenantes de **Högklint** (p. 216) et de Södra Hällarna.

- Et l'on ne saurait que trop vous conseiller la cuisine en direct de la ferme du **Lilla Bjers** (p. 217).

AU FIL DES SAISONS

La saison estivale à Gotland débute en juin et englobe le mois de septembre. D'octobre à mai, les choses sont moins prévisibles.

JANVIER

On peut célébrer la nouvelle année à Norrköping avec 40 000 fêtards et 6 000 illuminations du paysage industriel de la ville !

MAI

Le temps peut être imprévisible et tout n'est pas ouvert en cette saison, mais vous avez un grand choix d'hébergements.

JUIN

Le retour des beaux jours rime avec sports de plein air, séjours au chalet d'été (*stuga*) et vie au soleil. La météo rêvée pour naviguer sur le canal Göta.

CHRISTIAN L SWEDEN/SHUTTERSTOCK ©, ROLAND MAGNUSSON/SHUTTERSTOCK ©, RICOK/SHUTTERSTOCK ©

Une semaine dans les îles

Certes, Gotland et Öland ne sont pas les Caraïbes, mais ce sont des îles qui ont du punch avec une belle offre d'activités de plein air. Plus des plaisirs culturels pour l'esprit et de sublimes délices pour les papilles.

Installez-vous pour quelques jours à **Visby** (p. 212) et plongez au cœur du plus prestigieux passé marchand médiéval. Il y a là aussi quelques-unes des meilleures plages de Suède, l'île de **Fårö** (p. 219) – le refuge d'Ingmar Bergman – et celle de **Gotska Sandön** (p. 220) au nord. Partez ensuite à Öland au sud en passant par le château de Kalmar (sur le continent) basez-vous **Borgholm** (p. 222) pour explorer les étonnants sites archéologiques de **Mysinge Hög** (p. 223) et **Gettlinge** (p. 223) au sud de l'île. Mais n'oubliez pas les plages magnifiques, telle celle de **Lyckesand** (p. 222) au nord.

Si vous avez plus de temps

Pour une immersion plus profonde dans le sud-est de la Suède, prenez le temps de découvrir l'architecture, les restaurants et les **produits fermiers de Gotland** (p. 217), ainsi que les sites archéologiques et les plages d'**Öland** (p. 221).

Gagnez ensuite le continent, faites une halte à **Kalmar** (p. 225) pour en visiter le château, puis consacrez votre deuxième semaine à l'exploration de la vaste région du **Småland** (p. 223).

Découvrez la production verrière de **Glasriket** (p. 226) et explorez les superbes musées d'Eksjö, de Växjö et de Jönköping-Huskvarna. Avant de gagner la charmante ville de Vadstena en longeant le **canal Göta** (p. 230), passez une nuit ou deux à **Norrköping** (p. 235) et déambulez dans son incroyable décor industriel.

JUILLET

Les Suédois envahissent les plages d'Öland et de Gotland. Les Gotlanders s'affrontent dans des disciplines vikings lors des Jeux de Stånga.

AOÛT

La Medeltidsveckan (semaine médiévale) envahit les rues de Visby : lancers de hache, tir à l'arc, musique et ripailles.

SEPTEMBRE

L'Ölands Skördefest (fête des moissons) attire foule sur l'île d'Öland : trois jours de brocante, marchés alimentaires et étals de produits fermiers.

DÉCEMBRE

On profite des marchés de Noël nombreux en Småland. Déjà dans l'esprit des fêtes de fin d'année, on garde le *brännvin* (eau-de-vie) à portée de main.

VISBY

Du XIIe au XIVe siècle, la magnifique ville fortifiée de Visby a été la plaque tournante de la Ligue hanséatique en mer Baltique. Considérée aujourd'hui comme la cité commerciale médiévale la mieux préservée d'Europe du Nord, elle est à ce titre classée au patrimoine mondial de l'Humanité. Flâner dans son lacis de ruelles pavées entre maisons aux tons pastel et fleurs colorées donne un peu l'impression de vivre un conte. Ses églises gothiques en ruine et ses remparts du XIIe siècle incroyablement intacts qui se détachent sur la mer Baltique dessinent un musée vivant du Moyen Âge. Ainsi, l'été, Visby fourmille de vacanciers, nombre d'entre eux profitant de la Medeltidsveckan (semaine médiévale en août) pour parader en chevalier, manant, reine... Autre période fébrile, l'Almedalsveckan (juillet) réunit à Visby toutes les tendances politiques du pays. Néanmoins, le charisme historique de la ville hanséatique vous captivera plus hors de ces périodes intenses.

Pour les infos pratiques, voir le Carnet d'adresses p. 236

À SAVOIR

Pour contempler la Sankta Maria Domkyrka (XIIe siècle) dans toute sa splendeur, et tout le vieux Visby par la même occasion, le mieux est de grimper les escaliers derrière la cathédrale jusqu'en haut de la colline.

TRÉSORS VIKINGS

Musée régional des plus impressionnants, le **Gotlands Museum** de Suède expose des pierres runiques du VIIIe siècle, des sépultures de chambres funéraires et des sculptures médiévales sur bois, mais surtout l'un des dépôts les plus riches trouvés dans le monde : 67 kilos d'argent réunissant monnaies, lingotins et bijoux, plus une cache d'objets en bronze ! C'est le fameux trésor viking de Spillings. La peste noire de 1350, la mythologie norroise, les fossiles et les récifs coralliens autour de l'île sont aussi évoqués.

Muraille exceptionnelle

CITÉ HANSÉATIQUE FORTIFIÉE

Édifiés pour répondre aux ambitions défensives de la Ligue hanséatique, les remparts étonnamment conservés de Visby forment l'une des plus impressionnantes fortifications médiévales du continent européen. Jusqu'en 2000, le **Visbig Ringmur** (mur de Visbig) est resté l'ouvrage le plus long d'Europe du Nord (3,4 km) avant d'être supplanté par le pont de l'Öresund (7,8 km ; p. 186), qui relie la Suède au Danemark.

Conservée sur sa quasi-totalité à l'exception d'une petite section manquante face à l'actuelle gare maritime, cette forte muraille de 11 m de haut fut élevée entre 1150 et le début du XIIIe siècle avec des pierres de calcaire extraites localement.

Admirer le rempart, ses 27 grandes tours, ses 9 tourelles de courtine et ses trois impressionnantes portes principales se fait de tous côtés : à l'intérieur comme à l'extérieur, les angles de vue se multiplient. Comptez bien 1 heure 30 en marchant tranquillement pour faire le tour de cette merveille de l'architecture défensive médiévale. Jusqu'aux années 1880, les portes étaient bien entendu fermées la nuit.

Plus spécifiquement, deux portes érigées au XIIe siècle en avant de la muraille côté ouest surveillaient entrées et sorties du port, lequel se situait alors à l'emplacement actuel du **parc Almedalen**.

De plus petites portes, conçues pour faciliter l'accès depuis le port, sont toujours visibles. Les remparts du côté nord-ouest font face à la mer Baltique et sont particulièrement pittoresques, surtout à l'automne couverts de feuilles de tilleul.

Les fines meurtrières taillées pour les archers ont dû être

INCONTOURNABLES
1 Sankta Maria Domkyrka

VOIR
2 Almedalen (parc)
3 Porte est
4 Porte nord
5 Porte Snäckgärds
6 Porte sud
7 Silverhättan/Kames
8 tour Dalman

agrandies lorsqu'on eut plus tard recours aux canons. Puis, dans les années 1920, il fallut envisager de laisser passer les automobiles et c'est de cette période que date le **Murfallet** (Mur tombé). La brèche qui a été faite permet d'appréhender, vu l'épaisseur du rempart les méthodes de construction, à savoir deux murs appareillés encadrant. En suivant le rempart vers le nord, on découvre un bunker de la Seconde Guerre mondiale devant la tour d'angle appelée **Silverhättan/Kames**.

À deux pas, la **porte Snäckgärds** (Snäckgärds porten) est la seule tour de Visby dans laquelle il soit possible de monter : grimpez ses 67 marches pour profiter de la vue splendide sur la cathédrale.

COMME AU MOYEN ÂGE

Sur le site archéologique d'**Eketorp** (p. 223), à Öland, à 72 km à l'ouest de Gotland à vol de mouette, on peut voir la reconstitution d'un village fortifié du Moyen Âge. Un ferry fait la traversée Visby-Oskarsham. De là le site est à 135 km en partant vers le sud.

OÙ SE LOGER ET PRENDRE UN VERRE À VISBY

Hotell Stenugnen
Adossé aux remparts, un ancien entrepôt de charbon devenu un boutique-hôtel blanc immaculé façon bord de mer. **€€**

Hotell St Clemens
Voisin du jardin botanique et proche des ruines de Sankt Clemens Kyrka. **€€**

Vår Fru
Un cocktail à base de liqueurs insulaires est une merveille à savourer dans le délicieux patio.

PROMENADE AU MILIEU DES RUINES

Au fil des rues, ruelles et allées fleuries de la vieille ville classée au patrimoine mondial de l'Unesco, moult églises médiévales en ruines forment comme un musée sacré à ciel ouvert. Au total, on en compte douze dont voici une petite sélection pour cette promenade.

Partant de **1 Packhusplan** et de sa fontaine (1899) – où semble se tremper la déesse de la Richesse à l'emplacement d'un ancien entrepôt et de l'hôtel de ville médiéval –, sortez de l'enceinte à l'ouest par la petite Lilla Strandporten (porte de la Plage). Longez l'extérieur de la muraille vers le nord pour rentrer de nouveau dans la vieille ville par la Lilla Fiskarporten. Sur votre gauche, le Botaniska Trädgården (jardin botanique) abrite les ruines de **2 Sankt Olofs** (1102) envahies par un vénérable lierre anglais. Quelque 400 m plus au nord-est, les vestiges de **3 Sankt Nicolai** (1230) illustrent magnifiquement la beauté du sanctuaire dominicain. En longeant au sud Norra Kyrkogatan, on atteint la seule église médiévale qui soit restée un sanctuaire : **4 Sankta Maria Domkyrka**, la cathédrale de Visby. Bâtie aux XIIe et XIIIe siècles, et amplement retouchée par la suite, elle surprend par ses tours romano-gothiques coiffées de coupoles baroques. Quelque 200 m à l'ouest, les vestiges de **5 Sankt Drotten** et de **6 Sankt Lars** révèlent un esprit typiquement westphalien pour la première, tandis que la seconde est orthodoxe. À deux pas, sur la très colorée place principale de Visby, Stora Torget, l'église gothique à ciel ouvert de **7 Sankta Karin** fut sans doute l'un des plus beaux sanctuaires de Visby à l'époque médiévale.

ISABELLE NYROT PHOTO/SHUTTERSTOCK ©

Visby

La partie la mieux préservée de la muraille est sa portion est, entre la **Norderport** (porte nord) et l'**Österport** (porte est). En observant avec attention, il est possible de voir les restes de crépi qui recouvrait autrefois les remparts, un mélange de calcaire, mortier, sable et d'une protéine animale inconnue (peut-être de l'œuf). En entrant par la **Dalmansporten** (tour Dalman), les coupoles de la cathédrale viennent s'inscrire sous la voûte de façon tout à fait photogénique. Près de l'entrée est, quelque 90 m² de muraille ont été reconstruits après un effondrement, en 2012, dû à un orage violent. Juste avant d'entrer par la **Söderport** (porte sud) on remarque une curiosité : la **maison des peintures**, une habitation du XIIIe siècle parmi les mieux préservées et qui se trouva incorporée dans la muraille construite postérieurement. La demeure (propriété privée) a conservé quasi intacts le décor

D'AUTRES TABLES À LA FERME

Sur le continent, non loin d'Örebro, le cuisinier Roger Hjälm propose des expériences intéressantes autour du bœuf, de l'agneau ou de poissons pêchés dans le lac Hjälmaren, dans son restaurant **Katrinelund** (p. 128). Réservez.

BONNES TABLES DE VISBY

Jessens Saluhall & Bar
À la fois épicerie et restaurant, une adresse très conviviale tenue par trois frères, avec l'indémodable soupe de poissons constamment à la carte. €

Backyard Visby
Un couple suédo-tchèque allie tapas et bougies pour une atmosphère chaleureuse. Excellent choix de bières artisanales. €€

Surfers
Authentique cuisine du Sichuan à partager, allant des travers de porc aux cinq épices aux nouilles de Shanghaï. C'est presque le restaurant préféré de tout un chacun. €€

Lindgården
Établissement traditionnel datant de 1968. Excellente carte des vins et cuisine de qualité, avec des produits locaux de saison. €€€

OÙ FAIRE DU SHOPPING À VISBY

Idyllien
Entreprise caritative de Gotland spécialisée dans la vente de vêtements, textiles, articles de bain écologiques, entre autres.

Stuk Konst & Form
Une coopérative créée par des artisans et des créateurs du cru soucieux de production durable.

Wisbyost
Une fromagerie fabuleuse où trouver les différents fromages de Gotland entre autres gourmandises insulaires.

À VÉLO LE LONG DE LA CÔTE SUD

Deux heures de randonnée cycliste et une boucle de 27 km au sud de Visby vous révéleront toute la beauté de la côte sud, de l'escarpement calcaire côtier (Klint Baltique) et des réserves naturelles autour. On suit en partie le Gotlandsleden (boucle cyclable de 500 km autour de l'île) et plusieurs chemins secondaires (avec variantes). L'après-midi est préférable pour profiter des couchers de soleil éminemment photogéniques.

On peut louer son vélo au **1 Gotlands Cykeluthyrning**, point de départ et d'arrivée de cette randonnée. En direction du sud, on quitte très vite la route 148 (Färjeleden) pour entrer dans la réserve **2 Södra Hällarna** : attention par temps pluvieux au bois glissant sur la passerelle. Passé les pétasites (ressemblant à la rhubarbe en période de croissance), on atteint l'entrée principale pour filer ensuite à l'ouest vers la Baltique et profiter de la vue panoramique sur l'escarpement calcaire côtier (Klint) qu'on appelle Klintkusten. Longez la côte jusqu'à **3 Fridhem**, vieux lieu de villégiature doté d'un merveilleux café. Voici ensuite la réserve naturelle de Högklint, où l'on peut gagner à pied le point culminant (48 m) de l'île, **4 Högklint Utsiktsplats**, d'où la vue est magnifique, et encore plus du belvédère isolé au-dessus, idéal au couchant. Le retour se fera par l'intérieur des terres. Visby étant au nord, on peut faire un petit détour vers l'est jusqu'à la **5 Västerhejde Kyrka**, l'une des plus petites des 92 églises médiévales de l'île. Au cœur d'un vaste cimetière et de jardins manucurés, c'est une superbe église romane. Ne ratez pas la pierre historiée (début XIVe siècle) à la mémoire de Gairvald et de sa femme.

Renaissance avec fresques sur ses murs intérieurs et ses plafonds voûtés. Jusqu'à la porte sud, le sommet du rempart a un profil différent en raison, dit-on, du remodelage ordonné par le roi danois Valdemar IV après l'attaque de 1361 contre Visby.

Délices insulaires et gastronomie

DE LA FERME À L'ASSIETTE

L'intérêt de Gotland pour la cuisine durable et les produits fermiers a récemment attiré l'attention du monde culinaire. D'ailleurs, en 2022, à l'issue de la compétition suédoise de chefs Årets Ekokock (Écochef de l'année), le prix du Meilleur Restaurant biologique a été décerné par la Commission européenne à un restaurant de l'île.

La plus grande île du pays saura donc combler votre appétit avec son large éventail de productions agricoles, dont un délicieux beurre. Plusieurs atouts géographiques expliquent ce succès : un terroir calcaire, le plus grand nombre d'heures annuelles d'ensoleillement de Suède et un sol peu dégradé par les pratiques modernes.

Ne passez pas à côté d'un bon repas chez **Lilla Bjers** à 7 km au sud-ouest de Visby. Installée dans une ferme en activité, son équipe composée de quatre chefs (dont le jeune prodige Adam Österdahl, récompensé dès l'âge de 20 ans) vous fera déguster ses produits on ne peut plus locaux dans un décor champêtre. Une collaboration fructueuse sur 100% de créations bio, aux couleurs et saveurs étonnantes.

Au sud de Visby, près de Tofta, Linus Ström de Göterborg et My Wrethagen de Gotland supervisent les fourneaux de l'**Hotel Stelor**, une cuisine suédoise aux influences continentales, préparée avec des ingrédients provenant des fermes locales. On y savoure par exemple du chou blanc mijoté avec chips d'artichauts et chapelure au levain. Même les pâtes sont fabriquées à Gotland, à partir d'une ancienne céréale appelée amidonnier et d'une variété locale d'épeautre de printemps (*vårspelt*). Pas d'aliments venus de l'étranger, c'est leur devise.

En ville, le restaurant de poissons **Bakfickan** est le rendez-vous gourmet de la place Stora Torgot en matière culinaire. Son chef Gustaf Kristiansson y fait des merveilles avec du hareng mariné et différentes variations qui s'appuient sur la pêche du jour. Par exemple, un turbot entier poêlé aux chanterelles et accompagné d'une sauce au beurre norvégien.

Réserver est indispensable pour qui veut se régaler.

POURQUOI J'AIME VISBY

Kevin Raub

Qu'attendais-je en venant à Visby ? Je vis moi aussi dans une cité médiévale et pensais être un peu comme à la maison. Mais quelle surprise d'être aussi dépaysé ici ! Authentique chef-d'œuvre du Moyen Âge, la capitale de Gotland a conservé ses façades colorées, ses ruelles étroites et ses impressionnants remparts comme aucun autre site ancien en Europe, et à une si grande proximité de la mer Baltique ! Sa cuisine locavore formidable et ses alentours valent largement les plus belles campagnes de toute la Suède. Si *Game of Thrones* était un conte de fées à la fin heureuse, Visby serait la star de la série.

COMMENT S'Y RENDRE ET CIRCULER

Situé à 4 km au nord-est de Visby, l'aéroport de Visby est desservi par des vols réguliers de Stockholm tout au long de l'année et d'autres vols en été, notamment de Malmö et Göteborg. Il y a un bus pour l'aéroport en été.

Les ferries à destination de Gotland (destinationgotland.se) font la liaison Visby-Nynäshamn toute l'année (3 heures) et Visby-Oskarshamn (3-4 heures).

Les bus partent de la gare routière (à Kung Magnus Väg) et desservent Klintehamn, Burgsvik et Fårösund.

À l'extérieur des remparts, Visby se prête merveilleusement bien à la pratique du vélo, grâce à un relief plat. Ce dernier étant plus vallonné à l'intérieur, il est donc préférable de s'y déplacer à pied.

Environs de Visby

Les amoureux de la nature sont ici aux anges ! L'eau claire vient lécher le sable le plus pur. Et, loin, très loin, au large, le parc national septentrional forme un havre de paix et de bonheur sans pareil.

Des fermes au charme photogénique parsèment le paysage entre Visby et l'extrême nord de Gotland duquel se détache, passé un faible détroit, la petite île de Fåro. Constellée de pittoresques villages de pêcheurs isolés, la fameuse "île de Bergman" est certes célèbre pour les films du réalisateur suédois, mais aussi pour ses ruines médiévales et ses *raukar* (formations de calcaire). Des soldats britanniques qui combattirent lors de la guerre de Crimée sont enterrés à Ryssnäs, à l'extrême sud. Perdu au nord en pleine mer Baltique, le parc national de Gotska Sandön, accessible uniquement par ferry ou bateau privé depuis Fårösund, invite pleinement à l'aventure le Robinson Crusoé qui sommeille en vous.

Pour les infos pratiques, voir le Carnet d'adresses p. 236

À SAVOIR

Pour gagner Gotska Sandön, équipez-vous : un couchage, de la nourriture, des boissons… Seuls le papier toilette et l'équipement de cuisine sont fournis.

Raukar (formations de calcaire)

KARIN JAEHNE/SHUTTERSTOCK ©

Fåro

Jeux de soleil au nord de Gotland

PLAGES MAGNIFIQUES ET ROCHERS INSOLITES

Décor, refuge, terre d'adoption et ultime demeure d'Ingmar Bergman, l'île de **Fåro** offre un cadre idyllique pour une escapade balnéaire, grâce aux traversées toutes les demi-heures en car-ferry gratuit depuis **Fårösund** (à 50 minutes de voiture de Visby)... De juin à août, le soleil réchauffe le sable de trois plages du littoral nord-est, à quelques kilomètres seulement les unes des l'autres.

Si vous êtes en quête d'un excellent camping (avec restaurants, location de paddle...), dirigez-vous vers les 3 km de sable et de dunes herbeuses de **Sudersand**, considérée comme l'une des meilleures plages de Suède. Quelque 7 km à l'est, **Norsta Aurer** est plus isolée et d'accès moins aisé : une fois votre voiture garée au phare de Fårö (Fårö Fyr, 1847), vous longerez la côte sur 600 m en direction du nord (observez les rochers autour de vous, ils sont truffés de fossiles). À 5 km à l'ouest de cette plage, se trouve celle d'**Ekeviken Badplats**, autre longue étendue de sable blanc près du village de pêcheurs d'Ekeviken.

Le rivage de Fårö est aussi ourlé de magnifiques *raukar* (ou *stacks*, à savoir des piliers sculptés par la mer dans les roches sédimentaires) ; si vous en avez l'occasion, admirez-les au soleil couchant à **Langhammarshammaren**, à une demi-heure

PÈLERINAGE BERGMANIEN

Les paysages sauvages et mystérieux de Fårö ne sont pas faciles à oublier. L'île a particulièrement captivé Ingmar Bergman (1918-2007), le légendaire réalisateur suédois, qui la visita pour la première fois en 1960 alors qu'il cherchait un lieu de tournage pour *À travers le miroir*. Quelques années plus tard, il y élut domicile. Il y vécut 10 ans, y tourna 7 films, y mourut et y fut enterré.

Depuis 2014, le **Bergman Center** (entrée gratuite) programme expositions, ateliers, lectures et projections dont les tarifs varient. Le centre peut vous fournir un guide pour une exploration de l'île bergmanienne. Fårö accueille à la fin du mois de juin la **Bergmanveckan** (semaine de Bergman) avec projections de films, avant-premières, rencontres avec des réalisateurs, master class et visites des différents lieux de tournage sur l'île.

OÙ SE LOGER ET SE RESTAURER DANS LES ENVIRONS DE VISBY

Crêperie Tati
On fait forcément la queue pour goûter aux délicieuses crêpes préparées dans cette petite ferme de Fårö. **€**

Fabriken Furillen
La pointe du design dans un bâtiment industriel brut où l'on transformait jadis le calcaire. Au nord-est de Gotland. **€€€**

Hotel Stelor
Sept chambres rustiques dans une ferme du XVIIIe siècle au sud de Visby. Plus une table délicieuse. **€€€**

PAROLE D'HABITANT : NÉ ET ÉLEVÉ À VISBY

Le Gotlander **Robin Olsson** (@rbolsson) est le propriétaire du Bar Kemi, l'un des lieux appréciés de Visby pour ses cocktails créatifs.

Surfers et Bakfickan
Il existe de nombreux bars à cocktails et restaurants de grande qualité dans le centre-ville de Visby, ainsi que des endroits magnifiques où se promener et profiter de jolies vues. L'un de mes lieux préférés pour sortir le soir est le Surfers pour son ambiance et son night-club. Le Bakfickan a lui fière réputation pour sa cuisine délicieuse.

Bungenäs Kalklada
L'une des choses que je conseille toujours est de louer une voiture pour se rendre dans la campagne et faire le tour des différents restaurants de l'île. L'un de mes préférés est le Bungenäs Kalklada, à 60 km au nord-est de Visby. La cuisine y est excellente et l'ambiance incroyable.

de voiture d'Ekeviken. Encore plus à l'ouest, se trouve Helgumannens Fiskeläge, un village de pêcheurs isolé. Une randonnée amplement récompensée par la beauté de la solitude.

Comme un Robinson sur Gotska Sandön

RIVAGES DÉSOLÉS ET PINÈDE ORIGINELLE

Réveillez votre âme d'aventurier au **parc national de Gotska Sandön**, perdu dans la mer Baltique à quelque 38 km au nord de Fårö. Signalés aux marins par des phares à ses trois pointes, les 37 km² de terres isolées de ce parc naturel insulaire comptent 30 km de plages, des dunes de sable, une forêt de conifères et une église. Un réseau de sentiers traverse l'île. Mai et août constituent les meilleures périodes pour la visiter (évitez juillet).

Pour y aller, rendez-vous à **Fårösund**, (50 minutes en voiture de Visby) pour prendre un ferry qui ne circule qu'entre fin mai et début septembre, à raison de trois à quatre liaisons par semaine – les ferries de **Gotska Sandön** assurent également quelques liaisons depuis Nynäsham, sur le continent. En fonction du vent, vous débarquerez quelque part sur la plage près de Las Palmas. De là, comptez 1 à 10 km à pied pour gagner votre **hébergement**. Il ne vous reste plus qu'à vous familiariser avec vos conditions de couchage sur place : une tente, un petit gîte, voire l'ancienne maison du gardien de phare, et à vous préparer un agréable dîner accompagné de bon vin. Le matin suivant, les amateurs de plage peuvent parcourir les 4 km qui les séparent de la magnifique étendue de sable doré de **Bredsandsudde**, déserte, si l'on a de la chance !

Vous aurez peut-être l'occasion d'observer des pygargues à queue blanche, des loriots d'Europe et autres oiseaux migrateurs. Essayez également d'aller voir la colonie de phoques à **Säludden**.

ÎLES PROTÉGÉES

À mi-parcours entre Oskarsham sur la côte est suédoise et Öland, le parc national de **Blå Jungfrun** (p. 225), accessible en 1 heure 20 de ferry, serait l'île du sabbat des sorcières à en croire son nom d'"île des sorcières". Difficile à croire si beau est ce parc en pleine mer !

COMMENT S'Y RENDRE ET CIRCULER

Le ferry jaune qui relie fréquemment Fårösund (pointe nord-est de Gotland) à Fårö est gratuit pour les voitures, passagers et cyclistes. La traversée ne dure que 5 minutes mais il faut compter 30 minutes au total (attente, chargement, déchargement).

De mai à septembre, les ferries de la compagnie Gotska Sandön partent de Fårösund pour la superbe île de Gotska Sandon.

Les transports publics laissent à désirer à Gotland, mais la compagnie Kollektiv Trafiken assure un service limité (et aléatoire). Les lignes les plus pratiques, et exploitées jusqu'à 7/jour, sont Visby-Klintehamn (sur la côte sud-ouest), Visby-Burgsvik (tout au sud) et Visby-Fårösund (au nord, puis connexion pour Fårö).

Circuler à vélo est idéal l'été, mais la plupart des voyageurs optent pour une location de voiture.

ÖLAND

Rappelant les visions de Don Quichotte, Öland est littéralement couverte de vieux moulins à vent. Symboles de pouvoir et de richesse au milieu du XVIIIe siècle, ils entraînèrent aussi la disparition d'une bonne partie des forêts de chênes d'Öland (quelque 2 000 vers 1850). Aujourd'hui, il reste environ 400 moulins, souvent restaurés avec soin par des associations locales.

Longue de 137 km et large de 16 km, l'île constitue la plus petite province de Suède. Ancien terrain de chasse royal, c'est aujourd'hui une destination estivale très prisée des Suédois. L'île reçoit quelque 2 millions de visiteurs chaque année (la plupart en juillet) qui se regroupent sur les plages bordant la moitié nord de l'île. Les forêts enchanteresses de l'intérieur réservent pourtant également des promenades merveilleuses, tout comme les vestiges de forts circulaires et les sépultures des âges du bronze et du fer à travers l'île. Au sud de Färjestaden, l'île est classée au patrimoine de l'Unesco et admirée pour ses paysages agricoles uniques et leur pérennité depuis l'âge de la pierre.

Pour les infos pratiques, voir le Carnet d'adresses p. 236

À SAVOIR

À défaut d'un vélo et de temps devant vous, une auto est nécessaire pour se déplacer sur l'île. Si vous avisez le nord d'Öland, emportez tout le nécessaire pour votre déplacement, y compris du carburant : les commerces et services y sont peu nombreux. Quand vous repérez un café ou un restaurant sur la route, ne l'ignorez pas.

HARIVIGNESH NARAYANASAMY/SHUTTERSTOCK ©

VOIR
1 Åkerhagsvägen
2 Borgholms Slott
3 Sollidens Slott

SE RESTAURER
4 Hotell Borgholm

PLAGES DE LA BAIE DE BÖDA

Plages de sable blanc peu fréquentées et forêts magnifiques font du nord d'Öland une destination rêvée pour qui souhaite s'isoler et sortir des sentiers battus. L'idéal est d'y camper en intersaison : en avril-mai ou en septembre-octobre. Sur la côte est, la **baie de Böda** se pare du plus long ruban de sable de Suède, dessinant une demi-lune de 20 km de long pour Fagerör, Homrevet, Lyckesand et Böda Sand, bordée en partie de dunes semées d'herbes éparses et d'une merveilleuse forêt de pins vieille de 150 ans. À l'intérieur des terres, la réserve naturelle **Neptuni Åkrar** est connue pour ses vipérines communes, de belles fleurs bleues.

Borgholm

RUINES ÉDIFIANTES ET PALAIS ROYAL D'ÉTÉ

“Capitale” de l'île, Borgholm peut être bondée en plein été, du moins sa principale rue piétonne où se succèdent commerces et restaurants. Il suffit de s'écarter un peu pour respirer.

Au sud se dresse **Borgholms Slott**, imposante silhouette de ce qui fut l'un des plus grands châteaux d'Europe du Nord. Ce dont on peut prendre la mesure depuis plusieurs endroits, comme le pâturage voisin du parking de Sollidens Slott ou, en ville depuis **Åkerhagsvägen** ou encore Slottsgatan.

Remontant au moins à 1281 pour la première forteresse, Borgholms Slott est le premier château construit en Suède par un roi, Magnus III de Suède (r. 1275-1290). Bien qu'incendié, abandonné au début du XVIIIe siècle, puis transformé en teinturerie, cet ouvrage a conservé tout son gros-œuvre. Sans toit et sans intérieur, la distribution au sol reste en partie visible.

La visite du Borgholms Slott s'accompagne volontiers de celle de la plus célèbre résidence d'été de Suède, **Sollidens Slott**, qui se situe à 850 m au sud-ouest du château. La famille royale continue à y séjourner et le public a accès à ses jardins exceptionnels.

La ville a aussi ses gourmets et il n'a fallu que deux ans au chef Christofer Johansson, repreneur de l'**Hotell Borgholm**, pour que le restaurant retrouve la distinction que le Michelin lui avait déjà décernée à l'époque de la cheffe suédoise Karin Fransson.

OÙ SE RESTAURER À ÖLAND

Kaffestugan
Boulangerie appréciée dans la rue principale de Böda ; café torréfié sur place, confiseries et pain. **€**

Kalk
Burgers créatifs et généreux attirent la foule dans cette ancienne centrale électrique de Löttorp. **€€€**

Trädgårdsgatan 26
Le menu nordique de Jonas Åhman servi dans cette maison jaune de Borgholm a de nombreux adeptes. **€€€**

VIRÉE AU SUD EN AUTO : VOYAGE À L'ÂGE DU FER !

Niché au cœur des bois, le vaste fort circulaire à 9 portes d'**1 Ismantorp** protégeait 95 habitations du IVe au VIIe siècle. Une fois observés les vestiges de ses fondations, cap à l'est sur Långlöt par Vedbygatan avant d'obliquer au sud pour 6 km sur Långlötsmosse. Arrivé à Norra Möckleby, repiquez vers l'intérieur des terres pour 5,2 km sur Norra Kyrkvägen. Voici les 640 m de remparts de **2 Gråborg**, plus grand fort circulaire de l'âge du fer suédois. En grande partie démantelé, le fort revint à la vie vers 1200 avec la construction d'une chapelle (vestiges voisins). Rebroussez chemin jusqu'à Norra Möckleby pour suivre la grande route côtière est (Långlötsmosse) vers le sud. Au bout de 37 km, la route Eketorpsvägen est fléchée sur la droite. La reconstitution menée autour des ruines du fort d'**3 Eketorp** permet de mieux comprendre la construction et l'utilité des premières enceintes circulaires de l'âge du fer suédois grâce au village médiéval qui y a été reconstitué tel qu'il fut entre le IVe et le VIIIe siècle. Poursuivez sur la même route vers le port de Grönhögen au sud-ouest, avant de repiquer au nord et de parcourir 13 km sur la route Mörbylånga-Degerhamn qui suit la côte ouest. S'étirant sur des kilomètres, le vieux champ funéraire de **4 Gettlinge** aligne “bateaux de pierre”, tumulus, cercles de pierre et autres pierres dressées allant de l'âge de la pierre à la fin de l'âge du fer. C'est un site réellement remarquable. Vous repartirez au nord par la route 136 pour atteindre, 16 km plus loin, **5 Mysinge Hög**. Le plus grand tumulus d'Öland date probablement de l'âge du bronze. Souvent occupé par des moutons, il se trouve au milieu d'une rangée de sépultures de 2 km de long. De son sommet, on profite d'une large vue sur la totalité du site, l'occasion d'un beau survol du passé depuis l'âge du fer.

Environs d'Öland

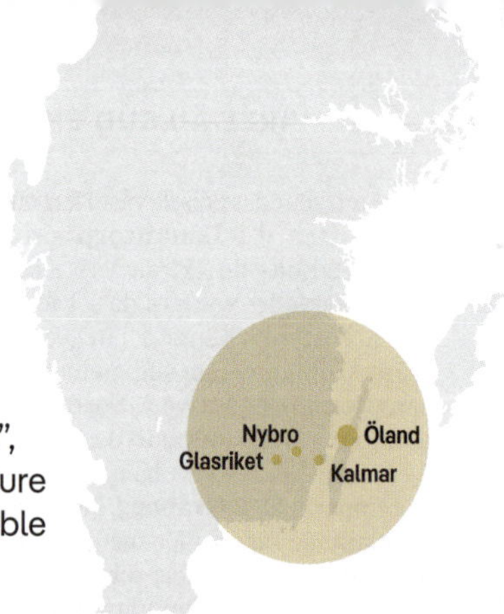

Situé aux confins du "royaume du cristal", à l'intérieur des terres, et de la pleine nature côté Baltique, le château de Kalmar semble tout droit sorti d'un conte de fées.

Depuis la construction de l'Ölandsbron, l'un des très longs ponts d'Europe (plus de 6 km), tout le monde a oublié les ferries pour gagner ou quitter l'île d'Öland. Côté continent se tient la cité médiévale de Kalmar et l'un des châteaux maîtres du pays, d'autant qu'y fut signé en 1397 un traité d'union entre les royaumes de Suède, de Danemark et de Norvège, l'éphémère Union de Kalmar. À quelques kilomètres, dans le Småland, la région du Glasriket (royaume du cristal) dévoile un monde fascinant, celui de la transparence. Depuis 1742, c'est là que prennent forme de magnifiques objets en verre soufflé. Une tradition qui perdure grâce à 14 verreries encore en activité (et souvent ouvertes avec plaisir aux visites) dans le sud de la Suède.

Pour les infos pratiques, voir le Carnet d'adresses p. 237

À SAVOIR

De nombreux ateliers du Glasriket organisent l'été des stages de soufflage du verre. Hors période estivale, adressez-vous au centre du verre soufflé de Kosta.

L'Ölandsbron

OLASER/GETTY IMAGES ©

Kalmar

Kalmar : sublime château, pauvre vaisseau

CONTE DE FÉES ET TRÉSOR DE GUERRE

Préservée des forts courants de la Baltique par la longue Öland, Kalmar n'est qu'à 40 minutes de voiture de Borgholm, la capitale de l'île. Quand on traverse le détroit par l'Ölandsbron (pont de 6 km), les quatre tours coiffées de coupoles et la haute tour carrée du **Kalmar Slott** se détachent sur le ciel. Fort de tous les attributs d'une forteresse de légende, ce chef-d'œuvre de la Renaissance aux opulents intérieurs dame le pion aux plus impressionnants châteaux de Suède. Prévoyez quelques heures pour l'explorer. La chambre du roi Éric vaut vraiment le coup d'œil : la rivalité l'opposant à son frère Jean l'ayant poussé à installer un passage secret dans les toilettes !

Dans le parc près du château, se trouve le superbe **musée d'Art de Kalmar** (Kalmar Konstmuseum). Pas de collection permanente, mais ses remarquables galeries hébergent une ou deux expositions temporaires au long de l'année.

Le temps d'un déjeuner, il serait dommage de ne pas aller se remettre de ses émotions dans la marina de l'île de Varvsholmen, à 5 minutes de là à vélo. La très économique formule déjeuner (139 kr) de **Slipkajen** n'en finit pas de surprendre

SORCELLERIE EN PLEINE NATURE

Il est légitime de se demander si l'on va pactiser avec le diable en embarquant sur le MS *Solkust* depuis Oskarsham (environ 75 km au nord de Kalmar) à destination du **parc national Blå Jungfrun** (1 heure 20). C'est bien difficile à croire lorsqu'on aborde sur cette île de granit magnifique qu'on appelle l'"île des sorcières" pour se conformer aux vieilles croyances sabbatiques. La splendeur du paysage, les arbres noueux et les oiseaux qui planent sur la mer contrastent avec l'étrange labyrinthe de pierre de l'île, **Trojeborg**, et les traces de pratiques rituelles païennes mises au jour alentour.

Avis aux superstitieux : qui remporte une pierre de Blå Jungfrun risque d'être maudit pour l'éternité (dit la légende) !

OÙ SE LOGER ET SE RESTAURER À KALMAR

Hotell Svanen
Au bord de l'eau, un établissement économique d'un excellent rapport qualité/prix avec une bonne ambiance. **€**

Slottshotellet
Le cadre verdoyant magnifique et la proximité du château sont l'assurance d'un séjour très romantique. **€€**

Gröna Stugan
Tartare de bœuf, omble chevalier à la crème d'artichaut, agneau… voilà de quoi ravir les papilles. **€€€**

BOUTIQUES DE VERRE DU GLASRIKET

Kosta Glassworks
La variété de couleurs donne envie de tout acheter chez Kosta Boda. Pour composer votre bar idéal, préférez Orrefors.

Carlos R Pebaqué
Né en Uruguay, ce verrier crée des vases extraordinaires à partir d'une technique personnelle lui permettant d'insérer des motifs dans le verre.

Måleras
À 8 km au nord-ouest d'Orrefors, l'étiquette Måleras réunit les talents conjugués du fameux souffleur de verre Mats Jonasson et de trois autres artistes.

Orranäs Glasbruk
Jouxtant l'ancienne fabrique dans le parc d'Orrefors, cette boutique vend des objets produits juste à côté.

Verre soufflé localement

pour d'aussi bons plats, vue sur la marina comprise.

Près du port, un ancien moulin à vapeur devenu musée, le **Kalmar Läns Museum**, cache un incroyable butin, celui récupéré sur le site du naufrage d'un célèbre navire amiral, le *Kronan*, véritable seigneur des mers du XVIIe siècle qui explosa et coula juste avant une bataille en 1676, entraînant par le fond près de 800 hommes. Sa découverte en 1980 a permis de mettre au jour plus de 30 000 objets préservés par la mer, parmi lesquels un impressionnant trésor de pièces d'or, le plus ancien violon connu de Suède, un spectaculaire ensemble de flacons en étain, des sabliers, et bien d'autres choses. En un mot : un trésor !

Le Glasriket

VERRERIES HISTORIQUES

Le "royaume du cristal" de Suède, le Glasriket, tente de préserver l'art du soufflage de verre suédois né à Kosta en 1742 et menacé de disparition. La fermeture d'importantes fabriques au cours des dernières décennies (Boda en 2008, Orrefors en 2013) a en effet fragilisé cette industrie, mais les ateliers et les maîtres verriers encore en activité se sont réunis pour redonner vie à cette forme d'art et tenter de sauver ce marché de niche. Historiquement, Kosta, Boda et Orrefors furent des marques de verrerie très prospères. La fabrique de Kosta a fini par être absorbée par celle de Boda avant de fusionner avec celle d'Orrefors en 1989, pour former l'ensemble actuel d'Orrefors-Kosta-Boda. Kosta est le point d'ancrage du Glasriket.

SI GRAND EST LE SMÅLAND

S'étendant largement au-delà de Kalmar et du Glasriket, le Småland couvre 29 400 m^{2} au sud-est de la Suède. Ancienne zone tampon entre le Danemark et la Suède, cette province historique mérite une grande excursion en auto (p. 234) pour en apprécier les trois villes clés : Eksjö, Växjö et Gränna.

En partant de Nybro au nord-ouest de Kalmar (soit à 35 minutes de voiture d'Öland), on peut envisager un parcours en boucle ovale par les routes 25, 28 et 31 afin de visiter de petites *glasbruks* (souffleries) et des ateliers.

Près de Nybro, la Pukeberg Glasbruk (créée en 1871) fut un authentique symbole de la révolution industrielle. La nouvelle école de verre suédoise y a élu domicile. **Orranäs Glasbruk** renouvelle les traditions du soufflage de verre du village d'Orrefors. Dans un parc bien entretenu jouxtant l'ancienne usine se trouvent une boutique, un petit musée, ainsi que des ateliers où l'on observe les maîtres au travail. Sur le site de l'ancienne verrerie Boda, la première fondée en Suède, **Kosta Glassworks** est le site le plus touristique, mais mérite le détour pour la concentration de galeries, les démonstrations de soufflage du verre et les restaurants qu'on y trouve, sans oublier les ventes promotionnelles d'**Orrefors** et de **Kosta Boda**, et le superbe **Kosta Boda Art Hotel**.

Kalmar Läns Museum

La **Glass Factory** a rallumé les fours de l'ancienne verrerie Boda. Outre la plus grande collection d'œuvres d'art en verre (plus de 40 000), de nombreuses expositions retracent l'histoire de la tradition verrière suédoise. Les archives regroupent un ensemble remarquable de productions d'artistes célèbres, comme Erik Höglund, Monica Backström, Bertil Vallien et Ulrica Hydman Vallien.

SUR LES TRACES DE JAMES BOND

Bien que le prix de l'entrée pour le James Bond Museum puisse refroidir, les fans de l'agent secret vont adorer ce lieu excentrique qui présente une collection d'objets liés au personnage. Le musée, à Nybro, est le résultat de l'obsession d'un inconditionnel de James Bond. Il présente également une collection d'objets variés allant de la voiture aux avions en passant par la gondole vénitienne ! Renseignez-vous sur Internet si vous voulez connaître les dernières lubies du créateur de ce lieu.

COMMENT S'Y RENDRE ET CIRCULER

Kalmar est à 109 km à l'est de Växjö par la route 25 et à 75 km au sud d'Oskarshamn par l'autoroute E22. La ville est à 40 km de Borgholm par le pont d'Öland.

L'**aéroport de Kalmar** est situé à 6 km à l'ouest de la ville. Des vols de la compagnie **SAS** (www.flysas.com) desservent Stockholm Arlanda.

Les trains **SJ** assurent toutes les heures la liaison Kalmar-Alvesta (1 heure 15) d'où l'on peut rallier Stockholm, Malmö et Göteborg. Trains directs pour Linköping (3 heures) puis correspondance pour Stockholm.

Kalmar et son magnifique château se prêtent bien aux déplacements à pied.

Pour visiter le Glasriket, mieux vaut avoir son propre véhicule. En dehors des itinéraires principaux, les services de bus sont quasi inexistants dans la région. Mais elle se prête bien au cyclotourisme : les routes secondaires sont excellentes, il y a beaucoup d'auberges et l'on peut camper à peu près n'importe où en dehors de la zone militaire de la route Kosta-Orrefors.

Le bus n° 139 de **Kalmar Länstrafik** circule de mi-juin à mi-août entre Nybro, Orrefors et Måleräs, desservant certaines cristalleries.

Toute l'année, des bus relient Nybro et Orrefors (25 minutes), et Kosta depuis Växjö (1 heure).

Des bus et des trains vont d'Emmaboda à Nybro (15 minutes) et Kalmar (45 minutes). Des trains desservent aussi Karlskrona (45 minutes), Växjö (35 minutes) et Alvesta (50 minutes), d'où il existe des services directs pour Göteborg et Stockholm.

VADSTENA ET LE CANAL GÖTA

Nichée sur la rive nord-est du lac Vättern et bourrée de charme, la petite ville de Vadstena règne sur une campagne peu vallonnée fortement marquée par l'Histoire. Sa taille modeste ne laisse nullement deviner le rôle à la fois spirituel et politique qu'elle a joué. C'est ici que fut fondé en 1389 le premier monastère de l'ordre de Sainte-Brigitte. Dès le siècle suivant, Vadstena a accueilli moult pèlerins, à la fois ceux venant visiter le sanctuaire dédié à la sainte et ceux cheminant vers la cathédrale Nidaros à Trondheim, en Norvège. Le roi Gustave Vasa Ier est l'autre grande figure de Vadstena où il a construit un sublime château Renaissance. L'atmosphère qui règne dans la vieille ville, avec ses jolies ruelles pavées, ses coquettes petites boutiques et ses édifices en bois et brique du Moyen Âge et de la Renaissance, désigne Vadstena comme le lieu même où flâner avant de partir explorer le canal Göta.

Pour les infos pratiques, voir le Carnet d'adresses p. 238

À SAVOIR

Le canal Göta est fermé à la navigation de fin septembre à mai. Cela n'empêche pas de longer les chemins de halage ou d'aller voir les écluses,même si nombre de bars et de restaurants sont fermés et les services très limités.

PAROLE D'HABITANT : PETITE MERVEILLE SUR LE CANAL

Stefan Ljungblad, responsable maintenance chez AB Göta kanalbolag.

L'endroit que je préfère se trouve au niveau de l'écluse de **Norrqvarn**, à l'endroit où un ruisseau s'écoule sous le fond du canal. Pour ce faire, on a construit il y a deux siècles environ un ponceau de halage à quatre arches appareillé en blocs de pierre. Un ouvrage de main de maître ! Faites ici une pause café en songeant à l'ingéniosité qu'il a fallu ici particulièrement pour inscrire l'ouvrage dans le paysage et le réseau hydrographique naturel.

VOIR
1 Bergs Slussar
2 Biskophuset
3 Borensberg
4 Mem
5 Motala
6 Rådhus (ancien hôtel de ville)
7 Rödtornet
8 Sancta Birgitta Klostermuseum
9 Söderköping
10 Vadstena Klosterkyrka
11 Vadstena Slott

OÙ SE LOGER À VADSTENA

27ans Nattlogi
Un B&B de six chambres confortables avec parquet au sol et meubles en osier. Un endroit chaleureux. **€**

Vadstena Klosterhotel
Logée dans l'ancien couvent de sainte Brigitte, une adresse à la fois historique et prestigieuse avec vue sur le lac. **€€€**

Starby Hotel
Les photos en noir et blanc et le mobilier d'esprit rétro confèrent un sacré caractère à cet ancien domaine agricole. **€€€**

LINKÖPING

Ville industrielle aujourd'hui, elle conserve toutefois des traces de son passé avec ses églises, ses châteaux, ses musées et ses rues pittoresques.

Elle est avant tout connue pour sa **cathédrale**, un gigantesque monument de calcaire de style gothique tardif, qui était l'église la plus imposante du pays au Moyen Âge.

Bâti entre 1630 et 1644 sur une petite colline rocheuse, l'**Ekenäs Slott** est l'un des châteaux Renaissance les mieux préservés de Suède, avec trois superbes tours d'angle, des douves et du mobilier du XVIIe au XIXe siècle. Il est situé à 20 km à l'est de Linköping ; il faut être motorisé pour s'y rendre.

Enfin, à 2 km à l'ouest de la ville, **Gamla Linköping** est l'un des plus importants villages-musées habités de Suède. Un bel ensemble de rues pavées, de jardins clôturés et de maisons du XIXe siècle (environ 90 établissements) forme ce vieux Linköping.

Vadstena à travers les âges

CHÂTEAU RENAISSANCE ET PÈLERINAGE MÉDIÉVAL

Située dans un cadre sublime, au bord du lac Vättern, Vadstena possède un riche héritage à la fois spirituel et politique. Aujourd'hui encore, le cœur des visiteurs se partage entre l'abbaye Sainte-Brigitte et le château de Gustave Vasa, aussi intéressants l'un que l'autre.

Petite ville merveilleusement paisible et bourrée de charme, Vadstena mérite amplement qu'on lui consacre une à deux journées. Fabuleux château édifié dès 1545 pour loger les premiers rois de la dynastie Vasa, **Vadstena Slott** ne fut terminé que 75 ans plus tard. Entourée de douves gigantesques (la dimension d'une marina !), son architecture du début de la Renaissance reste parmi les plus évocatrices de Scandinavie. D'inspiration palladienne, les étages supérieurs, meublés, sont les plus intéressants. Et, dans la chapelle, l'écho se prolonge 17 secondes !

La vieille ville, avec ses jolies ruelles pavées, ses petites boutiques pleines de charme et ses édifices en bois, a conservé son atmosphère médiévale. Le **Rådhus** (XVe siècle) est le plus vieil hôtel de ville de Suède, et la **Rödtornet** (tour rouge), le seul vestige de l'église Saint-Pierre (XIIe siècle). Pour avoir une idée du confort médiéval (du moins celui des prélats !), prolongez la promenade jusqu'au **Biskopshuset** (maison épiscopale), maintes fois remanié et pourvu d'un chauffage par hypocauste et d'une échauguette à l'étage servant de latrines !

Bâtie en réponse à l'une des visions de sainte Brigitte et consacrée en 1430, **Vadstena Klosterkyrka** devint le plus important lieu de pèlerinage de Suède. Découvrez l'histoire mouvementée de la sainte la plus célèbre de Suède (et de certains de ses enfants) au **Sancta Birgitta Klostermuseum**, logé dans le Bjälboättens Palats, résidence royale devenue couvent en 1384.

Au fil du canal Göta de Motala à Mem

PROUESSES D'INGÉNIERIE ET DISTRACTIONS AU BORD DU CANAL

Inauguré en 1832 par le roi Charles XIV Jean (r. 1818-1844) – à savoir le Palois Jean-Baptiste Bernadotte, ancien maréchal d'Empire –, le fameux "ruban bleu" de Suède est bien plus qu'un impressionnant exploit de construction et d'ingénierie civile. Le canal Göta est une destination touristique énormément appréciée en Suède et au-delà. Que vous soyez en bateau (en croisière de quatre à six jours entre Stockholm et Göteborg, comme en excursion de la demi-journée, voire de la journée entière – la formule la plus demandée), à vélo (sur les 90 km de chemin de halage interdit à toute circulation automobile , voir aussi p. 164), en auto ou tout simplement à pied, suivre son parcours est la plus agréable façon de pénétrer au cœur de la campagne verdoyante du centre de la Suède.. Sans compter les nombreuses découvertes qui vous attendent en chemin : cafés et restaurants à l'ambiance chaleureuse, villages de charme... Voici quelques suggestions présentées d'ouest en est.

À 16k m au nord de Vadstena, **Motala** a joué un rôle essentiel dans l'achèvement du canal ; c'est donc l'un des meilleurs endroits pour apprécier pleinement l'histoire de cet ouvrage.

ANJA B. SCHÄFER/STOCK.ADOBE.COM ©

Motala

Sur **Verkstadsön**, l'île créée au cœur de Motala par les travaux d'excavation, l'ancienne manufacture a fait place à un musée industriel et à une salle de spectacle. Sur l'autre rive du canal est installé le **Mallboden Café and Hostel**. Tout près, la **Göta Canal Exhibition** retrace l'histoire épique de la construction de la voie d'eau à travers le pays. Sur le port, le Motala Motor Museum expose plus de 300 véhicules de toutes marques, formes, tailles et époques, ainsi qu'une collection terriblement amusante de TV, radios et autres appareils électroniques vintage.

Il suffit de pédaler quelque 18 km vers l'est (piste cyclable) pour découvrir l'une des deux seules écluses manuelles du canal, dans le charmant hameau de **Borensberg**. Et pourquoi ne pas prendre place à l'une des tables de pique-nique de **Kafeteriet** pour siroter un café face aux mouvements sur l'écluse. Entre le Motala Ström et le canal, il y a longtemps qu'est établi le **Göta Hotell**. Il est agréable de regarder les bateaux glisser sur l'eau des balcons de ses chambres ouvrant sur le canal.

PAROLE D'HABITANT : UN JOUR PARFAIT À VADSTENA

Mina Isaksson (@minaaaurora, @minashem) est l'une des fondatrices du torréfacteur Rosteriet Vadstena, une belle ferme à 3 km de Vadstena.

Hamilton
Pour vous assurer une bonne journée, débutez par un café agrémenté de quelques gourmandises achetées à cette boulangerie dans la grand-rue.

Käket
Les savoureux burgers de Käket conviennent parfaitement pour un pique-nique avec vue sur le lac Vättern. Plus délicieux encore : lézarder ensuite l'après-midi sur un transat.

Bakgatan
En soirée, direction Bakgatan pour un savoureux dîner accompagné d'un bon vin. Finissez la journée avec un bain de minuit.

OÙ SE RESTAURER À VADSTENA

Käket
Excellents burgers pour gourmets. Le bœuf provient d'un élevage proche, à Valdemarsvik. €

Bakraket
Table préférée des habitants de Vadstena, cet établissement créé par des gens du cru sert des plats de saison. €€

Borgmestaren
Les murs de ce gastropub, meilleur bar de la ville, datent du XVe siècle, et la formule déjeuner est intéressante. €€

PROUESSE N°1 DE L'INGÉNIERIE CIVILE

Menant de la mer du Nord à la mer Baltique, le **canal Göta** (www.gotakanal.se) relie entre eux les deux grands lacs suédois, Vättern et Vänern. Sur une longueur totale de 190 km, seuls 87 km environ ont été creusés de la main des hommes, l'autre partie de la voie d'eau consistant en des rivières et des lacs. Quelque 60 000 soldats l'ont creusé entre 1802 et 1832, ouvrant ainsi une voie de communication et commerciale très utile entre les côtes est et ouest du pays.

Le canal se divise en deux sections : la section est va de Mem (au sud-est de Norrköping) à Motala (au nord de Vadstena, sur le lac Vättern) ; la section ouest couvre le parcours de Karlsborg (sur le lac Vättern) à Sjötorp (sur les rives du lac Vänern). L'ensemble est alors relié à la mer par le canal de Trollhätte, situé dans le Västergötland. Sur les chemins de halage, tout du long, les promeneurs ont aujourd'hui remplacé les chevaux de trait et les bœufs d'autrefois.

À 11 km au nord de Linköping, vous allez découvrir l'un des endroits les plus pittoresques du canal Göta : **Bergs Slussar**. Véritable escalier à bateaux, cette écluse de Bergs se franchit en sept étapes pour compenser le dénivelé de 18,8 m entre le lac Roxen et le port de Berg. Placez-vous à un endroit propice sur l'une ou l'autre berge et profitez du spectacle. Non loin, les ruines du plus ancien monastère établi en Suède, **Vreta kloster**, se devinent dans l'enclos paroissial autour de l'abbatiale du XIIe siècle, Vreta Klosters Kyrka.

À 49 km à l'est de Linköping, dans le joli port de **Söderköping**, on découvre un autre cadre idyllique où faire une pause : ici, l'écluse est bordée d'anciens entrepôts, occupés de nos jours par des commerces et des cafés, tel le **Lock Hop and Barrel**, qui sert ses bières artisanales et ses plats face au canal. Les petits et les grands feront leur régal d'une sélection parmi la soixantaine de parfums de glaces à l'affiche chez **Glassrestaurang Smultronställlet**. Si vous souhaitez une vue authentiquement spectaculaire, installez-vous au **Ramunderbergets utsiktspaviljong**.

RÉVOLUTION INDUSTRIELLE EN SUÈDE

L'Unesco a inscrit deux sites sur la Liste du patrimoine mondial : les forges pré-industrielles **d'Engelsberg** (p. 118) et les mines de cuivre de **Falun** (p. 123). Auparavant, l'argent extrait à **Sala** (p. 117) avait fait la prospérité de la Suède aux XVIe et XVIIe siècles.

Entre Söderköping et l'entrée du canal côté Baltique, **Mem** à 14 km vers l'est, où vous traverserez des champs à perte de vue. À l'aube de leur voyage de 190 km jusqu'au lac Vänern, à l'ouest, les bateaux passent ici la première des 58 écluses. La tranquillité de l'endroit invite à s'offrir une petite pause gourmande à la suédoise : le traditionnel *fika* (pause café-gâteaux) À savourer avec vue au **Kanalmagasinet**, une agréable auberge à l'abri d'un ancien entrepôt.

COMMENT S'Y RENDRE ET CIRCULER

Vadstena est à 58 km au nord de Gränna sur l'E4 et à 51 km à l'ouest de Linköping.

Seuls les bus desservent Vadstena – prenez le bus n°610 vers Motala (pour les trains vers Örebro) ou le n°661 pour Mjölby (pour les trains vers Linköping et Stockholm).

Blåklints Buss (blaklintsbuss.se) assure 1 à 3 services quotidiens entre le terminal Viking Line de Stockholm et Vadstena.

Peu étendue, Vadstena se prête bien à la marche à pied : tout ou presque se trouve dans la même rue, Storgatan.

Environs de Vadstena et du canal Göta

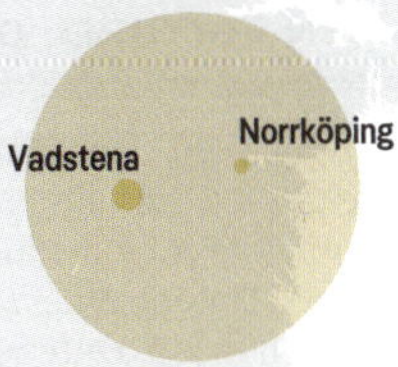

Oubliez que le Småland tient son nom de l'agrégation d'une multitude de "petites terres" car la province n'a rien de petit !

Couvrant une vaste partie du sud-est de la Suède, la province réunit la quasi-totalité des trois *län* (comtés) de Kronobergs, de Jönköpings et de Kalmar, ainsi qu'une petite partie de ceux d'Östergötland et de Halland. Historiquement, le Småland faisait office de zone tampon entre la Suède et le Danemark, que des querelles opposaient. Il n'y a guère plus d'une demi-heure de route entre Vadstena et les sites clés du centre de la province comme Gränna et Jönköping-Huskvarna sur les rives du Vättern, ou encore la ville en bois d'Eksjö. À l'est, on suit le canal Göta puis on oblique au nord jusqu'à Norrköping (un peu plus d'une heure de route), ville fascinante par sa capacité à se transformer autour de son riche passé textile.

Pour les infos pratiques, voir le Carnet d'adresses p. 239

À SAVOIR

Les fans de mobilier scandinave peuvent faire un détour jusqu'à Bodafors, au sud-ouest d'Eksjö. Hommage à l'Union des fabricants de meubles du milieu du XXe siècle, Kulturgatan expose des objets d'art et d'artisanat, ainsi que des meubles.

Eksjö

TOMMY ALVEN/SHUTTERSTOCK ©

EN VOITURE : GRAND TOUR SUR LES "PETITES TERRES"

La province du Småland s'étend sur quelque 29 400 km² de forêts denses, de lacs scintillants et de marais dépouillés, de la Baltique à l'intérieur des terres suédoises. Longue de 634 km, cette virée en auto de plusieurs jours relie nombre des principaux sites de la région. Le plus aisé consiste à partir de Vadstena. Première étape : **1 Gränna**, une pittoresque petite ville lacustre, où Amalia Eriksson inventa en 1859 les *polkagris*, des sucres d'orge à la menthe poivrée rayés rouge et blanc devenus la spécialité locale. Suivez la rive méridionale du lac par la E4 jusqu'à **2 Jönköping-Huskvarna** (39 km). Des "allumettes suédoises" inventées ici en 1844 à la célèbre fabrique Huskvarna fondée à la fin du XVIIe siècle, les amateurs de musées et de culture seront aux anges en savourant le design retro de l'Husqvarna Fabriksmuseum comme en regardant les aventures historiées des trolls mises en scène par John Bauer dont l'œuvre est exposée au Läns Museum. Prochaine étape, après 119 km en direction du sud sur la route 30 : la vieille ville marchande de **3 Växjö**, dont sont partis pour le Nouveau Monde nombre d'habitants au XIXe siècle. Son musée du verre suédois, le Smålands Museum (musée de la province) et l'Utvandrarnas Hus (musée de l'émigration, p. 311) soulignent son importance. En faisant ensuite un détour au sud-ouest, vous découvrirez à **4 Älmhult** (65 km) le musée IKEA (p. 196). De Växjö, les routes 23 et 37 vous mèneront après 128 km à **5 Vimmerby**, la patrie de Fifi Brindacier (Pippi Långstrump). Créé autour de la demeure de sa créatrice, Astrid Lindgrens, le parc à thème est un bonheur ! Filez dès lors à l'ouest par la route 40 jusqu'à la charmante **6 Eksjö** (61 km). Plus d'une cinquantaine des bâtiments protégés (Kulturmärkning) de sa vieille ville racontent quatre siècles d'architecture en bois.

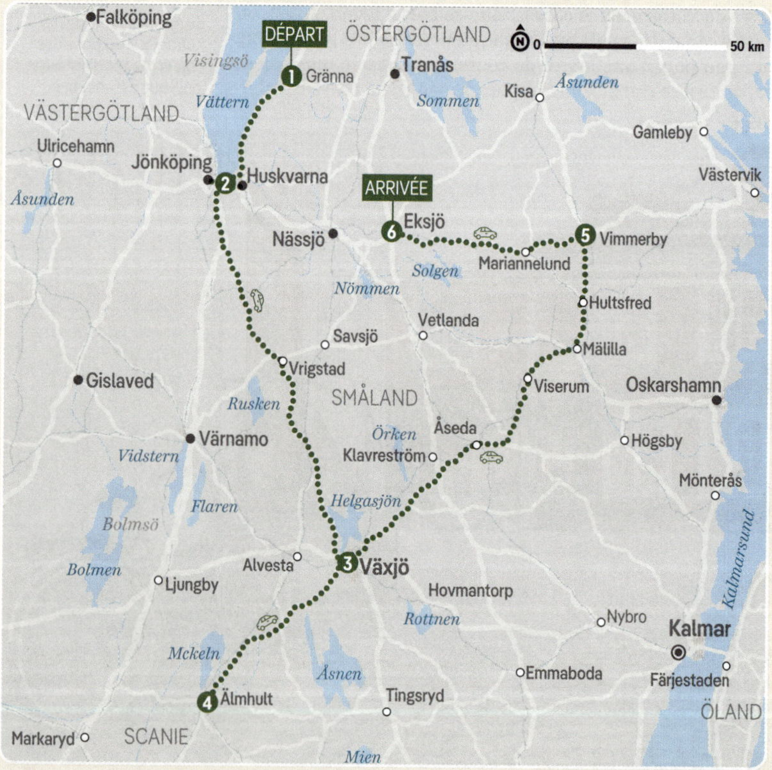

Norrköping postindustrielle

DESIGN INDUSTRIEL, VIE NOCTURNE BRANCHÉE

Difficile d'imaginer à quoi ressemblait Norrköping (*norr-sherping*) il y a une vingtaine d'années : une sorte de capharnaüm industriel d'un autre âge. L'histoire industrielle de la ville a débuté au XVIIe siècle, mais n'a réellement décollé qu'au XIXe siècle avec l'essor des industries textiles le long du Motala Ström. Le site a longtemps assuré 70% de la production textile suédoise et la dernière usine a fermé dans les années 1970.

Norrköping

Urbanistes et designers suédois de talent ont depuis volé à son secours : remettant en service les moulins et canaux historiques, ils ont transformé Norrköping en un lieu culturel branché doté de nombreux appartements de style loft, de bars et restaurants tendance, et de centres technologiques et universitaires.

Pourquoi ne pas sonder ce fascinant univers industriel en réservant une chambre au **Pronova Hotell** ? Cet établissement bien équipé est situé dans le quartier industriel baptisé Industrilandskapet.

On peut aussi prendre un bain d'histoire ouvrière quotidienne à l'**Arbetets Museum** avant d'aller découvrir la superbe collection (dont quelques pépites modernistes ou cubistes) du **Norrköpings stadsmuseum**. Côté architecture industrielle, le premier, un édifice de 1917, fait à lui seul figure d'œuvre d'art : on a même baptisé ce bâtiment à sept façades le “fer à repasser”.

Promenez-vous entre entrepôts et bâtiments d'usines rénovés dans le quartier de **Kvarteret Knäppingsborg**, commandez un déjeuner suédois contemporain chez **Kvarterskrogen Asken** et un expresso à l'**OAS Roastery**.

Musarder dans ce paysage industriel du passé complètement repensé est un petit bonheur, au fil de tout un réseau de passerelles et ponts piétonniers, jumelé à un ingénieux système d'écluses, de retenues et de chutes d'eau en plein cœur de la ville. Dans la soirée, détendez-vous en savourant un plat local et une bière du cru chez **Knäppingen – Spiseri & Bryggeri**. Amoureux de l'art et du design industriel, bienvenue au paradis !

Knäppingsborg

BONNES ADRESSES DE NORRKÖPING

Ölstugan Tullen
Une chaîne de Göteborg spécialisée dans les bières suédoises de qualité. Cette ancienne poste est un lieu très tendance.

Urbane Goat
Petites assiettes asiatiques aux influences nordiques et européennes. Au déjeuner, des *bowls* sont au menu. Très fréquenté : réservez ! €€

Enoteket
Ce restaurant à la décoration soignée ne désemplit pas d'amateurs de pizzas authentiques, de joues de veau et *salsiccia* (saucisse italienne) aux truffes, et de bon vin. €€

Lagerqvist
Il y a affluence dans la belle cour avec jardin l'été et dans la cave voûtée de ce pub. Viande de bœuf et plats de poisson bien préparés servis dans un décor vintage. €€€

OÙ SÉJOURNER ET SE RESTAURER EN SMÅLAND

Hotell Västanå Slott
Premier manoir de Suède converti en hôtel, un palais de 1590 à quelques kilomètres de Gränna. €€€

Pescadores
Restaurant de poisson tenu par père et fils à Jönköping. L'endroit idéal pour les amateurs de produits iodés. €€

Bron
Pizza au feu de bois, pâtes, excellents burgers et bien plus, dans un cadre pittoresque sur les bords du lac à Eksjö. €€

Carnet d'adresses

VISBY

Gotlands Museum
Voir p. 212 (0498-29 27 00 ; www.gotlandsmuseum.se ; Strandgatan 14 ; tarif plein/-19 ans 150 kr/gratuit ; 10h-18h mai-sept, 11h-16h oct-avr)

Sankta Maria Domkyrka
Voir p. 214 (0498-20 68 00 ; www.svenskakyrkan.se/visby ; Norra Kyrkogatan 2 ; 9h-21h juil-août, 9h-17h reste de l'année)

Gotlands Cykeluthyrning
Voir p. 216 (0498-21 41 33 ; gotlandscykeluthyrning.com ; Skeppsbron 2 ; vélo adulte/enfant à partir de 120/80 kr/jour, 600/400 kr/semaine ; 9h-18h juin-août, horaires réduits le reste de l'année)

Hotel St Clemens
Voir p. 213 (0498-21 90 00 ; clemenshotell.se ; Smedjegatan 3)

Hotel Stenugnen
Voir p. 213 (0498-21 02 11 ; stenugnen.nu ; Korsgatan 6)

Backyard Visby
Voir p. 215 (073-416 80 86 ; www.backyardvisby.com ; Schweitzergränd 5B ; 17h-22h mar-jeu, 17h-23h ven-sam)

Bakfickan
Voir p. 217 (0498-27 18 07 ; www.bakfickanvisby.se ; Stora Torget ; 11h-22h lun-ven, 12h-22h sam-dim)

Fridhem
Voir p. 216 (0498-26 42 20 ; fridhemgotland.se/cafe ; Högklint Fridhemsvägen 15 ; tlj été, fermé reste de l'année)

Hotel Stelor
Voir p. 217 (0498-24 50 06 ; www.stelor.se ; Västergarn Stelor 117, Gotlands Tofta ; 17h30-tard dim-jeu juin-sept, 17h30-tard ven-sam oct-mai)

Jessens Saluhall & Baris
Voir p. 215 (0498-21 42 14 ; www.saluhallochbar.se ; Hästgatan 19 ; 11h-18h lun-jeu, 11h-20h ven, 11h-16h sam mars-sept)

Lilla Bjers
Voir p. 217 (0498-65 24 40 ; www.lillabjers.se ; Lilla Bjers 410 ; 11h30-14h et 17-tard)

Lindgården
Voir p. 215 (0498-21 87 00 ; www.lindgarden.com ; Strandgatan 26 ; 17h-tard mar-sam, 12h-17h dim)

Surfers
Voir p. 215 (0498-21 18 00 ; www.surfersvisby.se ; Södra Kyrkogatan 1 ; 17h-minuit mer-jeu et dim, 17h-2h ven-sam)

Vår Fru
Voir p. 213 (076-224 76 05 ; www.vaarfru.se ; St Hansgatan 24 ; 17h-23h mer-jeu, 11h-1h ven-sam, 11h-16h dim)

Gotländsk Konst & Form
Voir p. 215 (0498-21 03 49 ; gkf.nu ; Wallérs Plats 5 ; 11h-17h lun-ven, 11h-15h sam)

Idyllien
Voir p. 215 (08-20 50 11 ; idyllien.se ; Södra Kyrkogatan 8 ; 11h-17h mer-ven, 11h-16h sam, 11h-15h dim)

Wisbyost
Voir p. 215 (0498-27 72 75 ; wisbyost.se ; Wallérs Plats 4 ; 10h-18h lun-ven, 10h-16h sam)

ENVIRONS DE VISBY

Bergmancenter
Voir p. 219 (076-022 59 36 ; www.bergmancenter.se ; Fårö Svens 1118, Fårö ; tarif plein/réduit/-15 ans 100/80 kr/gratuit ; 11h-17h juin-août, 12h-16h sept)

Gotska Sandön
Voir p. 220 (010 223 92 80 ; www.sverigesnationalparker.se)

Fabriken Furillen
Voir p. 219 (0498-22 30 40 ; www.furillen.com ; Rute Furilden 870, Lärbro ; juin-sept)

Hotel Stelor
Voir p. 219 (0498-24 50 06 ; www.stelor.se ; Västergarn Stelor 117, Gotlands Tofta ; 17h30-tard dim-jeu juin-sept, 17h30-tard ven-sam oct-mai)

Bar Kemi
Voir p. 220 (0498-24 85 00 ; barkemi.com ; Hästgatan 3, Visby ; 17h-minuit ven, 18h-minuit sam)

Bungenäs Kalklada
Voir p. 220 (bungenas.se ; Västra Vägen, Fårösund ; juil-août)

Crêperie Tati
Voir p. 219 (070-203 89 24 ; Fårö Broskogs 1156, Fårö)

ÖLAND

Borgholm Slott
Voir p. 222 (0485-885 00 ; www.borgholmsslott.se ; Sollidenvägen 5, Borgholm ; tarif plein/réduit/enfant

110/70/20 kr ; 10h-18h mai-août, 10h-16h sept et avr)

Eketorp
Voir p. 223 (0485-479 90 ; www.eketorpsborg.se ; Eketorps, Degerhamn ; adulte/enfant 100/50 kr ; 10h-17h juil à mi-août, horaires réduits le reste de l'année et tarifs moins élevés)

Solliden Palace
Voir p. 222 (0485-153 56 ; sollidensslott.se ; Borgholm ; tarif plein/réduit/enfant 120/80/60 kr ; 11h-18h juil-août, 11h-16h sept-oct, 10h-17h mi-mai à juin)

Borgholm Hotel
Voir p. 222 (0485-770 60 ; www.hotellborgholm.com ; Trädgårdsgatan 15, Borgholm ; 18h-tard lun-sam juil-août, 18h-tard mar-sam sept et mai-juin, 18h-tard mer-sam oct à mi-déc et mars-avr)

Kaffestugan
Voir p. 222 (0485-221 27 ; kaffestuganiboda.se ; Böda 48, Löttorp)

Kalk
Voir p. 222 (0485 200 80 ; kalk-oland.se ; Marknadsvägen 12, Löttorp ; 11h30-16h lun-jeu, 11h30-21h ven-sam, 12h-16h dim)

Trädgårdsgatan 26
Voir p. 222 (0485-772 42 ; jonassmaker.se/tg26 ; Trädgårdsgatan 26, Borgholm ; 17h30-tard mar-sam juil-août, 17h30-tard mer-sam mai-juin et sept)

ENVIRONS D'ÖLAND

Carlos R Pebaqué
Voir p. 226 (070-880 88 87 ; carlosartglass.se ; Glasblåsarevägen 6, Gullaskruv ; 13h-17h mar-ven, 12h-16h sam-dim)

Glass Factory
Voir p. 227 (0471-24 93 60 ; www.theglassfactory.se ; Storgatan 5, Boda Glasbruk ; 10h-17h lun-ven, 11h-17h sam-dim)

ROLF_52/STOCK.ADOBE.COM ©

Visby

James Bond Museum
Voir p. 227 (0481-129 60 ; www.007museum.com ; Emmabodavägen 20, Nybro ; 10h-17h lun-ven, 10h-14h sam)

Kalmar läns museum
Voir p. 226 (0480-45 13 00 ; kalmarlansmuseum.se ; tarif plein/réduit/-19 ans 130/95 kr/gratuit ; Skeppsbrogatan 51, Kalmar ; 10h-16h lun-mar et jeu-ven, 10h-20h mer, 11h-16h sam-dim)

Kalmar slott
Voir p. 225 (010-357 05 30 ; kalmarslott.se ; Kungsgatan 1, Kalmar ; adulte/enfant 185/130 kr ; 10h-18 lun et ven-dim, 10h-20h mar-jeu juin-oct, horaires réduits reste de l'année)

Kalmar Konstmuseum
Voir p. 225 (0480-42 62 82 ; www.kalmarkonstmuseum.se ; Stadsparken ; 11h-17h mar-dim juin-août, 11h-16h mar-dim à partir de fin août).

Kosta Glassworks
Voir p. 226 (0478-345 00 ; kostaboda.com/kosta-art-gallery ; Stora Vägen 96, Kosta ; boutiques 10h-20h lun-ven, 10h-18h sam-dim, démonstration de soufflage du verre 10h-17h lun-ven, 10h-16h sam-dim fin juin-août)

Målerås
Voir p. 226 (0481-314 00 ; www.maleras.se ; Industrigatan 20, Målerås ; 10h-18h lun-ven, 10h-16h sam-dim)

Orranäs Glasbruk
Voir p. 226 (073-535 83 58 ; orranasglasbruk.se ; Bruksområdet 1, Orrefors ; 10h-17h juil-août, 10h-16h lun-sam sept-juin)

Pukeberg Glasbruk
Voir p. 226 (0481-169 00 ; www.visitpukeberg.se ; Pukebergarnas väg 59, Nybro ; 10h-16h lun-ven, 10h-14h sam)

MS Solkust
Voir p. 225 (073-683 97 79 ; www.solkustturer.se ; Brädholmen, Oskarshamn ; adulte/enfant 280/140 kr ; mi-juin à août)

Gröna Stugan
Voir p. 225 (0480-158 58 ; www.gronastuganikalmar.se ; Larmgatan 1, Kalmar)

Hotell Svanen
Voir p. 225 (0480-255 60 ; hotellsvanen.se ; Rappegatan 1, Kalmar)

Kosta Boda Art Hotel
Voir p. 226 (0478-348 30 ; kostabodaarthotel.se ; Stora Vägen 75, Kosta)

Slottshotellet
Voir p. 225 (0480-882 60; slottshotellet.se ; Slottsvägen 7, Kalmar)

Slipkajen
Voir p. 225 (0480-104 30 ; www.slipkajen.se ; Utrustningskajen 15, Kalmar ; 11h30-14h30 lun-mar, 11h30-14h30 et 17h-23h mer-ven, 17h-23h sam)

VADSTENA ET LE CANAL GÖTA

Göta Canal Exhibition
Voir p. 231 (0141-20 20 50 ; www.gotakanal.se ; Platensgatan 12, Motala ; 9h-16h lun-ven)

Motala Motor Museum
Voir p. 230 (0141-588 88 ; www.motormuseum.se ; Platensgatan 2, Motala ; adulte/enfant 100/45 kr ; 8h-20h lun-sam, 10h-16h dim)

Sancta Birgitta Klostermuseum
Voir p. 230 (0143-100 31 ; klostermuseum.se ; Lasarettsgatan 5, Vadstena ; adulte/enfant 80/40 kr ; 11h-17h juin-août, horaires réduits le reste de l'année)

Vadstena Klosterkyrka
Voir p. 230 (0143-298 50 ; www.svenskakyrkan.se ; Lasarettsgatan 5, Vadstena ; 8h-16h lun-jeu, 8h-19h ven, 10h-16h sam-dim)

Vadstena Slott
Voir p. 230 (0143-62 16 00 ; vadstenaslott.com ; Hamngatan 4, Vadstena ; tarif plein/réduit/enfant 95/85/75 kr ; 11h-17h juin-début août, 12h-16h le reste de l'année)

Vreta Klosters Kyrka
Voir p. 232 (013-636 58 ; www.svenskakyrkan.se ; Vreta Kloster ; 8h-18h)

27ans Nattlogi
Voir p. 229 (0143-134 47 ; 27ansnattlogi.se ; Storgatan 27, Vadstena)

Göta Hotell
Voir p. 231 (0141-20 99 00 ; gotahotell.se ; Götagatan 2, Borensberg)

Kanalmagasinet
Voir p. 232 (0121-80 07 90 ; www.kanalmagasinet.se ; Mem, Söderköping)

Starby Hotel
Voir p. 229 (0143-751 00 ; www.starbyhotell.se ; Ödeshögsvägen 2, Vadstena)

Vadstena Klosterhotel
Voir p. 229 (0143-754 44 ; www.klosterhotel.se ; Lasarettsgatan 5, Vadstena)

Bakgatan
Voir p. 231 (www.facebook.com/restaurangbakgatan ; Bakgatan 15, Vadstena ; 17h30-22h mer-jeu, 17h30-23h ven-sam)

Borgmestaren
Voir p. 231 (0143-311 89 ; borgmestaren.se ; Storgatan 5, Vadstena ; 11h30-22h lun-jeu, 11h30-2h ven-sam, 11h30-21h dim)

Glassrestaurang Smultronstället
Voir p. 232 (012-12 16 11 ; www.smultronstallet.se ; Slussplan, Kanalgatan, Söderköping ; 10h-20h juil

Phare sur le lac Vättern

à mi-août, 10h-18h mi-août à sept et mai-juin)

Hamilton
Voir p. 231 (0143-310 10 ; bagerihamilton.se ; Hovsgatan 1, Vadstena ; 8h-18h mar-ven, 8h-16h sam)

Kafeteriet
Voir p. 231 (0707-56 55 61 ; kaffeteriet.com ; Magasinsgatan 7, Borensberg ; 9h-19h juin-août, horaires réduits le reste de l'année)

Käket
Voir p. 231 (070-555 97 55 ; Storgatan 10, Vadstena ; 11h30-19h30 mar-jeu, 11h30-21h ven-sam, 12h-19h30 dim)

Lock Hop and Barrel
Voir p. 232 (070-261 15 34 ; www.lockhopandbarrel.com ; Bergsvägen 7, Söderköping ; 16h-21h mer-jeu, 16h-22h ven, 11h-22h sam, 11h-16h dim avr-déc)

Mallboden Café and Hostel
Voir p. 231 (0141-21 09 23 ; mallboden.se ; Varvsgatan 17, Motala ; 11h-tard juil-août, 11h-16h mai-juin, 11h-16h ven-dim avr)

Rosteriet Vadstena
Voir p. 231 (072-230 91 99 ; rosterietvadstena.se ; Ladugård 206, Huvudstad 201, Vadstena ; 11h-17h jeu-sam, 11h-16h dim)

ENVIRONS DE VADSTENA ET DU CANAL GÖTA

Arbetets Museum
Voir p. 235 (011-23 17 00; www.arbetetsmuseum.se ; Laxholmen, Norrköping ; entrée libre ; 10h-17h)

Astrid Lindgrens Värld
Voir p. 234 (0492-798 00 ; astridlindgrensvarld.se ; Vimmerby ; tarif plein/réduit 465/350 kr ; 10h-18h tlj juin-août, jusqu'à 17h sam-dim sept)

Husqvarna Fabriksmuseum
Voir p. 234 (036-14 61 62 ; husqvarnamuseum.se ; Hakarpsvägen 1, Huskvarna ; tarif plein/réduit/16-18 ans/-16 ans 120/90/60 kr/gratuit ; 10h-17h lun-ven mai-sept, 10h-15h lun-ven oct-avr, 12h-16h sam-dim toute l'année)

Läns Museum
Voir p. 234 (036-30 18 00 ; jonkopingslansmuseum.se ; Dag Hammarskjölds Plats 2, Jönköping ; entrée libre ; 10h-17h lun-ven, 11h-15h sam-dim juin-août, 10h-19h mar et jeu-ven, 10h-21h mer, 11h-15h sam-dim sept-mai)

Norrköpings Stadsmuseum
Voir p. 235 (011-15 26 20 ; www.norrkopingsstadsmuseum.se ; Holmbrogränden 2, Norrköping ; entrée libre ; 12h-16h mar-mer et ven-sam, 12h-20h jeu juin-août, 11h-17h mar-mer et ven, 11h-20h jeu, 11h-16h sam-dim sept-mai)

Smålands Museum
Voir p. 234 (0470-70 42 00 ; kulturparkensmaland.se ; Södra Järnvägsgatan 2, Växjö ; tarif plein/réduit/-19 ans 150/75 kr/gratuit, maison des Émigrants comprise ; 10h-17h tlj juin-août, 10h-17h mar-ven et 11h-16h sam-dim sept-mai)

Utvandrarnas Hus
Voir p. 234 (0470-70 42 00 ; kulturparkensmaland.se ; Vilhelm Mobergs Gata 4, Växjö ; tarif plein/réduit/-19 ans 150/75 kr/gratuit, musée du Småland inclus ; 10h-17h tlj juin-août, 10h-17h mar-ven et 11h-16h sam-dim sept-mai)

Pronova Hotell
Voir p. 235 (011-13 20 00 ; www.pronovahostel.se ; Korsgatan 2, Norrköping)

Hotell Västanå Slott
Voir p. 235 (0390-107 00 ; www.vastanaslott.se ; Västanå 1, Gränna)

Bron
Voir p. 235 (076-014 40 60 ; restaurangbroneksjo.se ; Norra Storgatan 38D, Eksjö ; 15h-21h lun-ven, 12h-21h sam, 12h-18h dim)

Enoteket
Voir p. 235 (011-400 60 70 ; www.enoteket.se ; Laxholmstorget 3, Norrköping ; 11h30-13h30 lun, 11h30-13h30 et 17h-22h mar-jeu, 11h30-13h30 et 17h-1h ven, 17h-17h sam)

Knäppingen – Spiseri & Bryggeri
Voir p. 235 (011-10 74 45 ; knappingen.se ; Västgötegatan 19, Norrköping ; 16h-22h mar-jeu, 16h-minuit ven, 14h-minuit)

Kvarterskrogen Asken
Voir p. 235 (011-18 00 20 ; krogasken.se ; Skolgatan 1, Norrköping ; 17h-21h mar-jeu, 17h-22h ven, 12h-22h sam)

Lagerqvist
Voir p. 235 (011-10 07 40 ; restauranglagerqvist.se ; Gamla Torget 4, Norrköping ; 16h30-22h mar-jeu, 16h30-3h ven-sam, 13h-21h dim)

OAS Roastery
Voir p. 235 (www.oasroastery.com ; Skolgatan 1, Norrköping ; 10h-17h lun-sam)

Ölstugan Tullen
Voir p. 235 (011-750 55 ; www.olstugan.se/norrkoping ; Sankt Persgatan 80, Norrköping ; cuisine 16h-22h lun-jeu, 15h-22h30 ven, 12h-22h30 sam, 12h-22h dim)

Pescadores
Voir p. 235 (036-12 20 01 ; www.pescadores.se ; Tändsticksgränd 21, Jönköping ; 11h30-14h et 17h-23h lun-jeu, 11h30-14h et 17h-tard ven, 12h-tard sam)

Urbane Goat
Voir p. 235 (011-18 18 85 ; urbanegoat.se ; Sankt Persgatan 88, Norrköping ; 16h30-tard lun-sam)

SITES PRINCIPAUX

ÖSTERSUND
Domicile d'un monstre lacustre légendaire.
p. 246

JOKKMOKK
Culture sami ; marché d'hiver.
p. 254

KIRUNA
Ville minière proche de l'Icehotel.
p. 262

UMEÅ
Capitale de la culture ; ville côtière.
p. 272

JÄMTLAND, CÔTE BOTNIENNE ET LAPONIE

AURORES BORÉALES, CULTURE SAMI ET NATURE INTACTE

Au programme d'un séjour dans l'extrême Nord suédois : sentiers de grande randonnée, routes isolées dans des régions sauvages, rennes en liberté, culture sami, aurores boréales et localités singulières.

Entourant le lac Storsjön, l'un des plus grands de Suède, le Jämtland réunit forêts denses, lacs et villages. Il a pour chef-lieu Östersund, ville animée où un monstre lacustre aurait élu domicile. Avant l'arrivée des colons suédois en 1645, la région faisait partie de la Norvège, ce qui se sent dans la forte identité régionale. Au sud et à l'est d'Östersund on trouve de spectaculaires paysages montagneux, la station de ski et centre de VTT d'Åre et de superbes possibilités de randonnées près de Funäsdalen.

GARY LATHAM/LONELY PLANET ©

Au nord du Jämtland se trouve la Laponie – dernière véritable contrée sauvage d'Europe. La terre ancestrale des Sami, éleveurs de rennes, se déploie en un paysage d'immenses forêts, de rivières glaciaires, de toundras arctiques et de montagnes arides escarpées. Au cours de votre périple, vous croiserez les troupeaux de rennes sami et aurez l'occasion de découvrir le mode de vie séculaire de ce peuple. Que ce soit à pied, à motoneige, en traîneau à chiens ou à skis, un voyage dans le Grand Nord, à la lueur du soleil de minuit ou des aurores boréales, est propice à la méditation.

La Laponie et le Jämtland sont bordés par la côte est, qui s'étend sur 850 km le long du golfe de Botnie. Elle comprend des stations balnéaires agréables, les villes d'Umeå, de Luleå et de Sundsvall, et les falaises vertigineuses de Höga Kusten, où la terre creusée de fjords s'émiette en une multitude d'îles. C'est peut-être ici que réside l'essence de la Suède côtière, parmi les villages de pêcheurs de l'archipel couvert de pins et où flotte l'odeur du *surströmming* (hareng fermenté).

VOITURE

Les distances entre les villes et certains sites isolés invitent à être motorisé. Les agences de location de voitures sont implantées à Östersund, Arvidsjaur, Kiruna, Luleå, Umeå et Sundsvall. Pneus hiver obligatoires de décembre à mars. Pneus cloutés recommandés de novembre à avril dans le Nord.

TRAIN

De juin à fin août, le train panoramique Inlandsbanan (res.inlandsbanan.se/en) relie quotidiennement Östersund à Gällivare, tout au nord, en s'arrêtant à Storuman, Arvidsjaur et Jokkmokk. Toute l'année, des trains assurent la liaison entre Östersund et Gävle (côte botnienne), et Åre et Trondheim (Norvège).

BUS

Un vaste réseau de bus relie toutes les villes, mais les endroits les plus reculés sont moins bien desservis. Les bus de Länstrafiken Norrbotten (ltnbd.se) desservent les régions nord de la Laponie, tandis que Länstrafiken Västerbotten (tabussen.nu/lanstrafiken) fait de même pour le sud. Länstrafiken Jämtland (ltr.se/din-resa) exploite les bus du Jämtland.

Kiruna, p. 262

Séjournez à l'Icehotel qui jouxte cette ville minière arctique singulière et découvrez le parc naturel d'Abisko à la lueur du soleil de minuit ou d'une aurore boréale.

Jokkmokk, p. 254

Cette ville lapone vous réserve un marché d'hiver sami haut en couleur, un musée de la culture sami et d'innombrables aventures en plein air dans les quatre parcs nationaux environnants.

S'orienter

Située au nord, le Jämtland, la côte botnienne et la Laponie forment la partie sauvage et peu peuplée du pays. Nous avons sélectionné les sites qui représentent le mieux leur richesse historique, culturelle et naturelle.

Umeå, p. 272

La Capitale européenne de la culture 2014 héberge d'excellents musées, une scène artistique contemporaine et les meilleurs restaurants de la côte botnienne. Plusieurs routes panoramiques mènent aux falaises et îles de la Höga Kusten.

Östersund, p. 246

Cette ville attrayante du Jämtland se caractérise par sa scène culinaire animée, son monstre lacustre et sa proximité avec les grandes stations de ski. C'est aussi la porte d'entrée des contrées sauvages lapones.

Planifier son séjour

Le nord de la Suède est doté de grands espaces sauvages et est l'un des meilleurs endroits au monde pour observer les aurores boréales : de quoi ravir les amateurs d'aventures de plein air.

SEBW/SHUTTERSTOCK ©

Si vous avez peu de temps

- En hiver, séjournez dans l'incroyable **Icehotel** (p. 271), à Jukkasjärvi. Tout est en glace, des chambres et leurs sculptures uniques à la vaisselle du **restaurant et du bar** (en photo ci-contre) dans laquelle on sert des spécialités locales. Suivez des cours de sculpture sur glace et faites du traîneau à chiens sous une aurore boréale.

- Explorez le village pendant une journée : visitez la **Jukkasjärvi Kyrka** (p. 269), une église comprenant un retable coloré, et le **Nutti Sámi Siida** (p. 269) voisin, pour découvrir la culture sami et faire un tour en traîneau tiré par des rennes.

- Savourez un dîner rustique et riche en gibier à l'**Old Homestead** (p. 271).

AU FIL DES SAISONS

La meilleure période pour observer les aurores boréales s'étend d'octobre à avril. En juin et juillet, randonnez sous le soleil de minuit.

JANVIER

Le festival de la neige de Kiruna invite des artistes à créer des sculptures sur neige. Très faible ensoleillement et températures avoisinant les -40°C.

FÉVRIER

Le marché d'hiver de Jokkmokk donne lieu à des courses de rennes. Températures autour des -40°C ; période idéale pour observer les aurores boréales.

AVRIL

Les journées rallongent, l'Icehotel est encore ouvert et il reste assez de neige pour le ski, le traîneau à chiens et la motoneige.

DE GAUCHE À DROITE : MAX FOLLE/SHUTTERSTOCK ©, PAOLO AIRENTI/SHUTTERSTOCK ©, HENK VRIESELAAR/SHUTTERSTOCK ©

Si vous avez sept jours

- Passez deux ou trois jours à Abisko, prenez le télésiège de l'**Aurora Sky Station** (p. 267) pour voir aurores boréales ou soleil de minuit selon la saison. Le jour, faites des randonnées au départ de la **STF Abisko Turiststation** (p. 267) ou faites une partie du sentier longue distance de **Kungsleden** (p. 268) à pied, à skis ou à raquettes.

- Cap au sud sur **Jokkmokk** (p. 254) pour vous immerger dans la culture sami à l'**Ájtte Museum** (p. 256), et assister à l'animé **marché d'hiver de Jokkmokk** (p. 255) en février.

- De retour au nord, à Kiruna, visitez la ville avec **Stejk Kiruna City Tour** (p. 263), puis inspectez la plus grande **mine de fer** (p. 264) au monde.

Si vous avez plus de temps

- Dans l'idéal, il faut plusieurs semaines pour explorer le Nord. Faites la randonnée du **Kungsleden** (p. 268) en entier, gravissez le **Kebnekaise** (p. 268) ou explorez le **parc national de Padjelanta** (p. 269).

- Une semaine durant, parcourez la côte botnienne en voiture de Haparanda à Gävle, en faisant des escales pour découvrir **l'archipel de Luleå** (p. 275), **visiter les musées d'Umeå** (p. 273) et goûter au *surströmming* sur **l'île d'Ulvön** (p. 275), au large de Höga Kusten.

- En bateau, tentez d'apercevoir le **monstre du lac** (p. 246) à Östersund. Puis, cap au nord à bord de l'**Inlandsbanan** (p. 251) jusqu'à **Gällivare** (p. 253 ; en été). Faites une excursion d'une journée sur l'impressionnante **Vildmarksvägen** (p. 252) ou allez skier à Åre ou Funasdälen en hiver.

JUIN

Début de la saison des randonnées. La neige fond dans les montagnes et il fait presque toujours jour.

JUILLET

Haute saison touristique estivale : les logements à proximité des sentiers de randonnée sont complets. Les moustiques s'en donnent à cœur joie.

AOÛT

De fin août à début septembre, les sentiers sont plus tranquilles et les températures se rafraîchissent : idéal pour faire le Kungsleden et le Padjelantaleden.

DÉCEMBRE

L'Icehotel ouvre à la mi-décembre. La neige abondante permet de faire du traîneau à chiens, de la motoneige et du ski.

ÖSTERSUND

Connue pour héberger l'homologue suédois du monstre du Loch Ness, la ville d'Östersund, porte d'accès à l'Inlandsbanan, frappe par son animation : c'est la seule grande ville, à l'exception de l'arctique Gällivare, le long de la voie ferrée intérieure et de l'Inlandvägen. Même si les pèlerins marchaient dans les pas de saint Olav, sur les sentiers menant à Trondheim (Norvège) il y a plus de 1 000 ans, Östersund elle-même n'a été fondée qu'en 1786, à l'initiative de Gustave III, pour faire de l'ombre commerciale à Trondheim. Les fermiers et marchands locaux étaient encouragés à vendre leurs marchandises sur place. Postée près du grandiose lac Storsjön, la ville a des airs de station balnéaire décontractée, surtout en été, lorsque habitants et touristes prennent d'assaut les rues piétonnes du centre et les bars et cafés de celle qui a été labellisée "ville de la gastronomie" par l'Unesco. En hiver, Östersund sert de porte d'entrée à la capitale des sports d'hiver : Åre.

Pour les infos pratiques, voir le Carnet d'adresses p. 280

À SAVOIR

Empruntez la passerelle jusqu'à l'île voisine de Frösön au coucher du soleil, retournez-vous et admirez la magnifique Östersund. Évitez la période automnale, plus morose.

OÙ SE RESTAURER À ÖSTERSUND

Peter Peltola, barista au Big Lake Coffee Roasters

Jazzköket
Restaurant le plus créatif d'Östersund. S'approvisionne auprès de producteurs locaux.

Artut
Bières artisanales et pizzas.

Bua
Annexe de Nästgards, restaurant fermier installé en dehors de la ville.

Slaktarn
J'adore cette boucherie éthique, qui vend de la charcuterie maison et fait aussi bar à vins.

Retour dans le passé

LE MEILLEUR MUSÉE D'ÖSTERSUND

La principale attraction d'Östersund est le **musée Jamtli** (jamtli.com), qui présente deux parties distinctes. Les tapisseries d'Överhogdal, les plus anciennes du genre en Europe, sont les pièces phares de la partie intérieure. Tissées en lin en 1100 av. J.-C. par des Vikings, elles représentent animaux, hommes, bateaux et habitations. Une autre exposition fascinante est consacrée au Storsjöodjuret (le monstre du lac), avec enregistrements de "témoins", matériel de chasse et embryon de monstre en bocal. Dehors, des guides enjoués et costumés font visiter une reconstitution d'un village du XIXe siècle – boulangerie, forge, cabane du bûcheron et ferme du XVIIIe siècle, avec animaux –, où l'on peut s'essayer à des activités telles que la traite, la cuisson du pain ou l'abattage d'arbres.

Créatures sauvages et légendaires

MONSTRES ET ÉLANS

Imaginez : dans le Badhusparken, au bord du lac Storsjön, vous remarquez une ombre surgie des eaux. Est-ce un bateau de passage, un élan qui pique une tête ou **Storsjöodjuret**, le monstre qui dormirait dans les eaux sombres de ce lac de 91 m de profondeur ?

Le monstre suédois serait apparu dès 1635, date à laquelle fut mentionné un étrange animal au corps de serpent noir et à la tête féline dans un conte populaire. La pierre runique de Frösö est gravée d'une telle créature. En 1894, une chasse au monstre lacustre fut organisée par le roi Oscar II, mais

les baleiniers norvégiens engagés pour l'occasion rentrèrent bredouilles. L'été, si vous êtes tenté de surprendre la bête, participez à une croisière de 2 heures à bord du **M/S *Thomée***, bateau à vapeur de 1875. Vous pouvez sinon vous contenter d'acheter une peluche de Storsjöodjuret à **l'office du tourisme**.

Approchez de près le "roi de la forêt", ou du moins son homologue apprivoisé, en vous rendant au **Moose Garden** (moosegarden.com), à 16 km au sud-ouest d'Östersund. Apprenez tout ce qu'il y a à savoir sur les élans et donnez-leur des bananes à manger.

Le deuxième jeudi de juillet, rendez-vous à Hackås, à 38 km au sud d'Östersund pour assister à la compétition d'Årets Näck : des hommes jouent du violon nus dans la rivière glaciale pour imiter les esprits aquatiques des légendes.

LES MEILLEURS RESTAURANTS D'ÖSTERSUND

Jazzköket
Le week-end, l'endroit promet une ambiance endiablée sur fond de jazz live. Cuisine innovante à base de produits locaux, bières artisanales locales et belle carte des vins. **€€**

Lilla Siam
Authentique restaurant thaïlandais avec buffet abordable au déjeuner. Le soir, place aux curries épicés et aux plats à base de nouilles. **€**

En Liten Röd
Restaurant chic avec pour spécialité la fondue sous toutes ses formes : suisse, bourguignonne, aux fruits de mer et même au chocolat noir. **€€**

Tre Rum
Menu succinct faisant la part belle à l'agneau, au bœuf et à l'omble. En semaine, plats du jour avec excellent rapport qualité/prix. **€€**

OÙ SE LOGER À ÖSTERSUND

Hotel Emma
Adresse centrale avec chambres aux styles variés. **€€**

Clarion Hotel Grand Östersund
Hôtel le plus luxueux d'Östersund. **€€€**

Hotell Zäta Longstay
Studios en plein centre, bien équipés, avec kitchenette et chambre familiale. **€**

GANNET77/GETTY IMAGES ©

Frösö Kyrka

Échos du passé

PIERRES RUNIQUES ET ART RUPESTRE

De l'autre côté de la passerelle qui part d'Östersund, l'île de **Frösön** tient son nom de Frö, dieu païen de la fertilité vénéré par les Vikings. C'est ici que se dresse la pierre runique (Frösöstenen) la plus septentrionale de Suède, commémorant la venue d'Austmaður ou "homme de l'Est", premier missionnaire chrétien arrivé à Frösön en 1050.

Cinq kilomètres à l'ouest du pont est érigée la **Frösö Kyrka**. L'église a été construite à la fin du XIIe siècle sur un ancien site sacrificiel dédié aux dieux vikings (Æsir), comme en atteste les ossements d'animaux qui y ont été découverts.

À l'instar des pétroglyphes de l'âge de la pierre de **Glösa** (à 40 km au nord-ouest), d'autres indices témoignent d'un peuplement à l'ère préhistorique : des dalles de pierre ornées de nombreuses gravures d'élans datant de 5 000 ans avant notre ère.

WIRESTOCK/GETTY IMAGES ©

Pierre runique viking

COMMENT CIRCULER

Le centre d'Östersund se parcourt facilement à pied, mais il faut une voiture pour accéder aux sites périphériques.

L'aéroport d'Östersund/Åre (swedavia.se/ostersund) se trouve sur l'île de Frösön, à 11 km. Des vols le relient à Stockholm et Umeå.

Des bus réguliers desservent l'aéroport depuis la gare routière. Le bus n°45 relie aussi tous les jours Östersund à Gällivare (11 heures) via Arvidsjaur (7 heures 15) et Jokkmokk (9 heures 30). Le bus n°46 part vers le sud pour Mora (5 heures 15, 2 par jour).

De fin juin à fin août, le train quotidien Inlandsbanan (inlandsbanan.se) se rend à Gällivare (14 heures 30) via Dorotea, Storuman, Sorsele, Arvidsjaur et Jokkmokk, et un autre fait cap au sud sur Mora (5 heures).

SJ (sj.se) propose des trains pour Stockholm (4 heures 45, 1 par jour) via Uppsala, et pour Åre (1 heure 15, 4 à 5 par jour).

Environs d'Östersund

Östersund est un bon point de chute pour s'adonner à la randonnée et au ski dans les stations voisines et pour explorer la Laponie.

Pour les infos pratiques, voir le Carnet d'adresses p. 280

À SAVOIR

Pour prendre l'Inlandsbanan, venez entre fin juin et fin août. La saison du ski s'étend de mi-décembre à avril.

La ville voisine d'Åre abrite une station de ski très réputée. En été, elle accueille randonneurs et vététistes. Plus à l'ouest, Storlien est le point de départ du tronçon sud du Kungsleden (p. 268), le légendaire sentier de randonnée suédois long de 440 km. Au sud d'Östersund, on peut voir des peintures rupestres de plusieurs millénaires sur le plateau désolé de Flatruet. Il est traversé par la route la plus haute du pays, qui mène à Funäsdalen, une jolie station de ski où il fait bon randonner pendant les mois les plus chauds. Au nord d'Östersund, le train panoramique Inlandsbanan relie des communes lapones, toutes propices à des aventures en pleine nature. Les voyageurs motorisés se lanceront sur la Vildmarksvägen (p. 252), la plus belle route de Suède. Sur la côte, Gävle et Hudiksvall ouvrent les portes du golfe de Botnie.

Åre

OÙ SE LOGER À ÅRE

Réservez bien à l'avance pour la saison hivernale. L'été, certains hôtels ferment.

Copperhill Mountain Lodge
À deux pas des pistes de ski. Spa et excellent restaurant. €€€

Hotel Åregården
En plein centre. Chambres, suites avec cuisine, spa et restaurants. €€

Åre Bed & Breakfast
Déco sur le thème montagnard, avec salle de bains commune. À 10 minutes de marche du village. €

LES MEILLEURS HÔTELS LE LONG DE L'E45

Lilla Hotellet (Vilhelmina)
Ce "petit hôtel au grand cœur" dispose de chambres lumineuses (dont une sur le thème d'Elvis). En été, buffet au dîner d'un bon rapport qualité/prix. €

Hotell Luspen (Storuman)
Hôtel convivial dirigé par le sympathique Tobias. Offrez-vous une chambre de catégorie supérieure. Petit-déjeuner copieux. €

Sorsele River Hotel
Hôtel confortable qui constitue une base pratique pour explorer les environs. Restaurant en mode buffet. La réception aide à réserver sorties de pêche, promenades en traîneau à chiens ou à motoneige. €€

Grand Hotel Lapland (Gällivare)
Hôtel d'affaires face à la gare. Grandes chambres confortables, salle de sport, piscine et excellent restaurant de grillades servant du gibier local. €€€

La capitale des sports d'aventure de Suède

SKI, CYCLISME ET RANDONNÉE À ÅRE

Magnifiquement situé dans une vallée près des rives de l'Åresjön, le village de montagne d'**Åre** est la station de ski la plus populaire du pays. Pris d'assaut par les visiteurs pendant la haute saison (décembre à mai), c'est cependant sur le mont Åreskutan que se concentre l'activité : avec 38 télésièges et 100 pistes, les skieurs ont l'embarras du choix !

L'été venu, les versants du mont deviennent un immense terrain de jeu dédié au VTT. Plus de 30 pistes couvrent 40 km, pour débutants et experts (elles sont dotées de la même classification de niveau de difficulté que les pistes de ski). Hiver comme été, empruntez le **téléphérique Kabinbanan** (aresweden.com/en/are-kabinbana) pour rejoindre la plateforme d'observation (1 274 m) du mont Åreskutan, d'où vous jouirez d'une vue panoramique sur la vallée et les montagnes alentour. Vous pouvez aussi monter jusqu'à l'Hotell Fjällgården en empruntant le charmant **funiculaire Bergbanan** (aresweden.com/en/are-bergbana), ouvert en 1910.

En juillet, Åre accueille l'Åre Bike Festival et l'Åre Extreme Challenge, cette dernière étant une compétition hors norme alliant course, kayak et VTT. En plus des sports traditionnels, essayez-vous à la promenade en traîneau à chiens et à motoneige en hiver et au parapente, au rafting en eaux vives ou au Mountain Kart (sur trois roues) en été.

Activités de plein air à Funäsdalen

RANDONNÉE, SKI, ETC.

Funäsdalen (funasfjallen.se) est une station proche de la Norvège desservie par une seule route, à l'extrémité nord du lac Funäsdalssjön. Le village est dominé par le pic Funäsdalsberget, qui est accessible par téléphérique (funasdalenberghotell.se) en été et pendant la saison du ski (décembre à avril). Le secteur séduit les adeptes de randonnée, ski, VTT, via ferrata et autres activités de plein air. Passez à l'office du tourisme, dans le **Härjedalens Fjällmuseum** (musée dédié à la culture des Sami du Sud), pour vous procurer le guide de poche de randonnée, qui présente 30 "sentiers de rêve" et 9 "balades culturelles" près de Funäsdalen, le tout allant de promenade de 2 heures à des treks exigeants d'une journée entière. Parmi les plus intéressants, citons l'ascension du pic Ånnfjället (1 301 m ; 10 km aller-retour, 5 heures) et la balade autour du lac Tevsjön (8 km, 3 heures).

OÙ SE RESTAURER À ÅRE

Vinbaren Åre
Cuisine suédoise originale servie en petites portions et carte de vins internationaux. €€€

Liten Krog
Bistrot saisonnier où l'on sert pizzas et élan fumé. €€

Broken
Diner à l'américaine où convergent cyclistes et skieurs. €€

Peintures rupestres et routes désertes

PÉTROGLYPHES ET PAYSAGES INHABITÉS

Une route cahoteuse et non numérotée – la plus haute de Suède – grimpe sur 19 km, à travers des forêts naines et des pentes rocheuses arides, depuis **Funäsdalen** jusqu'au village de **Mittådalen**. Au-delà, la route coupe le plateau désolé de Flatruet, qui abrite des peintures rupestres (*hällmålningarna*) bien conservées, datant de 4 000 ans et représentant des élans et des silhouettes humaines. Depuis le portail à l'est du village de Messlingen, à 11 km à l'est de Mittådalen, un chemin privé de 2 km mène au parking de Ruvallen. Commence alors une boucle balisée de 8 km qui mène aux peintures rupestres. Pour revenir à Ruvallen, vous passerez par **Evagraven**, un canyon spectaculaire formé il y a 10 000 ans, lors de la fonte des glaces.

Au nord de Mittådalen, une belle descente de 22 km depuis le plateau de Flatruet mène à Ljungdalen. Ici, la route 535, étroite et tortueuse, est une route panoramique de 100 km de long menant à Åsarna en passant par une forêt et de multiples lacs.

À bord de l'Inlandsbanan

LE TRAIN PANORAMIQUE DE LAPONIE

De fin juin à fin août, l'**Inlandsbanan** (inlandsbanan.se), train constitué d'un seul wagon, roule vers le nord sur quelque 700 km à travers les contrées sauvages lapones, dans une épaisse forêt d'épicéas, et longe l'E45 (Inlandsvägen). De nombreux arrêts valent le coup d'œil.

Tout d'abord Strömsund (gare d'Ulriksfors) qui est le point de départ de la spectaculaire **Vildmarksvägen** ("route de la nature sauvage", p. 252). Vient ensuite **Dorotea**, la capitale suédoise des ours, où il n'est pas rare de voir l'un de ces impressionnants mammifères s'aventurer en ville à la nuit tombée. Faites un saut à la Dorotea Kyrka, une église située sur une colline, pour contempler une sculpture grandeur nature de la *Cène*.

Plus au nord, **Vilhelmina** – autre point d'accès à la Vildmarksvägen – est un point de rencontre sami important depuis des siècles. **Risfjells Sameslöjd** (sameslojd.se) est l'endroit idéal pour se procurer un article en cuir, un objet en bois ou un couteau fabriqué par Sven-Åke et Doris Risfjell, le couple d'artisans qui tient la galerie. Ils vous expliqueront volontiers la différence entre le *duodji* (artisanat) sami du Nord et celui du Sud (eux viennent du Sud) et vous présenteront des pièces de *duodji* vintage dans leur petit musée.

La jolie localité de **Storuman** est située au bord d'un grand lac, à l'intersection de l'E45 et de la pittoresque Blåvägen (route bleue ; E12), qui file du sud-est au nord-ouest d'Umeå, sur la côte

LES MEILLEURS RESTAURANTS DE GÄVLE ET SUNDSVALL

Church Street Saloon (Gävle)
Il n'est pas rare qu'on danse sur le bar de ce saloon décoré façon Far West. Énormes steaks, plats tex-mex et IPA. €€

Naturaj (Sundsvall)
Restaurant avec cuisine ouverte et bar à gin-tonic servant des menus dégustation saisonniers élaborés à partir de produits locaux (certains provenant de la ferme des chefs). €€€

Sarahs (Gävle)
Carte courte et délicieuse, concoctée avec des ingrédients cueillis en forêt. Œufs de coregone avec gâteau de pommes de terre et cerf aux champignons sauvages à tomber. €€

Axum Habesha (Sundsvall)
Restaurant éthiopien familial qui apporte un parfum d'exotisme à la scène culinaire locale. Le ragoût d'agneau miso, l'*injera* et les options véganes sont très appréciées. €

OÙ SE LOGER ET SE RESTAURER À FUNÄSDALEN

Eriksgårdens Fjällhotell
Hôtel de ski ultramoderne avec salon en cuir, spa et restaurant élégant. €€

Skoogs Krog
Appartements indépendants, avec restaurant aux plats originaux et épicerie fine attenante. €€

Skarvruets Högfjällshotell
Hôtel de montagne avec couvre-lits à carreaux, trophées de chasse, feu de bois et plats locaux. €€

VIRÉE SUR LA ROUTE DE LA NATURE SAUVAGE

La Vildmarksvägen ("route de la nature sauvage" ; route 342) est une route de 370 km (8-10 heures) qui fait une boucle en passant près de la frontière norvégienne avant de rejoindre l'E45, traversant ainsi de belles régions sauvages. Quittez **1 Strömsund** vers le nord à travers une forêt dense, où vous apercevrez peut-être un ours, un glouton, un élan ou un lynx. À 92 km au nord-ouest, au sud de **2 Bågede**, un sentier rocailleux conduit à l' **3 Hällsingsåfallet**, une cascade de 43 m de hauteur qui se précipite dans une gorge longue de 800 m. Près de la frontière norvégienne, 40 km plus à l'ouest, se trouve le village reculé de **4 Gäddede**. Quittez la route principale pour suivre les panneaux "Nordli", qui vous mèneront au **5 lac Murusjøen** : vous aurez les plages pour vous seul. Revenez sur vos pas, puis rejoignez le **6 Stora Blåsjön**, un lac à 50 km au nord de Gäddede. Une petite route mène à **7 Ankarede**, point de rendez-vous séculaire des Sami locaux, qui célèbrent dans sa chapelle (1896) et dans les *kåtor* (habitations traditionnelles en bois) la Saint-Jean. Après le village de Stora Blåsjön, la route 345 grimpe jusqu'au vaste et désolé **8 plateau de Stekkenjokk**, parsemé de rochers (ouvert aux voitures de début juin aux premières neiges d'octobre). Après être descendu au petit village de **9 Klimpfjäll**, cap à l'est. Un embranchement 13 km plus loin vous mènera à **10 Fatmomakke**, un village-église sami de la fin du XVIIIe siècle, avec *kåtor* et bungalows. Jetez un coup d'œil à la *visingskåta* (cabane d'exposition), près de l'église. Vous atteindrez 20 km plus loin vers l'est le paradis des pêcheurs de **11 Saxnäs**, un village niché entre des lacs et doté d'un spa. À 89 km de là, la route rejoint l'E45. Si vous arrivez assez tôt, restaurez-vous chez **12 Martin Bergmans Fisk** avant de conduire 3 km vers le sud jusqu'à **13 Vilhelmina**.

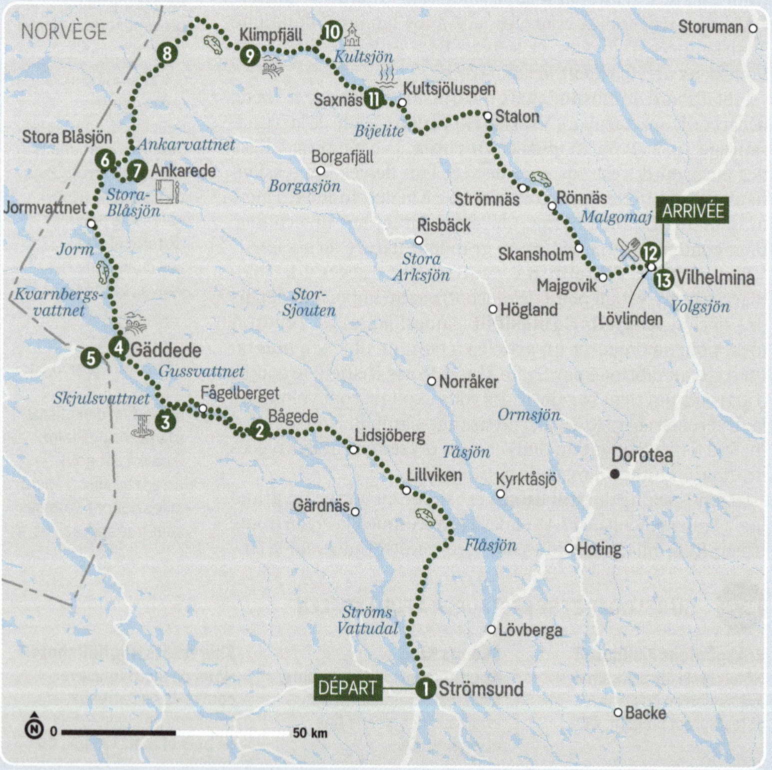

botnienne, jusqu'à la côte Atlantique, en Norvège, en passant par la petite Hemavan – entrée sud du Kungsleden (p. 268). Découvrez les îles Luspholmen au milieu du lac, accessibles via une chaussée, et la plus grande église en bois de Suède.

À 88 km au nord-ouest de Sorsele, les territoires sauvages de la **réserve naturelle de Vindelfjällen**, accessibles depuis Ammarnäs (point d'entrée du Kungsleden), attirent les amateurs de plein air – randonneurs et pêcheurs en été et pratiquants de ski de randonnée nordique en hiver. Dans la gare de Sorsele, l'Inlandsbanemuseet retrace l'histoire de plus de 100 ans de la ligne de chemin de fer de 1 289 km, l'Inlandsbanan. Plus au nord, on trouve **Arvidsjaur**, particulièrement populaire auprès des pilotes d'essai en hiver (p. 259), et **Jokkmokk**, capitale sami (p. 254) de Laponie.

Gällivare (Váhtjer en sami), l'arrêt le plus septentrional de l'Inlandsbanan, et sa voisine, **Malmberget**, sont des villes minières : on y trouve la deuxième mine de minerai de fer LKAB du pays. On y voit de gigantesques camions travailler dans les profondeurs et on peut visiter la mine de cuivre et d'or à ciel ouvert de **Boliden Aitik** (boliden.com/operations/mines/boliden-aitik). Tout comme à Kiruna, l'industrie phare de la région menace de précipiter la ville au fond d'une mine : les bâtiments sont donc progressivement déplacés vers des terrains plus stables.

Balade dans la "cité de pierre"

À VOIR À SUNDSVALL

Ville reposant sur l'industrie du bois de construction, **Sundsvall** brûla entièrement en 1888 après qu'une étincelle eut mis le feu à la brasserie locale. Depuis sa reconstruction, la ville se différencie des autres villes côtières par sa belle architecture en pierre et ses larges avenues. Ses atouts principaux sont sa rue piétonne, Storgatan, la vaste place Storatorget, sur laquelle sont présentées des expositions, et le **Kulturmagasinet** (sundsvall.se/kulturmagasinet), deux entrepôts restaurés près du port. Le bâtiment accueille le musée de Sundsvall, qui donne un aperçu historique, environnemental, géologique et artistique de la ville. La tour d'observation du Gaffelbyn, sur la colline Norra Berget, offre une vue panoramique de la ville.

LES MEILLEURS HÉBERGEMENTS À GÄVLE ET SUNDSVALL

Elite Hotel Knaust
Opulent hôtel de Sundsvall datant du XIXe siècle, avec un grand escalier en marbre. €€

Elite Grand Hotel Gävle
Hôtel Art déco superbement restauré ; excellent restaurant donnant sur le fleuve. €€€

Lilla Hotellet
Hôtel intimiste de 8 chambres dans un édifice historique à Sundsvall. Bon petit-déjeuner. €

COMMENT CIRCULER

Åre est reliée par le train à Östersund (1 heure 15, 6/jour), Stockholm (7 heures, 5/jour) et Trondheim, en Norvège (2 heures 30, 2/jour) ; changez à Storlien (45 minutes, 2/jour). Des bus Härjedalingen (www.mohlinsexpressbuss.se) circulent toute la journée entre Funäsdalen et Stockholm (8 heures), Funäsdalen et Östersund via Åsarna (3 heures 30), et Ljungdalen et Åsarna (1 heure 45). Le seul moyen de rejoindre en transports en commun les grandes villes lapones est de prendre le train Inlandsbanan (en été) ou le bus n°45, qui circule quotidiennement et toute l'année (tabussen.nu/lanstrafiken) au départ d'Östersund. La voiture est le moyen de transport le plus simple et pratique en Laponie, surtout pour atteindre petits villages et sites naturels reculés.
Au départ d'Östersund, l'E14 rejoint l'autoroute côtière E4 à Sundsvall. Sundsvall et Gävle se trouvent sur la ligne de train à grande vitesse qui part de Stockholm et remonte la côte botnienne.

JOKKMOKK

Sise entre deux jolis lacs dans la vallée boisée du Lilla Luleälven, au nord du cercle polaire arctique, la compacte Jokkmokk (“coude de la rivière” en sami) est la capitale de la culture sami et le principal centre d’artisanat lapon. La Sammernas Folkhögskola est le seul établissement d’enseignement supérieur du pays à enseigner l’élevage des rennes, l’artisanat et l’écologie en langue sami. Lieu de rassemblement séculaire des Sami, Jokkmokk s’est réellement implantée au XVIIe siècle, avec la construction d’une église et l’inauguration de son marché d’hiver qui attire aujourd’hui des dizaines de milliers de visiteurs sur un week-end en février. Parmi les principaux attraits de Jokkmokk, le musée de la culture sami, les boutiques d’artisanat et la proximité avec les parcs nationaux (Sarek, Padjelanta, Muddus et Stora Sjöfallet) de la Région de Laponie, inscrite au Patrimoine mondial. Jokkmokk est une excellente base pour s’adonner à des activités de plein air.

Pour les infos pratiques, voir le Carnet d’adresses p. 281

À SAVOIR

Grand rendez-vous sami, le vénérable marché d’hiver de Jokkmokk a lieu le premier week-end de février. Réservez votre hébergement bien à l’avance.

VOIR
1 Ájtte Museum

SE RESTAURER
2 Sápmi Ren och Vilt

SHOPPING
3 ELD
4 Fjällriket
5 Jokkmokks Tenn
6 Sameslöjdstiftelsen Sámi Duodji
7 Stoorstålka
8 Marché d’hiver

TOMMY ALVEN/SHUTTERSTOCK ©

Jokkmokk

Le marché d'hiver de Jokkmokk

STANDS ET SPECTACLE

Pour le **marché d'hiver**, lors du premier week-end de février, des dizaines de milliers de Sami venus de toute la Scandinavie et d'autres visiteurs affluent à Jokkmokk. Cette manifestation, la plus ancienne et la plus importante du genre, est l'occasion de se rendre à Jokkmokk, bien que les températures avoisinent les -40°C ! La foule se presse sur le lac gelé de Talvattisjön pour regarder des hommes faire la course contre des rennes : on chahute dans la bonne humeur et les cris d'encouragement et on est parfois contraint de s'écarter pour éviter un renne. En ville, les badauds bien emmitouflés sous des habits bleu, rouge, vert et jaune, défilent entre les centaines de stands, qui proposent le plus grand choix de *duodji* (artisanat) du pays, tandis que les commerçants sami font du réseautage et que les vieux amis se retrouvent.

Ce grand rendez-vous perdure depuis 1605, quand le roi Charles IX décréta que des marchés devaient être organisés en Laponie pour augmenter l'impôt, répandre le christianisme et exercer un plus grand contrôle sur les Sami nomades.

Cet événement est précédé par le petit **marché historique :** musique folklorique, théâtre, projections, expositions photographiques et de dégustations culinaires.

LES MEILLEURS HÉBERGEMENTS À JOKKMOKK

Hotel Jokkmokk
Chambres modernes surplombant le lac Talvatis, superbe sauna au bord de l'eau (parfait après un bain glacé en hiver) et restaurant aux airs de *kåta* (hutte) sami servant des plats de gibier. €€

Hotel Akerlund
Charmante auberge des années 1920 avec chambres modernes simples et doubles, salon avec cheminée, sauna. Restaurant au sous-sol servant ragoût d'élan et wraps au renne. €€

STF Jokkmokk Vandrarhem
Auberge de jeunesse STF tenue en famille dans une ancienne maison en bois conviviale. Chambres avec lits superposés, petites chambres privatives, cuisine commune et sauna. Petit-déjeuner en supplément. €

OÙ SE RESTAURER À JOKKMOKK

Restaurang Ájjte
Restaurant du musée ouvert au déjeuner, avec buffet en semaine et *suova* (renne fumé et salé). €

Krog Local
Élan, omble chevalier et desserts à base de baies de plaquebière ; essayez les tapas façon Jokkmokk. €€

Thai Ga La Mair
Les curries épicés et nouilles sautées de ce restaurant thaïlandais populaire sont un régal. €

Introduction à la culture sami

MUSÉE SÁMI

Le superbe **Ájtte Museum** est un incontournable pour découvrir la culture sami. Les "rayons" partant de la pièce centrale mènent à un thème spécifique – costumes traditionnels, créatures légendaires, *duodji*, tambours chamaniques vieux de 400 ans, répliques de sites sacrificiels et diagramme expliquant les diverses significations des entrailles du renne. La collection de bijoux en argent traditionnels comprend de lourds colliers, qui connaissent un regain de popularité auprès des femmes sami. Ne manquez pas l'exposition sur la production d'énergie hydroélectrique de la région et sur les conséquences pour les Sami.

JAROSLAW PYRIH/ALAMY STOCK PHOTO ©

Ájtte Museum

Souvenirs traditionnels

ARTISANAT SÁMI

Les rues de Jokkmokk ne manquent pas de boutiques d'artisanat sami. Spécialisée en artisanat sami authentique de première qualité, **Sameslöjdstiftelsen Sámi Duodji** (sameslojdstiftelsen.com) vend sacs à café en cuir de renne, bijoux en argent, sculptures sur bois incrustées d'os et couteaux dans leur fourreau en corne de renne. **Stoorstålka** (stoorstalka.com) vend des vêtements de créateurs sami, notamment des moufles colorées, dont les motifs sont propres à certaines localités lapones.

Céramiques, verreries, bougies, articles de cuir, de métal, de maroquinerie et accessoires café : **ELD** (eldbyjokkmokk.se)

Artisanat sami

SAMESLOJDSTIFTELSEN.COM ©

Manche de couteau sami en os

propose toutes sortes de produits faits main, ainsi que du café et des livres en anglais sur la cuisine sami. Dans l'atelier **Jokkmokks Tenn** (jokkmokkstenn.se), observez les artisans fabriquer des bijoux en argent et or ornés de symboles séculaires, mais aussi des gobelets, coupes et vases en étain, argent et or.

Fjällriket (sapmiproducts.com) est l'endroit idéal pour acheter des conserves de baies sauvages, ustensiles de cuisine en bois sculpté, drapeaux sami, chaussures traditionnelles et verres doseurs à café en corne de renne.

La boucherie **Sápmi Ren och Vilt** (sapmirenovilt.se), tenue par une famille d'éleveurs de rennes, propose de la viande séchée, des saucisses de rennes et des baies arctiques. Il est aussi possible d'aller à la rencontre du troupeau de la famille en bordure de ville et de se régaler de *suova* (renne fumé et salé), *gáhkko* (pain plat) et café dans une *lávvu* (tente).

DUODJI À KIRUNA ET VILHELMINA

Risfjells Sameslöjd (p. 251), à Vilhelmina, est à la fois un musée et une boutique d'artisanat sami (couteaux, articles en bois et en cuir). Même type d'objets à **Kiruna** (p. 266), ainsi que de l'alimentaire dans diverses boutiques.

RETRAITE EN PLEINE NATURE ET AVENTURES HIVERNALES

Non loin des rapides d'une rivière lapone, l'établissement sami **Peace & Quiet Hotel** (peaceandquiethotel.com) propose des suites logées dans des dômes en verre inspirés des *goahte* (tentes). Motoneige, rencontre avec des éleveurs de rennes, pêche sur glace, balade en traîneau à chiens et safari pour photographier les aurores boréales : toute une gamme d'activités hivernales est proposée. Laissez-vous tenter par le Slow Food sami en goûtant à la viande de renne fumée ou à la truite pêchée localement. Aussi, prenez soin de vous au spa, avec Jacuzzi, massages et bains de glace !

Pour partir en excursion (à la journée ou sur plusieurs jours) en traîneau tiré par des huskies, adressez-vous à l'excellent **Jokkmokk Guiderna** (jokkmokkguiderna.com), labellisé Nature's Best.

COMMENT CIRCULER

Jokkmokk se parcourt bien à pied. Le bus n°45 relie Jokkmokk à Östersund (9 heures 45) via Arvidsjaur (2 heures 15). Il dessert aussi Gällivare (1 heure 30) au nord. Le bus n°44 rallie Luleå (2 heures 45) via Gällivare. En été, la ligne Inlandsbanan part au sud pour Östersund (12 heures) via Arvidsjaur (3 heures 45) à 9h21, et au nord pour Gällivare (2 heures 15) à 19h57.

Environs de Jokkmokk

Plongez dans la culture sami à Arjeplog et découvrez certains des parcs nationaux les plus reculés de Suède.

Pour les infos pratiques, voir le Carnet d'adresses p. 282

À SAVOIR

La saison des randonnées est relativement courte (juin à septembre). Préparez-vous bien avant d'arriver dans ces contrées sauvages intactes.

Jokkmokk ne détient pas le monopole de la culture sami : un autre superbe musée, avec la plus grande collection d'objets sami en argent, est installé à Arjeplog. On peut passer la nuit auprès d'une famille d'éleveurs de rennes au camp sami de Båtsuoj voisin. À deux heures de voiture de Jokkmokk, Arvidsjaur est un vrai paradis d'activités hivernales : pilotez des bolides sur des lacs gelés ou des motoneiges sous les aurores boréales. À l'ouest de Jokkmokk, la petite ville de Kvikkjokk est une porte d'accès au Kungsleden (p. 268) et au Padjelantaleden (p. 260), deux sentiers de randonnée longue distance qui traversent trois parcs nationaux – Padjelanta, Sarek et Stora Sjöfallet – qui font partie de la Région de Laponie, joyau du Patrimoine mondial.

Aurore boréale

IMAGEBROKER/ALAMY STOCK PHOTO ©

Motoneige, Arvidsjaur

Les joies de l'hiver à Arvidsjaur

CONDUITE SUR GLACE, MOTONEIGE ET TRAÎNEAU À CHIENS

C'est en hiver qu'**Arvidsjaur** se révèle. De décembre à avril, des dizaines de pilotes d'essai de différents constructeurs automobiles (et des passionnés de mécanique) investissent la ville pour rôder leurs engins sur des pistes glacées installées sur les lacs gelés des environs. Le ronflement du moteur des motoneiges se fait aussi entendre sur les quelque 600 km de pistes qui leur sont dédiées près de la ville. Des attelages de huskies aboient en tirant des traîneaux et leurs passagers sur la neige, tandis que les amateurs du plein air s'élancent sur les sentiers forestiers en raquettes et à skis de fond. L'été venu, le coin devient un terrain de randonnée, chasse et pêche : Arvidsjaur n'est pas la plus belle des villes arctiques, mais elle est une base idéale pour les activités de plein air.

Basée au Lapland Lodge, **Snowmobile Adventures** (laplandlodge.se) propose des circuits en motoneige de quatre niveaux différents : débutants, expérimentés, safaris de montagne et safaris extrêmes. Le petit circuit de 2 heures coûte 1 090 kr, tandis que le safari de 6 heures pour *riders* chevronnés revient à 5 090 kr.Aussi, **Sports Cars on Ice** (laplandlodge.se) organise des sorties de conduite sur glace (3-6 heures) au volant d'une Audi TT Quattro.

OÙ SE LOGER À ARVIDSJAUR

Lapland Lodge
Hôtel confortable alliant équipements modernes et décoration ancienne. €€

Lumi Guest House
Hôtel tapissé de bois clair avec piscine, sauna et salle de sport, apprécié des pilotes en hiver. €€

LES MEILLEURS RESTAURANTS À ARVIDSJAUR

Afrodite
Le souvlaki de poulet côtoie renne et pizzas à l'élan fumé dans un cadre vaguement méditerranéen, avec bustes en faux marbre. €€

Hans På Hörnet
Du lundi au samedi, les plats du jour sont appréciés des habitants ; goûtez aux *palt* (pommes de terre farcies à la viande) surtout à celles à la sauce aux airelles. €

Tant Sveas Café
Pancakes, salades, déjeuners bon marché, café à volonté et pâtisseries. €

Teckans Vedugnspizza
Pizzeria inventive dans la rue principale, aux associations de garnitures originales (pizza curry, ananas- bacon, par exemple). €

RANDONNÉE SUR LE PADJELANTALEDEN

Ce sentier de 139 km traverse le plus grand parc national de Suède, le Padjelanta. Prenez le bateau (battrafikikvikkjokk.se) depuis **1 Kvikkjokk** jusqu'au point de départ. L'ascension est tranquille, à travers forêt et prairies, jusqu'à **2 Njunjes** (12,6 km, 3 heures). Après une montée raide et rocheuse, puis une descente jusqu'au lac Luoppal, vous arriverez à **3 Tarrekaise** (6,9 km, 2 heures). Pour rejoindre **4 Såmmarlappa** (12 km, 3 heures 30), vous passerez par une piste forestière vallonnée et accidentée et traverserez une rivière à gué. Une ascension progressive jusqu'au **5 Darreluoppal** (15,3 km, 4 heures 30) vous fera quitter les prairies marécageuses pour un plateau rocheux aride. Vous rejoindrez ensuite le tronçon le plus élevé du sentier, qui serpente entre des petits lacs jusqu'à **6 Duottar** (10 km, 2 heures 30). Il vous faudra traverser des rivières et un vaste terrain découvert et longer la rivière Gieddejåkhå pour parvenir à **7 Staloluokta** (18 km, 4 heures 30). **8 Arasluokta** (10,5 km, 3 heures) s'offrira à vous après l'escalade d'une crête, avec vue sur le lac Virihaure et les sommets norvégiens enneigés. Les étapes suivantes et leurs paysages variés mènent à **9 Låddejåkkå** (13,3 km, 3 heures 30) et **10 Gisuris** (23 km, 5 heures). Vient alors la traversée de rivières, de tourbières et de forêts. Un pont enjambe les eaux tumultueuses de la Vuojatädno et mène à **11 Akka** (13, 6 km, 3 heures 30). Vous atteindrez l'embarcadère du ferry à **12 Änonjalmme** via un sentier forestier plat. Prenez le bateau pour **13 Ritsem** (1,5 km, 30 minutes). Des bus relient Jokkmokk et Kvikkjokk toute l'année, et Gällivare à Ritsem de juin à septembre. Des bateaux (svenskaturistforeningen.se/boende/stf-ritsem/transporter) circulent entre Änonjalme/Ahkka et Ritsem.

Partez en excursion en traîneau à chiens (2 heures minimum) avec **Nymånen Dogsledding** (nymanen.com), certifié écoresponsable par le label suédois Nature's Best.

Arvidsjaur a des liaisons avec l'aéroport de Stockholm-Arlanda. En hiver, des liaisons directes sont assurées avec Stuttgart, Frankfurt-Hahn, Munich et Hanovre.

En été, le train Inlandsbanan relie quotidiennement Arvidsjaur à Östersund (8 heures 15), Gällivare (5 heures 45) et Jokkmokk (3 heures 30). Toute l'année, le bus n°45 rallie Östersund (7 heures 15) et Gällivare (3 heures 45) via Jokkmokk (2 heures 15).

Argent sami

SILVERMUSEET À ARJEPLOG

À environ 85 km au nord-ouest d'Arvidsjaur, la petite localité d'**Arjeplog** (Árjepluovve en sami) est située sur la Silvervägen (E95), parmi montagnes, forêts et quelque 9 000 lacs. En janvier et février, quand il fait jusqu'à -40°C, ces lacs gelés deviennent des terrains d'entraînement pour les pilotes d'essai (p. 259). Toutefois, l'attraction phare tout au long de l'année reste le **Silvermuseet**, dans une ancienne école pour nomades.

Le musée renferme la plus grande collection d'objets sami en argent (boucles de ceinture, cuillères, gobelets et colliers ouvragés...). Repérez la *dásska* (étui pour cuillère en argent utilisé par les Sami du Sud), les tambours chamaniques et les skis vieux de 2 000 ans, jadis utilisés par des chasseurs sami. Ne manquez pas les différentes expositions : peintures rupestres vieilles de 6 000 ans découvertes près du lac Gaskavvre voisin, l'usage des plantes médicinales par les Sami, l'histoire de la ville ou encore sur l'industrie minière. Au sous-sol, passionnant diaporama sur la vie à Arjeplog au fil des saisons.

Prenez le bus n°17 ou 26 à Arvidsjaur (1 heure 15). Pour accéder au Kungsleden, empruntez le bus n°104, qui relie Arjeplog et Jäkkvikk (1 heure 15).

Séjour chez les éleveurs de rennes

CAMP SÁMI

À 46 km au sud d'Arjeplog, familiarisez-vous avec le mode de vie des Sami des forêts au **camp sami de Båtsuoj** (en.batsuoj.se), près du village de Gasa, où Tom et Lotta Svensson vivent à plein temps de façon traditionnelle. Apprenez à capturer un renne au lasso et à le traire, dormez sur une peau de renne dans une *kåta* (hutte en bois), découvrez les pratiques chamaniques sami, goûtez du renne grillé et sirotez un café préparé au feu de bois. Il est indispensable d'être motorisé pour rejoindre le camp.

RÉGION DE LAPONIE

Depuis 1996, la Région de Laponie est inscrite au Patrimoine mondial : 9 409 km² de montagnes, forêts et marais sont protégés par quatre parcs nationaux – Padjelanta, Sarek, Stora Sjöfallet (accessible via le Kungsleden et le Padjelantaleden) et Muddus – et deux réserves naturelles, Sjaunja et Stubba.

Chose inhabituelle, l'Unesco reconnaît la région pour à la fois sa richesse culturelle et sa beauté naturelle. La Laponie englobe des zones séculaires de pâture des rennes utilisées par les Sami des montagnes et des forêts. Les Sami mènent toujours une vie relativement traditionnelle, se déplaçant avec les rennes lors de leurs migrations saisonnières. Les Sami des montagnes passent l'hiver dans les forêts, riches en lichen, puis reviennent à la montagne en été, tandis que leurs homologues des forêts suivent leurs troupeaux dans les forêts toute l'année.

OÙ SE LOGER ET RESTAURER À ARJEPLOG

Hornavan Hotell
Hôtel au bord d'un lac. Belle vue, Jacuzzi, sauna et restaurant de cuisine fusion. **€€**

Arjeplog Vilt & Kafé
Café dont la spécialité est le *Kaffetåren* – plat sami mélangeant café et viande de renne séchée. **€**

Kraja Hotel
Hôtel, camping avec cabanes et restaurant, situé sur une péninsule. **€**

KIRUNA

Installée sur la plus grande mine de minerai de fer au monde et menacée de s'effondrer, Kiruna est un étrange mélange de maisons de style fin-de-siècle et d'immeubles d'habitation, où les premiers forages engendrèrent la construction du chemin de fer Malmbanan, destiné à acheminer les gisements vers Narvik, en Norvège. Elle accueille la plus forte concentration d'hébergements et de restaurants de l'extrême Nord-Ouest du pays.

Les Sami étaient là bien avant que les premiers pionniers suédois ne posent le pied à Kiruna au début des années 1600. Outre la culture sami, Kiruna est une belle base pour explorer les environs, grâce à sa proximité avec le Kungsleden, le Kebnekaise, la vallée de Torne, la station de ski de Riksgränsen et l'Icehotel. La ville, qui héberge une communauté unique, avec des habitants qui ont leur franc-parler, est aussi un centre hivernal majeur pour les escapades en traîneau à chiens et autres aventures.

Pour les infos pratiques, voir le Carnet d'adresses p. 283

À SAVOIR

Venez à Kiruna fin janvier pour le Snöfestivalen, festival de sculpture sur neige. Au programme également : courses de traîneaux à rennes sami et autres compétitions.

LES MEILLEURS HÔTELS DE KIRUNA

Hotel Arctic Eden
D'inspiration sami, cette adresse possède spa, piscine intérieure, restaurant et boutique d'artisanat. €€

Camp Ripan
Bungalows décorés d'art sami et terrain de camping au bord de l'Aurora Spa. €€

SPiS
Hôtel/auberge de jeunesse avec cuisine commune, épicerie, boulangerie et restaurant. €

Scandic Kiruna
Hôtel d'affaires dans la nouvelle Kiruna, chambres luxueuses, Skybar et sauna avec vue. €

Kiruna

Une ville déplacée

VISITES GUIDÉES PASSIONNANTES

Bien payés, les mineurs de Kiruna travaillent 21 semaines par an et passent leur temps libre à pêcher, chasser et à vivre dans leur bungalow en pleine nature.

Pourtant, Kiruna est sur le point de s'effondrer dans la mine ; une nouvelle ville se construit donc à 3 km à l'est.

Depuis 25 ans, les bâtiments en bois, notamment l'église aux airs de *kåta* sami, sont progressivement déplacés vers la nouvelle ville. Quant aux beaux bâtiments anciens en pierre, ils doivent être démolis.

Non sans difficulté, le nouveau centre-ville prend déjà forme. **Kiruna Storytelling** (kirunalapland.se) apporte un éclairage culturel sur la situation, tandis que **Stejk Kiruna City Tour** (stejk.se/kiruna-city-tour) organise des visites complètes de la ville, qui se concluent par la dégustation de viande d'élan et de renne dans le tipi du prestataire.

AUTRES MINES

Explorez le sous-sol de la ville voisine de Kiruna, **Gällivare** (p. 253), qui abrite une grande mine de minerai de fer, ainsi qu'une mine de cuivre et d'or à ciel ouvert.

OÙ SE RESTAURER À KIRUNA

SPiS Mat och Dryck
Boulangerie, petit-déjeuner et déjeuner-buffet bon marché, menus de plusieurs plats au dîner. **€€**

Arctic Thai & Grill
Curries thaïlandais, légumes sautés et autres plats épicés. À côté de l'Hotel Arctic Eden. **€**

Camp Ripan
Déjeuner *husmanskost* (cuisine familiale), menus de saison et de dégustation. **€€€**

Sous terre

LES PROFONDEURS DE KIRUNA

Vous vous réveillez à 1h30, désorienté : la terre tremble. Un séisme ? Non. Le lendemain, la même secousse, à la même heure. Des centaines de mètres sous l'ancien centre-ville de Kiruna, on fait exploser de la dynamite, profitant de la présence d'une poignée d'employés (au lieu des 800 en journée). Les immenses terrils de la partie émergée de la **mine LKAB** – à qui l'on doit 80% de la production de minerai de fer mondiale – dominent la ville. Chaque jour, 100 000 tonnes (68 wagons) de minerai de fer sont acheminées à l'ouest, vers Narvik, en Norvège, avant d'être expédiées dans le monde entier.

Des visites quotidiennes de trois heures depuis l'office du tourisme emmènent les touristes dans les profondeurs de la mine. Les bus parcourent une petite fraction des 500 km de routes souterraines. À 310 m de profondeur (l'activité minière est à 1 545 m), baladez-vous dans la galerie InfoMine désaffectée, observez des outils de travail et des machines impressionnantes et découvrez les méthodes d'extraction actuelles. On vous expliquera que, d'ici 2045, LKAB souhaite atteindre la neutralité carbone en abandonnant les pellets et en utilisant de l'hydrogène pour transformer le minerai en éponges de fer.

Mine, Kiruna

Visite de la mine LKAB

Excursion en traîneau à chiens, Kiruna

Artisanat sami et activités en plein air

ARTISANAT ET AVENTURES

Géré par un collectif d'artisans, **Ateljénord** (ateljenord.com) vend des céramiques, des bijoux, des haches et couteaux d'exception et d'autres objets d'artisanat d'inspiration sami. **Carl Wennberg** (wennberg.com) est spécialisé en couteaux avec fourreaux en bois de renne, cuillères et coupes en bois incrustées de bois de renne, articles de maroquinerie et bijoux sami en argent. **Thornéus Renprodukter** (thorneus.com) est parfait pour s'approvisionner en délices sami (viande d'élan ou de renne fumée, *kaffeost* – café avec cubes de fromage) et en peaux de renne ou autres objets d'artisanat.

À Puoltsa, entre Kiruna et Nikkaluokta, **Ofelaš** (ofelas.se), formidable prestataire sami labellisé Nature's Best, organise des randonnées à dos de cheval islandais. Avec des guides jeunes et dynamiques et 40 huskies, **Kiruna Husky** (kirunahusky.com), agence installée à Kalixfors (à 20 minutes de Kiruna), propose des escapades en traîneau à chiens (demi-journée ou journée).

PAROLE D'HABITANT : BON À SAVOIR À KIRUNA

Zebastian Bohman, guide auprès de Stejk Kiruna City Tour, partage ses recommandations sur les meilleurs endroits de Kiruna où manger, faire ses achats et admirer la vue.

Smash Burgers
Les habitants de Kiruna ont peur de deux choses : des légumes et de ne pas être rassasiés. Smash Burgers ne rigole pas avec la taille des portions et sert de très bons burgers au bœuf.

Empes Gatukök
Idéal pour bien manger (portions copieuses) et rencontrer les habitants de la ville.

En haut de la piste de ski Luossavaara et à l'extrémité ouest de Biblioteksgatan
Beaux points de vue sur la ville et la mine LKAB.

COMMENT CIRCULER

Kiruna est étendue, d'autant que des quartiers sont en train d'être déplacés ; soyez motorisé.

L'aéroport de Kiruna (www.swedavia.com/kiruna) est desservi par plusieurs vols quotidiens en provenance de Stockholm ; un bus (110 kr aller) emmène les voyageurs en centre-ville.

La "gare temporaire" de Kiruna, éloignée du centre, est peu pratique. Des trains quotidiens rejoignent Narvik en Norvège (227 kr, 3 heures 30-3 heures 45 via Abisko), Luleå et Gällivare. Un train de nuit dessert Stockholm (à partir de 696 kr, 17 heures 30). En hiver, prévoyez une journée supplémentaire si vous devez prendre un vol : les trains ont souvent du retard.

Environs de Kiruna

Entre les contrées sauvages arctiques accessibles via le Kungsleden, le remarquable Icehotel, le ciel nocturne éclairé d'Abisko et les aurores boréales, les alentours de Kiruna ont beaucoup d'attraits.

Pour les infos pratiques, voir le Carnet d'adresses p. 283

À SAVOIR

La saison de randonnée dure de juin à fin septembre. L'Icehotel ouvre de mi-décembre à avril (l'Icehotel 365, lui, est ouvert toute l'année).

Au nord-ouest de Kiruna, près de la frontière norvégienne, le petit village d'Abisko est la plus prisée des portes d'entrée aux parcs nationaux de Laponie, traversés par le Kungsleden (p. 268). Son microclimat en fait l'un des meilleurs spots au monde où observer des aurores boréales. Un court trajet en voiture vers l'ouest de Kiruna permet de rejoindre la petite Nikkaluokta et de marcher jusqu'au pied du Kebnekaise, le plus haut sommet suédois, ou de rejoindre le Kungsleden. Dans le village voisin de Jukkasjärvi, plongez dans la culture sami, séjournez dans l'Icehotel unique en son genre (reconstruit chaque hiver), ou roulez au nord à travers d'interminables forêts d'épicéas jusqu'à Karesuando et Pajala, près de la frontière finlandaise, sur les traces d'un pasteur légendaire.

POURQUOI J'AIME KIRUNA

Anna Kaminski
Nulle part ailleurs en Suède on ne peut faire l'expérience d'espaces aussi vastes qu'aux environs de Kiruna, le long du Kungsleden, et du Padjelantaleden, encore plus isolé. J'aime les environnements extrêmes, la liberté que procure la marche sous le soleil de minuit ou la randonnée à raquettes à la lueur des aurores boréales. La diversité de Kiruna me plaît aussi, avec sa mine souterraine, sa communauté décalée et sa culture sami.

Randonnée, Kebnekaise (p. 268)

ROBERTO MOIOLA/GETTY IMAGES ©

Parc national d'Abisko

Abisko : escapade sauvage

RANDONNÉE, SKI ET AURORES BORÉALES

Le minuscule village d'**Abisko** (Ábeskovvu en sami) est la porte d'entrée au parc national d'Abikso (75 km^2), qui s'étend depuis la rive sud du splendide lac Torneträsk. Le village est encadré par les collines Lapporten, à la lisière de la Laponie. Grâce au "trou bleu" qui caractérise le microclimat du coin, Abisko est la partie la plus sèche de Suède et jouit de nuits au ciel très dégagé.

Outre le Kungsleden (p. 268) long de 450 km, le coin offre de belles randonnées (à pied ou à skis). Une excursion jusqu'aux rapides de Kårsa (8 km) fait traverser la rivière Ábeskoeatnu. Empruntez ensuite l'embranchement gauche du sentier balisé du Kårsavagge (Gorsavággi en sami) à travers une forêt de bouleaux et de pins. Le sentier de découverte de Paddus (14 km, 4 heures aller-retour) passe près de la reconstitution STF d'un camp sami traditionnel et mène à Báddosdievvá, ancien site sacrificiel sami offrant une vue grandiose sur Lapporten et le lac Törnetrask.

Parmi les randonnées plus longues, l'excursion au glacier Gorsajökeln, avec une nuit dans un refuge STF dans la vallée de Kårsavagge, à l'ouest d'Abisko (30 km aller-retour), ou la Rallarvägen ("route des terrassiers", 39 km), empruntée par les ouvriers du rail au début du XXe siècle. Cette dernière rejoint Riksgränsen

SOLEIL DE MINUIT ET AURORES BORÉALES

De l'autre côté de la route (par rapport à la STF Turiststation), un télésiège (auroraskystation.se ; heures d'ouverture à consulter sur le site Web) permet d'accéder au mont Nuolja (1 164 m). En été, sur la terrasse du Panorama Café, profitez d'une vue sublime sur les environs baignés de la lumière nacrée du soleil de minuit. L'hiver, les visiteurs viennent ici dans l'espoir d'assister à l'étrange spectacle des aurores boréales. Dans un coin du café, l'Aurora Sky Station a installé des instruments pour mesurer et écouter les aurores ; des experts en oscillations sont présents pour partager leur savoir. Des sessions d'observation peuvent se combiner avec des menus de quatre plats à base de produits locaux. Apprenez à photographier ces phénomènes avec Lights Over Lapland (lightsoverlapland.com), basé à la STF Abisko Turiststation.

OÙ SE LOGER À ABISKO

Abisko.net Hostel & Huskies
Auberge de jeunesse avec cuisines et sauna. Excursions en traîneaux à chiens. **€**

STF Abisko Turiststation
Hôtel/auberge de jeunesse populaire. Sauna, cuisines, magasin d'approvisionnement et restaurant. **€€**

Abisko Mountain Lodge
Gîte de montagne avec chambres et bungalows élégants. Sauna et Brasserie Fjällköket. **€€€**

en suivant la ligne de chemin de fer. En plus de la Rallarvägen, faites la boucle de 10 km de Låktatjåkka (court voyage en train/bus depuis Abisko) jusqu'aux formations rocheuses de la vallée de Kärkevagge (Gearggevággi). Trollsjön (Rissájáurre), le "lac du soufre", est niché au fond de la vallée.

Randonnée sur le Kungsleden

STAR DES SENTIERS DE GRANDE RANDONNÉE SUÉDOIS

Plus important sentier de randonnée et de ski de fond de Suède, le **Kungsleden** ("sentier du roi") s'étend sur près de 500 km entre Abisko, au nord, et Hemavan, au sud. Il passe par les terres de pâture des éleveurs sami, qui comportent des paysages montagneux et forestiers sauvages ponctués de lacs et rivières glaciaires. C'est aussi là que se dresse le mont Kebnekaise, point culminant du pays. Le parcours se divise en cinq sections, toutes de niveau facile ou moyen ; venez préparé et équipé (p. 39). En bus ou en train, il est facile d'accéder au Kungsleden depuis ses points d'entrée principaux.

D'Abisko au Kebnekaise (105 km ; 6 jours)

La section la plus populaire du Kungsleden serpente à travers la végétation dense du parc national d'Abisko et longe la vallée, avec des promenades en bois pour franchir les portions bourbeuses et des ponts pour traverser les cours d'eau. Le point culminant est le col de Tjäkta (1 105 m), d'où l'on a une vue splendide sur la vallée de Tjäktavagge. Éventuel détour sur le Kebnekaise.

Du Kebnekaise à Saltoluokta (51 km ; 3 jours)

Revenez à Singi, à 14 km à l'ouest du Kebnekaise. Ce tronçon plus paisible traverse des vallées profondes et une forêt de hêtres, où l'on a une belle vue sur les glaciers et montagnes du parc national de Sarek. Ramez sur 1 km sur le lac Teusajaure, puis traversez le plateau dénudé du parc national de Stora Sjöfallet avant d'entamer une descente abrupte vers Vakkotavare à travers une forêt de hêtres. Un bus circule de Vakkotavare au ponton de Kebnats, où un ferry STF assure la traversée du lac Langas jusqu'à Saltoluokta Fjällstation.

De Saltoluokta à Kvikkjokk (73 km ; 4 jours)

Depuis Saltoluokta, l'ascension est rude jusqu'au refuge du Sitojaure (18 km). À cet endroit, un service de bateau géré par le gardien du refuge permet de traverser le lac. Ensuite, un sentier bourbeux est agrémenté de passerelles en bois. À Aktse, sur les rives du lac Laitaure, un panorama sur la montagne désertique récompensera vos efforts. Traversez le lac en barque, puis une forêt de pins pour rejoindre Kvikkjokk.

De Kvikkjokk à Ammarnäs (166 km ; 8 jours)

La section la plus sauvage du parc n'est conseillée qu'aux randonneurs expérimentés. À Kvikkjokk, prenez le bateau pour traverser

REFUGES DU KUNGSLEDEN

Le long du Kungsleden, bivouaquez ou faites escale dans des refuges STF (swedishtouristassociation.com), chalets ou auberges de jeunesse.

D'Abisko au Kebnekaise 5 refuges : Abiskojaure (en bord de lac), Alesjaure (avec sauna et belle vue depuis la crête), Tjäkta (avant le col de Tjäkta), Sälka et Singi. Lodges à Abisko et Kebnekaise.

Du Kebnekaise à Saltaoluokta Chalet à Saltoluokta ; 4 refuges à Singi, Kaitumjaure, Teusajaure et Vakkotavare.

De Saltaoluokta à Kvikkjokk Chalet à Kvikkjokk ; 3 refuges à Sitojaure, Aktse et Pårte.

De Kvikkjokk à Ammarnäs Campez ou séjournez dans des bungalows à Tsielejåkk, Vuonatjvigen, Jäkkvik (kyrkansfjallgardjakkvik.com), Pieljekaise, Adolfström (adolfstrom.com), Sjnjultje, Rävfallet et Ammarnäs.

D'Ammarnäs à Hemavan Auberge de jeunesse à Hemavan ; 5 refuges à Aigert, Serve, Tärnasjö, Syter et Viterskalet.

LES MEILLEURS CHALETS DE LA STF

STF Kebnekaise Fjällstation Grand chalet près du Kebnekaise. Sauna, superbe restaurant et chambres pleines de charme. €

STF Kvikkjokk Fjällstation Chalet sur la berge d'une rivière avec sauna, restaurant et location de matériel. €

STF Saltoluokta Fjällstation Station de montagne populaire organisant des visites guidées en bateau et à skis. €

le lac Saggat, avant de marcher jusqu'à Tsielejåkk. D'ici, le refuge le plus proche est à Vuonatjviken, à 55 km. Traversez le lac de Riebnesjaure, puis un autre de Hornavan jusqu'à Jäkkvikk. Le prochain refuge est à seulement 8 km. Vous pouvez aussi vous arrêter un peu plus loin au village d'Adolfström. Traversez le lac d'Iraft pour rejoindre les bungalows de Sjnjultje. Choisissez alors le parcours direct jusqu'à Ammarnäs (34 km) ou optez pour un détour de 24 km jusqu'à Rävfallet, suivi d'un dernier tronçon de 20 km pour atteindre Ammarnäs.

D'Ammarnäs à Hemavan (78 km ; 4 jours)

La majeure partie de la portion sud du Kungsleden est d'un niveau facile. Depuis Ammarnäs, une rude ascension (8 km) à travers une forêt de hêtres mène à Aigert. Au sommet, une splendide cascade fait vite oublier la fatigue. Pour parvenir à Syter, traversez une zone humide en empruntant une série de ponts. Faites une pause sauna au refuge près du lac Tärnasjö. Depuis Syter, l'ascension jusqu'au mont Syter (1 768 m) en vaut la peine : en descendant à Hemavan, la vue sur les glaciers norvégiens d'Okstindarnas est spectaculaire.

Mouvement de la tempérance

SUR LES TRACES DU PASTEUR LUTHÉRIEN LAESTADIUS

En 1826, un jeune pasteur plein de fougue du nom de Lars Levi Laestadius est en poste à **Karesuando** (Gárasavvon en sami), le village le plus septentrional de Suède. Né à Jäkkvik, Laestradius avait déjà travaillé en étroite collaboration avec les Sami à Kvikkjokk, où il avait constaté les ravages de l'alcoolisme. Mais c'est après sa rencontre avec Marie d'Åsele, une Sami, qui deviendra sa femme, qu'il radicalisa ses prêches. Après s'être installé avec Marie et leurs enfants dans la **Laestadius Pörte**, dans la petite ville de **Pajala**, au bord d'une rivière dans la belle vallée du Torne, il consacra sa carrière à prêcher l'abstinence de la boisson démoniaque (ce qui ne l'a pas rendu populaire auprès des travailleurs payés en alcools forts). C'est ici que Laestadius passa les dernières années de sa vie (1849-1861), dans cette simple cabane abritant désormais un musée qui lui est dédié. L'habitation spartiate contient ses effets personnels. Des visites guidées présentent cet homme qui a fondé un mouvement revivaliste anti-alcool qui a perduré bien après sa mort.

À Karesuando, village d'éleveurs de rennes sami, le soleil de minuit brille de fin mai à mi-juillet et, en hiver, le thermomètre descend à -50°C. Sur place, vous pouvez visiter la **Karesuando Kniven** (karesuandokniven.com), fabrique de couteaux où acheter des lames aux manches en peau, corne et os de renne et bouleau madré. Autre endroit de choix pour acheter des couteaux sami : la très populaire **foire de Pajala** (3 jours début juillet).

CULTURE SAMI À JUKKASJÄRVI

Le musée sami en plein air de **Nutti Sámi Siida** (nutti.se) dispose de tentes *lávvu* et *goahti*, de *njalla* (un garde-manger en hauteur, à l'abri des animaux) et autres éléments de la vie nomade. Nourrissez les rennes, achetez des articles *duodji* et dégustez des plats sami sous un grand tipi. En hiver, ce spécialiste de l'écotourisme sami organise des excursions en traîneau à rennes, des escapades pour observer les aurores boréales et des circuits multiactivités en Laponie. Leur **Reindeer Lodge** est doté de bungalows avec sauna.

Non loin, la **Jukkasjärvi Kyrka** compte parmi les plus anciennes églises de Laponie (1608). Sur le retable aux couleurs vives sont représentées des scènes avec le pasteur Laestadius. L'orgue en bouleau et en bois de renne a trois sons : un chant d'oiseau, le tambour et le bruit des sabots de renne. Au centre, un tambour chamanique est suspendu.

OÙ SE LOGER ET SE RESTAURER À KARESUANDO ET PAJALA

Karesuando Camping
Les seuls logements de Karesuando sont des emplacements de tente, bungalows et *kåtor* sami. **€**

Hotel Lapland
Meilleure adresse de Pajala. Chambres d'hôtel d'affaires et bistrot aux plats de saison. **€€**

Thai Dan Sai
Curries, légumes sautés et buffets au déjeuner. Un renouveau dans la scène culinaire de Pajala. **€**

L'ASCENSION DU MONT KEBNEKAISE VIA LE SENTIER OUEST

Avec une vue incroyable sur les pics et glaciers alentour, le mont Kebnekaise (2 097 m) – point culminant de la Suède – est un défi de taille. On y accède par le Kungsleden (p. 268) ou par une journée de randonnée facile (19 km) depuis Nikkaluokta, 66 km à l'ouest de Kiruna. En été, Kallax Flyg (kallaxflyg.com) achemine des randonneurs en hélicoptère de Nikkaluokta au Kebnekaise, tandis que les hélicoptères Fiskflyg (fiskflyg.se) partent de Kvikkjokk et Ritsem. La piste commence à la **1 STF Kebnekaise Fjällstation**. Passez la nuit ici avant de vous lancer dans un périple exigeant (10-14 heures aller-retour). Prenez le sentier qui monte à travers les bois, avec la colline Kaipak (773 m) sur votre droite. Après 1,5 km, vous atteindrez un **2 embranchement** : plus direct, le sentier est (Östra leden) nécessite équipement et compétences techniques d'alpinisme pour traverser le glacier Björlings. En prenant le sentier ouest (Västra leden), plus long, vous parviendrez bientôt au **3 torrent Jökelbäcken**. Si le niveau des eaux de fonte est élevé, empruntez le pont à 300 m en aval, puis rejoignez la piste principale. Quittez les bois et entrez dans la **4 vallée du Kitteldalen**, à 1,5 km, entourée de montagnes. La piste se fait raide et mène à un **5 pont enjambant la rivière Kittelbäcken**, 1 km plus loin. Poursuivez l'ascension à travers un paysage alpin parsemé de blocs rocheux vers le Vierranvárri (1 700 m) ; un escalier en pierre construit par les sherpas népalais facilite la section la plus escarpée. Au sommet du **6 Vierranvárri**, descendez 750 m pour arriver sur un terrain exposé de la **7 vallée du Kaffedalen**. Ensuite, une montée ardue (550 m de dénivelé sur 1 km) vous conduira au **8 vieux bungalow**. Montez encore sur 750 m et vous parviendrez au **9 nouveau refuge d'urgence** (indiqué par une signalétique) sur le plateau rocheux. Un ultime effort et vous atteindrez enfin le **10 sommet sud du Kebnekaise** (2 096 m). Encadré de pentes abruptes, le sommet nord (2 097 m) se trouve à 710 m.

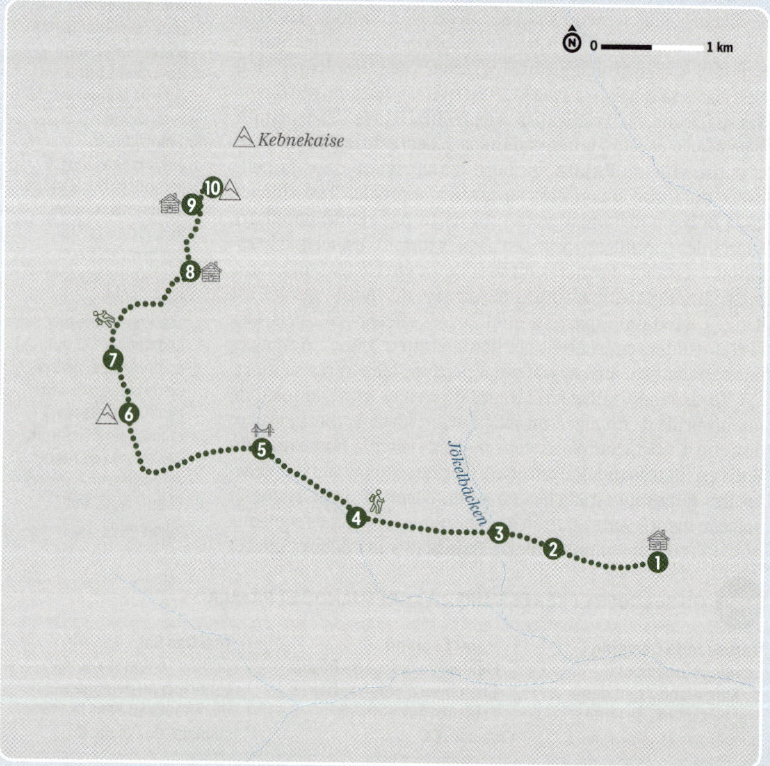

Treriksröset

AU CARREFOUR DE TROIS PAYS

Envie d'atteindre le point le plus septentrional de la Suède ? Rendez-vous à Trerikröset, à 100 km au nord-ouest de Karesuando. Ici se rejoignent Suède, Norvège et Finlande. Traversez le pont qui part de Karesuando pour rallier Kaaresuvanto (Finlande), puis partez au nord-ouest en empruntant l'E8 vers Kilpisjärvi (110 km) ou prenez le bus (matkahuolto.fi), puis suivez le sentier à travers bois (11 km) jusqu'au lac Goldjärvi, signalé par une sorte de cloche jaune en ciment. Pour réduire votre marche à 3 km à l'aller comme au retour, embarquez sur le M/S *Malla*, qui relie Kilpisjärvi à Koltaluokta. Attention : la Finlande a une heure d'avance sur la Suède !

Royaume de glace

LE CÉLÈBRE ICEHOTEL

Tous les ans, en novembre, on s'agite au bord du fleuve Torne à Jukkasjärvi. Né en 1989 sous la forme d'un simple petit igloo créé par Yngve Bergqvist pour accueillir une galerie d'art, l'**Icehotel** est désormais un édifice célèbre, fait de neige et de glace, qui est reconstruit chaque année et dont les chambres sont ornées de sculptures de glace. À partir de mi-décembre, les clients défilent dans les "Art Suites" pour des nuits délicieusement glaciales. À la réception se trouvent des salles de bains chauffées et un sauna. La nuit, laissez vos effets personnels dans un casier et allongez-vous sur un lit de glace surmonté d'un matelas épais couvert de peaux de rennes. Des sacs de couchage fournis vous tiendront chaud malgré les -5°C affichés dans les chambres (jusqu'à -40°C à l'extérieur). Le matin, on se réveille avec une tasse de jus d'airelles chaud et une séance sauna. Beaucoup de clients ne passent qu'une seule nuit dans ces chambres froides et logent dans l'un des bungalows modernes le reste de leur séjour.

Côté activités, l'hiver, vous aurez le choix entre safaris en motoneige, ski, sculpture sur glace, pêche sur glace, promenades en traîneau à chiens (on peut même venir vous chercher en traîneau à l'aéroport), circuits guidés autour de la culture sami et chasse aux aurores boréales. En été, le programme est tout autre : randonnée, rafting, paddle, canoë, pêche et excursions en buggy tout terrain. L'Icehotel fond en avril, mais l'Icehotel 365 adjacent propose une expérience hivernale toute l'année (l'hôtel est également ouvert aux visites de 10h à 18h tous les jours).

LES MEILLEURS RESTAURANTS DE JUKKASJÄRVI

Icehotel Restaurant Assiettes locales superbement dressées. Omble chevalier, renne ou encore ptarmigan (perdrix). €€

Old Homestead Chalet en bois parfait pour un *fika* ou un bon repas rustique riche en viande au coin du feu. €

Icebar Sur des chaises en glace, sous des lustres en glace, buvez des cocktails dans des verres en glace. €€

COMMENT CIRCULER

Des bus relient Kiruna à Karesuando, Jukkasjärvi (48 kr, 30 min) et Gällivare (195 kr, 1 heure 45), mais aussi à Narvik en Norvège (320 kr, 2 heures 45) via Abisko. Länstrafiken Norrbotten (ltnbd.se) gère les bus dans les régions nord de la Laponie, tandis que Länstrafiken Västerbotten (tabussen.nu/lanstrafiken) gère ceux du Sud. Hors saison, les bus sont rares. En été, le train Inlandsbanan (res.inlandsbanan.se/en ; p. 251) relie Östersund et Gällivare.

Toute l'année, les trains Kiruna-Narvik s'arrêtent à Abisko. L'été, l'Inlandsbanan s'arrête à Storuman (pour Hemavan), Sorsele, Arvidsjaur (pour Arjeplog), Jokkmokk (pour Kvikkjokk) et Gällivare (pour Ritsem).

UMEÅ

Sur la rive du fleuve Umeälven, la belle ville d'Umeå ("uma" signifie "rugissement") doit son dynamisme en grande partie à son université. Outre quelques superbes musées sur la culture sami, la collection de guitares anciennes la plus grande d'Europe et la deuxième plus grande galerie d'art de Suède, la ville doit une partie de son attrait à ses nombreux espaces verts.

Avec un très bon choix de restaurants et bars, la scène gastronomique est l'une des plus variées du Norrland. La ville a une vie culturelle bouillonnante, ce n'est donc pas pour rien qu'elle a été Capitale européenne de la culture en 2014. À 400 km à peine sous le cercle polaire arctique, Umeå est facilement accessible depuis Stockholm via le Bothniabanan (train à grande vitesse). La ville constitue une escale idéale avant de poursuivre sa route vers la Laponie.

Pour les infos pratiques, voir le Carnet d'adresses p. 284

À SAVOIR

Le centre d'Umeå se parcourt à pied. Pour vous éloigner, louez un vélo (cykelochmopedhandlaren.se) ou un vélo cargo électrique (umea.se/ubike). Il faut une voiture pour rejoindre l'Älgens Hus.

Umeå

HEMIS/ALAMY STOCK PHOTO ©

Capitale nordique de la culture

MUSÉES ET GALERIES

Parmi les excellents musées d'Umeå, le passionnant **Västerbottens Museum** (vbm.se), à 20 minutes de marche du centre-ville, retrace l'histoire de la province de l'époque préhistorique à la révolution industrielle. Il réunit notamment une importante collection internationale de skis à travers les âges (les plus anciens ont quelque 5 400 ans) et explore l'art rupestre sami. En été, le personnel investit le **Friluftsmuseet** voisin et revêt des costumes d'époque pour illustrer le mode de vie traditionnel. Visitez ce village historique en plein air, avec une vieille église, un fumoir, un moulin, une maison de guet du XVIIe siècle et des habitations sami traditionnelles.

Amateurs de guitares et de musique rock, ne manquez pas le **Guitars – The Museum** (guitarsthemuseum.com) et sa collection de 500 guitares rares rassemblées avec soin par deux frères passionnés. Elle comprend, entre autres, une Gibson Flying V de 1958, rendue célèbre par ZZ Top, une Star Guitar faite pour ABBA à l'occasion du 40e anniversaire de la victoire du groupe à l'Eurovision et une Gibson Les Paul Standard de 1959 semblable à celle utilisée par Keith Richards pour jouer le riff de *It's All Over Now*.

Guitars – The Museum

OÙ SE LOGER À UMEÅ

U&Me Hotel
Bel hôtel central avec vue sur la ville depuis les lits. Café où prendre le petit-déjeuner. **€**

Stora Hotellet Umeå
Velours et thème marin sont à l'honneur dans cet hôtel de 1895. **€€**

YMCA Hostel & Hotel
Adresse bon marché bien tenue, près de la gare. Dortoirs, chambres simples, doubles et triples impeccables. **€**

Bildmuseet

Sur l'Umeå Arts Campus, près du fleuve, le **Bildmuseet** (bildmuseet.umu.se) permet de voir des expositions internationales d'art contemporain, photographie, architecture et design. Pour admirer des sculptures contemporaines de grands artistes suédois et internationaux, prenez le bus n°1 jusqu'à l'**Umedalens Skulpturpark** (umedalenskulptur.org).

À 70 km à l'ouest, le parc d'élans d'**Älgens Hus** (algenshus.se) offre l'occasion de rencontrer le roi de la forêt (domestiqué). Grâce au personnel compétent, l'animal n'aura plus de secret pour vous. Goûtez au très rare fromage issu de son lait (6 000 kr le kilo) dans la petite laiterie.

Älgens Hus

LES MEILLEURS RESTAURANTS ET BARS D'UMEÅ

Köksbaren
Bistrot lumineux, contemporain et raffiné avec produits de saison locaux. Excellents vins au verre. €€

Två Fiskare
Restaurant de poisson, plats d'exception à base de produits marins du lundi au samedi, dont des crevettes fumées aux *fish and chips* classiques. €

Lottas Krog
Pub en brique et bois sombre très prisé. À la carte : bières maison et artisanales, délicieux burgers et autres plats de type gastropub. €€

Costas of Sweden Roastery & Brewbar
Superbe café-boutique décoré de sacs de café. En activité depuis 2005. €

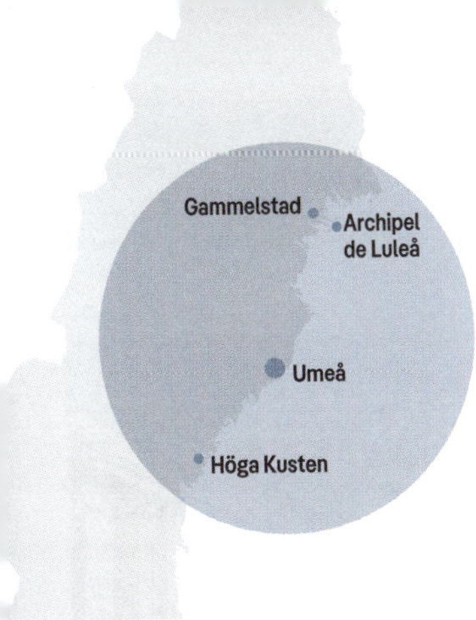

Environs d'Umeå

Au milieu de la côte botnienne, Umeå est parfaite pour explorer la Höga Kusten, l'archipel de Luleå et les villes côtières paisibles.

Pour les infos pratiques, voir le Carnet d'adresses p. 284

À SAVOIR

Les îles de l'archipel de Luleå et au large de Höga Kusten ne sont accessibles qu'en été. Pour parcourir la Kustvägen, il faut être motorisé.

Falaises, fjords chatoyants, vallées et plages de galets : au sud d'Umeå, la Höga Kusten (Haute Côte) reste l'un des plus impressionnants paysages de la côte suédoise. Au large, la terre s'émiette en îles couvertes de pins, les plus accessibles et les plus belles étant Högbonden, Ulvön et Trysunda. Au sud, la ville côtière de Härnösand présente une architecture en bois des années 1730 qui a survécu aux incursions russes du XVIIIe siècle. Au nord d'Umeå, les églises en bois classées au patrimoine de l'Unesco de Skellefteå et Luleå évoquent la ferveur religieuse du XVIIIe siècle. Sundsvall et Luleå sont deux villes modernes et attrayantes, tandis que Haparanda, point le plus septentrional de la côte botnienne, atteste des liens étroits unissant Suède et Finlande.

Trysunda

Gammelstad

LES MEILLEURS RESTAURANTS DE LULEÅ

Hemmagastronomi
Restaurant du port. Menus saisonniers à base d'œufs de corégone, renne, omble chevalier, assortiments de crustacés et desserts originaux. €€

Restaurang CG
Bistrot haut de gamme : superbes pièces de viande, vins originaux et menus dégustation intéressants. €€

Restaurang Harnet
Restaurant érythréen avec ragoûts de bœuf *tsebhi* et d'agneau *kilowa*, et *injera* (galette). €€

Ferveur religieuse dans le Nord

VILLAGE-ÉGLISE DE LULEÅ CLASSÉ AU PATRIMOINE MONDIAL

Après le schisme entre le clergé suédois et l'Église catholique au XVIe siècle, la fréquentation des églises luthériennes devint légalement obligatoire. Ainsi, des villages-églises furent construits pour accueillir les habitants vivant trop loin des lieux de culte pour assister aux sermons les week-ends et jours de fête. Parmi les 18 villages-églises qui subsistent, le plus grand est celui de **Gammelstad** (lulea.se/gammelstad), classé au patrimoine mondial de l'Unesco, à 11 km au nord de Luleå.

Cœur médiéval du nord du pays, le village est centré sur l'église de Nederluleå. Bâtie en pierre en 1492, elle possède un retable méticuleusement sculpté et une chaire baroque.

Elle est entourée de 420 maisons de bois (encore habitées en été) ; les *visningsstugan* (cottages d'exposition) peuvent être visités.

Archipel de Luleå

QUELLE SERA VOTRE ÎLE FAVORITE ?

Cet archipel compte plus de 1 700 îles de toutes tailles, la plupart désertes et propices à la baignade, à la cueillette

OÙ SE LOGER À LULEÅ

Clarion Sense
Hôtel moderne, chambres gris anthracite et crème avec œuvres d'art. Belle salle de sport et sauna. €€

SPiS Hotel Naran
Hôtel intimiste au centre de Luleå. Salon pour invités et papier peint à motifs oiseaux. €

Elite Luleå
Grande dame de l'hôtellerie, chambres à la décoration classique et salles de bains en marbre. €€

sauvage et au camping sauvage. Les plus grandes, piquées de maisonnettes rouge et blanc, sont accessibles en bateau depuis Luleå (lulea.se/skargard) de fin juin jusqu'à mi-août, avec un service réduit jusqu'à mi-septembre. Apportez des provisions. Parmi les cinq îles les plus populaires, **Sandön**, la plus grande, est habitée en permanence et possède une agréable plage dans la baie de Klubbviken et un sentier à travers des landes plantées de pins. **Junkön** se distingue par son moulin à vent du XVIe siècle ; en été, on y pêche hareng et corégone. Dans l'archipel extérieur, l'île rocheuse et aride de **Rödkallen** est surmontée d'un phare et l'on jouit d'une belle vue à son approche. **Kluntarna** est une île très complète, avec cottages de vacances, pinède dense, colonies d'oiseaux marins protégés et villages de pêcheurs. D'une splendeur désolée, **Brändöskär** est battue par les vents et les vagues en lisière de l'archipel.

Archipel de la Höga Kusten

ÎLES IDYLLIQUES

Traversez le **Höga Kustenbron**, spectaculaire pont suspendu, pour rejoindre l'un des paysages les plus grandioses de la côte suédoise qui s'étend de Härnösand à Örnsköldsvik et est émaillé de fjords. Des falaises rocheuses plongent directement dans la mer, tandis que des dizaines d'îles paisibles au large sont tapissées de forêts d'épicéas et de pins. Visiter ces îles est une excellente manière de découvrir la **Höga Kusten** (Haute Côte). La plus grande île de l'archipel, **Ulvön**, est célèbre pour sa régate (juillet) et pour sa production de *surströmming* (hareng fermenté) au goût prononcé. Vous pourrez en déguster à l'UlvöByn Café & Bistro, à Ulvöhamn, port de l'île à rue unique. Un sentier cyclable traverse cette pittoresque localité de pêcheurs aux maisons en bois rouge et blanc typiques, noyées sous les fleurs en été. Il rejoint le village de pêcheurs de Sandviken (XVIIe siècle), au nord de l'île.

Abritant un village de pêcheurs doté d'une chapelle en bois du XVIIe siècle et lové dans une baie, **Trysunda** se parcourt en quelques heures et recèle de superbes spots de baignade isolés. À 10 minutes du continent, la petite île escarpée de **Högbonden** et sa gorge spectaculaire invitent à la randonnée. Une fois les excursionnistes partis, posez vos bagages au phare-auberge de jeunesse, et piquez une tête après un saut dans le sauna chauffé au bois près de la jetée.

Les ferries MF *Ulvön* (mfulvon.se) relient Ulvön à Köpmanholmen toute l'année, via Trysunda. Le M/S *Kusttrafik* (hkship.se) relie Docksta à Ulvön de juin à août. Le M/S *Högbonden* (hkship.se) assure la liaison entre Bönhamn et Högbonden de mi-mai à début octobre.

Höga Kusten Leden

SENTIER CÔTIER LONGUE DISTANCE

Longeant la Höga Kusten, le **Höga Kusten Leden** (hogakusten.com/en/highcoasttrail) est un sentier long de 129 km divisé en 13 sections, qui se parcourt en cinq à sept jours. Refuges rustiques, emplacements de tente et B&B ponctuent les différentes sections.

TREEHOTEL

Un vaisseau spatial suspendu dans les arbres, un cube en verre réfléchissant rayons du soleil et épicéas environnants, un étrange croisement entre une ruche et l'Étoile de la Mort, un nid d'oiseau géant...

Le primé Treehotel (treehotel.se) est tout près de la route 97, à mi-chemin entre Luleå et Jokkmokk. Prenez de la hauteur et séjournez dans cette forêt isolée. En hiver, faites des sorties en traîneau à chiens ou en raquettes et rendez visite à des éleveurs de rennes, et, en été, adonnez-vous à la randonnée, à la cueillette et à l'équitation. Après l'effort, place au réconfort grâce au spa, au sauna et à l'excellent restaurant présents sur place.

Ouvert en 2010, le Treehotel s'inspire du film *Trädälskaren (The Tree Lover)* réalisé par Jonas Selberg Augustsen. Conçu par de grands noms de l'architecture suédoise (Tham & Videgård ou encore Bertil Harström), il a pour objectif d'avoir une empreinte carbone minimale et d'être respectueux de l'environnement.

La première, de Hornöberget à Lövvik (9,8 km, 5-6 heures), commence à l'extrémité nord du pont suspendu de Höga Kustenbron, qui offre une vue fantastique sur l'Ångermanälven, avant de suivre une vieille route côtière.

La section 2, de Lövvik à Fjärdbotten (9,6 km, 5-6 heures), consiste en une randonnée sur un plateau et en forêt, avec une partie sur un sentier côtier caillouteux. Faites un détour par la colline de Valkallen (240 m) pour une vue panoramique sur la côte et la campagne.

La section 3 part de Fjärdbotten (12,8 km, 5-6 heures) et rejoint le bras de mer de Gavik, en passant par la plage de Hörsångs, puis par un plateau et une forêt. La section 4, de Gavik à Lappudden (11,5 km, 3 heures), se compose de chemins de campagne menant au lac Vågsfjärden via la montagne Rödklitten.

La section 5, de Lappudden à Ullånger (15 km, 5-6 heures), longe lacs, villages et collines.

Vient ensuite la section 6, qui rejoint Ullånger à Skoved (10,5 km, 4-5 heures) et comprend l'ascension de la colline de Gårdberget, la traversée de terres agricoles et une vieille route côtière. La section 7 va de Skoved à Skuleberget (6,8 km, 2 heures), emprunte chemins ruraux et côtiers et fait un crochet par le port de Docksta. Prenez le temps de gravir le mont Skuleberget (286 m) – à pied ou en téléphérique (www.hogakusten.com/en/skulebergets-linbana) – ou vous attaquer à la via ferrata.

AUTRES ÎLES À VISITER

Au sud, le long de la côte botnienne, les centaines d'îles et d'îlots de **l'archipel de la Höga Kusten** sont autant d'occasions de retraite insulaire idyllique.

Höga Kusten Leden

ANNA KOMPANIEITSEVA/SHUTTERSTOCK ©

Randonnée, parc national de Skuleskogens

Du Skuleberget à Entré Syd (9,7 km, 3-4 heures), la section 8 mêle chemins de campagne et villages ; le détour jusqu'à la spectaculaire cascade de Dalsjöfallet en vaut la peine. Dans le parc national de Skuleskogens, la section 9 (6,9 km, 5-6 heures) est un parcours exigeant qui fait traverser une forêt ancienne, longer des lacs, des plages et le saisissant canyon Slåttdalsskrevan. La section 10, d'Entré Nord à Köpmanholmen (7 km, 2 heures), se déroule le long de ports, de villages et d'un parc de sculptures.

Sur la section 11, de Köpmanholmen à Sandlågan (12,7 km, 5-6 heures), vous ferez face à la forêt d'épicéas, aux lacs, aux “chaudrons de sorcières” et aux plateaux montagneux de la réserve naturelle de Balesudden.

Après avoir longé les lacs de Småtjärnarna, la plage de Nyängets, le fort de l'âge du fer et la montagne Vitsjömassivet de la section 12 (de Sandlågan à Svedjeholmen, 11,6 km, 3-4 heures), vous parviendrez enfin à la section 13, qui relie Svedjeholmen à Örnsköldsvik (4,7 km, 1-2 heures), via la banlieue de Hörnett. Des terrains de camping parsèment la réserve naturelle de Hörnsjön.

SURSTRÖMMING : UN METS À L'ODEUR UNIQUE

Parlez du *surströmming* à un Suédois : il se montrera soit très enthousiaste, soit dégoûté. Au XVIe siècle, saler le poisson était onéreux : sur Ulvön, on se contentait donc d'une petite quantité de sel pour faire fermenter le hareng de la Baltique. Aujourd'hui, le *surströmming* est fermenté dans des conserves grâce à une solution faible en sel. Au bout de quelques semaines, elles se dilatent sous la pression des gaz. Attention en les ouvrant : vous risquez de les faire exploser et d'être couvert de substance malodorante.

Le *surströmming* se mange en extérieur (impossible de faire partir l'odeur à l'intérieur !), à partir du troisième jeudi d'août, jusqu'à épuisement des stocks quelques semaines plus tard. En général, il s'accompagne de petites pommes de terre, d'oignon rouge et de shots d'aquavit.

OÙ SE LOGER DANS L'ARCHIPEL DE LA HÖGA KUSTEN

Ulvö Hotell
Seul hôtel de l'île, chambres contemporaines et excellent restaurant. **€€**

Trysunda Vandrarhem
Sur le port, avec dortoirs spartiates et petites chambres doubles. Cuisine et sauna. **€**

Högbonden Fyr & Vandrarhem
Phare réaménagé au plancher grinçant, avec belle vue sur les écueils alentour. **€**

Carnet d'adresses

ÖSTERSUND

Jamtli
Voir p. 246 (063-15 01 00 ; www.jamtli.com ; Museiplan 2 ; adulte/-18 ans 130 kr/gratuit ; 11h-17h mar et jeu-dim, 11h-20h30 mer)

Frösö Kyrka
Voir p. 248 (063-16 11 50 ; www.svenskakyrkan.se/frososunnenordero ; Stockevägen 16, Frösön ; 9h-15h sam-dim)

Moose Garden
Voir p. 247 (070-363 60 61 ; www.moosegarden.com ; Orrviken 215, Orrviken ; adulte/8-15/4-7 ans 225/100/40 kr ; visites de 1 heure, voir le site internet)

MS Thomée
Voir p. 247 (063 10 68 00 ; www.sirwinston.se/thomee ; Sjötorget ; adulte/enfant 195/125 kr ; juin-début sept)

Office du tourisme
Voir p. 247 (063-701 17 00 ; visitostersund.se ; Storgatan 27 ; 10h-15h lun-ven)

Clarion Hotel Grand
Voir p. 247 (063-55 60 00 ; www.nordicchoicehotels.se ; Prästgatan 16)

Hotel Emma
Voir p. 247 (063-51 78 40 ; www.hotelemma.com ; Prästgatan 31)

Hotel Zäta Longstay
Voir p. 247 (063-51 78 60 ; hotel-z.se ; Prästgatan 32)

Artut
Voir p. 246 (063-10 51 10 ; www.artutbar.se ; Hamngatan 17 ; 16h-21h lun-jeu, 11h-13h30 et 15h-23h30 ven, 12h-23h30 sam)

Big Lake Coffee Roasters
Voir p. 246 (076-140 00 66 ; biglakecoffee.se ; Biblioteksgatan 9 ; 11h-17h lun-ven, 11h-15h sam)

Bua
Voir p. 246 (072-232 99 08 ; www.nastgard.se/bua ; Biblioteksgatan 6C ; 16h-22h mer-jeu et dim, 11h-14h et 16h-1h ven, 16h-1h sam)

En Liten Röd
Voir p. 247 (063-12 63 26 ; www.enlitenrod.se ; Brogränd 19 ; 17h-22h30 lun-sam)

Jazzköket
Voir p. 247 (063-10 15 75 ; www.jazzkoket.se ; Prästgatan 44 ; 17h-tard jeu-sam)

Lilla Siam
Voir p. 247 (063-51 20 30 ; restauranglillasiam.se ; Prästgatan 54 ; 16h-21h lun-sam, 16h-20h dim)

Slaktarn
Voir p. 246 (070-521 86 45 ; www.slaktarn.nu ; Stortorget 2 ; 15h-minuit jeu-sam)

Tre Rum
Voir p. 247 (063-51 66 89 ; www.restaurangtrerum.se ; Prästgatan 38 ; 11h-tard lun-sam, 12h-tard dim)

ENVIRONS D'ÖSTERSUND

Härjedalens Fjällmuseum
Voir p. 250 (0684-164 25 ; www.fjallmuseet.se ; Rörosvägen 30, Funäsdalen ; adulte/-18 ans 150 kr/gratuit ; 10h-17h lun-ven, 11h-15h sam mi-juin à fin sept)

Kulturmagasinet
Voir p. 253 (060-19 18 00 ; sundsvall.se ; Packhusgatan 4, Sundsvall ; entrée libre ; 10h-19h lun-jeu, 10h-18h ven, 11h-16h sam-dim)

Boliden Aitik
Voir p. 253 (Mine ; 0970-72 90 00 ; www.boliden.com ; Sakajärvi 1, Gällivare)

Risfjells Sameslöjd
Voir p. 251 (070-667 97 05 ; www.sameslojd.se ; Volgsjövägen 46, Vilhelmina ; entrée libre ; 10h-17h lun-ven)

Bergbanan
Voir p. 250 (aresweden.com/en/are-bergbana ; Årevägen 84, Åre ; adulte/enfant 60 kr/gratuit)

Inlandsbanan
Voir p. 251 (0771-53 53 53 ; inlandsbanan.se ; fin juin à fin août)

Kabinbanan
Voir p. 250 (aresweden.com/en/are-kabinbana ; Kabinbanevägen 17, Åre ; adulte/enfant 150/110 kr ; 10h-16h tlj fin juin-fin sept)

Åre Bed & Breakfast
Voir p. 249 (0647-511 40 ; www.arebb.se ; Tottvägen 12, Åre)

Copperhill Mountain Lodge
Voir p. 249 (0647-143 00 ; copperhill.se ; Björnen Copperhill 62, Åre)

Elite Grand Hotel
Voir p. 253 (026 100 73 00 ; elite.se ; Kyrkogatan 28, Gävle)

Elite Hotel Knaust
Voir p. 253 (060-608 00 00 ; elite.se ; Storgatan 13, Sundsvall)

Eriksgårdens Fjällhotell
Voir p. 251 (0684-210 06 ; eriksgarden.se ; Vintergatan 3, Funäsdalen)

Grand Hotel Lapland
Voir p. 250 (0970-77 22 90 ; www.grandhotellapland.se ; Lasarettsgatan 1, Gällivare)

Hotel Åregården
Voir p. 249 (0647-178 00 ; www.aregarden.com ; Årevägen 81, Åre)

Hotel Fjällgården
Voir p. 250 (0647-145 00 ; www.fjallgarden.se ; Fjällgårdsvägen 35, Åre)

Hotell Luspen
Voir p. 250 (0951-333 80 ; www.hotelluspen.se ; Järnvägsgatan 13, Storuman)

Lilla Hotellet (Sundsvall)
Voir p. 253 (060-61 35 87 ; www.lilla-hotellet.se ; Rådhusgatan 15, Sundsvall)

Lilla Hotellet (Vilhelmina)
Voir p. 250 (0940-150 59 ; lillahotellet.vilhelmina.com ; Gränsgatan 1, Vilhelmina)

Skarvruets Högfjällshotell
Voir p. 251 (0684-221 11 ; www.skarvruet.com ; Skarvruvägen 20, Tänndalen)

Skoogs Krog
Voir p. 251 (0684-215 30 ; skoogskrog.se ; Rörosvägen 4, Funäsdalen ; restaurant 11h30-14h lun-mer, 11h30-14h et 17h-tard jeu-ven, 13h-tard sam)

Sorsele River Hotel
Voir p. 250 (0952-121 50 ; sorseleriverhotel.se ; Hotellgatan 2, Sorsele)

DUDLAJZOV/STOCK.ADOBE.COM©

Jamtli Museum

Axum Habesha
Voir p. 251 (072-874 40 15 ; lacarte.menu/restaurants/sundsvall/axum-habesha-restaurang-ab ; Köpmangatan 34, Sundsvall ; 11h-21h mar-ven, 13h-22h sam, 15h-22h dim)

Broken
Voir p. 250 (0647-506 33 ; broken-are.com ; Torggränd 4, Åre ; 12h-1h)

Church Street Saloon
Voir p. 251 (026-12 62 11 ; www.churchstreetsaloon.se ; Kyrkogatan 11, Gävle ; 17h-23h lun-ven, 13h-23h sam)

Liten Krog
Voir p. 250 (0647-522 00 ; www.litenkrog.se ; Torggränd 2, Åre ; 17h-tard mer-dim)

Martin Bergmans Fisk
Voir p. 252 (0940-250 90 ; bergmansfiskochvilt.se ; Sågån 1, Vilhelmina ; 10h-17h lun-jeu, 10h-18h ven, 10h-15h sam)

Naturaj
Voir p. 251 (naturaj.se ; Torggatan 1, Sundsvall ; 17h30-22h mer-jeu, 17h30-23h ven-sam)

Sarahs
Voir p. 251 (026-65 35 03 ; www.sarahs.se ; Nygatan 45, Gävle ; 17h-21h mer-jeu, 17h-22h ven-sam)

Vinbaren
Voir p. 250 (vinbaren-are.com ; Stationsvägen 11, Åre ; 17h-tard nov-avr et juin-août)

JOKKMOKK

Ájtte Museum
Voir p. 256 (0971-170 70 ; www.ajtte.com ; Kyrkogatan 3 ; adulte/enfant 100 kr/gratuit ; 10h-17h mi-juin à mi-août, 10h-16h mar-ven, 12h-16h sam mi-août à déc et fév à mi-juin)

Jokkmokk Guiderna
Voir p. 257 (070-684 22 20 ; jokkmokkguiderna.com ; Skabram 201 ; traîneau à chiens à partir de 1 250 kr)

Hotel Akerlund
Voir p. 255 (0971-100 12 ; hotelakerlund.se ; Herrevägen 1)

Hotel Jokkmokk
Voir p. 255 (0971-777 00 ; www.hoteljokkmokk.se ; Solgatan 45)

Peace & Quiet Hotel
Voir p. 257 (070-376 40 32 ; www.peaceandquiethotel.com ; Klockarvägen 25)

STF Jokkmokk Vandrarhem
Voir p. 255 (070-366 46 45 ; www.svenskaturistforeningen.se ; Åsgatan 20)

Krog Local
Voir p. 255 (0971-330 10 ; www.facebook.com/kroglokal ; Porjusvägen 7 ; 10h30-13h30 lun-mar, 10h30-13h30 et 17h-22h mer-ven, 17h-22h sam)

Restaurang Ájjte
Voir p. 255 (0971-170 91 ; restaurangajtte.se ; Kyrkogatan 3 ; déj 10h30-13h30 lun-ven)

Sápmi Ren och Vilt
Voir p. 257 (070-273 75 78 ; sapmirenovilt.se ; Hantverkargatan 71 ; 9h-17h lun-ven)

Thai Ga La Mair
Voir p. 255 (0971-104 00 ; Porjusvägen 4 ; 10h30-20h lun-ven, 10h-20h dim)

Un Sami sur son renne

BLUEORANGE STUDIO/STOCK.ADOBE.COM©

ELD
Voir p. 256 (eldbyjokkmokk.se ; Köpmangatan 27 ; 12h-17h lun, 9h-17h ven)

Fjällriket
Voir p. 257 (070-297 22 84 ; www.sapmiproducts.com ; Köpmangatan 16 ; 10h-17h lun-ven, 10h-13h sam)

Jokkmokks Tenn
Voir p. 257 (0971-554 20 ; www.jokkmokkstenn.se ; Järnvägsgatan 19 ; 6h30-16h lun-jeu, 6h30-13h ven)

Marché d'hiver
Voir p. 255 (073-819 78 50; jokkmokksmarknad.se ; Västra Torggatan 11 ; début fév)

Sameslöjdstiftelsen Sámi Duodji
Voir p. 256 (070-205 54 10 ; sameslojdstiftelsen.com ; Porjusvägen 4 ; 12h-16h lun-ven)

Stoorstålka
Voir p. 256 (stoorstalka.com ; Föreningsgatan 2 ; 10h-17h lun-ven, 10h-14h sam)

ENVIRONS DE JOKKMOKK

Silvermuseet
Voir p. 261 (0961-145 00 ; silvermuseet.se ; Torget, Arjeplog ; adulte/enfant 80 kr/gratuit ; 9h-17h tlj en été, 12h-16h lun-ven, 10h-14h sam le reste de l'année)

Camp sami de Båtsuoj
Voir p. 261 (070-642 31 66 ; www.batsuoj.se ; Gasaheden 1, Slagnäs ; visite/nuit sur place 400/1 500 kr)

Nymånen Dogsledding
Voir p. 261 (070-625 40 32 ; www.nymanen.com ; Auktsjaur 107, Arvidsjaur)

Hornavan Hotell
Voir p. 259 (0961-77 71 00 ; www.hornavanhotell.se ; Västra Skeppsholmen 3, Arjeplog)

Kraja Hotell
Voir p. 261 (0961-315 00 ; silverresort.se ; Silvervägen 1, Arjeplog)

Lapland Lodge
Voir p. 259 (0960-137 20 ; www.laplandlodge.se ; Östra Kyrkogatan 18, Arvidsjaur)

Lumi Guesthouse
Voir p. 259 (070-246 55 06 ; www.lumiguesthouse.com ; Fjällströmsvägen 16, Arvidsjaur)

Afrodite
Voir p. 259 (0960-173 00 ; Storgatan 10, Arvidsjaur ; 11h-21h dim-jeu, 11h-22h ven-sam)

Arjeplog Vilt & Kafé
Voir p. 261 (0961-100 01 ; viltbutiken.wixsite.com/viltbutiken ; Torget 1, Arjeplog ; 10h-17h lun-jeu, 9h-15h ven, 11h-16h sam)

Tant Sveas Café
Voir p. 259 (070-589 80 41 ; Stationsgatan 20B, Arvidsjaur ; 9h30-16h30 mar-ven, 11h-14h30 sam)

Teckans Vedugnspizza
Voir p. 259 (0960-216 40 ; Storgatan 63, Arvidsjaur ; 11h-20h lun-ven, 12h-21h sam-dim)

KIRUNA

Mine de fer LKAB
Voir p. 264 (0980-188 80 ; kirunalapland.se ; Lars Janssonsgatan 17 ; tarif plein/réduit/enfant 450/350/115 kr, interdit -6 ans et -110 cm)

Kiruna Husky
Voir p. 265 (070-284 41 65 ; kirunahusky.com ; Kalixfors ; traîneau à chiens tarif plein/réduit/enfant à partir de 1 695/1 500/800 kr ; 8h-20h)

Kiruna Storytelling
Voir p. 263 (0980-188 80 ; kirunalapland.se ; Lars Janssonsgatan 17 ; 10h-15h lun-ven)

Ofelaš
Voir p. 265 (070-601 67 59 ; ofelas.se ; Puoltsa)

Stejk Kiruna City Tour
Voir p. 263 (076-786 35 01 ; www.stejk.se/kiruna-city-tour ; Konduktörsgatan 22 ; 900 kr/pers ; départ 9h)

Camp Ripan
Voir p. 263 (0980-630 00 ; ripan.se ; Campingvägen 5 ; restaurant 11h-14h et 18h-21h30 lun-ven, 12h-14h et 18h-21h30 sam-dim)

Hotel Arctic Eden
Voir p. 262 (0980-611 86 ; www.hotelarcticeden.se ; Föraregatan 18)

Scandic Kiruna
Voir p. 262 (0980-39 86 00 ; www.scandichotels.com/kiruna ; Stadshustorget 11)

SPiS
Voir p. 263 (0980-170 00 ; facebook.com/Spillkiruna ; Bergmästaregatan 7)

Arctic Thai & Grill
Voir p. 263 (0980-681 58 ; www.arcticthaigrill.com ; Föraregatan 18 ; 10h-21h)

Empes Gatukök
Voir p. 265 (0980-128 39 ; www.empes.se ; Mommagatan 1 ; 10h-22h lun-jeu, 10h-23h ven, 11h-23h sam-dim)

Smash Burgers
Voir p. 265 (@smashkiruna ; emplacement variable ; horaires variables)

Ateljénord
Voir p. 265 (0980-179 08 ; ateljenord.com ; Torggatan 16A ; 10h-18h lun-ven, 10h-15h sam)

Carl Wenneberg
Voir p. 265 (073-705 88 38 ; www.wennberg.com ; Bergmästaregatan 2)

Thornéus Renprodukter
Voir p. 265 (0980-100 81 ; www.thorneus.com ; Fru Wälivaaragatan 10 ; 10h-18h lun-ven)

ENVIRONS DE KIRUNA

Jukkasjärvi Kyrka
Voir p. 269 (www.svenskakyrkan.se ; Marknadsvägen, Jukkasjärvi ; 10h-15h)

Karesuando Kniven
Voir p. 269 (karesuandokniven.com ; Råstogatan 2, Karesuando ; entrée libre ; 9h-15h lun-ven)

Nutti Sámi Siida
Voir p. 269 (0980-213 29 ; nutti.se ; Marknadsvägen 84, Jukkasjärvi ; tarif plein/réduit/enfant 220/180/110 kr ; 10h-17h30 juin-oct, 10h-16h nov-avr, visite 10h15)

Aurora Sky Station
Voir p. 267 (010-190 23 60 ; auroraskystation.se ; Abisko ; 21h-1h déc-mars, 9h30-16h juin-sept et 22h-1h mar, jeu et sam mi-juin à mi-juil)

Lights Over Lapland
Voir p. 267 (0980-33 08 92 ; lightsoverlapland.com ; circuits photo 3 heures, 1 195 kr, excursions 4 jours 18 500 kr ; Abisko Turiststation, Abisko)

Abisko Mountain Lodge
Voir p. 267 (0980-401 00 ; abiskomountainlodge.se ; Lapportsvägen 30, Abisko)

Abisko.net Hostel & Huskies
Voir p. 267 (072-184 09 69 ; www.abisko.net ; Lapportsvägen 34A, Abisko)

Hotel Lapland
Voir p. 269 (0978-712 00 ; laplandhotel.se ; Soukolovägen 2, Pajala)

Icehotel
Voir p. 271 (0980-668 00 ; www.icehotel.com ; Marknadsvägen 63, Jukkasjärvi ; restaurant 11h30-13h30 mai-août, 11h30-14h30 et 18h-22h sept-avr ; bar 11h-18h mi-avr à mi-nov)

Karesuando Camping
Voir p. 269 (070-605 11 24 ; www.karesuando.se ; Laestadiusvägen 185, Karesuando)

Reindeer Lodge
Voir p. 269 (0980-213 29 ; nutti.se ; Paksuniemivägen 188, Jukkasjärvi)

STF Abisko Turiststation
Voir p. 267 (010-190 24 00 ; www.abisko.nu ; Abisko Turiststation 2, Abisko)

STF Kebnekaise Fjällstation
Voir p. 268 (0980-550 00 ; www.svenskaturistforeningen.se ; Kebnekaise Fjällstation)

STF Kvikkjokk Fjällstation
Voir p. 268 (0971-210 22 ; kvikkjokkfjallstation.se ; Storvägen 19, Kvikkjokk)

STF Saltoluokta Fjällstation
Voir p. 268 (010-190 23 50 ; www.svenskaturistforeningen.se ; Gällivare)

Jukkasjärvi Old Homestead
Voir p. 271 (0980-668 00 ; Marknadsvägen 11, Jukkasjärvi ; 11h-22h)

Thai Dan Sai
Voir p. 269 (072-731 30 77 ; Medborgarvägen 3, Pajala ; 11h-20h mar-jeu, 11h-21h ven, 14h-21h sam)

UMEÅ

Älgens Hus
Voir p. 274 (0932-500 00 ; algenshus.se ; Västernyliden 23, Bjurholm ; adulte/enfant 210/110 kr ; 12h-17h mar-dim mi-juin à mi-août)

Bildmuseet
Voir p. 274 (090-786 74 00 ; www.bildmuseet.umu.se ; Östra Strandgatan 30b ; entrée libre ; 12h-17h mar-dim juin-sept)

Friluftsmuseet
Voir p. 273 (090-202 03 00 ; www.vbm.se/gammlia ; Helena Elisabeths Väg 3 ; entrée libre ; 10h-17h mar-ven, 11h-17h sam-dim)

Guitars: Museum
Voir p. 273 (090-580 90 ; guitarsthemuseum.com ; Skolgatan 59 ; tarif plein/étudiant 150/100 kr ; 12h-16h lun-ven, 12h-16h sam, visites guidées 13h et 15h)

Umedalens Skulpturpark
Voir p. 274 (umedalenskulptur.org ; Umedalen ; entrée libre ; 24h/24)

Le Kebnekaise

JAKUB/STOCK.ADOBE.COM

Västerbottens Museum
Voir p. 273 (090-202 03 00 ; www.vbm.se ; Helena Elisabeths Väg 3 ; entrée libre ; 11h-16h tlj juin-août, 10h-17h mar-ven, 11h-17h sam-dim sept-mai)

Stora Hotellet
Voir p. 273 (090-77 88 70 ; storahotelletumea.se ; Storgatan 46)

U&Me Hotel
Voir p. 273 (090-349 30 20 ; umehotel.se ; Storgatan 46)

YMCA Hostel & Hotel
Voir p. 273 (090-18 57 18 ; www.ny-hostel.se ; Järnvägsallén 20)

Costas of Sweden Roastery & Brewbar
Voir p. 274 (070-229 29 99 ; costasofsweden.com ; Kungsgatan 46B ; 11h-16h lun-ven)

Köksbaren
Voir p. 274 (090-13 56 60 ; koksbaren.com ; Rådhusesplanaden 17 ; 11h-23h mar-ven, 1 6h-23h sam)

Lottas Krog
Voir p. 274 (090-12 95 51 ; www.lottas.nu ; Nygatan 22 ; 15h-23h lun, 15h-minuit mar, 15h-1h mer-jeu, 14h-1h ven, 12h-1h sam)

Två Fiskare
Voir p. 274 (090-765 70 20 ; Storgatan 44 ; 10h-18h lun-ven, 10h-16h sam)

ENVIRONS D'UMEÅ

Gammelstad
Voir p. 276 (0920-45 70 10 ; www.visitgammelstad.se ; Gammelstad ; visite guidée 80 kr ; visite guidée 11h, 13h et 15h mi-juin à mi-août)

Clarion Sense
Voir p. 276 (0920-45 04 50 ; www.clarionsense.se ; Skeppsbrogatan 34, Luleå)

Elite Luleå
Voir p. 276 (0920-27 40 00 ; elite.se ; Storgatan 15, Luleå)

Högbonden Fyr & Vandrarhem
Voir p. 279 (073-096 29 31 ; hogbondenfyr.se ; Högbonden, Nordingrå)

SPiS Hotel Naran
Voir p. 276 (0920-886 22 ; hotellnaran.sirvoy.me ; Hermelinsgatan 10, Luleå)

Treehotel
Voir p. 277 (0928-103 00 ; treehotel.se ; Edeforsväg 2A, Harads)

Trysunda Vandrarhem
Voir p. 279 (070-284 30 38 ; www.trysundavandrarhem.se ; Trysunda 4, Bjästa)

Ulvö Hotell
Voir p. 279 (0660-22 40 09 ; www.ulvohotell.se ; Ulvö Hamngata 105, Ulvöhamn)

Hemmagastronomi
Voir p. 276 (0920-22 00 02 ; www.hemmagastronomi.se ; Norra Strandgatan 1, Luleå ; 11h-13h30, 11h-13h30 et 17h-tard ven, 17h-tard sam)

Restaurang CG
Voir p. 276 (0920-20 07 00 ; www.restaurangcg.se ; Storgatan 9, Luleå ; 17h-21h lun-jeu, 17h-22h ven-sam)

Restaurang Harnet
Voir p. 276 (0920-135 55 ; www.restaurangharnet.se ; Västra Brogatan 22A, Luleå ; 10h30-13h et 16h-20h mar-jeu, 10h30-13h et 16h-21h ven, 16h-21h sam, 16h-20h dim)

CARNET PRATIQUE

Ce chapitre présente toutes les informations pratiques essentielles dont vous aurez besoin pour voyager en Suède.

Norrmalm, Stockholm (p. 62)

Arriver en Suède

La Suède est facilement accessible depuis le reste de l'Europe. On trouve des vols directs en provenance de nombreuses villes, et les ferries sur la Baltique sont un autre bon moyen d'arriver dans le sud du pays. En partant de la France, de la Belgique ou de la Suisse, train, bus, voiture et bateau peuvent se combiner.

Visa

Les citoyens de l'UE peuvent entrer en Suède sur présentation d'un passeport ou d'une carte nationale d'identité. Les visiteurs en provenance du Canada sont exemptés de visa, mais peuvent faire l'objet de restrictions quant à la durée de leur séjour.

Cartes SIM

Des cartes SIM prépayées sont en vente dans les Pressbyrån et 7-Eleven. Suite à un changement législatif en 2022, toutes les cartes SIM doivent être enregistrées et une pièce d'identité est exigée à l'achat.

À la frontière

Les voyageurs qui entrent dans le pays en train ou en ferry peuvent faire l'objet de contrôles d'identité à la frontière. Ayez toujours vos papiers sur vous.

Wi-Fi

Un accès Wi-Fi gratuit est disponible dans les aéroports, dans le train urbain Arlanda Express, dans les navettes d'aéroport Vy Flygbussarna et dans les trains SJ InterCity.

Depuis l'aéroport

	Stockholm	Göteborg	Malmö
EXPRESS	18 min 299kr	-	-
TRAIN	39 min 130kr	-	-
BUS	48 min 119kr	35 min 119kr	40 min 129kr
TAXI	30 min 695kr	23 min 532kr	30 min 385kr

ÉVITER LES ENNUIS EN TAXI

Les courses en taxi depuis les aéroports sont chères, surtout à Stockholm, où les principales compagnies proposent un tarif fixe de 695 kr de l'aéroport au centre-ville pour un à quatre passagers (1 115 kr de cinq à huit passagers). Le prix peut grimper en flèche pour quelques kilomètres de plus hors du centre-ville. Fixez avec le chauffeur un tarif fixe avant le départ et demandez-lui si la course entre dans le cadre du tarif de centre-ville à 695 kr. Les véhicules avec chauffeur dépendant des applications Uber et Bolt partent d'une voie séparée, voisine de la file des taxis ; les courses sont parfois moins chères, selon la circulation et les disponibilités.

En avion

Principal aéroport du pays,**Stockholm Arlanda** (ARN ; www.swedavia.se/arlanda) relie la Suède aux grandes villes européennes et nord-américaines. La plupart des vols internationaux partent du terminal 5 ; des cafés et boutiques se trouvent dans la zone appelée Sky City, près de la zone d'arrivée du terminal 5, ainsi qu'après les contrôles de sécurité. L'aéroport de **Stockholm Skavsta** (Nyköping ; NYO ;www.skavsta.se/en), à 100 km au sud de Stockholm, est utilisé par la compagnie low cost Ryanair. **Göteborg Landvetter** (www.swedavia.se/landvetter) est le deuxième aéroport international du pays. L'aéroport de **Sturup** (www.swedavia.com/malmo), situé à Malmö, donne accès au sud du pays ; c'est aussi un grand pôle international.

Depuis la France

Scandinavian Airlines (SAS ; www.flysas.com) assure des vols directs (2 heures 15) entre Paris et Stockholm, parfois en partage de code avec Air France (www.airfrance.fr). La compagnie aérienne propose aussi des vols directs pour Göteborg. Du côté des low cost, Ryanair (www.ryanair.com/fr) assure des vols directs de Paris-Beauvais à Stockholm-Skavsta, dont la fréquence est liée à la saison. Norwegian (www. norwegian.com) assure des vols pour Stockholm Arlanda depuis Paris-Orly et d'autres villes françaises.

Depuis la Belgique

Brussels Airlines (www. brusselsairlines.com), **Scandinavian Airlines** (SAS ; www.flysas.com) et **Ryanair** (www.ryanair. com/fr) proposent des vols directs Bruxelles-Stockholm (2 heures 10).

Depuis la Suisse

Swiss International Airlines (www.swiss.com) et **Scandinavian Airlines** (SAS ; www.flysas.com) desservent Stockholm par des vols directs depuis Genève et Zürich (2 heures 30 environ). Parmi les low cost, **easyJet** (www.easyjet.com) assure une liaison directe avec la capitale suédoise depuis Genève.

Depuis le Canada

Il n'existe pas de vols directs entre Montréal et Stockholm. Air France (www.airfrance.fr), Delta (delta.com) ou Air Canada (www.aircanada.com) assurent des vols avec une escale. Comptez un minimum de 10 heures 20 de voyage.

En bateau

Des lignes de ferry desservent fréquemment diverses destinations suédoises depuis la Finlande, la Pologne, l'Allemagne et la Norvège. La plupart des compagnies appliquent des réductions conséquentes pour les seniors, les étudiants et les enfants. En dehors des périodes de pointe (week-ends, traversées de nuit, mi-juin à mi-août), les tarifs peuvent diminuer de 30%.

VOIE TERRESTRE

Un accès direct à la Suède est possible la route ou le train depuis la Norvège, la Finlande et le Danemark (en empruntant le pont à péage d'Öresund).

En Train

Hambourg est l'un des principaux points d'accès à la Scandinavie. Depuis Hambourg, quelques trains quotidiens partent vers Stockholm, mais plus vers Copenhague. Les trains de l'Öresund affrétés par Skånetrafiken (www.skanetrafiken.se) circulent toutes les 20 minutes de 6h à minuit (et une fois par heure ensuite) entre Copenhague et Malmö en passant par le pont. Les trains s'arrêtent généralement à l'aéroport de Copenhague.

En bus

Eurolines (www.eurolines.com) et FlixBus (www.flixbus.fr) rallie Stockholm, Göteborg et Malmö, et d'autres villes suédoises, au départ de Paris, Bruxelles et d'autres villes européennes, avec généralement un changement de bus à Hambourg (Allemagne).

En voiture et à moto

Il est possible d'entrer en Suède directement par voie terrestre depuis le Danemark en empruntant le pont d'Öresund, sur l'E20, entre Copenhague et Malmö. Le péage se règle à Lernacken, du côté suédois, en couronnes danoises ou suédoises par carte bancaire.

Comment circuler

Les transports publics suédois sont fiables, efficaces et confortables. Quant au réseau routier, c'est l'un des plus sûrs d'Europe.

BUDGET

Location de voiture
500 kr/jour

Essence
Environ 18,9 kr/litre

Recharge
6,69 kr/kWh

Ticket de métro
39 kr

Louer une voiture

On peut louer une voiture dès l'âge de 18 ans, à condition d'avoir le permis de conduire depuis au moins un an. On trouve des agences dans les grandes villes et les principaux aéroports.

État des routes

Les routes sont de bonne qualité et bien entretenues. La plupart des conducteurs respecte scrupuleusement le code de la route. Les pneus hiver sont obligatoires de décembre à mars.

À SAVOIR

Si vous prévoyez de nombreux trajets en bus, métro ou tram, préférez les pass de 24 heures ou plus aux allers simples.

SAVOIR-VIVRE DANS LE BUS

Les sièges situés à l'avant du bus sont réservés aux personnes âgées. Au milieu se trouve un espace destiné aux poussettes et aux fauteuils roulants, équipé de strapontins pour les parents et accompagnateurs. Les Suédois évitent généralement de s'assoir à côté d'un autre voyageur s'il reste d'autres places libres. Il n'est pas dans les habitudes d'engager la conversation dans les transports ; on vous regardera peut-être de travers si vous tentez de discuter avec votre voisin. L'avantage est que les trajets se font généralement dans le calme.

CODE DE LA ROUTE

30

La vitesse maximale autorisée ne dépasse pas 30 km/h dans certaines zones urbaines et peut atteindre 120 km/h sur certaines autoroutes.

0,2

Le taux d'alcool limite autorisé est de 0,2 g/l.

Bus et train

La plupart des villes grandes et moyennes sont bien reliées entre elles par le train et le bus. L'accès Wi-Fi gratuit et des bornes de recharge à bord sont monnaie courante. Des trains de nuit circulent entre Stockholm et des destinations touristiques du Nord, dont Kiruna et Åre.

Billets

Les gares routières et ferroviaires sont équipées de guichets et de distributeurs automatiques ; vous pouvez également utiliser les applications des réseaux de transport. Les trajets en train longue distance sont souvent moins chers lorsqu'ils sont achetés à l'avance. Statens Järnväg (SJ) dispose d'un site Internet en anglais très intuitif.

Avion

Des vols domestiques réguliers relient les différentes villes suédoises ainsi que les régions de sports d'hiver et de randonnée. Songez toutefois à l'impact de votre déplacement sur le climat, d'autant plus que le gain en temps comparé à un autre transport public ou à la voiture n'est pas forcément conséquent.

Argent

MONNAIE : COURONNE SUÉDOISE (KRONA, ABRÉGÉE KR)

Cartes bancaires

Les cartes bancaires internationales sont acceptées presque partout. La plupart des magasins acceptent le paiement sans contact et par Apple Pay.

Des espèces rares

La Suède est l'un des pays d'Europe où les espèces sont les moins usitées. La priorité est donnée aux paiements digitaux. De nombreux magasins, restaurants, hôtels et sites touristiques n'acceptent plus les espèces.

TVA

Une TVA de 25% est généralement incluse dans les prix ; un taux moindre est appliqué pour la nourriture et les boissons non alcoolisées, les livres, les transports publics, les concerts et les hôtels. Les ressortissants de pays hors UE peuvent obtenir un remboursement de TVA, effectué à l'aéroport ou par voie postale.

Voyage sans contact

Les tickets de transport public doivent être achetés à l'avance, dans les gares et stations ou sur les applications dédiées. Les cartes bancaires disposant du paiement sans contact peuvent être directement utilisées comme titre de transport à Stockholm.

COMBIEN COÛTE…

Un trajet en métro
39 kr

Un billet de train Stockholm-Göteborg en seconde classe
À partir de 200 kr

Une entrée au musée
Gratuit-250 kr

BONS PLANS – Pourboires

En raison des salaires de base relativement élevés et des taxes importantes sur les biens et services, il n'est pas courant de laisser un pourboire en Suède. L'usage est simplement d'arrondir légèrement au-dessus du montant. Si vous êtes particulièrement satisfait du service ou de l'établissement, vous pouvez laisser 10% du montant de l'addition.

L'APPLICATION SWISH

L'application de paiement par téléphone portable Swish se répand en Suède depuis plus d'une dizaine d'années. Utilisée en lieu et place des cartes bancaires, elle sert aussi aux échanges d'argent entre amis. On vous demandera peut-être si vous l'avez sur des petits marchés artisanaux ou des stands d'occasion (appelés *loppis*) ne disposant pas toujours de terminal de carte bancaire. Inutile de posséder un compte bancaire suédois pour utiliser Swish. Les marchés sont l'un des seuls lieux où il peut être utile d'avoir des espèces, et, si possible de la petite monnaie.

À SAVOIR

Contrairement à de nombreux magasins, les supermarchés et les chaînes d'épiceries que sont Pressbyrån et 7-Eleven acceptent les espèces.

EN HAUT : OLEKSIY MARK/SHUTTERSTOCK ©, EN BAS : KRZYSZTOF BUBEL/GETTY IMAGES ©

Hébergement

Dormir dans un Stuga

Le *stuga* (*stugor* au pluriel) est un chalet de vacances, le plus souvent en bois. Les *stugor*, qui sont disséminés à travers les forêts, sur les archipels et les rivages du pays, vont de la simple pièce sans eau courante (mais toujours confortable) au grand chalet avec chauffage par le sol et Wi-Fi. Ils se réservent via des sites tels qu'Airbnb ou Booking.com. Certains campings et parcs de vacances possèdent des *stugor*.

Design nordique

On trouve en Suède de remarquables boutique-hôtels témoignant des dernières tendances du design nordique. Le minimalisme monochrome le cède désormais à des tons plus chauds et des matériaux naturels, tels que le bois et la pierre, agrémentés de nombreuses plantes.

Petits budgets

Les auberges de jeunesse suédoises sont globalement plus chères qu'ailleurs en Europe, mais de très bonne qualité. Les hôtels bon marché sont rares, mais même les moins chers sont propres et bien entretenus. Les hôtels de chaînes comme Clarion, Scandic et Best Western proposent des tarifs bas pour les chambres sans fenêtre.

COMBIEN COÛTE UNE NUIT DANS...

Un *stuga*
300-1 000 kr

Un lit en dortoir
180-800 kr

Un hôtel milieu de gamme
800-1 800 kr

Option camping

Les possibilités de camping sont quasi illimitées en Suède, où quiconque a le droit de planter sa tente dans l'espace public pour quelques nuits à condition de ne perturber ni les habitants ni les animaux – en gros, si aucune habitation n'est en vue, allez-y ! Les campings officiels sont généralement bien entretenus et bien équipés.

Dormir à bord

Plusieurs bateaux à quai abritent des hôtels à Stockholm et Göteborg. Laissez-vous bercer par le clapotis...

LOCATION EN ZONE URBAINE

Il est légal en Suède de louer une villa ou un cottage par l'intermédiaire d'Airbnb ou d'une plateforme similaire, dès lors que le bailleur déclare ses revenus et paie des impôts sur ces derniers. Pour ce qui est des appartements, aux loyers contrôlés, les règles sont plus strictes. De plus, ceux occupés par leurs propriétaires sont gérés par des associations de logement dont les avis sur les locations saisonnières peuvent diverger. Demandez au propriétaire de vous fournir une copie de la permission écrite garantissant que la location est légale. Les appartements de centre-ville sont, pour beaucoup, exigus. Si vous ne louez qu'une chambre, renseignez-vous sur la surface des espaces communs.

Avec des enfants

Mis à part les prix élevés de l'hébergement et de la nourriture, la Suède est une destination idéale pour les familles. L'aménagement de la plupart des sites prend en compte les enfants, et les billets d'entrée sont souvent moins chers, voire gratuits, pour les petits. Les transports publics sont fiables et propres. Enfin, les espaces naturels où se promener et s'amuser en toute liberté ne manquent pas.

Visites

Visites guidées, sites touristiques, hébergements et transports proposent presque systématiquement des tarifs réduits pour les enfants ou des forfaits famille. Maints musées sont gratuits pour les enfants (y compris les musées nationaux) et proposent souvent aires de jeux et activités interactives.

Pratique

- On trouve facilement des tables à langer.
- La plupart des hébergements sont équipés de lits pour enfants, mais il faut souvent les réserver.
- La plupart des pharmacies sont fermées le dimanche.

Se déplacer

Les centres-villes se parcourent facilement à pied et sont équipés de rampes. Les transports sont souvent gratuits pour les enfants de moins de sept ans ; les autres bénéficient d'un tarif réduit. Dans la plupart des bus de Stockholm, un adulte peut accompagner gratuitement un enfant en poussette. Comptez 120 kr par jour pour la location d'un siège auto.

Activités gratuites

La Suède compte nombre de réserves naturelles. La plupart sont accessibles en transports publics ou disposent d'un parking. Beaucoup sont équipées d'aires de pique-nique et de toilettes. Dans les centres-villes on rencontre beaucoup d'aires de jeux, tandis que les bibliothèques et centres commerciaux disposent de coins jeux et activités.

NOTRE SÉLECTION

Gröna Lund Tivoli (p. 79)

Manèges de toutes sortes dans le plus ancien parc d'attractions de Suède.

Astrid Lindgren's Värld

Ce parc d'attractions recrée l'univers de la célèbre Fifi Brindacier.

Romme Alpin

La station de ski idéale pour les familles, avec ses pistes pour débutants, sa patinoire et ses salles de jeux.

Renströmsparken

Ce jardin de Göteborg conçu spécialement pour les jours de pluie est équipé de structures à escalader non glissantes, de flaques profondes où patauger et de sièges abrités.

LA SUÈDE CÔTÉ MER

On n'associe pas d'emblée la Suède à la plage. Pourtant, la côte sud de la Scanie est riche en étendues de sable blanc baignées d'eaux peu profondes.

Les plages suédoises sont moins fréquentées que leurs homologues d'Europe du Sud. Elles sont équipées de bancs de pique-nique, de barbecues et d'équipements de camping. Étonnamment, il y a beaucoup de plages urbaines à Stockholm, où l'on peut se baigner sans s'inquiéter des courants.

Vous pouvez aussi rejoindre en bateau les îles de l'archipel de Stockholm, où l'on peut crapahuter sur des rochers de granit lisses.

Santé et sécurité

Soins d'urgence

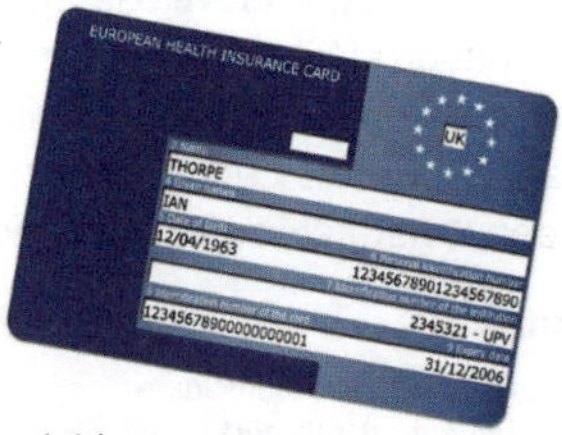

Si vous tombez malade, téléphonez au 1177 pour obtenir des conseils médicaux de base. S'il vous faut une ambulance, appelez le 112 (numéro d'urgence). Les soins ne sont pas gratuits, mais sont subventionnés. Disposer d'une carte européenne d'assurance maladie (CEAM) devrait vous permettre d'avoir accès aux soins d'urgence au même coût que les résidents.

Criminalité

La Suède est un pays sûr. Méfiez-vous des pickpockets à l'intérieur et autour des gares, ainsi que des arnaques des taxis (mettez-vous d'accord à l'avance sur le prix de la course pour les trajets depuis et vers l'aéroport). Il y a eu, ces dernières années, une augmentation des crimes liés aux armes à feu et aux gangs, mais ils se produisent principalement aux alentours des grandes villes.

Voyager seule

Les femmes voyageant seules considèrent généralement la Suède comme un pays sûr et tranquille. Les transports publics circulent jusqu'à tard dans les grandes villes, ce qui évite d'avoir recours aux taxis, et les trottoirs sont bien éclairés. Si vous randonnez ou campez seule, informez toujours quelqu'un de votre itinéraire.

DROGUES

Malgré sa réputation progressiste, la Suède a des lois très strictes sur la consommation de drogues ; acheter et consommer du cannabis est sévèrement puni.

PANNEAUX SIGNALANT LA PRÉSENCE D'ANIMAUX

Élans — Biches — Bétail — Chevaux — Rennes

Neige et verglas

La plupart des routes, pistes cyclables et trottoirs sont sablés par temps d'hiver. Méfiez-vous toutefois du verglas et de la neige fondue. Des crampons pour chaussures sont vendus en pharmacie et dans les magasins de sport. Si vous prévoyez de faire de longues marches, il vaut la peine d'investir dans des compresses chauffantes réutilisables et un thermos.

TIQUES

En été, les tiques sont répandues dans les forêts et les zones herbeuses. Certaines sont porteuses de la borréliose de Lyme, ou de l'encéphalite à tiques, dont les premiers symptômes s'apparentent à ceux de la grippe et qui peut causer de graves problèmes de santé. Inspectez-vous le corps après toute randonnée. Vous pouvez aussi vous faire vacciner. Procurez-vous un tire-tiques en pharmacie, et préférez les pantalons clairs aux shorts.

Manger, boire et sortir

Les repas

Frukost : Le petit-déjeuner classique (7h-10h) se compose d'un petit pain au fromage ou au jambon et d'un café. Flocons d'avoine, yaourts et pâtisseries sont aussi répandus.

Lunch : Le déjeuner (11h-14h), souvent un simple plat chaud, se prend tôt. Beaucoup de restaurants servent un plat du jour unique, appelé *dagens rätt*.

Middag : Le dîner (18h-21h) est souvent plus cher et plus varié. Les assiettes à partager sont de plus en plus répandues.

Où se restaurer

Krog Pub à l'ancienne servant de copieux plats du jour le midi et des dîners sans prétention.

Kafe Café servant principalement des sandwichs et pâtisseries.

Restaurang Établissement souvent de bonne qualité, pour tous les goûts et tous les budgets.

Salladsbar (bar à salade) Abordable, en self-service et à emporter. Souvent au sein des grands supermarchés.

Rökeri (fumoir) Établissement spécialisé en poissons fumés, fréquent en bord de mer.

Glassbar (glacier) Marchand de glaces, souvent saisonnier, allant du kiosque de campagne à l'élégant café de front de mer.

COMPRENDRE LA CARTE

Meny : carte
Bröd : pain
Smör : beurre
Smörgås : sandwich
Peppar : poivre
Socker : sucre
Kött : viande
Fisk : poisson
Skaldjur : fruits de mer
Ost : fromage
Ägg : œuf
Grönsaker : légumes
Frukt : fruits
Potatis : pomme de terre
Soppa : soupe
Ris : riz
Noodlar : nouilles
Vegetarisk : végétarien
Glutenfri : sans gluten
Laktosfri : sans lactose
Förrätt : entrée
Huvudrätt/ varmrätt : plat principal
Efterrätt : dessert
Kaka/tårta : gâteau
Bulle : brioche
Bakad : cuit au four
Rökt : fumé
Friterad : frit (en immersion)
Stekt : frit, sauté
Grillad : grillé
Vatten : eau
Öl : bière
Vin : vin
Kaffe : café
Te : thé
Mjölk : lait
Dagens lunch/ dagens rätt : plat du jour du déjeuner

L'ART DE...

Boire un verre de snaps

Le terme *snaps* désigne les eaux-de-vie généralement consommées lors d'événements et de fêtes traditionnelles La plus répandue est le **brännvin** (proche de la vodka) : il est issu de la distillation de pommes de terre ou de céréales et aromatisé aux herbes et aux épices.

Un petit verre de *snaps* au début du repas, destiné à être bu dès lors que quelqu'un porte un toast ou pour conclure une chanson à boire (celles-ci sont fréquentes lors des fêtes saisonnières). Si votre estomac supporte mal l'ingestion d'un verre cul sec, il est toléré de le siroter au long du repas.

On peut acheter du **snaps** toute l'année dans les magasins d'État Systembolaget et en consommer dans la plupart des bars et restaurants traditionnels. Il n'est pas dans les habitudes de payer sa tournée en Suède.

NATALY STUDIO/SHUTTERSTOCK ©

COMBIEN COÛTE...

Un roulé à la cannelle
30-45 kr (moins en supermarché)

Un menu du jour (déjeuner)
90-160 kr

Un dîner dans un étoilé Michelin
750-4 000 kr

Deux boules de glace
35-60 kr

Un café filtre
20-35 kr

Un *latte*
38-48 kr

Un verre de vin de la maison
70-140 kr

Une bière (50 cl)
39-89 kr

L'ART DE...

La pause fika

Le fika est la pause café typiquement suédoise, souvent agrémentée d'une pâtisserie. Il s'agit d'un rituel très apprécié, ancré dans la culture depuis des siècles. L'idée est de prendre le temps d'interrompre la routine quotidienne. Le fika est même obligatoire sur certains lieux de travail. Il peut être constitué aussi bien d'une rasade de café et d'un biscuit maison lors d'une randonnée, que d'un *latte* et d'un gâteau sophistiqué dans un salon de thé historique.

À savoir

Le lait d'avoine est couramment consommé en Suède. On vous laissera souvent le choix entre du lait d'avoine (*havremjölk*) et du lait de vache (*vanlig mjölk*) pour accompagner une boisson chaude.

bryggkaffe Le café filtre noir est la boisson caféinée par excellence, gratuite ou à volonté dans certains cafés et restaurants. Demandez *en påtår* pour être resservi.
smaksatt Certains types de cafés sont désignés par le terme italien, tels *latte* ou cappuccino. Les versions aromatisées sont appelées smaksatt. Essayez *kanel* (cannelle) et *vanilj* (vanille).
te Le thé noir accompagné d'un fruit remplace souvent le café.
kanelbulle Le légendaire roulé à la cannelle.
kardemummabulle Roulé à la cardamome.
princesstårta Gâteau composé de génoise, de crème et recouvert de pâte d'amande au citron vert, très populaire lors des anniversaires.
chockladbulle Boulettes au chocolat et à l'avoine couvertes de noix de coco râpée.
kladdkaka Gâteau au chocolat au cœur fondant.

UNE SOIRÉE EN VILLE

L'alcool dans les bars et restaurants coûte cher, en raison des taxes élevées ; les Suédois ont donc l'habitude de commencer la soirée par quelques verres à la maison. Boire de l'alcool dans l'espace public est autorisé, si bien qu'en été, les amis se retrouvent souvent pour boire des bières dans les parcs, sur les plages ou en haut des falaises. Les bières peu alcoolisées sont en vente dans les épiceries et supermarchés. Les boissons plus alcoolisées s'achètent uniquement dans les magasins d'État appelés Systembolaget.

Les terrasses des bars, souvent chauffées et ouvertes d'avril à octobre, sont prises d'assaut en début de soirée. En été, certains Suédois quittent le travail à 15h ou 16h, si bien que les emplacements ensoleillés sont occupés tôt dans l'après-midi. Le dîner commence tôt ; de nombreuses cuisines ferment à 21h en semaine. Il est courant de réserver dans les établissements milieu et haut de gamme.

Une loi singulière datant des années 1950 impose aux bars suédois de détenir un permis particulier pour avoir une piste de danse. Le gouvernement actuel a pour projet d'abroger cette loi. Si vous tenez à danser, choisissez un grand bar accueillant des DJ ou une discothèque.

Les pistes de danse se remplissent généralement vers minuit et ferment rarement après 3h. Attendez-vous à faire la queue à l'entrée et prenez une pièce d'identité, quel que soit votre âge.

Voyage responsable

Parcs nationaux

Forêts denses, récifs coralliens, dunes de sable et étendues enneigées font partie des paysages à explorer au sein des 30 parcs nationaux que compte la Suède (sverigesnationalparker.se). Avec plus de 5 000 autres réserves naturelles plus modestes, ils recouvrent 15% du territoire.

Le Cygne Blanc

Quelque 240 lieux d'hébergements se conforment aux critères stricts de l'écolabel du Cygne Blanc, ou Nordic Swan Ecolabel (svanen.se), qui englobent la consommation d'énergie, la gestion de l'eau, les sources alimentaires, l'impact du transport et des fournisseurs.

Bénévolat

Renseignez-vous sur les possibilités de bénévolat offertes par diverses organisations suédoises à but non lucratif sur **Volontärbyrån** (volontarbyran.org). Pour vous investir dans des exploitations agricoles ou des jardins partagés, consultez **WWOOF Sweden** (wwoof.se).

Inscrit dans la Constitution suédoise, le droit d'accès à la nature autorise tout un chacun à explorer et à camper dans la nature, à l'exception des jardins privatifs, des abords immédiats des maisons et des terres cultivées.

Le label KRAV (krav.se) garantit que les aliments ont été produits sans pesticides artificiels ni fertilisants, dans le respect du bien-être animal et en modérant l'impact sur l'environnement.

Les Sami ont toujours vécu proches de la nature et en la respectant. Découvrez leur culture et leur mode de vie dans le musée en plein air **Nutti Sámi Siida** (p. 269) et au **camp sami de Båtsuoj** (p. 261).

À GAUCHE : V. BELOV/SHUTTERSTOCK ©, EN HAUT À DROITE : MAKASANA PHOTO/SHUTTERSTOCK ©

Établi à Malmö, le restaurant **Kollektivkrogen** (p. 183) a été créé par 50 copropriétaires du coin qui y travaillent bénévolement à tour de rôle (en plus de trois salariés). La cuisine y est délicieuse et la chaleur humaine hors du commun.

Zero Island

Sur l'île de Lidö, dans l'archipel de Stockholm, on peut faire du camping haut de gamme dans des bungalows en bois alimentés par l'énergie solaire. Lidö fut surnommée Zero Island à l'occasion d'une expérimentation plutôt concluante menée en 2019 visant à la rendre neutre en carbone en un an seulement (p. 320).

Treehotel

D'éminents architectes ont conçu les cabanes perchées dans les arbres du Treehotel (p. 277), toutes uniques. Vainqueur du prix d'écotourisme des Grand Travel Awards en 2020, ces hébergements forestiers ont un impact environnemental minimal.

Chaque année depuis 2016, Göteborg arrive en tête du classement des destinations durables selon le Global Destination Sustainability Index (gds.earth/awards).

L'ouvrage *Where to Watch Birds in Scandinavia* de Johan Stenlund, en anglais, est très utile pour observer les oiseaux.

Circuits nature

WildSweden (wildsweden.com) propose des circuits guidés dans les forêts des environs de Skinnskatteberg, à 2 heures 30 environ au nord-ouest de Stockholm. Cette agence collabore avec les communautés locales et privilégie les sites hors des sentiers battus.

LANA WOLFF/SHUTTERSTOCK ©

Jardins partagés

Uppsala compte 19 jardins partagés. À Stockholm, le parc de **Tantolunden** (p. 60) en renferme une vaste étendue. Vous pourrez également goûter les produits des jardins partagés de **Rosendals Trädgård** (p. 77).

SITES UTILES

swedishepa.se Agence suédoise de protection de l'environnement

ekoturism.org Promotion du tourisme durable

naturskyddsforeningen.se Société suédoise pour la conservation de la nature

Naturturism Företagen (naturturismforetagen.se), l'organisme des agences de tourisme nature et d'écotourisme, a développé le label Nature's Best (naturesbestsweden.com) afin d'encourager les initiatives touristiques les plus respectueuses de l'environnement.

Voyageurs LGBTQI+

La Suède est très accueillante envers les voyageurs LGBTQI+. Le principe d'égalité est profondément ancré dans la société suédoise et se traduit par une grande tolérance à l'égard des homosexuels et des queers qui peuvent sans problème se tenir la main ou s'embrasser dans la rue et louer une chambre à lit double.

Marche des fiertés

La **Gotland Pride** (gotlandpride.se) lance les festivités en mai, suivie de la **West Pride** (westpride.se) de Göteborg en juin et la **Malmö Pride** (malmopride.com) en juillet. L'événement majeur est la **Stockholm Pride** (stockholmpride.org), dont la grande parade se déroule fin juillet. En septembre ont lieu les défilés d'**Umeå** (queerforvaltningen.se), d'**Uppsala** (uppsala.rfsl.se) et de **Vadesta** (vadstena.se). Tous les trois ans, c'est au tour de Stockholm d'accueillir la **Sápmi Pride** (facebook.com/sapmipride), célébration LGBTQI+ sami.

ALEXANDER SPATARI/GETTY IMAGES ©

GAYCAMP

L'association GayCamp (www.gaycamp.se) organise chaque année depuis 1983 des camps d'été destinés aux hommes gays, bi et transsexuels. Le but est de créer des réseaux entre des hommes d'âges, cultures et milieux différents. Si une semaine de camping vous semble trop longue, il est possible de s'y rendre sur une journée.

QX

Le mensuel gratuit QX (qx.se), que l'on trouve dans des clubs, magasins et restaurants de Stockholm, Göteborg et Malmö, est une excellente source de renseignements sur les adresses LGBTQI+. Le site Internet, très fourni également, comprend une carte des lieux essentiels (la QX Queermap).

Une histoire progressiste

Les relations homosexuelles sont légales en Suède depuis 1944. La **Riksförbundet för Sexuellt Likaberättigande** (RFSL ; rfsl.se), fédération nationale de défense des droits des personnes LGBTQI+, fut fondée dès 1950 et a joué un rôle essentiel dans l'évolution législative, notamment l'autorisation du mariage sexuellement neutre en 2009 et l'inscription dans la Constitution de l'interdiction des discriminations fondées sur l'orientation sexuelle, en 2011.

DRAG-QUEENS ET KINGS À STOCKHOLM

Le grand événement drag de Stockholm est **Stockwig**, qui se déroule chaque année à Trädgården (p. 60), sous le pont de Skanstull, à Södermalm. Le programme de la journée comprend brunchs, conférences et bingos ; il est suivi à 22h de l'événement principal, le concours de drag-queens, drag-kings et drag-queens avant-garde. Des *drags shows* sont aussi régulièrement organisés au **Tuck O' Hej** (instagram.com/tuckohej), sur Debaser Strand (p. 61).

Queer Kallis

L'établissement de bains et sauna Ribersborgs Kallbadhus (p. 185), à Malmö, organise le premier lundi du mois le Queer Kallis : les séparations genrées binaires des bassins sont suspendues le temps d'une journée.

Voyage et handicap

La Suède est l'un des pays les plus commodes à visiter pour les personnes à mobilité réduite. Des transports aux musées en passant par les hôtels, les équipements sont généralement adaptés.

À bord des trains

La compagnie Statens Järnväg (SJ) propose ascenseurs et sièges adaptés aux personnes en fauteuil roulant, ainsi que des zones réservées aux passagers allergiques aux animaux.

Aéroports

Les principaux aéroports (Stockholm Arlanda, Göteborg Landvetter et Malmö) proposent une assistance aux personnes handicapées. Contactez l'aéroport au moins 48 heures à l'avance. Plus d'infos sur swedavia.com.

Hébergement

De nombreux hôtels proposent des chambres adaptées aux besoins des personnes à mobilité réduite. Les hôtels de la chaîne Scandic (scandichotels.com) sont globalement conçus pour pouvoir accueillir au mieux tous les clients.

RUES PAVÉES

Certains quartiers pittoresques des villes suédoises – tels que Gamla Stan à Stockholm, Haga à Göteborg et Visby sur l'île de Gotland – ont des rues pavées qui peuvent constituer un obstacle à la mobilité.

Promenades culturelles accessibles

Le livre *Cultural walking tours – for disabled persons* de l'architecte Elena Siré (elenasire.se), en anglais, propose 10 itinéraires culturels de Stockholm accessibles aux personnes en situation de handicap..

Faire du ski

L'organisation à but non lucratif **Totalskidskolan** (totalskidskolan.se) propose des cours de ski à toute personne souffrant d'un handicap. L'école basée dans la station de sports d'hiver d'Åre est à la pointe du ski accessible en Europe.

SE DÉPLACER À STOCKHOLM

Everyone has their own way of travelling est une brochure en anglais sur l'accessibilité des transports publics de Stockholm. Elle est disponible gratuitement sur le site de SL (sl.se), sous forme de PDF ou de livre audio.

SITES UTILES

Accessibility Database (TD ; t-d.se). Informations très utiles sur l'accessibilité de près de 9 000 sites en Suède.
DHR (dhr.se). L'association nationale des personnes à mobilité réduite. Le sigle signifie Participation (Delaktighet), Pouvoir d'agir (Handlingskraft) et Liberté de mouvement (Rörelsefrihet).
Synskadades Riksförbund (srf.nu). L'association suédoise des mal-voyants.
ShareMusic & Performing Arts (sharemusic.se). Centre favorisant le développement artistique et l'inclusion.

La Laponie accessible

Des agences travaillent à rendre la Laponie et l'Arctique suédois plus accessibles aux voyageurs handicapés. Contactez Arctic Direct (arcticdirect.co.uk), basé au Royaume-Uni, ou le Friendly Moose (thefriendlymooselapland.com).

Aurores boréales

Véritables merveilles de la nature, les aurores boréales (*norrsken*) peuvent prendre diverses formes – colonnes, traces, volutes et halos vert pâle, jaune clair ou même rose vif. Elles sont causées par des flux de particules chargées émises par le soleil et les vents solaires, déviés par le champ magnétique terrestre vers les régions polaires. Le champ magnétique pointant vers le bas autour des pôles magnétiques, les particules chargées y sont attirées vers la terre. Leur interaction avec les atomes de la haute atmosphère (à environ 160 km de la surface) libère l'énergie à l'origine de ce fascinant spectacle. Voici quelques conseils pour mettre toutes les chances d'en apercevoir de votre côté.

AURORES BORÉALES : MODE D'EMPLOI

- **Bien choisir le lieu** Les aurores boréales sont visibles au-delà ou aux alentours du cercle arctique, notamment à Abisko, Kiruna, Jokkmokk, Arvidsjaur et Arjeplog. Grâce à son microclimat unique et à son faible ennuagement, Abisko présente les meilleures conditions climatiques pour en observer. Certains hébergements reculés comme la STF Abisko Turiststation (p. 267), l'Icehotel (p. 271) et le Peace & Quiet Hotel (p. 257) échappent à la pollution lumineuse.

- **Bien choisir le moment** La meilleure période pour observer les aurores boréales en Suède s'étend d'octobre à mars. Plus il fait sombre et froid, meilleures sont les conditions d'observation : plus l'air est sec, moins il y a de molécules d'eau obstruant la vue, plus le spectacle est clair. Les cycles solaires durent 11 ans ; en 2025, à l'apogée du cycle en cours, les aurores polaires devraient être particulièrement saisissantes.

- **Consulter la météo et être patient** Consultez les prévisions de la NOAA (swpc.noaa.gov/products/aurora-30-minute-forecast). L'application My Aurora Forecast & Alerts envoie des notifications précises en temps réel. C'est entre 22h et 2h que le spectacle est le plus impressionnant, lorsque l'activité géomagnétique est au plus haut. Couvrez-vous bien et soyez prêt à attendre.

- **Modérer ses attentes** Les couleurs des aurores polaires sont plus vives sur les photographies que lorsqu'on les observe à l'œil nu. Les êtres humains ayant une mauvaise vision de nuit, les rouges et les verts semblent souvent gris, à moins que l'aurore soit particulièrement vive – dans ce cas elle apparaîtra en (terne) Technicolor.

Excursions guidées

Si votre temps est limité, rapprochez-vous d'une agence lapone expérimentée ayant recours aux caméras pour repérer les aurores polaires. Les guides vous emmèneront rapidement vers les meilleurs points d'observation, souvent par des moyens de transport originaux (motoneige, traîneau à chiens). Parmi les meilleurs, citons les circuits nocturnes jusqu'au sommet du mont Nuolja par le télésiège de l'Aurora Sky Station (p. 267), emmenés en raquettes par un guide de la STF Abisko Turiststation, et Lights Over Lapland (p. 267), qui propose des circuits photo avec location de reflex numériques permettant de prendre des photos de qualité professionnelle.

Bon à savoir

HEURES D'OUVERTURE

Administrations 9h-17h lun-ven.

Banques 9h30-15h lun-ven ; certaines agences en ville ouvrent jusqu'à 17h ou 18h.

Bars et pubs De 11h ou 12h à 1h ou 2h.

Magasins 9h-18h lun-sam et 9h-16h dim.

Restaurants 11h-14h et 17h-22h, souvent fermés le dimanche ou le lundi.

Cigarettes

Fumer est interdit dans les restaurants, les bars et la plupart des lieux publics, dont les gares et les aires de jeux.

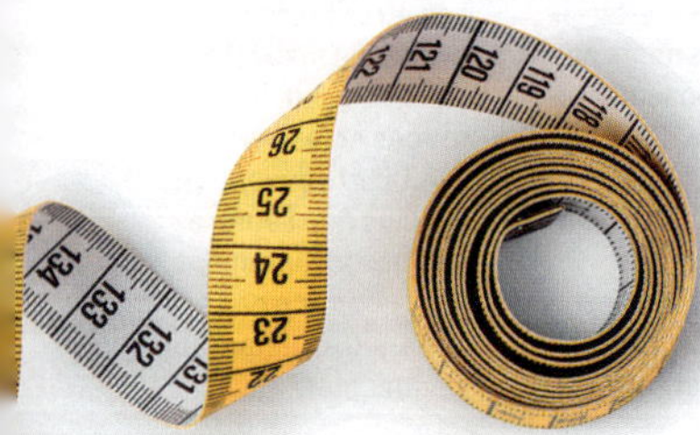

Poids et mesures

La Suède utilise le système métrique. Sur les étiquettes, "/hg" signifie "pour 100 g".

Toilettes

Certaines églises, musées et offices du tourisme ont des toilettes gratuites ; les autres toilettes publiques coûtent généralement 10 kr.

EN BREF

Fuseau horaire
GMT plus une heure, comme la France.

Indicatif pour la Suède
46

Numéro d'urgence
112

Population
10,5 millions d'habitants

Électricité 230 V/50 Hz

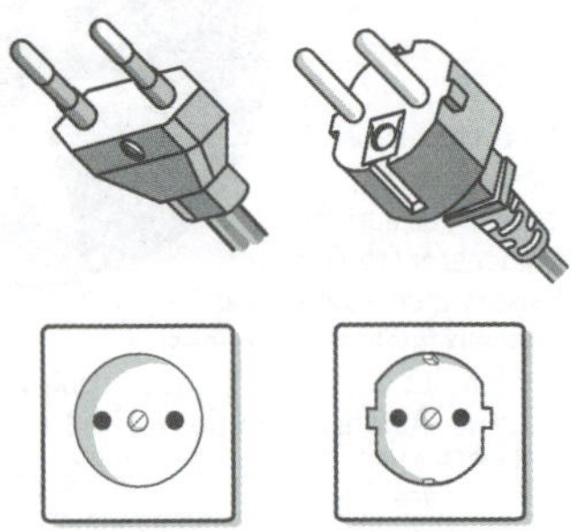

Type C
220V/50Hz

Type F
230V/50Hz

JOURS FÉRIÉS

Nyårsdag
(Jour de l'an) 1er janvier

Trettondedag Jul
(Épiphanie) 6 janvier

Långfredag, Påsk, Annandag Påsk
(Vendredi saint, dimanche et lundi de Pâques) mars/avril

Första Maj
(fête du Travail) 1er mai

Kristi Himmelsfärdsdag
(Ascension) mai/juin

Pingst, Annandag Pingst (dimanche et lundi de Pentecôte) fin mai ou début juin

Midsommardag
(solstice d'été) samedi entre le 19 et le 25 juin

Alla Helgons dag
(Toussaint) samedi fin octobre ou début novembre

Juldag (Noël) 25 décembre

Annandag Jul
26 décembre

Midsommarafton (veille de Midsommardag), **Julafton** (réveillon de Noël, 24 décembre) et **Nyårsafton** (Saint-Sylvestre, 31 décembre) ne sont pas des jours fériés officiels, mais sont généralement chômés.

Langue

En tant que langue germanique, le suédois a des racines communes avec l'anglais et l'allemand, mais c'est bien sûr des autres langues scandinaves, notamment le danois et le norvégien, qu'elle est la plus proche.

Les essentiels

Bonjour. Hej. *hé*
Au revoir.
Hej då./Adjö. *hé do /a·yeu*
Oui. Ja. *yâ*
Non. Nej. *né*
S'il vous plaît. Tack. *tak*
Merci (beaucoup).
Tack (så mycket). *tak (sa mu·ké)*
De rien.
Varsågod. *va·sho·goud*
Excusez-moi.
Ursäkta mig. *ur·shèk·ta mé*
Je suis désolé. Förlåt. *feur·lot*
Comment allez-vous ?
Hur mår du? *hur mor du*
Bien, merci. Et vous ?
Bra, tack. Och dig? *bra tak o dé*
Comment vous appelez-vous ?
Vad heter du? *vad hè·ter du*
Je m'appelle ...
Jag heter ... *yâ hé·ter ...*
Parlez-vous anglais/français ?
Talar du engelska/franska?
ta·lar du eng·el·ska/fran·ska
Je ne comprends pas.
Jag förstår inte. *yâ feur·shtor in·te*

Demander son chemin

Où est ...?
Var ligger ...? *var li·yèr ...*
Quelle est l'adresse ?
Vilken adress är det?
vil·ken a·dres èr dé
Pouvez-vous me l'indiquer (sur la carte) ?
Kan du visa mig (på kartan)?
kan dou vi·sa mé? (po kar·tan)
Est-ce loin ?
Hur långt är det?
hur longt èr dé
Comment y aller ?
Hur kommer man dit?
hur ko·mèr man dit

Heure et date

Quelle heure est-il ?
ur mycket är klockan?
hur mu·ke èr klo·kan
Il est (deux) heures.
Klockan är (två). *klo·kan èr (tvo)*
(Une) heure et demie.
Halv (två). *halv (tvo)*
À quelle heure ...?
Hur dags ...? *hur daks ...*
À (10) heures.
Klockan (tio). *klo·kan (ti·oh)*
Le matin
på förmiddagen
po feur·mi·daa·gen
L'après-midi
på eftermiddagen
po ef·ter·mi·daa·gen
Hier igår *i·gor*
Demain imorgon *i·mor·ron*

Urgences

Au secours ! Hjälp! *yelp*
Laissez-moi tranquille !
Försvinn! *feur·shvin*
Appelez ...! Ring ...! *ring ...*
un médecin efter *ef·ter* en doktor *en dok·tor*
la police polisen *poh·li·sen*
C'est une urgence !
Det är ett nödsituation!
dé èr et neud·si·tu·a·rhohn

Au restaurant

Que recommandez-vous ?
Vad skulle ni rekommendera?
vaad sku·le ni re·ko·men·dé·ra
Quelle est la spécialité locale ?
Vad är den lokala specialiteten?
vaad èr den lo·kaa·la spe·si·a·li·tè·ten
Servez-vous des plats végétariens ?
Har ni vegetarisk mat?
har ni ve·ge·taa·risk maat
Santé ! Skål! *skol*

NOMBRES

1	ett *et*
2	två *tvo*
3	tre *trè*
4	fyra *fu·ra*
5	fem *fem*
6	sex *seks*
7	sju *rhu*
8	åtta *o·ta*
9	nio *ni·oh*
10	tio *ti·oh*

EMPRUNTS AU SUÉDOIS

Le français a hérité du suédois de mots tels que tungstène et rutabaga.

SONS

La plupart des sons suédois ressemblent beaucoup aux sons anglais. Notons tout de même le son "fh", un son sifflant prononcé avec les lèvres en rond, comme si on prononçait "f" et "w" en même temps.

La langue parlée

La langue standard, ou **rikssvenska** (*rik·sven·ska*, littéralement "suédois du royaume") est basée sur les dialectes de la région de Stockholm. Les dialectes ruraux parlés à travers le pays sont assez variés.

La langue écrite

Les missionnaires du XIIe siècle ont apporté l'alphabet romain en même temps que le christianisme. Quelques lettres spécifiques sont apparues pour transcrire des voyelles spécifiques, comme *å, ä, ö*.

Les langues sami

Les langues sami sont apparentées au finnois et autre langues finno-ougriennes. Cinq des neuf principaux dialectes de la langue sami sont parlés en Suède, chacun à hauteur de 500 à 5 000 locuteurs.

La plupart des Sami communiquent aussi en suédois, mais très peu parlent anglais. La connaissance de quelques mots et phrases dans cette langue vous aidera à mettre un pied dans cette culture unique.

La langue sami la plus répandue, le fell, est considérée comme le standard. Elle est parlée dans l'extrême-nord de la Suède, autour de Karesuando et de Jukkasjärvi.

Sous sa forme écrite, le fell comporte plusieurs accents, mais il ne représente pourtant pas précisément la langue parlée. Les Sami eux-mêmes estiment que leur langue écrite est difficile à apprendre.

Par exemple, *giitu* (merci) se prononce "egich-tou", mais le "h" très aspiré ne s'écrit pas.

Bonjour. *Buorre beaivi.*
Bonjour. (réponse) *Ipmel atti.*
Au revoir. (à une personne qui part) *Mana dearvan.*
Au revoir. (à une personne qui reste) *Báze dearvan.*

QUI PARLE SUÉDOIS ?

Dans la Finlande voisine, le suédois partage le statut de langue officielle avec le finnois. Son enseignement est obligatoire à l'école, bien qu'il ne soit la langue natale que de 300 000 personnes, soit 6% de la population finlandaise.

Le Polar express qui traverse le pays de Stockholm à Kiruna.

1819

COMPRENDRE LA SUÈDE

Nos auteurs proposent une découverte des multiples facettes de la Suède.

Skansen (p. 77), Stockholm

UNE HISTOIRE DE LA SUÈDE EN 15 LIEUX

Palais, églises, musées et autres sites patrimoniaux sont les fiers témoins de l'histoire et de la culture du pays. Du bastion viking à l'actuel État-providence, en passant par le puissant royaume qu'elle fut au XVIIe siècle, la Suède a connu son lot de grandeur, d'intrigues et de drames.

LE PEUPLEMENT de l'actuelle Suède commence il y a 6 000 à 10 000 ans, à la fin de l'ère glaciaire, quand la Scandinavie redevient habitable. Les premières tribus de chasseurs-cueilleurs venues d'Europe centrale migrent vers le sud et les ancêtres des Sami chassent le renne de la Sibérie jusqu'aux régions septentrionales. L'âge du fer coïncide avec l'arrivée des Suiones, qui finissent par coloniser une grande partie du territoire suédois. Au VIIe siècle, ceux de la vallée de Mälaren (à l'ouest de Stockholm) atteignent une certaine suprématie. C'est à leur royaume, Svea Rike, que la Suède (Sverige) doit son nom.

L'âge dit des Vikings (environ 800 à 1100) voit la Scandinavie marquer durablement l'histoire mondiale. Tantôt commerçants, pillards ou pirates, ces aventuriers s'embarquent vers des rivages lointains, poussant même jusqu'en Amérique. En Europe de l'Ouest, on a surtout affaire à des Danois ou des Norvégiens, qui, après une période de raids éclairs sur les côtes, finissent par s'implanter et faire du commerce. Ils s'installent notamment en France dans ce qui deviendra la Normandie, sur des terres cédées par traité en 911. Vassaux du roi des Francs et dûment baptisés, ces nouveaux arrivants s'acculturent rapidement, et la Seine est dès lors protégée de leurs anciens congénères par le glacis défensif que forme leur duché.

Plutôt connus sous le nom de "Varègues", les Vikings suédois se tournent principalement vers la Baltique et l'Europe de l'Est. Traçant des routes commerciales le long des grands fleuves, notamment la Volga et le Dniepr, ils rejoignent la mer Noire et la Caspienne, et forment même, à Constantinople, les effectifs initiaux de la garde d'élite de l'Empereur, dite "garde varègue". On leur attribue par ailleurs un rôle notable dans la naissance des premiers États slaves orientaux.

Le christianisme suédois ne prend son véritable essor qu'avec le baptême du premier roi chrétien, Olof Skötkonung (r. 995-1022). En 1160, il ne reste pratiquement rien du paganisme, battu en brèche par le roi Éric IX Jedvarsson ("saint Éric", le saint patron de la Suède).

En 1397, l'union de Kalmar, créée à l'initiative de Marguerite Ire de Danemark place la Suède, le Danemark et la Norvège sous la férule d'un même souverain. Après sa dissolution, en 1523, la Suède mène au fil des trois siècles suivants une série de guerres contre la Russie et le Danemark pour le contrôle de la Baltique. Au début du XIXe siècle, elle perd la Finlande mais s'unit, en 1814, à la Norvège sous le règne de Charles XIV Jean (alias Jean-Baptiste Bernadotte, ancien maréchal de Napoléon). Le royaume de Suède-Norvège se maintient jusqu'en 1905. Restée neutre durant les deux grands conflits mondiaux, la Suède est aujourd'hui considérée comme l'un des États-providence les plus avancés au monde.

1. Gravures rupestres de Tanum, côte du Bohuslän

L'ÂGE DU BRONZE ILLUSTRÉ

Entre 1800 et 500 av. J.-C., les cultures de l'âge du bronze s'épanouirent dans toute la Scandinavie. Les tumuli funéraires érigés à compter de cette période, à l'exemple de la tombe royale de Kivik, dans l'Österlen, suggèrent que de puissants chefs exerçaient alors un pouvoir temporel et spirituel sur la région. Disséminé autour de la ville moderne de Tanumshede, sur la côte du Bohuslän, le site de Tanum, inscrit au patrimoine mondial de l'Unesco, donne un aperçu du mode de vie et des croyances des hommes de cette époque. Il se compose d'au moins 350 groupes distincts d'art rupestre (photo ci-dessous) dont les centaines de gravures représentent des scènes de navigation, de chasse et d'activités domestiques. Au moment de leur réalisation, celles-ci se trouvaient près de la mer, dont le niveau a, depuis, baissé de 15 m.

Voir aussi p. 158.

2. Gamla Uppsala

SÉPULTURES ROYALES

Parmi les plus anciens symboles nationaux de la Suède figurent les tertres royaux de Gamla Uppsala. On croyait autrefois que ces chambres funéraires du VIe siècle étaient celles des dieux nordiques Thor, Odin et Freyr ou bien des souverains tout aussi mythiques de la dynastie des Ynglingar. Des fouilles entreprises au XIXe siècle ont avéré que les tumuli recelaient, de fait, les dépouilles de chefs ou de membres de lignée royale, dont au moins une femme. Des siècles durant, jusqu'au bas Moyen Âge, Gamla Uppsala fut le lieu où se réunissait le *Thing* pour la Suède. Cette assemblée gouvernementale coïncidait avec le Dísablót, une grande foire et célébration religieuse, dont la tradition est perpétuée, aujourd'hui encore, par le Disting, la foire annuelle d'Uppsala.

Voir aussi p. 110.

Gravures rupestres de Tanum

3. Sigtuna

LA PREMIÈRE VILLE DE SUÈDE

Au cours de l'ère viking (793-1066), les scandinaves menèrent des attaques, commercèrent et s'implantèrent dans une bonne partie de l'Europe et jusqu'en Amérique du Nord et en Asie. Les Vikings suédois, ou Varègues, se montrèrent plus portés aux activités marchandes que leurs homologues norvégiens ou danois. En Suède, les vestiges d'importantes colonies vikings, dont celle de Birka (p. 89), ponctuent les rives du lac Mälaren. Sigtuna, qui revendique la plus ancienne rue commerçante de Suède, aurait été fondée par le roi Éric VI le Victorieux vers 980. La ville compta jusqu'à sept églises à la fin de la période viking, et c'est ici que furent frappées les premières monnaies suédoises. Sigtuna demeura un centre économique et politique prospère jusqu'au XIIIe siècle.

Voir aussi p. 90.

4. Visby

UNE CITÉ HANSÉATIQUE FLORISSANTE

Ancien bastion viking, le chef-lieu de Gotland, plus grande île de la Baltique, fut un port majeur de la Ligue hanséatique du XIIe au XIVe siècle. Ses remparts en pierre et ses quelque 200 entrepôts et maisons de marchands du XIIIe siècle font de Visby la cité médiévale la mieux conservée du nord de l'Europe, et lui ont valu son inscription au patrimoine mondial de l'Unesco. En 1361, quelque 1 800 insulaires périrent dans l'enceinte fortifiée, lors d'une bataille contre les troupes du roi

Valdemar IV de Danemark. La puissance commerciale et politique de la ville trouva son terme en 1525, lorsqu'elle fut prise d'assaut par une armée venue de Lübeck et qu'un incendie en ravagea le quartier Nord.
Voir aussi p. 212.

5. Kalmar Slott

LA "CLÉ DU ROYAUME"

Ce château médiéval (photo page ci-contre), à l'origine une simple tour fortifiée érigée au XIIe siècle, était connu comme "la clé du royaume" en raison de sa position stratégique près de la frontière entre la Suède et le Danemark. C'est ici que fut conclue en 1397, à l'initiative de la reine Marguerite Ire de Danemark, l'union de Kalmar plaçant la Suède, la Norvège et le Danemark sous la gouvernance d'un seul monarque. Il s'agissait principalement, pour ces pays, de mener une politique étrangère commune, de sorte à contrebalancer le pouvoir de la Ligue hanséatique allemande. Lorsque Gustav Vasa monta sur le trône de Suède, en 1523, l'union fut officiellement dissoute.
Voir aussi p. 225.

6. Stortorget, Stockholm

LA PLACE SANGLANTE

Au début du XVIe siècle, l'union de Kalmar vacillait. Le Bain de sang de Stockholm (1520) en sonna le glas. Cette exécution publique de 82 opposants, dont des nobles et des évêques, eut lieu à Stortorget, la grand-place de Gamla Stan, la vieille ville actuelle. Le massacre fut suivi de peu par le couronnement de Christian II, un Danois, comme roi de Suède. Celui-ci tenta d'asseoir son pouvoir contre les forces hostiles à l'union mais son attitude le rendit encore plus impopulaire auprès des Suédois (qui le surnommèrent Christian le Tyran) et ne fit que précipiter l'ascension de Gustave Vasa, dont le père avait péri lors de l'épisode du Bain de sang de Stockholm.
Voir aussi p. 59.

7. Domkyrka, Uppsala

LA DERNIÈRE DEMEURE DE GUSTAVE VASA

Roi de Suède à partir de 1523, Gustave Vasa fut le premier d'une lignée dynastique qui dirigea le pays jusqu'à l'abdication, en 1654, de la reine Christine. Tout comme son contemporain anglais Henri VIII, Vasa rompit avec l'Église catholique, introduisant la Réforme protestante en Suède. Par une loi parlementaire de 1544, il rendit la monarchie héréditaire et, à sa mort en 1560, il avait créé un État-nation puissant et centralisé. Vasa repose dans la cathédrale d'Uppsala aux côtés de ses trois épouses. La Domkyrka (cathédrale) est également le lieu de sépulture du roi Éric IX, saint patron de la Suède, et fut jusqu'au XVIIe siècle le lieu de couronnement des souverains.
Voir aussi p. 112.

8. Drottningholm Slott

LE CHÂTEAU D'EDWIGE-ÉLÉONORE

L'apogée et l'effondrement de l'empire suédois se succédèrent de près au cours du XVIIe siècle et du début du suivant. Veuve de Charles X Gustave de Suède, la reine Edwige-Éléonore (1636-1715) exerça le pouvoir au nom de son fils Charles XI, trop jeune pour gouverner, puis de son petit-fils Charles XII, parti guerroyer. Sa régence fut une période d'intrigues, de commérages et d'alliances sordides, tant personnelles que politiques, la souveraine aimant surtout le théâtre, le jeu et la fête. On lui doit toutefois le château de Drottningholm, auquel œuvrèrent les plus grands architectes et artistes de son temps.
Voir aussi p. 88.

Intérieur du Kungliga Slottet

Kalmar Slott

9. Kungliga Slottet

LE PALAIS ROYAL DE STOCKHOLM

Avant même l'incendie de 1697 qui détruisit le château médiéval de Tre Kronor (Trois Couronnes), le projet d'une nouvelle résidence royale à Stockholm était déjà lancé. Chargé, en 1690, de moderniser la partie nord du palais, Nicodème Tessin le Jeune dut étendre son plan à l'ensemble du complexe ravagé par les flammes. L'architecte suédois avait estimé que le chantier durerait six ans, mais les travaux s'étalèrent sur quelque 60 ans, par manque de fonds, et il mourut, en 1728, sans en voir le terme. Le roi Adolphe-Frédéric et la reine Louise-Ulrique emménagèrent finalement au château (photo ci-contre) en décembre 1754. L'immense édifice abritait aussi le gouvernement suédois, divers ministères et la Bibliothèque royale.

Voir aussi p. 53.

10. Gripsholm Slott

LE THÉÂTRE DU ROI

Gustave III, héritier d'Adolphe-Frédéric, monta sur le trône de Suède en 1771. Son amour des arts et du spectacle lui valut le surnom de "roi du théâtre". En 1781, il fit aménager, dans son palais d'été de Gripsholm, un théâtre aujourd'hui considéré comme un chef-d'œuvre de néoclassicisme ornemental. Cette prédilection du souverain joua du reste un rôle dans son trépas. En mars 1792, le roi fut en effet mortellement blessé d'un coup de pistolet lors d'un bal masqué à l'Opéra royal de Stockholm. L'assassinat – qui inspira à Giuseppe Verdi *Un Ballo in Maschera* – avait été fomenté par des nobles inquiets pour leurs prérogatives (le monarque, ayant, pour appuyer son pouvoir absolu, ouvert la fonction publique à l'ensemble des citoyens).

Voir aussi p. 91.

11. Utvandrarnas Hus, Växjö

LE MUSÉE DE L'ÉMIGRATION

Durant une bonne partie du XIXe siècle, la Suède fut un pays pauvre et conservateur. Cette situation, exacerbée par une grande famine (1867-1869), provoqua une émigration massive vers les États-Unis et le Canada : dans les années 1930, quelque 1,3 million de Suédois avaient traversé l'Atlantique.

L'histoire de ces émigrants est racontée dans ce petit musée, où vous en apprendrez aussi davantage sur Vilhelm Moberg (1898-1973), auteur des quatre romans de *La Saga des émigrants* (1949-1959). Né dans le Småland, province alors très pauvre, l'écrivain avait une connaissance intime de la misère économique et culturelle qui avait poussé nombre de ses proches vers le Nouveau Monde.

Voir aussi p. 234.

12. Stadshuset, Stockholm

LE SYMBOLE DE LA NATION SUÉDOISE

Au début du XXe siècle, l'industrialisation battait son plein et la Suède s'urbanisait à grands pas. La dissolution de l'union avec la Norvège, en 1905, ouvrit une époque formative pour la nation, avec notamment l'émergence de symboles suédois modernes, à l'image de l'hôtel de ville (Stadshuset) de Stockholm. Les majestueux "hall bleu" et "salle dorée" à l'intérieur de

Ci dessus : Intérieur suédois de l'IKEA Museum ; à droite : le Parlement suédois

l'édifice servent de cadre au banquet et au bal, diffusés à la télévision, qui suivent la remise des prix Nobel. Cette distinction tient son nom du chimiste et industriel suédois Alfred Nobel (1833-1896), inventeur de la dynamite.
Voir aussi p. 64.

13. IKEA Museum, Älmhult

LA SUCCESS-STORY DE L'APRÈS-GUERRE

L'essor du soft power suédois dans le monde de l'après-guerre s'est traduit par le succès international de marques comme Electrolux et Volvo. Rien n'a toutefois eu plus d'impact que la décision d'Ingvar Kamprad d'ouvrir, en 1953, son premier magasin de meubles dans la petite ville d'Älmhult. Il y a fort à parier que votre lieu de vie compte au moins un objet arrivé là grâce au dessein de cet entrepreneur visionnaire. À partir de ce magasin originel, désormais un musée (photo ci-dessus), IKEA est devenu le plus grand détaillant de meubles mondial et le porte-drapeau du design suédois abordable.
Voir aussi p. 196.

14. ABBA: The Museum, Stockholm

L'HOMMAGE AUX IDOLES DE LA POP SUÉDOISE

Alors qu'IKEA s'employait à conquérir le monde à grand renfort d'étagères, ABBA faisait de même avec sa pop accrocheuse. Formé en 1972 par Björn Ulvaeus, Benny Andersson, Agnetha Fältskog et Anni-Frid Lyngstad, le groupe fit irruption sur la scène internationale en remportant le concours Eurovision de 1974 avec la chanson *Waterloo.*

Les tubes s'enchaînèrent dans les années 1970, jusqu'à la séparation d'ABBA en 1982. Le groupe n'a toutefois jamais vraiment disparu et, à l'ouverture de ce musée en 2013, il gardait rang d'icône et d'inspiration pour des générations de musiciens suédois, à l'exemple de Robyn ou des maîtres de la dance music Swedish House Mafia et le regretté Avicii.
Voir aussi p. 78.

15. Riksdagshuset (Parlement), Stockholm

LES DÉBUTS DE L'HÉGÉRIE DU CLIMAT

En 2018, une jeune fille de 15 ans commença à sécher les cours le vendredi pour se tenir devant le Parlement suédois (photo ci-contre) en brandissant une pancarte sur laquelle était inscrit "*skolstrejk för klimatet*" (grève scolaire pour le climat).

Les initiatives de Greta Thunberg, en plus d'avoir fait des émules chez ses contemporains, qui ont participé en nombre croissant à ses manifestations "Fridays for Future", ont aussi sensibilisé des millions de personnes dans le monde à la cause du réchauffement climatique.

En novembre 2022, Greta Thunberg a fait partie des plus de 600 militants à avoir défilé dans la capitale suédoise lors de la 223e "grève scolaire" afin de déposer un recours collectif contre l'État pour défaut d'action climatique.
Voir aussi p. 57.

À LA RENCONTRE DES SUÉDOIS

Attendez-vous à de longs silences gênés. Ici, on ne bavarde pas spontanément avec des inconnus, mais on vous regarde droit dans les yeux. Lola Akinmade Åkerström nous présente ses compatriotes.

BIENVENUE dans la société la plus ouverte qui soit, dirigée par les personnes les plus discrètes qu'on puisse trouver, ainsi que j'aime à la décrire. Si les Suédois sont polis, réservés et enclins à vous laisser beaucoup d'espace pour faire ce que vous voulez, se lier d'amitié avec l'un d'eux tient de la gageure. Nous nous dévoilons difficilement et sommes farouchement attachés à notre intimité. Mais, une fois que vous vous êtes fait un ami suédois, c'est pour la vie.

Très ancrée, la tradition du *fika* consiste à prendre un café, volontiers accompagné de brioches à la cannelle ou autres pâtisseries, deux à trois fois par jour. Si un Suédois vous invite à partager ce rituel, acceptez sans hésiter : il relève déjà, en soi, d'un début d'acceptation.

Saisir la psyché suédoise implique de comprendre le concept de *lagom*. Souvent traduit par "ni trop, ni pas assez, juste ce qu'il faut", ce terme nuancé régit différents aspects de la société, qu'il s'agisse du travail et des loisirs, des affaires, de la mode, de la durabilité ou du bien-être.

Les Suédois ont d'ailleurs surnommé leur pays *landet lagom* (la terre du juste milieu). Cette philosophie repose sur la sobriété et la modération. Chez les Vikings, la corne à boire passait de main en main, chaque convive sirotant la juste quantité d'hydromel. Cet esprit d'équipe, attentif à autrui, demeure.

Il est donc difficile de discuter à bâtons rompus avec un Suédois rencontré par hasard. Nous ne sommes pas davantage portés à combler les blancs par des banalités. Les trajets en métro s'en retrouvent souvent assez silencieux. Idem aux arrêts de bus et partout où les Suédois font la queue.

Gardez-vous toutefois d'interpréter ce calme comme de l'indifférence ou de l'apathie. Ce n'est que le *lagom* en action, aussi ne le prenez pas pour vous. Plus on monte vers le nord, plus les gens tronquent les mots en remplaçant les phonèmes par de brefs sons aspirés, ce afin de hâter la conversation. Une façon immémoriale d'économiser son énergie durant les hivers glaciaux.

Forte de quelque 10 millions d'habitants, la Suède est récemment devenue assez multiculturelle et compte notamment d'importantes communautés provenant du Moyen-Orient et d'Afrique de l'Est. Les immigrants arrivés ces vingt dernières années élèvent désormais la deuxième génération dans une double culture. Aujourd'hui, un Suédois sur quatre a des origines étrangères. Stockholm et la fougueuse Malmö sont les villes les plus diverses, tandis que Göteborg se distingue par son atmosphère décontractée.

La question de l'immigration

L'intégration continue d'être un défi dans une Suède autrefois ethniquement homogène. Désormais, un quart des Suédois ont une origine étrangère ou au moins un parent immigré.

Chez nous, on ne communique pas en faisant de grands gestes théâtraux mais au moyen de regards appuyés, un peu comme dans une partie de poker à gros enjeu. Pour autant, une attention ciblée ne dénote pas nécessairement un intérêt personnel. Non, cet inconnu qui vous fixe ne vient pas de tomber éperdument amoureux de vous ! Et, si le doute subsiste, il suffit de demander. Les Suédois sont directs et vous le feront savoir dans un anglais impeccable.

JE SUIS SUÉDOISE, MAIS C'EST COMPLIQUÉ…

Mon rapport avec la Suède tient d'une histoire d'amour compliquée. Originaire du Nigeria, j'ai obtenu la nationalité suédoise en me mariant, et ce pays est le mien depuis plus de dix ans. J'en parle la langue et ai même réussi à parfaire mon accent. Je fais partie des quelque 200 000 Afro-Suédois, nés en Afrique ou en Suède d'au moins un parent africain. Les Somalis forment la communauté la plus nombreuse, avec environ 70 000 personnes. Viennent ensuite les Érythréens, puis les Éthiopiens. Et cette immigration récente cohabite avec la communauté des Sami qui, eux, vivent sur ce territoire depuis des millénaires.

Y élevant mes enfants, j'ai fait davantage d'efforts pour essayer de comprendre pleinement cette terre qui m'a accueillie, que ce soit en interprétant le concept du *lagom* en plus de 17 langues, en écrivant sur l'intégration et le droit à l'égalité des citoyens marginalisés ou simplement en contemplant en silence les aurores boréales qui illuminent le ciel arctique.

LES SAMI : DE L'ÉLEVAGE DE RENNES AUX DÉFIS DE LA MODERNITÉ

Leur histoire, leur culture et les difficultés rencontrées aujourd'hui par les Sami, peuple autochtone suédois. Par Anna Kaminski

SEUL PEUPLE AUTOCHTONE de Scandinavie reconnu par la communauté internationale, les Sami migrèrent dans la région en suivant la fonte des glaces et s'installèrent dans les territoires les plus septentrionaux, connus sous le nom de Sápmi (allant de la côte atlantique de la Norvège jusqu'à la péninsule de Kola, en Russie) où ils vivent depuis des milliers d'années.

On considère Sami quelqu'un qui se reconnaît comme tel, soit parce qu'il parle le same, soit parce qu'il a au moins un parent ou un grand-parent dont c'est la langue maternelle. La population des Sami vivant dans le Sápmi est estimée à environ 100 000 personnes, dont quelque 45 000 en Norvège, 27 000 en Suède, un peu moins en Finlande et 2 000 en Russie.

Vers le XVIIe siècle, la diminution des troupeaux de rennes sauvages les fit passer d'une subsistance comme chasseurs à une économie de pasteurs nomades. Jusqu'à cette époque, les Sami vivaient au sein de communautés villageoises appelées *siida*, se déplaçant en quête de provende à l'intérieur de leur territoire de chasse. Bien connues du gouvernement suédois, ces zones de migration furent respectées jusqu'à ce que commençât pour de bon la colonisation de la Laponie. Après quoi, les Sami virent leur mode de vie traditionnel menacé à la fois par les colons et par l'établissement de frontières.

Rennes, Laponie

Le stéréotype du Sami pasteur nomade vivant du renne a fait place à une réalité bien plus diverse. Cela étant, 10% des Sami continuent à pratiquer l'élevage de rennes (en se déplaçant en hélicoptère et en motoneige) et l'année, dans le calendrier Sami, compte toujours huit saisons, liées aux différentes phases de l'élevage de l'animal.

Dálvve (janvier et février) est la période la plus âpre de l'année. Les éleveurs doivent y aider leurs troupeaux à trouver suffisamment de lichen pour se nourrir tout en les protégeant des prédateurs. Durant Gidádálvve (printemps-hiver ; mars-et avril), la neige fond et les troupeaux quittent les forêts pour les terres de vêlage dans les basses montagnes. Gidá (printemps ; avril à fin mai) est la période de mise bas, tandis que les nouvelles feuilles et herbes viennent enrichir le régime des bêtes. Pendant Gidágiesse (printemps-été ; mai et juin), alors que les températures augmentent, les éleveurs doivent trouver davantage de végétation pour nourrir les mères et les jeunes rennes ; ils réparent également leurs *goahti* (tentes) et construisent des *njalla* (garde-manger surélevés).

LE TOURISME ET L'EXTRACTION MINIÈRE CONTINUENT DE MENACER L'ÉLEVAGE, PROBLÈMES AUXQUELS SE RAJOUTENT LES DÉFIS DU CHANGEMENT CLIMATIQUE.

Durant Giesse (été ; juillet), les Sami de la montagne suivent leurs troupeaux en altitude pour échapper aux températures élevées et éviter les piqûres d'insectes, tandis que les Samis des forêts gardent leurs rennes dans les bois tout au long de l'année. La nuit, les animaux sont rassemblés dans des enclos et les jeunes bêtes sont toutes marquées. Tjaktjagiesse (automne-été ; août) est l'époque des préparatifs pour l'hiver : cueillette de baies, pêche et récolte d'écorces de saule et de bouleau pour traiter les peaux de rennes après l'abattage d'automne, qui a lieu au cours de Tjaktja (automne ; mi-septembre à mi-octobre), lorsque les rennes descendent vers les contreforts de la montagne. Rien ne se perd : la viande est salée, fumée et transformée en *suovvas* (viande de renne salée et fumée), alors que les bois sont utilisés pour la fabrication d'objets artisanaux. Durant Tjaktjadálvve (automne-hiver ; novembre et décembre), les rennes sont divisés en troupeaux et déplacés vers des pâtures d'hiver.

L'État suédois soutient les efforts des Sami pour préserver leurs traditions pastorales, mais ces *sameby (communautés d'éleveurs)*, ne peuvent exercer aucune autre activité économique. Par ailleurs, une grande partie des terres allouées aux éleveurs se révèlent impropres à la pâture. Le tourisme et l'extraction minière continuent de menacer l'élevage de rennes, problèmes auxquels se rajoutent les défis posés par le changement climatique et les industries à faibles émissions de carbone, telles que les éoliennes.

En Suède, les Sami sont représentés par le Sámediggi (Parlement Sami). S'il a un rôle consultatif auprès du gouvernement suédois, il ne dispose pas d'un pouvoir décisionnel en matière d'utilisation du territoire. Et alors que, depuis une loi de 2022, le gouvernement suédois a l'obligation légale de consulter le Sámediggi sur toute question affectant directement les Samis, il lui reste encore aujourd'hui à faire le nécessaire pour protéger de façon adéquate ce peuple autochtone et ses droits de propriété.

Éleveur Sami

À L'INTÉRIEUR DES ICEHOTELS

L'histoire du célèbre l'hôtel de glace. Par Anna Kaminski

CHAQUE HIVER, des milliers de visiteurs du monde entier font le voyage jusqu'au village lapon de Jukkasjärvi, à 200 km au nord du cercle arctique pour payer entre 450 et 750 € afin de passer une nuit glacée à l'Icehotel.

Après des débuts modestes en 1989 – il s'agissait au départ d'un petit igloo construit par l'entrepreneur Yngve Bergqvist aidé de deux artistes japonais, pour exposer des sculptures sur glace –, le premier hôtel au monde bâti à partir de neige et de glace a acquis une renommée internationale.

La construction de l'hôtel

L'Icehotel est reconstruit chaque année autour du 6 novembre. Des souffleuses à neige projettent, sur des structures métalliques spécialement conçues à cet effet, un mélange de glace et de neige (appelé "*snice*"). L'ensemble est laissé en place durant trois jours, jusqu'à ce que les tunnels de glace durcissent, puis les structures métalliques sont retirées.

Les préparatifs pour la construction de l'année suivante commencent à la mi-décembre, lorsque des blocs de glace de la rivière Torne sont repérés et marqués en vue de leur future récolte ; ils sont ensuite débarrassés de la neige tout au long de l'hiver, afin de garantir autant que possible un aspect translucide et sans taches.

Après la récolte, qui a lieu en mars et en avril, environ 1 000 blocs de glace (mesurant chacun 2 m de long, 1 m de large et 70 à 85 cm d'épaisseur) sont stockés dans l'entrepôt-chambre froide de l'établissement.

Lorsque le temps est venu pour les artistes de travailler sur les chambres à la fin du mois de novembre, l'équipe de l'Icehotel taille les blocs de glace selon les dimensions requises par chacun d'entre eux.

Concevoir les chambres de glace

Chaque année, des artistes suédois et internationaux font parvenir leurs projets de conception aux alentours de la mi-mai. Ayant carte blanche, ils peuvent œuvrer à partir de glace, de neige ou d'un mélange des deux. Ils ne sont tenus que de prévoir un cadre de lit en glace adapté à un matelas pour deux personnes.

À la fin du mois de mai, un comité sélectionne les projets, en prenant en compte l'expérience des artistes dans le domaine de la sculpture sur glace. Chaque année, l'Icehotel a soin de faire participer deux artistes (ou deux équipes, puisqu'il est possible d'œuvrer en binôme) n'ayant jamais travaillé avec de la glace auparavant.

“LE SAC DE COUCHAGE EST CONÇU POUR RESTITUER LA CHALEUR CORPORELLE, DONC SI VOUS PORTEZ PLUSIEURS COUCHES DE VÊTEMENTS, CETTE RESTITUTION NE PEUT AVOIR LIEU.”

Construction de l'Icehotel

À GAUCHE : HENK VRIESELAAR/SHUTTERSTOCK © À DROITE : MIKE GOLDWATER/ALAMY STOCK PHOTO ©

Durant 15 jours à la fin novembre, les artises travaillent sur leurs chambres respectives 7 jour/7 avec l'aide de six designers experts.

Séjourner dans l'Icehôtel ou dans l'Icehotel 365

Depuis 2016, les clients peuvent séjourner toute l'année dans une chambre de glace de l'Icehotel 365, lequel occupe un bâtiment où la température est maintenue à -5°C, comme à l'intérieur d'un igloo. Contrairement à son pendant saisonnier, l'Icehotel 365 possède des suites de luxe comprenant des salles de bains privées chauffées.

Quelques chambres de l'Icehotel 365 sont refaites en mai et octobre par des artistes ayant déjà conçu des chambres. Outre ses suites d'artistes, l'Icehotel saisonnier dispose de 24 chambres doubles d'entrée de gamme, de même conception ; les clients utilisent les salles de bains et le sauna communs dans le bâtiment de la réception, relié à l'Icehotel par un couloir de glace.

La date officielle d'ouverture est le 16 décembre, mais certaines chambres ne sont terminées qu'en janvier. Puis l'Icehotel referme ses portes à la mi-avril environ, avant de fondre.

En plus de la structure saisonnière en neige et *snice*, l'Icehotel comprend deux rangées de chalets chauffés ; certains clients préfèrent ainsi séjourner dans des hébergements moins coûteux et plus chauds, et se contentent d'une visite des chambres de l'Icehotel 365 à l'occasion d'un circuit à la journée.

Luca Roncoroni, directeur de création à l'Icehotel, donne le conseil suivant aux clients séjournant pour la première fois dans une chambre de glace : “Ne multipliez pas les couches de vêtements : il en suffit d'une en laine mérinos, complétée d'un bonnet et de chaussettes en laine. Le sac de couchage est conçu pour restituer la chaleur corporelle, donc si vous portez plusieurs couches de vêtements, cette restitution ne peut avoir lieu.”

LA SUÈDE DURABLE

La Suède est connue pour son respect de l'environnement, mais certains souhaiteraient aujourd'hui aller encore plus loin. Par Simon Richmond

EN 2018, Hugo Olofsson et Olle Tejle, les propriétaires de l'hôtel-restaurant Lidö Värdshus, dans l'archipel de Stockholm, ont reçu un appel téléphonique de la société finlandaise de raffinage pétrolier Neste pour leur proposer de transformer, en un an, leur petite île de Lidö en une zone à zéro émission de CO_2. "L'idée était excellente", se souvient Tejle, "mais comment ?"

Avec le soutien de Neste et Skärgårdsstiftelsen, la fondation qui possède et gère environ 12% des terres de l'archipel de Stockholm, Olofsson et Tejle ont mis en œuvre 18 solutions différentes. Parmi elles figurent l'utilisation de diesel renouvelable à la place des carburants fossiles pour les véhicules et le transport par ferry ; la mise en place de panneaux solaires pour produire de l'énergie durable ; l'installation de pompes à chaleur air-eau, d'éclairages LED et de rideaux économes en énergie ; ainsi que le remplacement du gaz propane par du biogaz dans leur restaurant.

Par ailleurs, tout ce qui pouvait être réutilisé ou recyclé l'a été. L'un des éléments clés fut l'utilisation d'une machine de compostage, capable de transformer en 24 heures les déchets d'aliments et de fibres naturelles en compost, ce dernier étant ensuite répandu sur leurs potagers bio. Un an après le lancement du projet, les émissions annuelles de CO_2 de Lidö avaient diminué de 78%. Certes, l'objectif du zéro émission nette n'a pas été tout à fait atteint, mais c'est déjà une grande avancée.

Une tradition de préservation

Ce projet "Zero Island" a attiré l'attention de la presse internationale et a renforcé la réputation de la Suède qui a été le premier pays du monde à adopter une loi de protection de l'environnement en 1967. Environ 75% de l'approvisionnement énergétique du pays provient déjà de sources renouvelables. À Stockholm et dans d'autres grandes villes suédoises, la plupart des bus roulent au biocarburant, notamment au méthane comprimé produit à partir des eaux usées des villes et des déchets alimentaires.

En Suède, les pratiques écologiques, comme le recyclage et la conservation, sont la norme plutôt que l'exception. Depuis le milieu des années 1980, les Suédois paient une consigne sur les bouteilles et canettes en plastique, qui leur est remboursée lors de leur dépôt dans une station de recyclage. Un coup d'œil sur n'importe quelle rue commerçante suédoise suffit pour s'apercevoir à quel point les commerces de deuxième main y sont répandus ; même les enseignes de fast-fashion s'y mettent, en installant des ateliers de recyclage et de reprise de vêtements dans leurs plus grands magasins.

Situé sur une ancienne zone industrielle de Stockholm, le Royal Seaport (norradjurgardsstaden2030.se) est l'un des plus grands projets de développement urbain d'Europe. Les bâtiments devront avoir des toitures végétalisées et utiliser des sources d'énergie renouvelables, tout en ménageant des espaces verts accessibles. Une stratégie en matière d'eaux de pluie est aussi mise en place pour faire face aux futures inondations et sécheresses.

Le sort des rennes

Malgré tout, le bilan environnemental de la Suède est loin d'être parfait. D'ailleurs Greta Thunberg, la militante écologiste suédoise la plus célèbre, l'a elle-même souligné "si tout le monde vivait comme les Suédois, 4,2 planètes Terre seraient nécessaires".

En Laponie et dans les régions les plus au nord de la Suède, plusieurs industries, notamment d'exploitation minière et forestière, mais aussi de production d'énergie éolienne, ont des effets dévastateurs sur les terres des Sami. L'exploitation des rivières pour la production d'hydroélectricité peut engendrer de graves conséquences sur leurs territoires, en inondant les zones de pâture des rennes ou en asséchant les vallées fluviales par la déviation des cours d'eau. La construction de complexes comme l'imposant centre de données de Facebook à Luleå et la transformation du centre spatial Esrange, près de Kiruna, en terrain d'essai pour la première fusée réutilisable européenne perturbent également l'élevage des rennes.

Mais c'est lexploitation forestière en particulier qui suscite de grandes inquiétudes. En 2020, grâce à des protestations mondiales, l'entreprise forestière publique Sveaskog a suspendu son projet d'abattage des dernières forêts naturelles de Luokta-Mavas, où les Sami font paître leurs rennes. Les recherches ont montré qu'après 60 ans de gestion forestière supposément durable telle que pratiquée par Sveaskog, 71% des ressources en lichen, essentielles à la survie des rennes, avaient disparu. Sveaskog a reçu le prix du "greenwashing" suédois en 2020.

2022 : changement de gouvernement

En juillet 2022, la Suède a enregistré la température la plus élevée depuis 1947. Pour autant, le changement climatique n'a pas constitué un sujet majeur lors des élections générales qui se sont tenues cette année-là et les citoyens ont élu un gouvernement soutenu par l'extrême-droite, moins préoccupé par le développement durable que les précédentes administrations. Il a d'ailleurs immédiatement supprimé les subventions en faveur des véhicules électriques et provoqué un tollé en supprimant le ministère de l'Environnement, intégré au nouveau ministère de l'Énergie et de l'Industrie.

Mesure encore plus controversée, les investissements dans les sources d'énergie renouvelables, telles que les éoliennes, ont été réorientés vers la production d'énergie nucléaire et le gouvernement est ainsi revenu sur les restrictions concernant la localisation des réacteurs et leur nombre maximal.

Jusqu'à maintenant, il n'y a pas eu de remise en cause de l'objectif fixé par le Parlement en 2017 de parvenir à la neutralité carbone (zéro émission nette) et à 100% d'énergie renouvelable d'ici 2045. Mais, pour Greta Thunberg et de nombreux autres Suédois, le gouvernement ne va pas assez vite. En novembre 2022, la militante faisait partie des plus de 600 jeunes ayant assigné l'État devant le tribunal du district de Stockholm pour l'insuffisance de ses mesures face au changement climatique. La plainte a été jugée recevable en mars 2023... À suivre.

LES SECRETS DU STYLE

PASSION SUÉDOISE POUR LE DESIGN

Pourquoi le style suédois se définit avant tout par un design épuré et fonctionnel. Par Maddy Savage

Il existe de multiples explications à l'obsession des Suédois pour l'esthétique domestique. Pour commencer, un intérieur douillet permet de mieux supporter le temps froid et morose des longs hivers sombres. La maison joue par ailleurs un rôle important dans la vie sociale : la Suède n'a jamais eu une forte culture du bar et les taxes élevées sur l'alcool rendent les sorties nocturnes coûteuses. En ville, les logements à prix abordable ayant une superficie réduite, les solutions de rangement, à la fois pratiques et élégantes, sont vues comme une nécessité.

Comme les autres pays nordiques, la Suède a la réputation de privilégier un design minimaliste aux lignes épurées et aux teintes claires. Elle a développé sa propre version du fonctionnalisme, un mouvement né en Allemagne au début du XXe siècle, se tournant vers la conception d'objets et de bâtiments pratiques et fonctionnels, sans ornementation. La Suède a également une longue tradition artisanale dans les domaines du textile et du bois. Le pays s'étant industrialisé plus tard que d'autres régions d'Europe, ce mode de production a perduré durant une bonne partie du XIXe siècle. Le design suédois continue d'ailleurs à s'appuyer fortement sur l'artisanat et tire une grande partie de son inspiration de la nature. Il met l'accent sur l'utilisation du bois, ainsi que sur celle de laines naturelles et de cuir. Le recours à une palette de teintes neutres est

Un salon suédois

un incontournable, même si ces dernières années on observe une tendance de couleurs plus sombres, ainsi qu'à une expérimentation plus large.

Le design d'occasion fait par ailleurs l'objet d'un marché florissant en Suède grâce aux *loppis,* des boutiques et marchés de deuxième main qui proposent, par exemple, des meubles en teck datant de l'après-guerre et fabriqués pour durer. Les intérieurs suédois marient souvent ces éléments vintage à du contemporain provenant de chez IKEA. Célèbre dans les années 1950, String, un iconique système de rangement métallique modulable, a fait son retour en 2004 sous la forme d'une marque et continue ainsi à habiller les murs partout dans le pays. Conçue dans les années 1930, la chaise longue en bois de Bruno Mathsson est également un objet convoité. Designer autrichien innovant qui n'hésitait pas à aller à l'encontre de la tendance minimaliste, Josef Frank reste célèbre pour ses textiles, lampes et papiers peints aux motifs colorés.

LES SUÉDOIS ONT LE MÊME INTÉRÊT PASSIONNÉ POUR LEURS VÊTEMENTS QUE POUR LEUR INTÉRIEUR.

S'il caractérise l'approche suédoise du design, le goût pour la simplicité et la discrétion se retrouve tout autant dans la mode contemporaine. Les Suédois, surtout les urbains des grandes villes, ont le même intérêt passionné pour leurs vêtements que pour leur intérieur. Mais suivre la mode ne consiste pas ici à chercher à attirer l'attention avec des couleurs vives et des marques tape-à-l'œil : faites un tour dans les rues de Göteborg ou de Stockholm et vous remarquerez immédiatement que les passants portent majoritairement des vêtements de couleur noire ou neutre. Il s'agit avant tout de donner l'impression d'une allure naturelle et discrète obtenue sans effort. Ce look reflète le code de conduite propre aux pays nordiques appelé *jantelagen* qui invite à ne pas se penser ou se montrer supérieur aux autres.

Ceux qui ont des couronnes à dépenser pourront aller jeter un coup d'œil sur les collections minimalistes haut de gamme que l'on trouve dans des magasins tels que ceux de Filippa K, Hope, Acne et Our Legacy qui s'adressent à tous les genres. Arket (une enseigne du plus grand groupe d'habillement suédois, H&M) occupe le milieu de gamme.

Le climat suédois étant souvent rigoureux et la population appréciant tout particulièrement de passer du temps dans la nature (un concept appelé *friluftsliv*), il existe une forte demande pour des vêtements et accessoires d'extérieur élégants. Fjällraven (connu dans le monde entier pour son sac à dos) est une marque familière des Suédois depuis les années 1960. Plus récemment, Stutterheim s'est distinguée grâce à ses imperméables et à ses bottes.

La durabilité n'est pas ici qu'un mot à la mode. La Suède est le berceau d'entreprises telles que Houdini, n'utilisant que des tissus renouvelables, recyclables et durables pour la fabrication de ses vêtements, ou Nudie Jeans, qui offre de façon illimitée des services gratuits de réparation de ses vêtements. L'économie circulaire dans le secteur de la mode connaît en Suède la même prospérité que son marché de l'occasion du meuble. Les ventes se font dans les *loppis*, mais également sur des plateformes telles que Tradera et Blocket.

Sac à dos Känken de Fjällräven

INDEX

Référence des cartes **000**

Les plaisirs de l'hiver sont simples : le bruit des skis froissant la neige et le spectacle des aurores boréales au-dessus de nos têtes.
Anna Kaminski

Stockholm est incroyablement riche en bâtiments historiques. Son centre-ville, Gamla Stan, pourrait servir de décor à un conte de fées.
Anna Kaminski

À GAUCHE : SERG_AURORA/GETTY IMAGES ©, À DROITE : SCANRAIL/GETTY IMAGES ©

À PROPOS DE CET OUVRAGE

Traduction
Frédérique Hélion-Guerrini, Catherine Le Palud, Pauline Tardieu-Collinet, Antoine Thibault, Laura Vaz.
Direction éditoriale
Dominique Bovet
Adaptation française
Émeline Gontier

Responsable prépresse
Jean-Noël Doan
Maquette
Caroline Donadieu
Cartographie
Cartes adaptées en français par Martine Marmouget (AFDEC)
Couverture Adaptée
en français par Laure Wilmot et Laurent Briard

Remerciements à
Angélique Adagio, Agnès Poujol et Jean-Victor Rebuffet pour leur contribution au texte, à Christiane Mouttet pour sa relecture attentive, à Vahagn Terzian pour la préparation du manuscrit et les carnets d'adresses.

Un grand merci à Stéphanie Rian pour son aide précieuse et à Dominique Bovet pour son soutien, et à toute la sympathique équipe du bureau de Paris. Enfin, merci à Luan Angel, Emma Davies et Nigel Longuet à Londres

En Voyage Éditions | un département édi8

Suède
6e édition
Traduit et adapté de l'ouvrage Sweden, *8th edition, July 2023*

92 avenue de France
75013 Paris

Dépôt légal Septembre 2023
ISBN 978-2-38492-227-7

Imprimé par ESTIMPRIM, Autechaux, France
Réimpression 02, juillet 2024